Inhalt

1. Zidane und Materazzi

Zu den Freunden und Kennern des Fußballs gehöre ich keineswegs. Aber ich beneide sie um ihre Leidenschaft. Sie kommt mir vor wie ein fester Schutzwall gegen Langweile, ja gegen Suizid, denn immer steht ein wichtiges Spiel bevor, dessen Verlauf und Ergebnis unbedingt noch erlebt werden müssen. Ich lasse mich nur gelegentlich anstecken. Und dann weiß ich, dass die Kenner ein Jahrzehnte überspannendes Gedächtnis haben. Nur beim Fußball, sagte einmal Peter von Matt, Germanist in Zürich, nicht ohne Ironie, ist uns Geschichte wirklich noch wichtig, nur da denken wir noch historisch.

Daher verlasse ich mich darauf, dass sich viele noch sehr genau an die Szene erinnern, die mir vorschwebt: Sommer 2006, das letzte Spiel, in Berlin, der Fußballweltmeisterschaft, Frankreich gegen Italien, und Sieg, erst im Elfmeterschießen, der Italiener. Dann aber und vor allem, in der 109. Minute, die Sache mit Zinedine Zidane und Marco Materazzi, Zidane in der französischen Mannschaft, Materazzi in der italienischen. Man sah, wie es einen kurzen, offenbar heftigen Wortwechsel zwischen beiden gab, wie Zidane weglief, dann aber, nach einigen Sekunden, wie plötzlich entschlossen, zu Materazzi zurückkehrte und ihn zu unserer Verblüffung, ja Erschütterung, mit gesenktem Kopf heftig gegen die Brust stieß, so dass Materazzi augenblicklich zu Boden ging. Der Schiedsrichter hatte es nicht gesehen. Er wurde jedoch, aber erst nach Minuten, vom vierten Schiedsrichter darauf aufmerksam gemacht (vermutlich weil der die Fernsehwiederholung gesehen hatte). Dann wurde Zidane vom Platz gestellt. Es war bewegend, weil der immer etwas schüchtern wirkende Zidane uns stets als ein Herr erschienen war, dem wir so etwas nicht zutrauten. Deshalb blieben wir auch, nach dem Vorfall, affektiv auf *seiner* Seite. Irgendwie, dachten wir, muss er recht gehabt haben.

Was war geschehen? Was hatte Materazzi zu Zidane gesagt? Lange wurde gerätselt. Seit dem 18. August 2007 ist es klar, weil Materazzi selbst es an diesem Tag im Fernsehen und übrigens bedauernd, geradezu zerknirscht, berichtet hat. Materazzi hatte Zidane damals am

Hemd angefasst, worauf dieser zu ihm gesagt habe (auch Zidane spricht ja, wenn er will, italienisch): «Wenn dir mein Hemd so gefällt, kannst du es nachher haben!» Darauf nun Materazzi: «Ich will lieber deine Schwester, die Nutte!» Im Original: «Preferisco la puttana di tua sorella!» Also ganz genau und wörtlich übersetzt: «Ich ziehe die Nutte von deiner Schwester vor!» Das war's. Da also lief Zidane zunächst weg, kehrte dann aber, nachdem er sich klar gemacht hatte, was Materazzi gesagt hatte, mit einem Entschluss wie ‹nein, das geht nun nicht anders!› zurück und stieß den Verdutzten nieder.

Ein kurzes Gespräch also, das in eine Handlung mündete, die nicht mehr sprachlich war. Wobei wir gleich festhalten wollen, dass auch Materazzis Satz eine Handlung war – nur eben eine bloß sprachliche. Es war eine regelrechte Handlung in beiden Fällen. Und dann der Unterschied, der schon auch wichtig ist, zwischen ‹bloß sprachlich› und ‹nicht mehr bloß sprachlich›. Überhaupt muss ich nun darum bitten, den Fußball-Hintergrund des Ganzen wirklich im Hintergrund zu lassen, denn ab jetzt geht es um etwas anderes. Was muss uns – rein sprachlich – an diesem kurzen Gespräch interessieren?

Materazzi hatte Zidane schwer beleidigt. So schwer jedenfalls, dass es schließlich für Zidane – von ihm her gesehen, so wie er es erlebte – nur eine Reaktion *dieser* Art geben konnte. Das Ganze natürlich war emotional: ‹Es war stärker als ich›, sagen die Franzosen in solchem Fall, ‹c'était plus fort que moi!›: eine treffende Wendung der französischen Sprache. So etwas gibt es, man wird ‹übermannt›, wie wir im Deutschen sagen (auch wieder charakteristisch – ein ‹überfraut› gibt es nicht). Solche Übermannung geschah Zidane. Gianni Salerno in Freiburg, der mir die Haare schneidet (übrigens tatsächlich aus Salerno), wirklich kein schmächtiger Mann, aber auch kein Herkules, sicher aber ein guter Psychologe, sagte mir, als wir über Materazzis Satz sprachen, sich die Sache vergegenwärtigend und amüsiert über ihr stehend: «Ja, natürlich, wenn so etwas gesagt wurde, kann es nicht mehr bei bloßen Worten bleiben.»

Zunächst also war da eine heftige Beleidigung, eine Beschimpfung. Und zwar eine mit einem doppelten sexuellen Hinweis, einer doppelten sexuellen Referenz: er wolle, sagte Materazzi, die Schwester (erste Referenz) und nennt diese (zweite Referenz) ‹Hure›. Und diese doppelte sexuelle Referenz bezieht sich – dies ist entscheidend – auf die Schwester, also die Frau, die, neben oder nach der Mutter, jedem Mann am nächsten ist. Mutter und Schwester stehen unter seinem sozusagen ‹natürlichen› Schutz, so dass, wer diese beleidigt, unmittelbar ihn selbst trifft. Man beleidigt den Mann, indem man seine Mutter oder seine Schwester oder beide zusammen beleidigt. Die eigene Frau bleibt da übrigens seltsam aus dem Spiel. Materazzi hätte also bei gleicher oder noch stärkerer Wirkung auch Zidanes Mutter nennen können. Oder er hätte sie *zusätzlich* nennen können. Und zunächst hatte man ja auch vermutet, dass von der Mutter die Rede war. Wobei dann diejenigen, die den Italiener verteidigten, von dessen besonders respektvollem Verhältnis zu seiner Mutter zu berichten wussten.

Schließlich, was uns Deutsche oder Deutschsprachige angeht, die Überraschung: uns überrascht zuerst einmal die sexuelle Referenz überhaupt, dann gerade diese ganz besondere. Wie in aller Welt, fragen wir uns, kam Materazzi bei dieser beleidigenden und beleidigen wollenden Beschimpfung gerade auf die *Schwester*? Oder (was also hier tatsächlich *nicht* der Fall war, aber der Fall hätte sein *können*) auf die *Mutter*? Warum begnügte er sich nicht, so scheint uns, wie ein rechter Mann, mit einem doch völlig ausreichenden «Hau ab, du Idiot!» oder «Du Arschloch!»? Tatsächlich erklärte Materazzi unmittelbar nachher sich entschuldigend (oder vielmehr: sich gerade nicht entschuldigend, sondern sich rechtfertigend), er habe doch nur gesagt, was jedem in solcher Lage als allererstes einfalle. Aber eben – ihm, dem Italiener, dem ‹Südländer›, fiel dies ein; *uns* können wir da nur sagen, fällt dergleichen keineswegs ein: nicht als erstes und auch nicht als zweites.

Und dies gilt sicher nicht nur für die Deutschen, sondern auch für die anderen Deutschsprachigen, die Österreicher und auch für die sich von uns so verschieden fühlenden Schweizer. Dies Sich-verschieden-Fühlen der deutschsprachigen Schweizer trifft, nebenbei, gerade, wenn es um Fußball geht, dramatisch zu: gegen welche Mannschaft, höre ich, eine deutsche auch immer spielt, immer ist man in der Schweiz geschlossen für die andere. Oder ist dies übertrieben? Jedenfalls gehört es nicht hierher.

Hierher aber gehört, dass man beim Thema ‹Sprache und Sexualität›, um das es uns in diesem Buch neben anderem geht, so unvermutet wie unabweisbar auf einen «deutschen Sonderweg» stößt, einen seltsamen und also zu erklärenden «Sonderweg» oder eben, genauer, auf einen «Sonderweg» nicht der Deutschen, sondern der *Deutschsprachigen*. So wie uns unsere Sprache mit den alemannischen Schweizern und den Österreichern verbindet und diese, ob sie es nun wollen oder nicht, mit uns, so verbindet uns Deutschsprachige dieser «Sonderweg» untereinander, denn offensichtlich: er gehört zu unserer Sprache. Die sexuelle Referenz dient uns Deutschsprachigen weit weniger als unseren (näher oder weiter entfernten) Nachbarn als Mittel der Beschimpfung und der Beleidigung.

Übrigens ging damals, was Zidane und Materazzi betrifft, aus der Mitteilung der «Deutschen Presseagentur» hervor, dass man da die Sache gar nicht verstanden hat. Materazzi habe, hieß es da, Zidanes Schwester «als Prostituierte beleidigt». Ein Unfug, denn dies kam ja nur noch hinzu! Es war nur die zweite sexuelle Referenz, die zur Beleidigung schon gar nicht mehr nötig war. Die Beleidigung, als solche schon völlig ausreichend, lag bereits in dem – gleichsam rituell erklärten und zur Sprache selbst gehörenden – Wunsch, über die Schwester sexuell verfügen zu können. Das mit der «Nutte», der «puttana», war nur noch Verstärkung! Der (uns Deutschsprachigen in der Tat fremde) Gedanke ist offensichtlich der: damit, über deine Schwester nämlich, schade ich dir so kräftig es nur irgend geht, damit stelle ich dich bloß, mache dich fertig – als Mann. Ich erinnere mich auch, dass ein deutscher Sportjournalist im Radio, im Deutschlandfunk, die nun restlos abwegige Frage stellte, wie Materazzi denn bei dieser Gelegenheit überhaupt dazu gekommen sei, von der Schwester Zidanes zu reden – ob er die etwa persönlich kenne? Über eine solche Frage könnten ein Italiener, ein Spanier, ein Portugiese nur höhnisch lachen: ‹Mein Gott, was sind das für Männer!› Davon also und von einigem anderen, das dazugehört, wird hier – so ausführlich und so genau wie nötig – die Rede sein.

Am 2. März 2010 meldete die «Süddeutsche Zeitung» unter der Rubrik «Leute»: «Zinedine Zidane, 37, früherer französischer Fußball-Star, würde lieber sterben, als sich bei dem italienischen Nationalspieler

Marco Materazzi für seinen Kopfstoß im WM-Finale 2006 zu entschuldigen: ‹Ich bitte den Fußball, die Fans, die Mannschaft um Verzeihung›, sagte Zidane der spanischen Zeitung *El País*. Gegenüber Materazzi könnten ihm, sagte er, solche Worte jedoch niemals über die Lippen kommen. ‹Das würde mich entehren. Ich ziehe es vor zu sterben›, beteuerte Zidane». Kann man es engagierter sagen? Und nun in der «Süddeutschen» – die Erläuterung in jener Meldung für die Nicht-Informierten, die Ahnungslosen: «Zidane war in dem Endspiel vom Platz geflogen, nachdem er Materazzi einen Kopfstoß gegen die Brust versetzt hatte… Zidane hatte seinen Angriff damit begründet, dass Materazzi mehrmals sehr harte Worte gegen seine Mutter und seine Schwester verwendet habe». Letzteres zeigt, dass auch der Verfasser dieser Notiz über die ganze Geschichte nicht vollständig im Bilde war und sie nur ansatzweise verstanden hatte. Er war noch nicht so weit, wie es meine Leser jetzt schon sind.

Und nun also: beginnen wir! Es ist eine Reise in ein jedem sehr nahes, aber doch auch fremdes Land. Ganz kurz und *nur* kurzweilig kann sie daher nicht sein.

2. Zwei Hinweise

Die Einschübe in die Darlegung, die ich meist als solche gekennzeichnet habe, sind mir nicht unwichtig, sonst hätte ich sie nicht geschrieben, sie können aber, was die eigentliche Argumentation angeht, übergangen werden: sie wollen illustrieren oder zusätzlich informieren. Zweitens. Dieses Buch ist das Buch eines Sprachwissenschaftlers, und es will auch ein sprachwissenschaftliches Buch sein. Ich habe mich aber bemüht, das Fachliche zurückzudrängen, vor allem auch in der Ausdrucksweise, im Stil. Jedoch: es ganz zu unterdrücken, war unmöglich.

3. Erste Annäherung: französisch *baiser*

Es soll in diesem Buch das Deutsche mit *anderen* Sprachen verglichen werden. An den Beobachtungen zu Materazzis Worten und zu
Zidanes Kopfstoß fesselt mich, dass sich das Deutsche, wenn es um das
Beschimpfen, Beleidigen, Verletzen, Verwünschen geht, von *anderen*
Sprachen *unterscheidet.* Also muss ich unvermeidlich andere Sprachen
heranziehen. Und das ist ein Problem – für die Darstellung. Ich werde,
wenn ich von anderen Sprachen rede, dies so tun, dass man sie nicht
kennen oder gar können muss. Dies aber heißt, dass ich oft genötigt
bin, etwas umständlich zu sein, wozu auch das Übersetzen gehört.

Ich beginne mit einem *französischen* Wort. Dass ich gerade mit dem
Französischen beginne, hat nichts damit zu tun, dass *diese* Sprache,
nach einem allgemeinem Urteil, eine besondere Nähe zum Erotischen
hat – es ist ein Vorurteil, aber auch Vorurteile sind Urteile.

Im Deutschen ist aus dem französischen Wort *baiser,* mit dem ich
beginne, eine Bezeichnung für ein süßes Schaumgebäck geworden.
Französisch gibt es das Zeitwort *baiser*, dann das Hauptwort le *baiser.*
Baiser heißt immer noch, zunächst einmal, ‹küssen›, das Hauptwort le
baiser ist vom Zeitwort abgeleitet und heißt ‹der Kuss›.

Zunächst aber war dieses Hauptwort offensichtlich einfach ein Zeitwort, das zum Hauptwort gemacht wurde, so wie im Deutschen ‹das
Denken›, ‹das Schlafen›, ‹das Wachen› und so fort. Also meinte le *baiser* zunächst ‹das Küssen›. Danach aber und seit sehr langem schon
meinte es ‹den Kuss›, also den einzelnen, woraus auch mehrere oder
viele einzelne werden können, also *les baisers.* «Le Baiser» heißt zum
Beispiel das bekannte und schöne Standbild von Auguste Rodin.
Eigentlich ist es ja ein ‹Sitzbild›. Es zeigt, so ist es gemeint und so
empfinden wir es, nicht nur einen ganz bestimmten oder irgendeinen
Kuss, sondern – eben «Le baiser» – den Kuss überhaupt, den Kuss
schlechthin, den zwischen Mann und Frau. Und dass man hier Mann
und Frau, Frau und Mann, so oder so herum, in eine Reihenfolge
bringen muss, stört bereits: aber man kann nun einmal, wenn man
redet, nicht zwei Dinge zugleich sagen, sondern nur das eine nach dem

anderen. Diese Skulptur ist ja so, dass beide in ihrem Kuss ganz *eins* sind. Da wäre die Frage, wer da wen küsst, unsinnig. Bei Gottfried von Straßburg, dem großen Dichter aus dem Mittelalter, heißt es in seiner Versdichtung «Tristan und Isolde» gleich am Anfang: «Ein man ein wip, ein wip ein man/Tristan Isot, Isot Tristan» – «ein Mann, eine Frau, eine Frau ein Mann, Tristan Isolde, Isolde Tristan».[1] So in der Tat ist es in Rodins Bild. Da ist keine Reihenfolge, auch kein wer und kein wen: beide küssen und sind dabei eins – weltlos, wie es sich für Liebende gehört. Sie sind sich gegenseitig ihre Welt.

Das Hauptwort *le baiser* heißt also nur ‹der Kuss», sonst nichts. ‹Elle lui donna un baiser› – ‹Sie gab ihm› (oder auch ‹ihr›) ‹einen Kuss›. Hier ist nun aber im Französischen ein kleines grammatisches Problem, das mit unserer Sache zu tun hat: ob ‹hm› oder ‹ihr›, bleibt in diesem Sätzchen offen, weil *lui* für männlich *und* für weiblich steht. Man sagt hier gern, das Französische lasse dies, ob also weiblich oder männlich, *offen*. Die Sprache wird da gleichsam als eine *Person* genommen, die also dann hier etwas, schnippisch sozusagen, offen lässt. Wenn man jedoch schon so problematisch redet, als wäre eine Sprache eine Person, so lässt das Französische dies keineswegs ‹offen›. Es überlässt die Klärung dem jeweiligen Zusammenhang, der dies klarstellt oder vielmehr, denn so ist es ja eigentlich, der Zusammenhang lässt den Zweifel ‹ihm› oder ‹ihr› gar nicht aufkommen. Also: das ist im Einzelfall immer schon völlig klar. Eigentlich wird da auch nichts dem Zusammenhang ‹überlassen›. Man könnte genauso gut – im Vergleich der beiden Sprachen – sagen, dass das Deutsche hier unnötig und pedantisch etwas *zusätzlich* sagen muss, was ohnehin, nämlich im jeweiligen Zusammenhang, klar ist. Man weiß ja doch in aller Regel, ob, im gegebenen Fall, eine Frau oder ein Mann Objekt des Kusses ist. Oder ob, wie bei Rodin, Subjekt und Objekt zusammenfallen. Manche Sprachwissenschaftler meinen, von der Software des Computers her gedacht (soweit sind wir nun schon, aber das merken diese Linguisten nicht), da müsse erst etwas entzweideutigt oder, mit dem Fremdwort, «disambiguiert» werden. Dies stellt nun wirklich die Dinge auf den Kopf! Diese Offenheit von *lui* – ‹ihm› oder ‹ihr› – ist nichts anderes, wieder einmal, als eines der vielen Beispiele für die große Elastizität einer Sprache und dafür, dass solche Offenheiten deutliches Sprechen nicht behindern. Zudem heißt *lui* ja auch noch ‹er›, meint also auch noch den Nominativ: also können französisch *lui* deutsch *er*, *ihm* und *ihr* entsprechen: drei, vom Deutschen her gesehen, ganz verschiedene *lui*. Und natürlich kann das Französische, wenn es nötig ist, durchaus auch klarstellen: ‹Elle lui donna un baiser, à lui› – ‹Elle lui donna un baiser, à elle›.

Wichtig ist für unsere Zwecke hier, dass es beim Zeitwort *baiser* ganz anders ist als beim Hauptwort. Das Zeitwort, das Verb *baiser*, kann zwar, wie gesagt, auch ‹küssen› heißen. Aber eben: nur ‹auch›. Und ‹küssen› meint *baiser* immer dann und eigentlich *nur* dann, wenn Gegenstände oder Körperteile genannt werden.

Gegenstände und Körperteile, sage ich, obwohl es sicher sinnvoll ist, zwischen beidem zu unterscheiden, auch wenn die französische Sprache es hier, bei der Verwendung von *baiser*, nicht tut. Da sieht sie nur ‹Gegenstände› in einem abstrakten Sinn und behandelt auch Körperteile als solche.

Also: *baiser la main*, *baiser le front* ‹die Hand›, ‹die Stirn küssen›, und *le baise-main* ist dann der ‹Handkuss›, oder dann auch *baiser la croix*, ‹das Kreuz küssen›, und so weiter. Ein wichtiges großes Wörterbuch definiert *baiser* ganz richtig so: «Seinen Mund auf eine Person, eine Sache drücken» oder, abstrakter, aber das Deutsche ist eben nicht so abstrakt wie das Französische, «applizieren» – also mit oder ohne Druck. Und dann werden auch die Gründe genannt: «aus Zuneigung, Liebe, Respekt».[2]

4. Einschub: Das Handgelenk der Madame Arnoux

In dem sehr bewegenden vorletzten, dem sechsten Kapitel in Gustave Flauberts Roman «Erziehung des Herzens», «L'Education sentimentale» (1869), blicken die beiden gescheiterten Liebenden, Madame Arnoux und Frédéric Moreau, als sie sich nach langer Trennung wiedersehen, auf die Geschichte ihrer Liebe zurück. Gescheitert ist ihre Liebe, weil sie auch nicht den Ansatz einer Erfüllung fand, was nicht an ihnen selbst, sondern an den Umständen lag. Also war sie in anderer Hinsicht gerade *nicht* gescheitert. Madame Arnoux sucht Frédéric, nach langer Trennung, unangemeldet und völlig unerwartet in dessen Pariser Wohnung auf. In dem Augenblick, in dem sie sich wiedersehen, ist noch keineswegs klar, dass sie sich gleich für immer trennen werden, dass also dieser Besuch kein Wiederfinden, was er auch hätte sein können, sondern ein definitiver, implizit vereinbarter *Abschied* ist.

Es ergibt sich zunächst ein wie beiläufiges, aber emotional äußerst intensives Gespräch. Madame Arnoux ist ja gekommen, um «sich anzubieten» (so steht es im Roman selbst) – jedenfalls musste sie fest damit rechnen, dass Frédéric dies so versteht. Dergleichen war damals ungewöhnlich, wohl nahezu eine Ungeheuerlichkeit. Und bei einem solchen Besuch wäre ja auch noch heute die Sache kaum anders. Und Madame Arnoux sagt auch nachher (es ist ein großer, großartiger, ungeheuer direkter, wie definitiv abrechnender Satz): «Dies war meine letzte Unternehmung als Frau», «C'était ma dernière démarche de femme».

Natürlich ist der Satz auch sehr bedenklich. Denn heißt er nicht: was ich von jetzt an noch mache, mache ich nicht mehr als Frau, sondern nur noch – als Mensch? Hier reduziert sich die ‹Frau› ganz aufs Erotische. Oder nicht? Und dann die schwierige Frage: liefe der analoge Satz eines Mannes – ‹Dies ist meine letzte Unternehmung als Mann› – auf dasselbe hinaus? Wäre er ebenso realistisch?

Frédéric will an einem bestimmten Punkt des Gesprächs wissen, woran seinerzeit Madame Arnoux seine Liebe zuerst gemerkt – wie sie ihn, so sagt er, «entdeckt» habe. «Das war an einem Abend», sagt sie, «wie du mein Handgelenk zwischen Handschuh und Ärmel geküsst hast. Da sagte ich mir: ‹Aber er liebt mich ja, er liebt mich...›». Im Französischen heißt es wörtlich übersetzt: «wie du mir das Handgelenk zwischen Handschuh und Ärmel geküsst hast» – also mit dem Dativ und dem bestimmten Artikel: «C'est un soir que vous m'avez baisé le poignet entre le gant et la manchette». Das mag uns direkter und also sinnlicher vorkommen als im Deutschen – du hast mir das Handgelenk geküsst»; es liegt aber an der französischen Sprache selbst und ist hier gleichsam ihre Vorgabe, so wie die normale deutsche Übersetzung (also die mit dem besitzanzeigenden Fürwort) ‹mein Handgelenk geküsst› die Vorgabe der deutschen Sprache ist, obwohl französisch ‹vous avez baisé mon poignet› auch ginge und zur Not sogar umgekehrt deutsch ‹du hast mir das Handgelenk geküsst».

Vorgaben, also, der Sprache: man sagt eben jeweils im Französischen und im Deutschen eher so als so. Übrigens habe ich in der Übersetzung ‹du› geschrieben, obwohl es französisch «vous» heißt, weil das *Sie* im Deutschen doch sehr unwahrscheinlich wäre an dieser Stelle; das Verhältnis von *tu* und *vous* entspricht, und es ist wieder eine verschiedene Vorgabe der jeweiligen *Sprache*, keineswegs genau, sondern nur ungefähr dem von *du* und *Sie*.[3]

Danach sagt Frédéric: «die Wonnen des Fleisches und der Seele» – so weit geht er – «waren für mich in deinem Namen enthalten, den ich mir wiederholte, indem ich versuchte, ihn auf meinen Lippen zu küssen», «les délices de la chair et de l'âme étaient contenues pour moi dans votre nom que je me répétais, en tâchant de le baiser sur mes lèvres».[4] *Baiser* passt also auch wenn man einen Namen küsst, was ja schwierig ist. Aber, was Frédéric sagt, leuchtet doch sogleich ein: den Namen der oder des Geliebten auf den eigenen Lippen küssen.

Man spürt: diese Seiten, die zu den großen der Weltliteratur gehören und übrigens überaus traurig, geradezu trostlos sind, sind erotisch geladen, obwohl hier körperlich gar nichts passiert. Hier knistert es gleichsam überall: erotisch und auch gerade sexuell. Und in der Tat: es hätte auch etwas passieren können. Oder eigentlich: es hätte etwas passieren *müssen*. Es hätte anstelle des tatsächlichen Abschieds, eine Wende, einen Neuanfang, einen richtigen Anfang geben können. Und man beachte gerade in unserem Zusammenhang auch die, man möchte, von heute aus betrachtet, sagen, große ‹Keuschheit› dieser sexuellen Erotik: das Handgelenk, die freie, die unbedeckte Stelle zwischen dem Handschuh und dem Ende des Ärmels, der Manschette!

Aber uns interessiert in unserem verengten Zusammenhang an dieser Szene jetzt nur dieses übrigens gewiss einmalige Küssen, also jeweils nur *ein* Kuss, auf das zwischen Ärmel und Handschuh freie Handgelenk, «le poignet».

Und dann doch auch dieses Wort: «ma dernière démarche de femme». Wir wollen es in seinen Zusammenhang stellen. Marie Arnoux sagt zuletzt, und hier geht es wieder auch nur um *einen* Kuss, einen einzigen: «Lebwohl, mein Freund, mein lieber Freund! Ich werde dich nicht mehr sehen! Dies war meine letzte Unternehmung als Frau. Meine Seele wird dich nicht verlassen. Aller Segen des Himmels möge mit dir sein!», «Que toutes les bénédictions du ciel soient avec vous!». Dann: «Und sie küsste ihn auf die Stirn wie eine Mutter», «Et elle le baisa au front comme une mère». Wieder also *baiser*, und wieder geht es da um einen ‹Gegenstand› – die Stirn. Und natürlich: «wie eine Mutter». Es ist doch die Negierung des Sexuellen. Oder nicht? Psychoanalytisch jedenfalls, und Flaubert schrieb dies ja lange vor Freud, ist dieses «comme une mère» überaus bemerkenswert. Bei *diesem* Kuss ist Madame Arnoux schon außerhalb dessen, was sie zuvor «als Frau» unternommen hat.

5. *Baiser* ‹faire l'amour›

Es geht mir jetzt nicht um das Hauptwort *le baiser*, sondern nur um das Zeitwort *baiser*. Dieses Wort ist oft absolut normal, und es ist ein völlig unanstößiges Wort: «vous m'avez baisé le poignet», ‹Du hast mein Handgelenk geküsst› und «baiser votre nom sur mes lèvres», wie wir eben hörten, ‹deinen Namen auf meinen Lippen küssen›. Das Zeitwort *baiser* ist hier genauso unanstößig wie das Hauptwort *le baiser*.

Ganz anders aber, wenn *kein* Körperteil, *kein* Gegenstand genannt ist, wenn also *baiser* gleichsam *absolut* gebraucht wird und sein ‹Gegenstand› eine Frau ist oder ein Mann.[5] Dann meint *baiser* nicht ‹küssen›, sondern und nun vulgär oder auch schon bloß familiär tatsächlich den sexuellen Akt. Von einem Mann zu sagen ‹Avant de partir il a baisé sa femme›, ist nicht falsch. Man kann es aber keinesfalls sagen, wenn man meint, dass der Mann seine Frau, bevor er wegging, geküsst hat. Da müsste man sagen: ‹il a embrassé sa femme›. Das Zeitwort *baiser* allein, ohne Nennung von ‹Gegenständen› gebraucht, heißt also jetzt und schon lange nicht mehr ‹küssen›, sondern im familiär-vulgären Sprachgebrauch ‹den Sexualakt vollziehen› oder dann (dies entspräche ‹stilistisch›, von der Sprachebene her) ‹vögeln› oder ‹bumsen›, um ein drastischeres Zeitwort zu vermeiden (das wir aber hier nicht durchweg vermeiden können). Durch diese vulgäre Verwendung ist dann auch die normal unanstößige von *baiser* gleich ‹küssen›, wenn also Personen im Spiel sind, blockiert. So kann das Wort nicht in jeder Situation verwendet werden. Andererseits ist diese Verwendung sehr häufig. Das genannte Wörterbuch, der «Petit Robert», definiert: «vulgär ‹sexuell besitzen›». Wobei das mit dem «Besitzen» etwas altväterlich und problematisch ist. «Der Akt des körperlichen Besitzes», sagt Marcel Proust als Erzähler einmal sehr beiläufig, «in dem man übrigens nichts besitzt», «l'acte de la possession physique où d'ailleurs l'on ne possède rien» – eine der vielen profunden Beiläufigkeiten dieses Autors.[6]

Die Nähe zwischen dem Familiären und dem Vulgären ist im Französischen seit jeher größer als im Deutschen. In einem vor dem ersten Krieg erschienenen «Studienführer» fand ich einen sozusagen frankreichkundlichen Rat an die damals nahezu ausnahmslos männlichen Philologie-Studenten, die, um ihr Französisch zu verbessern, nach Frankreich gingen: «Die Französin, namentlich die verheiratete Französin, legt im Reden erotisch eine Freizügigkeit an den Tag, die uns ungewohnt ist. Es wäre töricht für den Studenten, daraus falsche Schlüsse zu ziehen». Vollkommen richtig, und vermutlich ist da immer noch etwas dran.

Keineswegs ist das so gebrauchte *baiser* so vulgär oder ordinär wie das deutsche ‹ficken›, das auch nur beherzt auszusprechen den Alten und Älteren immer noch schwerfällt. *Wie* es zu dieser Verwendung von *baiser* kam, ist nicht schwer zu verstehen: hier wird ein Teil für das Ganze genommen, eine Teil-Ganzes-Bezeichnung. Und eigentlich war der Ausdruck hier zunächst etwas wie eine verhüllende, andeutende oder schonende oder abmildernde, eine, wie man sagt, ‹euphemistische› Bezeichnung.

Wir stoßen hier auf die Verschiebung der Bedeutung im Sinne der «Nachbarschaft» oder, mit dem Fremdwort, «Kontiguität». Dies hat die Sprachwissenschaft, genauer die Semantik, noch genauer die *Wortsemantik* herausgearbeitet. Wir finden dies Verfahren der «Kontiguität» auch in diesem Bereich immer wieder. Denn nach diesem Prinzip der «Nähe» oder «Nachbarschaft» oder «Berührung» (letzteres meint «Kontiguität» ursprünglich: ‹sich berühren›) arbeitet die Sprache, wenn es darum geht, etwas zu bezeichnen. Man sagt ja auch, ohne dass man darauf käme (man muss erst darauf gebracht werden): ‹Wir haben dann noch zwei Gläser› oder auch ‹zwei Glas' getrunken› und meint – «Nachbarschaft» – das, was *drin* war. Und übrigens (auch das ist hierin, im ‹Trinken›, ungesagt enthalten, es ist impliziert): es muss sich da um *Alkoholisches* gehandelt haben. Wenn nicht, müsste man es eigens sagen. Wenn es um Apfelsaft ging, sagt man nicht ‹Wir haben dann noch zwei Gläser zusammen getrunken›.

Aus *baiser* ‹küssen› wurde also *baiser* ‹faire l'amour›. ‹Faire l'amour› ist übrigens der normale ganz und gar unanstößige Ausdruck. Er meint nichts anderes als das vulgäre ‹baiser›, aber er meint es auf anständige, keinesfalls vulgäre Weise. *Faire l'amour* kann man immer sagen, wenn man überhaupt (denn es geht ja nicht immer) davon sprechen kann.

Da hat sich also etwas verschoben: *baiser* als Zeitwort ohne Nennung von Körperteilen und Gegenständen meint jetzt den sexuellen Akt und zwar – vom Wort her gesehen – auf vulgär familiäre Weise. Das Vulgäre gehört zum Wort in *dieser* und *nur* in dieser Verwendung. So wurde also das Zeitwort *baiser* für ‹jemanden küssen› unbrauchbar.

Da man aber ein Wort für ‹küssen› dringend braucht, ist dafür ein anderes eingetreten, nämlich *embrasser*, was zunächst nur ‹umarmen› hieß, denn natürlich steckt in diesem Zeitwort *le bras*, ‹der Arm›. Und *embrasser* heißt auch noch immer ‹umarmen›. *Embrasser* hat also jetzt zwei Bedeutungen: ‹mit den Armen umfassen› und dann ‹küssen›, also in französischer Umschreibung: ‹serrer dans ses bras› und ‹donner des baisers›. Wieder zeigt sich hier die Elastizität der Sprache: wenn *embrasser* ‹küssen› meint, ist der Arm im Bewusstsein des Sprechenden und Hörenden nicht mehr da. Sonst würde ja der ganz normale Satz ‹Il l'a embrassée sur la joue›, ‹Er hat sie auf die Wange geküsst›, mehr als seltsam klingen: ‹Er hat sie auf der Wange› (oder ‹auf die Wange›) umarmt›. *Baiser* ‹küssen› wurde somit, wenn also keine Körperteile und Gegenstände genannt werden, vulgär zu ‹Verkehr haben›, und an die Stelle von *baiser* ‹küssen› trat in diesen Fällen *embrasser*.

Damit wurde nun aber eine Wortfamilie zerstört. Was gleichzeitig zeigt, dass dies gar nichts ausmacht (die Sprache funktioniert weiter) – wieder ihre Elastizität. Unter einer solchen ‹Familie› versteht man Wörter, die gleichzeitig, von ihrer lautlichen Form *und* ihrem Inhalt her, zusammengehören, wovon die Sprechenden ein sicheres Gefühl haben. Man vergleiche: *küssen* – *der Kuss*, englisch *to kiss* – *the kiss*, spanisch *besar* – *el beso*, portugiesisch *beijar* – *o beijo*, italienisch *baciare* – *il bacio* usw. Nun aber französisch: *embrasser* – *le baiser*. Überall in den genannten Sprachen jener lautliche und inhaltliche Wortfamilienzusammenhalt, nur französisch nicht. Natürlich hängen für das Bewusstsein der Franzosen *embrasser* und *le baiser* trotzdem zusammen. Würde man mir nach dem bisher Dargelegten ungeduldig die Frage stellen ‹Ja und? Was soll das alles? Was soll daran bemerkenswert sein?›, müsste ich dem Einwand fast in jeder Hinsicht Recht geben. Immerhin ist aber doch, was ich unter dem zusammenfassenden Stichwort ‹Elastizität› hervorgehoben habe, ein interessanter Punkt: die Sprache, hier die französische, ‹funktioniert› mühelos – auch im ‹Bereich› des Sexuellen, der hier in Rede steht. Sie ‹funktioniert› *trotz* dieses äußerst nahen und gefährlich anmutenden Nebeneinanders: einerseits also *baiser la croix, le drapeau, la joue, la main, le front, les lèvres*, also ‹das Kreuz, die Fahne, die Wange, die Hand, die Stirn, die Lippen küssen› und dann andererseits ‹François baise Nicole› und auch ‹Nicole baise François›, wo doch *baiser* etwas sehr anderes meint. Und dann ist da zusätzlich diese Merkwürdigkeit: das Substantiv *le baiser* bleibt ganz und gar unangegriffen durch den vulgären Gebrauch von *baiser*. Das Anstößige und das Unanstößige bleiben also, trotz aller Nähe im Bewusstsein der Sprechenden, vollständig geschieden. Und die beiden ganz unanstößigen Bedeutungen von *embrasser* – ‹umarmen› und ‹küssen› – bestehen ebenfalls, wie wenn umarmen und küssen dasselbe wären, ohne sich zu stören, nebeneinander fort. Elastizität also: sie findet sich freilich nicht nur in dem Bereich, der uns *hier* interessiert, sondern *überall* in der Sprache und natürlich nicht nur in der französischen. Sie gehört zur Sprache überhaupt und ist als solche erstaunlich. Allerdings hat sie, wie wir auch hier gesehen haben, doch ihre Grenzen: *baiser* kann nicht nebeneinander oder abwechselnd familiär-vulgär und *nicht* familiär-vulgär verwendet werden.

Was die beiden Beispiel-Sätzchen ‹François baise Nicole› und ‹Nicole baise François› angeht, ein kurzer, nicht unwichtiger grammatischer Nachtrag. Es hat sich nämlich hier oder *auch* hier, es ist immerhin bemerkenswert, seit drei oder vier Jahrzehnten eine Emanzipation des Weiblichen vollzogen oder durchgesetzt. Vormals ging *baiser* in dieser Verwendung nur mit einem Mann als ‹Subjekt› und einer Frau als ‹Objekt›: ‹François baise Nicole›, ja, aber dann musste man sagen ‹Nicole baise *avec* François›, also ‹François vögelt Nicole›, aber ‹Nicole vögelt *mit* François›. Das ist nun aber nicht mehr so klar. Man kann jetzt (und schon seit einiger Zeit) auch sagen ‹Nicole baise François› ganz analog zu ‹François baise Nicole›. Ein kundiger, mir befreundeter Franzose, Leiter eines «Institut Français» in Freiburg, Jean-Claude d'Orléans, sagte mir seinerzeit, *beides* gehe jetzt, man höre beides, aber, setzte er witzig hinzu, streng genommen sei nur ‹François baise Nicole› richtig, ‹Nicole baise François› aber falsch – dies sei «der korrekte vulgäre Gebrauch», «l'emploi vulgaire correct». Dieser «korrekte vulgäre Gebrauch» sei nun aber, sagte er scherzhaft bedauernd, durchlöchert. Er stelle, fügte er hinzu, dies nur fest und lasse die Bewertung offen, die Frage also, ob dies «eine Verarmung» sei oder aber eine «Bereicherung».

Doch in dem Lexikon von Jacques Cellard und Alain Rey, dem schönen «Dictionnaire du français non conventionnel», der also (der Titel ist scheinheilig) das unübliche Französisch zum Gegenstand hat, steht es (noch) anders: als erste Bedeutung von *baiser* wird hier angegeben «eine Frau besitzen», das ist nun also klar vom Mann her gesehen, noch dazu mit «besitzen» (also der klassischen Besitzmetapher), als zweite ‹faire l'amour› und das nun für den Mann im Blick auf die Frau. Man könne auch sagen, wenn von beiden die Rede ist «on a baisé» (*on* also im Sinne von ‹wir›), ‹Wir haben gevögelt›. Nicht aber gehe etwa «Agnès baise Henri». Bei einer Frau müsse man sagen *baiser avec* («elle baise avec tout le monde» wird da als Beispiel genannt). Dieses «Wörterbuch des nichtkonventionellen Französischen» bleibt also in diesem Punkt konventionell. Eine weitere, dritte Bedeutung von *baiser* (und diese ist die interessanteste) wird, was seltsam ist, von Jacques Cellard und Alain Rey gar nicht genannt. Vermutlich weil sie nicht direkt das Sexuelle betrifft. Indirekt und gar nicht so sehr indirekt tut sie es aber doch.

6. *Baiser* ‹betrügen›

Tatsächlich – und nun gehe ich einen Schritt *weiter* – ist das bisher Gesagte nur ein Teil (und nicht der wichtigste) dessen, was mich bei dieser Fragestellung interessiert. Das Bisherige war bloß unvermeidliche und mäßig fesselnde Vorbereitung. Ich wollte von Anfang an auf die *dritte* Bedeutung von *baiser* hinaus, und sie ist nun wirklich einschlägig und nicht trivial.

Sie ist ebenfalls überaus häufig – wohl die häufigste. *Baiser* heißt nämlich auch ‹betrügen›, ‹hereinlegen›, ‹drankriegen›, ‹anschmieren› oder im Passiv ‹geschnappt› oder ‹erwischt werden›; im Passiv gibt es zwei Möglichkkeiten: *être baisé* und *se faire baiser*. Und auch diese Verwendung von *baiser* ist vulgär. Womit ich nur meine, dass man das Wort auch in dieser Bedeutung wirklich nicht in *jeder* Situation verwenden kann. Man kann hier aber ebenso gut von ‹familiär› sprechen. Und *diese* Bedeutung hat die sexuelle Bedeutung zur Voraussetzung.

Ein Beispiel: ‹On nous a baisé dans ce restaurant› oder auch in der (in diesem Fall praktisch dasselbe bedeutenden) Form des Passivs ‹On s'est fait baiser dans ce restaurant›. Dies sind zwei ganz normale umgangssprachliche, nur mäßig ins Vulgäre gehende Sätze. Sie meinen: ‹Man hat uns in dem Restaurant reingelegt› oder passivisch: ‹Wir sind in dem Restaurant reingelegt worden›. Oder ein weiteres, noch überraschenderes Beispiel: ‹Il a roulé à 150 et il s'est fait baiser par la police›, ‹Er ist mit 150 gefahren und wurde von der Polizei erwischt›. Das Wörterbuch «Le Petit Robert» nennt unter dem Stichwort «Schuljargon» («argot écoles») noch eine Bedeutung dieser Art, nämlich ‹verstehen› und bringt als Beispiel: «On n'y baise rien», ‹Man kapiert gar nicht›. Da wäre *baiser* also positiv. Baiser ‹betrügen› ist nun klar ein übertragener, *metaphorischer* Gebrauch der Bedeutung ‹faire l'amour›. Da geht es nicht, wie bei der Erweiterung von *baiser* ‹küssen› zu *baiser* ‹faire l'amour›, um eine Teil-Ganzes-Beziehung, um eine Bezeichnung des Ganzen durch einen Teil von ihm, nicht also um eine Metonymie, auch nicht, wie bei *baiser* ‹faire l'amour›; um eine Bezeichnung nach der ‹Nachbarschaft›, der ‹Kontiguität›. Hier geht es um eine *Gleichsetzung* – eine Gleichsetzung im Sinne der Metapher, eines *Bilds*, denn eine Metapher ist eine Gleichsetzung. Sie ist nicht bloß ein Vergleich, nicht ein bloßes Nebeneinanderhalten, was *vergleichen* ja eigentlich meint. Der sexuelle Akt, also im Falle von *baiser*, wird als Metapher, als Bild herangezogen zur Bezeichnung von etwas *Negativem*, nämlich konkret dem Hereingelegt-, Betrogen-, Angeschmiert- oder auch Erwischtwerden. ‹Metapher› meint: a *ist b*, oder, schärfer: a ist *eigentlich* b.

Der sexuelle Akt, der doch eine pauschal negative Bewertung nicht verdient, wird hier zum gleichsetzenden Bild für etwas ohne Einschränkung Negatives. Das muss doch überraschen. Es gibt freilich Leute, die sind prinzipiell nicht zu überraschen, die wundert gar nichts mehr. Und dieser Typus ist (es ist nur auf den ersten Blick erstaunlich) auch unter Wissenschaftlern nicht selten, weil diese, da sie professionell alles zu wissen glauben oder meinen, sie müssten, zumindest auf ihrem Gebiet, in der Tat alles wissen, geradezu eine Art Panik vor Neuem haben, es sei denn sie wären selbst darauf gekommen.

Der Tatbestand ‹metaphorische Bezeichnung von Negativem durch Ausdrücke für Sexuelles› muss gerade *uns* Deutschsprachige von *unserer* Sprache her besonders überraschen, denn würde man die Metapher auch mit übersetzen, was ich ja nicht getan habe, müsste man, unter Berücksichtigung auch der leicht vulgären Stilebene, sagen: ‹Die haben uns in dem Restaurant gevögelt› und ‹Er ist mit 150 gefahren und wurde von der Polizei gebumst› und ‹Da vögelt man gar nichts›. Das wäre jeweils die *wörtliche* Übersetzung, denn ganz genau das wird hier französisch gesagt (nur ist wohl der Ausdruck ‹vögeln› etwas zu nett). Und diese Übersetzung wäre natürlich falsch, weil man sich deutsch so nicht ausdrückt (wenn dies gemeint ist). Würde man es deutsch so sagen, würde man vermutlich gar nicht verstanden. Man würde nur – ‹wie bitte?› – schockieren oder zumindest in Erstaunen versetzen wegen des sexuell orientierten Ausdrucks, der bei uns *nur* dies bedeutet, der also *nicht* metaphorisch verwendet wird. Und im Blick auf die Polizei, wenn man ihr selbst dies so sagte, könnte man gar zusätzliche Probleme bekommen. Jedenfalls hörte ich von einer entsprechenden Anzeige in Bayern: Polizeibeamten erstatteten Anzeige, weil jemand behauptet hatte, er sei von der Polizei gevögelt worden (faktisch hatte er einen härteren Ausdruck verwendet).[7]

Ist es nicht überraschend und eigentlich skandalös, dass gerade *dafür* ein Wort für Sexuelles herangezogen wird? Dies heißt doch, dass der sexuelle Akt *selbst* negativ bewertet wird. Zumindest muss die Bewertung doch *partiell* so sein. Die Bewertung wäre also jedenfalls ambivalent. Sonst wäre diese Metapher ja gar nicht möglich, sie wäre undenkbar. Man gebraucht doch nicht etwas Positives, um etwas Negatives zu bezeichnen oder zu kennzeichnen! Man muss also die Frage stellen: was geschieht hier eigentlich? Und unser Erstaunen muss sich steigern, wenn wir erfahren, uns darüber klar werden, dass *baiser* ‹hereinlegen› usw. beileibe kein Einzelfall ist, sondern nur ein Beispiel unter sehr, sehr vielen. Und nicht nur im Französischen. Bleiben wir aber zunächst noch bei dieser Sprache! Nehmen wir einen anderen, sehr ähnlichen Fall.

7. Noch ein französisches Beispiel: *foutre*

Baiser ‹faire l'amour› hat ein anderes, sehr altes Wort für dieselbe Bedeutung verdrängt, nämlich *foutre*. Es ist aber noch sehr lebendig, bloß finden wir es fast nur noch in übertragener Verwendung, aber die alte, die direkte, die *nicht* übertragene Bedeutung ist immer noch im Bewusstsein gegenwärtig – sonst wäre da ja keine Übertragung, keine Metapher! Übertragung meint immer die *gleichzeitige* Anwesenheit zweier Bedeutungen, von denen die eine, als Übertragung, auf der anderen beruht.

Für *foutre* nennt der «Petit Larousse» als erste Bedeutung: «faire l'amour», stellt aber zugleich fest, sie sei «veraltet». Das Wort *foutre* geht wie *baiser* direkt auf das Lateinische zurück: *baiser* auf *basiáre* und *foutre* auf *futúĕre*. Für die Bedeutung des lateinischen *futúĕre* gibt der «Petit Larousse»: «sexuelle Beziehungen zu einer Frau haben» – da haben wir wieder in dieser Definition (nicht in der Bedeutung selbst) die Sicht vom Mann aus, wie aus «mit einer Frau» klar hervorgeht), im «Lateinisch-Deutschen Schulwörterbuch», dem «Kleinen Stowasser» steht neutraler: «mit jemandem schlafen».

Die Fortsetzungen von *futúĕre* finden sich in *allen* romanischen Sprachen. Da haben wir das große «Romanische Etymologische Wörterbuch» von Wilhelm Meyer-Lübke, das die Wörter aller romanischen Sprachen behandelt. Es erschien 1935 in dritter Auflage, und seitdem hat sich, vor allem weil das Material so enorm angewachsen ist, kein Romanist mehr an eine solche Aufgabe herangetraut. Das Werk verdient also nicht den geringsten Spott. Da wird *futúĕre* mit «beschlafen» übersetzt. Was das Lautliche angeht, muss sich die Betonung später auf das *erste* u vorgeschoben haben, und das zweite u muss verstummt sein. Man muss also, sonst könnte man die romanischen Ergebnisse nicht erklären, die Form *fútěre* voraussetzen.

Französisch also *foutre*. Beginnen wir danach mit der östlichsten romanischen Sprache: rumänisch *a fúte*, dann italienisch *fóttere*, im Rätoromanischen des Engadin *fuóter*, dann, südlich des Französischen, provenzalisch und ebenso weiter südlich katalanisch *fótre*, westlich davon im Spanischen erscheint das Zeitwort ziemlich abweichend vom lateinischen Ausgang als *joder* (gesprochen chodér) und noch weiter nach Westen im Portugiesischen als *fodér* (die Akzentzeichen setze ich hier gegen die Regeln der jeweiligen Rechtschreibung, um die richtige Akzentuierung zu markieren). Die spanische und die portugiesische Form setzen eine andere lateinische voraus, nämlich *futére*, also nicht *fútěre,* denn der Ton ist hier auf dem e, was nur möglich ist, wenn ein *futére* der Ausgang war.

Was die Sprachebene angeht, sind diese Wörter alle mehr oder minder vulgär. Zur Bedeutung merkt Meyer-Lübke an: «Das Wort hat namentlich in Frankreich eine reiche Entwicklung auch als Verlegenheitsverb … und ist … auch als Fluch- und Verwünschungswort üblich». Zum Lautlichen sagt er, es habe auch «mancherlei Verschleierung erfahren». Da meint er lautliche Umformungen, die es halbwegs unkenntlich machen sollen, so dass es also unter der «Verschleierung» noch immer erkennbar ist. Und mit «Verlegenheitsverb» meint er die abgeleiteten Bedeutungen, was hier ein schiefer Ausdruck ist, denn wo sollte hier «Verlegenheit» sein?

Was die lautlichen «Umformungen» angeht, nennt Meyer-Lübke mehrere, darunter die wichtigste, nämlich im Französischen *ficher* oder auch *fiche.* Dies ist gleichsam ein Nebenwort, auch sehr alt, zu *foutre,* das deutlich weniger anstößig ist. Wenn man *ficher* sagt – ‹Fiche-moi la paix!›, ‹Lass mich in Frieden!› –, ist dem Hörer klar, das der oder die Redende eigentlich *foutre* im Sinne hat – ‹Fous-moi la paix!› – und dies nur «verschleiernd» nicht sagen wollte. Daher ist oder war bis vor einigen Jahrzehnten gerade *ficher* besonders im Mund von Frauen häufiger als *foutre.* Es gehört zur Emanzipation der Frau, dass dies kaum mehr so ist, ein Phänomen, auf das wir auf diesem Feld oft stoßen.[8]

Gehen wir die charakteristischen Bedeutungen von *foutre* durch! Es heißt also zunächst – dies bleibt die Grundlage – ‹faire l'amour› und zwar vulgär, und das von ihm abgeleitete Haupwort *le foutre* heisst – vulgär – ‹Sperma›. Es bleibt die Grundlage, weil alle anderen Bedeutungen und Verwendungen auf dieser aufbauen und sie immer präsent halten. Sodann aber, zweitens, ist *foutre* ein vulgäres Synonym für ‹machen›, ‹tun›, ‹arbeiten›, ‹Aktivität›. Also etwa (das habe ich einmal, noch – oder schon – als Student in Paris gehört): «Ce sont des gens qui ne foutent rien du tout, qui se tiennent les couilles pendant toute la journée», «Das sind Leute die überhaupt nichts tun und sich den ganzen Tag die Hoden halten» – ‹les couilles› vulgär oder familiär für ‹les testicules›. Der Zusatz mit den «couilles», gehört nicht direkt, aber indirekt hierher. Der Pariser bezog sich – etwas wie innerfranzösischer Rassismus – auf die Südfranzosen, «les gens du Midi». Drittens meint *foutre* auch eine heftige, eine heftig werfende Bewegung: ‹Fous-ça en l'air!›, ‹Wirf das weg!›, wörtlich also: ‹Wirf das in die Luft!› Das gehört nun ganz direkt in unseren Zusammenhang: heftige, ins Aggressive gehende Bewegung. Viertens meint *foutre* in rückbezüglicher, reflexiver Verwendung, also *se foutre d'une chose* überraschend die Indifferenz, die Gleichgültigkeit. Hier sind wir nun bei dem berühmten ‹je m'en fous›, ‹das ist mir egal›. Es gibt sogar ein wichtiges Hauptwort, das von diesem Ausdruck abgeleitet ist, *le je-m'en-foutisme*. Es bezeichnet etwas geradezu ins Weltanschauliche Reichendes, eine Haltung, die das genaue Gegenteil ist von Engagement. Also eine allgemeine Wurstigkeit – es ist aber nicht genau dasselbe, weil der *je-m'en-foutisme* doch aktiver oder jedenfalls energischer, selbstbewusster und aggressiver ist als unsere Wurstigkeit oder Apathie. Die Bedeutung ‹Gleichgültigkeit› ist seltsam. Wie kommt es ausgerechnet vom sexuellen Akt zur Gleichgültigkeit? Wäre nicht gerade dies am wenigsten zu erwarten? Oder ist die Frage naiv? Fünftens gibt es eine weitere negative Bedeutung, nämlich in dem Partizip der Vergangenheit *foutu*. *Être foutu*, ‹fertig› oder ‹erledigt sein› – ‹il est foutu›, ‹der ist fertig›, oder auch im Blick auf eine Angelegenheit *c'est foutu* – es meint etwas wie ‹das ist im Eimer› (nur dass es vulgärer ist). De Gaulle soll es gesagt haben, nachdem, April 1969, das Referendum, das er selbst gewollt und mit dessen Ausgang er sein ‹politisches Schicksal› verbunden hatte, für ihn gescheitert war. «C'est foutu», habe er gesagt, als das Ergebnis sich abzeichnete, setzte sich ins Auto und ließ sich noch in der Nacht nach Colombey-les-deux-Églises zu seinem Privatsitz in Lothringen fahren und sah Paris nie wieder (abgesehen, heißt es, von einer Familienfeier). Sechstens dann das Partizip Präsens *foutant*: es meint etwas Ärgerliches, sehr Enervierendes oder auch eine sehr enervierende oder ‹nervende› Person: ‹Oh, ce qu'il est foutant!›, ‹Mensch, kann der einen nerven!› Dann aber gibt es auch eine neutrale und eine positive Bedeutung. Neutral etwa in: ‹il est bien foutu›, ‹er ist gut gebaut›, ‹gut zusammengestellt›, wie die Bayern sagen (‹guat zamgstellt›), ‹er sieht gut aus› oder auch, umgekehrt, ‹mal foutu›, ‹sieht schlecht aus›. Somit *foutu* neutral, einfach je nachdem so oder so ‹gemacht›. Sehr positiv ist dann wieder das von *foutre* abgeleitete Eigenschaftswort *foutral*, denn es meint ‹phantastisch›, ‹großartig›, ‹toll› (jetzt ist es etwas veraltet). Es ist hier also durchaus nicht alles negativ. Zwar dominiert das Negative, die negative Metaphorik, insgesamt aber ist das Bild eher schwankend, ambivalent.

Erklärungsbedürftig und überraschend ist aber, meine ich, allein die *negative* Verwendung. Sie ist seltsam, denn *je m'en fous* heißt ja eigentlich oder wörtlich – und das ist jedenfalls potentiell immer präsent – ‹ich vögle mich in Bezug darauf›, und *foutu* ‹erledigt› heißt schlicht und drastisch ‹gevögelt›. Oder genauer, denn darum geht es: die Bedeutung ‹erledigt› wird durch die Bedeutung ‹gevögelt› ausgedrückt. Es entspricht also dem englischen *(all) fucked up*. Ein fürs Englische zuständiger Kollege (ich habe nicht herausgebracht, ob er da einen Scherz machte), wies mich darauf hin, dies sei *fogged up*, also eigentlich ‹eingenebelt›, was ja in England nicht selten vorkomme. Aber wirklich: ‹eingenebelt› ist hier mit Sicherheit nicht die Grundlage. Die primär sexuelle Bedeutung ist durchaus da – im Hintergrund.

Was *foutre* angeht: jeder Franzose und jede Französin kennt diese Verwendungen, auch wenn er (oder sie), wenn sie sehr fein sind, sie kaum je oder vielleicht nie gebrauchen. Und hier ist es mehr als ‹Korrektheit›, zwischen der männlichen und der weiblichen Form *er* und *sie* zu unterscheiden. Denn da unterscheiden sich Frauen von Männern.

Es finden sich also, noch einmal, zusammengefasst, zumindest diese acht Bedeutungen oder Verwendungen, wobei wir wieder über die Sprunghaftigkeit und Elastizität der Sprache staunen:

1. *foutre* ‹faire l'amour›
2. *foutre* ‹machen›
3. *foutre* ‹heftige, werfende Bewegung›
4. *se foutre d'une chose* ‹Gleichgültigkeit›
5. *foutu* ‹erledigt›, ‹fertig›
6. *foutu* ‹gemacht›, ‹gebaut› (*bien foutu*)
7. *foutant* ‹nervend›
8. *foutral* ‹großartig›

Foutre ist übrigens zumindest ins Schweizerdeutsche als Fremdwort eingedrungen – und zwar mit der Endung *-ieren*. Am 14. 1. 08 war in der «Neuen Zürcher Zeitung» über den starken und die Schweizer zum Teil irritierenden Zustrom von Deutschen in ihre obere Berufswelt und speziell in ihre Universitäten zu lesen: «An der Universität Zürich lehren immer mehr deutsche Professoren. Allein diese Tatsache löst diffuse Vorwürfe aus. Die Deutschen blockierten den hiesigen Akademikernachwuchs und foutierten sich um Schweizer Eigenheiten, heißt es». Gemeint ist also: diese Eigenheiten seien ihnen egal, sie berücksichtigten sie nicht. Eine verachtende Gleichgültigkeit also. Man muss wissen, dass gerade die edle «Neue Zürcher» ein sehr gepflegtes, gelegentlich gar altertümliches Deutsch schreibt (ganz sicher wird hier mehr als in jeder anderen deutschsprachigen Zeitung ‹gutes Deutsch› geschrieben). Trotzdem scheute sich dieses Blatt nicht, diesen in der deutschsprachigen Schweiz in der Tat überall sehr gängigen Ausdruck aufzunehmen. Außerhalb der Schweiz (und wohl auch in Österreich, wo er meines Wissens nicht heimisch ist) würden ihn nur solche verstehen, die des Französischen mächtig sind. In dem hübschen, aber harmlosen kleinen «Wörterbuch Schweizerdeutsch-Deutsch. Anleitung zur Überwindung von Kommunikationspannen» (Haffmans Verlag, Zürich 1998) findet sich, in angepasster Schreibung, *futieren*, und dies wird mit «sich nicht kümmern um» ins ‹Deutsche›, also in dasjenige Deutschlands und Österreichs, übersetzt. In dieser Schweizer Eindeutschung hat das Wort den sexuellen Beiklang, wie es scheint, verloren; es ist beinahe vornehm oder elegant geworden und ist jedenfalls keineswegs vulgär wie es französisch *se foutre d'une chose* ist.

8. Italienisch *fottere* und spanisch *joder*

Blicken wir nun in die Sprachen der südlichen Romania! Italienisch findet sich lateinisch *futŭĕre* als *fóttere*. Die Zwischenstufen sind *fútere*, dann *fúttere*. *Fóttere* ist in dieser Sprache das zentrale vulgäre Wort für diese Bedeutung. Neben ihm ergaben sich dann, wie im Französischen, noch andere. *Va a farti fottere* heißt es italienisch, wenn vulgär gesprochen wird und die Kommunikation abgebrochen werden soll. Wörtlich also, was uns schockiert: «Geh dich vögeln lassen!» Oder dann «ci hanno fotuto»: ‹sie haben uns hereingelegt› oder ‹betrogen› oder ‹belästigt›. Aber wörtlich übersetzt wieder: ‹sie haben uns gevögelt›. *Me ne fotto* entspricht genau dem *je m'en fous* des Französischen, also wieder, wörtlich: ‹ich vögle mich in Bezug darauf›. Faktisch ist etwas wie deutsch ‹ist mir scheißegal› gemeint.

Eine häufige vulgäre Beschimpfung ist *villan fottuto*, das unserem ‹Scheißkerl› oder ‹Arschloch› entspricht, aber wörtlich übersetzt hieße es: ‹gevögelter Bauer›. Zu der Abwertung durch Sexuelles kommt hier die durch Soziales hinzu – ‹Bauer› ist ja auch bei uns, worüber man sich ebenfalls wundern kann, ein durchaus noch übliches Schimpfwort und ist gerade auch unter Jugendlichen keineswegs selten: ‹So'n Bauer!› Dann haben sich zu *fóttere* zwei weitere Zeitwörter hinzugesellt, die dieselbe Bedeutung haben, nämlich *fregare* und *chiavare*.

Solche Wörter hat man in der Sprachwissenschaft «Trabantenwörter» genannt, was ein treffender Ausdruck ist, denn er entspricht der Beobachtung, dass es in der Regel ein *zentrales* Wort gibt und daneben andere, die dasselbe bedeuten (hierüber Kap. 17). Und dass sich gerade bei *dieser* Bedeutung solche «Trabanten» einstellen, ist nicht verwunderlich. Besonders einem *Kraftwort* gesellen sich gerne andere Wörter hinzu. Man will das zentrale Wort vermeiden auch dadurch, dass man es variiert, man will dasselbe *anders* sagen. Dies ist ein wichtiges Prinzip der Sprache: ‹dasselbe, aber anders›. Und da kommt auch ein spielerisches Element herein, das der Sprache ganz und gar nicht fremd ist.

Fregare also und *chiavare*. *Fregare* heißt eigentlich ‹reiben›, und *chiavare* gehört zu *la chiave*, meint also ‹mit dem Schlüssel zumachen›, ‹serrare a chiave›. Dass die bildliche Grundlage dieser so gebrauchten Ausdrücke sexuell ist, braucht kaum gesagt zu werden: wieder einmal, bei *fregare*, eine Teil-Ganzes-Bezeichnung (‹reiben›), eine Metonymie, und dann, bei *chiavare*, ein Bild, eine Metapher (‹zumachen› oder, genauer und drastischer, ‹zuschlüsseln›). Und diese Ausdrücke für das Sexuelle werden nun wiederum übertragen verwendet: also mit ihrer sexuellen Bedeutung, bildlich, metaphorisch. So meinen *sono stato fregato* oder *sono stato chiavato* tatsächlich (aber über den Umweg übers Sexuelle) ‹ich wurde hereingelegt›, ‹übers Ohr gehauen›, ‹betrogen›, ‹angeschmiert›. Auffallend, dass die Übersetzungen ins Deutsche, auch wenn sie metaphorisch sind, nie ins Sexuelle gehen. An ‹hereinlegen›, sicher aber an ‹übers Ohr hauen› ist ja nichts Sexuelles. Die erste übertragene Bedeutung von *fregare* und *chiavare* ist ‹possedere carnalmente una donna», also «eine Frau körperlich besitzen», wie die Wörterbücher altväterlich umschreiben. Von dieser übertragenen Bedeutung her dann, wie gesagt, eine erneute, eine *zusätzliche* Übertragung: die von ‹hereinlegen› und ‹betrügen›. Die zweite Übertragung zeigt überdeutlich, dass – im Bewusstsein – jenes ‹Besitzen› durchaus auch als ein Hereinlegen, als eine schädigende Zufügung verstanden wird.

Zu *fregare* gibt es ein erhellendes und sprechendes ‹kulturelles› Detail. Der Ausdruck *me ne frego* wurde seinerzeit von den Sturmtruppen der Faschisten adoptiert, den sogenannten «Schwarzen Schwadronen», den «Squadre nere», und bezog sich da auf das Totenkopf-Abzeichen, das sie trugen. Gemeint war hier also: ‹der Tod ist mir (scheiß)egal›. Da kommen, einmal wieder, Männerkult und Todeskult (hier ganz unromantisch) zusammen. Für viele Ältere hat daher, sagt man mir, *me ne frego* den faschistischen Beiklang behalten. Dann gibt es auch als allgemeine Haltung den *menefreghismo*, der dem französischen *je-m'en-foutisme* entspricht, Gleichgültigkeit also oder Wurstigkeit.

In einem italienischen «Comic» aus dem Jahr 1985 mit dem Titel «Dry Weekend» (Edizioni L'Isola trovata, Bologna) finde ich gleich in der kurzen Einleitung, in welcher der Protagonist charakteristisch männlich redet, mehrere Beispiele. Da ärgert er sich über die Prohibition in den Staaten, und eben darauf bezieht sich auch der Titel «Dry Weekend» – kein Alkohol. Der Protagonist beschwert sich darüber und fragt den Leser «Non ve ne frega niente?», also wörtlich «Vögelt euch da nichts?». Er meint etwas wie ‹Regt euch das nicht auf?›. Dann redet er von dem entsprechenden Gesetz, dem «Volstead Act» von 1920. Der sei gemacht worden von Leuten, die «mit ihrem Hosenboden denken», «gente che ragiona col fondo dei pantaloni». Dann redet er von einer schönen Frau, der schönen Palmer, die bitte nicht versuchen soll, ihm gute Manieren beizubringen – «ausgerechnet sie, die, als sie geboren wurde, bereits das Wort ‹Scheiße› buchstabierte», «proprio lei che è nata sillabando la parola merda». Hier also, mit dem «Hosenboden» und «Scheiße» geht es in einen anderen Bereich. Schließlich: es könnten doch nicht alle Männer, zu denen der Sprechende sich dezidiert zählt, wie «jene gevögelten Stutzer aus Boston mit ihrem gelispelten Kleiner-Lord-Akzent sein...», «quei fottuti damerini di Boston con l'accento bleso da milordino...».

Ein sehr häufiges italienisches Wort ist *cazzo* Es ist ein Hauptwort: *il cazzo* bezeichnet volkstümlich und vulgär das männliche Glied; das Normalwort ist *il pene*. *Cazzo* wird nun vielfach als Verstärkung verwendet, was ja auch etwas wie eine Übertragung, eine Metapher ist. Sehr häufig ist der Ausruf *che cazzo!* ‹So was Blödes!› und auch die irritierte Frage *che cazzo vuoi?* ‹was willst du, verdammt nochmal?›, also eigentlich oder besser wortwörtlich: ‹Was, Schwanz nochmal, willst du?›. Und die vulgäre Erwiderung ist da oft: «Il tuo». Faktisch ist mit der Frage in der Regel gemeint: ‹Lass mich in Ruhe!› Der Fall ist insofern bemerkenswert, als für diese negative oder halbnegative Verwendung, genau wie im südwestdeutschen *Seckel*, etwas Männliches und nicht, wie üblich, etwas Weibliches herangezogen wird (hierüber Kap. 36).

Nunmehr zum Spanischen. Da muss ich nun aber zunächst etwas pingelig ins Lautliche einsteigen, weil dieses hier mit dem Inhaltlichen, wie mir scheint, zu tun hat. Der ungeduldige Leser (es gibt eine gesunde Ungeduld) kann die nächsten sechs Absätze überspringen.

Im Spanischen ist das Ergebnis von lateinisch *futŭĕre joder* (zu sprechen ‹chodér›). Aus *futŭĕre* ergaben sich *fútere* und die Variante (also mit doppeltem oder langem t) *fúttere*. Von *futŭĕre* zu *fútere* und *fúttere* haben wir eine Verkürzung von vier auf drei Silben und eine Verschiebung des Akzents nach vorne. Dann ergab sich, mit einer erneuten Verschiebung des Akzents, diesmal aber nach hinten, und daraus also schließlich spanisch *joder* und portugiesisch *fodér* (zu sprechen: ‹fudér›). Dem italienischen *fóttere* liegt also *fúttere* zugrunde und dem spanischen *joder futére*. Woher man dies weiß? Nun, man schließt da ganz einfach, aber konsequent und strikt logisch zurück: spanisch *joder* konnte sich nur aus *futére* ergeben, keinesfalls aus *fúttere*. Man sieht dies an der verschiedenen Stelle des Akzents: letzte Silbe im Spanischen, erste im Italienischen. Und so wie im Italienischen ist die Akzentstelle auch, wie aus den zuvor angeführten Formen hervorgeht, im Rumänischen, der östlichsten romanischen Sprache (*a fúte*), dann im Rätoromanischen (*fuóter*), im Französischen (wir haben es oft genug gehört, *foutre*) und auch im Katalanischen (*fótre*). Wenn es nun also spanisch *joder* heißt und portugiesisch *fodér*, dann muss es, zumindest im Lateinischen der iberischen Halbinsel und, wie die anderen Sprachen zeigen, *nur* dort, die Form *futére* gegeben haben, wobei also das Katalanische mit seinem *fótre* aus der iberischen Halbinsel gleichsam herausfällt und somit *nicht* mit dem westlich von ihm liegenden Spanischen und Portugiesischen geht, sondern mit dem Französischen, das nördlich liegt. Dies Herausfallen des Katalanischen aus den übrigen iberischen Sprachen, Spanisch, Portugiesisch, Gallegisch, ist oft zu beobachten, passt also gut zum Übrigen. Das Baskische, die vierte Sprache auf der iberischen Halbinsel, ist ja keine romanische, nicht einmal eine indogermanische Sprache.

Interessant an der *spanischen* Form ist nun aber (und deshalb insistiere ich) der *erste* Laut. Die zu erwartende, also, historisch gesehen, *regelmäßige* Form wäre hier *hoder* gewesen. Wobei das ‹h› nur geschrieben wäre, denn da, wo ‹h› geschrieben wird, ist spanisch jetzt kein Laut mehr. Das anlautende lateinische f- wird nämlich ‹normal›, also nach den ‹Lautgesetzen›, zu einem h-, das danach verstummte: *famēs* «Hunger» wird spanisch zu *el hambre,* zunächst wirklich mit einem gesprochenen h-, das aber dann verschwand (nur nicht aus der

Schrift). Nun aber haben wir bei *joder* kein h- oder dann später nichts mehr, sondern den spanisch als ‹jota› bezeichneten Laut (gesprochen ‹chota›). Er entspricht also dem, der deutsch mit ‹ch› geschrieben wird, genauer: dem nach a, o und u (so wie etwa in *Krach, kroch, Bruch*, denn im Deutschen wird, das ist dem Laien, dem normalen Sprecher nicht bewusst, nach i und e der ‹ch› geschriebene Laut, wie etwa in *ich* und *echt* weiter ‹vorne› gesprochen). Da ist also spanisch eine unregelmäßige Lautentwicklung – ‹ch›, Jota, statt stummen ‹h› –, und vermutlich hat diese Unregelmäßigkeit (und dies fesselt mich nun) gerade mit der *Bedeutung* des Zeitworts, die uns interessiert, zu tun. Das Wort, bei dem es ja nicht um irgendetwas geht, ist – darauf kam es hier ‹der Sprache›, also faktisch den Sprechenden vermutlich doch an – auf diese Weise lautlich fester, zupackender, *expressiver*. Und so hört man es ja heute auch oft in expressiver Absicht mit einem langen einleitenden ‹chchch› und mit einem langen ausleitenden ‹rrrr› gesprochen. Wir haben deutsch bei dem Wort *Scheiße* ja lautlich dasselbe: Schschscheiße. Und manchmal bleibt es ja bei dem Schschsch… Und nicht anders ist es beim englischen *shit*. Die Jota ist im Spanischen übrigens erst spät, im 16. Jahrhundert, aufgekommen, und der Laut, der vorher da war, war genau der, dem unsere Schreibung ‹sch› entspricht.

Die portugiesische Form des Zeitworts lautet *fodér*, und sie ist nun ganz regelmäßig, indem sie genau dem entspricht, was nach den Lautgesetzen zu erwarten ist, denn im Portugiesischen blieb das alte lateinische anlautende f- erhalten: so erscheint etwa das schon genannte lateinische *famēs*, ‹der Hunger›, portugiesisch als *a fome*. Was also in *einer* Sprache so und so läuft, muss in der *anderen* nicht ebenso laufen – es *kann* so laufen, *muss* es aber nicht. Außerdem werden die Portugiesen und die ebenfalls portugiesisch redenden Brasilianer nicht den Eindruck haben, ihr *fodér* sei weniger expressiv als das spanische *joder*. Jedem erscheinen die Wörter seiner Sprache als ausreichend deutlich und expressiv.

Das Wort *joder* ist nun spanisch ganz außerordentlich häufig. Es findet sich als Ausruf und ist da Ausdruck der Überraschung, des Erstaunens, der Bekräftigung, der mehr oder weniger starken Verärgerung oder gar der Wut – es geht also von bloß leichter Überraschung bis zur heftigen Wut: emotional eine weite Skala. Um was es sich jeweils handelt, sagen dann der Ton und der Kontext. Es gehört zur Sprachbeherrschung, die Äußerung jeweils richtig einzuordnen. Denn im Falle dieses Worts zählt nicht die pure Bedeutung. Das Wort ist von der Stil-Lage her familiär bis vulgär, und es ist eher ein Männer- als ein Frauenwort. Oft findet sich *joder* in der abgekürzten Form *jo* – einfach als zwischengeschobener und als solcher nicht viel oder gar nichts besagender Ausruf. Speziell findet er sich in der Zusammenstellung *¡jo, macho!* Wobei natürlich *macho* ‹Mann› heißt. *Macho* zählt ja wegen des von ihm abgeleiteten *machismo,* neben *siesta, paloma* und *amigo* und neuerdings *tapas,* zu den bei uns bekanntesten Wörtern des Spanischen.

Das Zeitwort *joder* erscheint sehr häufig als verneinter Imperativ in der Aufforderung ‹¡No jodas!›, womit einfach gemeint ist, obwohl es dies eigentlich gerade nicht meint, ‹Vögle nicht!›. Gemeint ist vielmehr: ‹Mach keinen Ärger!› oder etwas wie ‹Komm, hör auf!› oder ‹Lass den Quatsch!›. Die Aufforderung dürfte sich nur mit dem ‹Du›, kaum mit dem spanischen ‹Sie›, also mit ‹usted› vertragen – darin zeigt sich ihr familiärer Charakter ebenfalls. Sie ist nichts weiter als eine familiär vulgäre Variante zu ‹¡No fastidies!›, *fastidiar* heißt ‹belästigen›, ‹ärgern›. Sehr derb ist die an jemanden gerichtete Aufforderung ‹¡Pues jódete!›, wörtlich also wieder ‹Vögle dich!›, gemeint ist aber etwas auf der Linie ‹Kann doch dir egal sein›, ‹Lass mich in Ruhe!›. Nur stelle ich von außen, vom Deutschen her, wieder die nicht unberechtigte Frage: warum sagt man das gerade *so*? *Muss* das sein? Die Aufforderung kann übrigens natürlich auch an einen Dritten oder an Dritte gehen: ‹¡Pues, que se jodan!›, also auf Deutsch: ‹Die können mich mal!› Womit wir wieder bei der üblichen Entsprechung sind.

Und dann gibt es sehr, sehr häufig das Partizip der Vergangenheit von *joder,* nämlich *jodido.* Und dieses Eigenschaftswort (denn ein Partizip ist auch ein *Eigenschaftswort*) meint etwa in dem Satz ‹estoy jodido›, also wörtlich ‹ich bin gevögelt›, etwas wie ‹ich bin fertig›, ‹erledigt›, ‹mir geht's beschissen›, oder etwa in ‹nos han jodido›, ‹die haben uns beschissen, angeschmiert› etc. Und ‹la cosa está jodida› kann man wohl mit ‹Die Sache ist im Eimer› wiedergeben. Wir sind da ganz in der Nähe dessen, was wir zu den etymologisch identischen französisch *foutu* gesagt haben. Es gibt natürlich im einzelnen Unterschiede.

Man kann zum Beispiel spanisch nicht sagen ‹Está bien jodida›, wenn man meint, was das französische ‹Elle est bien foutue› besagt, also etwa: ‹Sie sieht gut› oder ‹prima› aus. Aber das Ganze geht in dieselbe Richtung.

9. Nur was jeder und jede kennt

Im Wesentlichen will ich hier nur Material heranziehen – Wörter, Ausdrücke, Wendungen –, die jedem und auch jeder vertraut sind. Und wieder: es ist nicht bloße ‹Korrektkeit› oder Höflichkeit, wenn ich hier neben der männlichen Form auch die weibliche nenne. Wieder ist dies eine Frage des Sprachbewusstseins, zu dem hier das Wissen gehört, dass sich Frauen und Männer, was solche Ausdrücke angeht, unterscheiden, sicher nicht mehr so stark wie früher, aber doch immer noch deutlich. Mindestens ‹passiv› also müssen die Wörter, Ausdrücke, Wendungen, um hier Berücksichtigung zu finden, jedem und jeder vertraut sein. Und ‹passiv› heißt hier: jeder und jede versteht sie. Jedenfalls in einem bestimmten Raum innerhalb des gesamten Raums, den die betreffende Sprache einnimmt, denn es gibt hier sehr vieles, das nur regional ist.

Zu unterscheiden sind also ‹passive› und ‹aktive› Vertrautheit. Vertrautheit fürs Sprechen oder Schreiben und Vertrautheit fürs Verstehen des Gesprochenen oder Geschriebenen. Man versteht auch in der eigenen Sprache ‹passiv› viel mehr, als man ‹aktiv› selber sagt.

Irgendwelche seltenen, auch seltsamen Ausdrücke in irgendwelchen Ecken und Nischen einer Sprache gibt es immer. Ich sage ja nicht, dass sie uninteressant seien, aber hier interessieren sie mich im Normalfall nicht, nur gelegentlich aus diesem oder jenem Grund am Rande. Bei meinen Beobachtungen und Überlegungen will ich prinzipiell an das jedermann Zugängliche anknüpfen. Nur dies ist hier für meine Zwecke jetzt das Material oder mein «Corpus», wie die Sprachwissenschaftler sagen, wenn sie eine nach bestimmten Kriterien zusammengestellte Sammlung von (geschriebenen oder gehörten) Sprachäußerungen zur Grundlage ihrer Untersuchung machen. In meinem Fall ist es eher ein locker intuitiv zusammengestelltes «Corpus». Und in der Tat

wissen wir ja intuitiv einigermaßen sicher – es gehört zur Sprachbeherrschung selbst –, was jeder und jede sprachlich wissen. Man muss,
wenn man eine Sprache kann, sich auch darüber im Klaren sein, wann
man was zu wem sagen kann. Wenn man sich an das jedem und jeder
Vertraute hält, braucht man im Grunde kein explizit und sorgsam
zusammengestelltes «Corpus».

10. Einschub: Etymologie. Außerdem: die Wichtigkeit des Sprachbewusstseins

Die Herkunft der Wörter, Etymologisches also, will ich hier nur
gelegentlich heranziehen. Denn ich interessiere mich ja für die Sprachen in ihrem *gegenwärtigen* Zustand, sie interessieren mich also so,
wie sie *jetzt* sind. Ich beziehe mich auf das, was *jetzt* da ist – einmal in
diesen Sprachen selbst, zum anderen im Bewusstsein, das die Sprechenden von ihnen haben. Denn dies muss man sehen: es gibt erstens die
Sprachen selbst und zweitens das Bewusstsein von ihnen in den Sprechenden. Und beides, die Sprachen und das Bewusstsein von ihnen,
gehört zusammen. Sprachen ‹funktionieren› beim Sprechen und Verstehen nicht einfach bewusstlos. Genauer: sie ‹funktionieren› faktisch
oft bewusstlos, immer aber kann sich das Bewusstsein auf das Sprechen
richten, es bewusst machen, latent also ist diese Bewusstheit da, was
heißt, dass sie sich immer, wenn nötig oder wenn der Sprechende
darauf gestoßen wird, einstellen kann.

Hier ein kleiner Einschub. Ich beziehe mich also nicht, was durchaus
möglich wäre, auf die *vergangenen* Gegenwarten der Sprachen, von
denen hier die Rede ist. Oder ich tue es nur gelegentlich und beiläufig.
Denn hier interessieren mich die jeweiligen Gegenwarten. Obwohl ich
also das Vergangene, also auch Etymologisches, gelegentlich heran-
ziehe, ist diese Untersuchung insgesamt nicht historisch.

Da ist also jeweils, zu jedem Zeitpunkt, von dem wir ausgehen, ein
Raum des sprachlich Gleichzeitigen. Und auf diesen und im Wesentlichen *nur* auf diesen beziehe ich mich – *ihn* meine ich in diesem Buch.
Ich sage ‹Raum›, obwohl es dabei nicht um Raum, sondern um Zeit
geht. Es geht um einen ‹Zeitraum›, was ein sehr treffender Ausdruck

ist, denn – dies muss man sich immer wieder klar machen – nur als *Raum* können wir uns die Zeit vorstellen, obwohl die Zeit etwas *völlig* anderes ist als der Raum. Und gerade dies *wissen* wir auch, obwohl wir es nicht immer präsent haben. Zumindest in einem äußerst wichtigen Punkt ist dies jedem klar: im Raum kann man sich hin und her bewegen, in der Zeit geht dies – ein ‹leider› ist hier schwer zu unterdrücken – nicht. Da geht es nur in Gedanken. Im Raum aber ist dies in der Realität selber möglich, jedenfalls prinzipiell.

Einen ziemlich verbreiteten Fehler will ich an dieser Stelle benennen und korrigieren: die so häufige wie missliche Verwechslung von ‹eigentlicher› und ‹ursprünglicher› Bedeutung. Die ‹ursprüngliche› Bedeutung eines Worts ist seine *erste* Bedeutung, diejenige also, die es *zuerst* hatte. Faktisch aber müssen wir oft die älteste uns *zugängliche* Bedeutung als die ‹ursprüngliche› betrachten, da wir an die erste oft nicht mehr herankommen, weil die schriftlichen Zeugnisse, die wir haben und auf die wir angewiesen sind, nicht so weit zurückreichen oder keine Rückschlüsse erlauben. ‹Ursprünglich› bedeutet hier also faktisch: entweder tatsächlich die erste oder dann eben bloß die älteste uns *erreichbare* Bedeutung. So kann man sagen: ‹Ursprünglich bedeutete dieses Wort das und das…›. So sagt man aber oft nicht, sondern man sagt, obwohl man ‹ursprünglich› meint oder nur meinen kann: ‹eigentlich bedeutet das Wort das und das.. ›. Und genau da ist der Fehler: die ‹ursprüngliche› Bedeutung eines Worts muss jetzt – in der sprachlichen Gegenwart – keineswegs seine ‹eigentliche› sein.

Ein drastisches, aber nicht ganz untypisches Beispiel. Das Eigenschaftswort *brav* geht auf das französische *brave* zurück, das ‹tapfer› bedeutet. Das französische *brave* wiederum kommt vom italienschen *bravo* her, das heute ‹tüchtig› und ‹gut› bedeutet, damals aber auch noch ‹wild›. Das italienische *bravo*, das auch in andere Sprachen, zum Beispiel ins Spanische, ging, kommt nun vom lateinischen *bárbarus* her, das ‹ausländisch›, ‹fremd›, dann auch ‹roh›, ‹ungebildet› bedeutet: Fremdenfeindlichkeit – ‹etymologisch› – bereits in dem Wort selbst! Und lateinisch *bárbarus* kommt vom griechischen *bárbaros*, das auch schon diese Bedeutung hatte – ein griechisches Wort im Lateinischen, wie so viele, und eines, das über das Lateinische in die neu-europäischen Sprachen weitergereicht wurde. Das griechische *bárbaros* selbst ist wohl eine, wie die Sprachwissenschaft sagt, «expressive» Bildung, die das ‹barbarbarbar› derjenigen imitiert, die eine fremde, also unverständliche und unschöne Sprache reden. Wäre also die ‹ursprüngliche› Bedeutung hier die ‹eigentliche›, so wäre die ‹eigentliche› Bedeutung von unserem *brav* heute tatsächlich ‹roh› und ‹ungebildet› – ein offensichtlicher Unsinn. Die ‹ursprüngliche› Bedeutung ist wirklich nur die ‹ursprüngliche›, keinesfalls die eigentliche. In diesem speziellen Fall (deshalb habe ich dieses drastische Beispiel gewählt) hat sie sich auf dem langen Weg vom griechischen *bárbaros* zu unserem *brav* fast geradezu in ihr Gegenteil verkehrt.

Ein direkt zu unserem Thema gehörendes Beispiel aus dem Deutschen wäre das Wort *geil*, althochdeutsch *geili*, das ursprünglich ‹lustig› und ‹lüstern› meinte und sich ganz auf das Geschlechtliche bezog (was in dem auch oder meist metaphorisch gebräuchlichen *sich aufgeilen* noch ganz lebendig ist – direkt oder indirekt als eine vom Sexuellen herkommende Metapher). Seit einigen Jahrzehnten aber meint *geil*, wie jeder weiß, das Wort vor allem jugendsprachlich (so im schon längst wieder zurückgetretenen oder verschwundenen *superaffengeil*) einfach etwas wie ‹toll› und meint dies ganz ohne sexuellen Bezug.

Übrigens gehen auch unsere alten, vom 17. Jahrhundert an geläufigen Fremdwörter *galant* und *Galanterie*, die aus dem Französischen kamen, auf ein germanisches Wort zurück, das dem althochdeutschen *geili* ‹lüstern› entspricht. Im Jahr 1731 gab Johann Sebastian Bach seine sechs Klavier-Partiten heraus. Der Titel lautete im Original: «Clavir Ubung bestehend in Praeludien, Allemanden, Couranten, Sarabanden, Giguen, Menuetten und anderen Galanterien; denen Liebhabern zur Gemuths Ergötzung verfertiget von Johann Sebastian Bach…». Wenn also Bach hier alle diese Tanz-Stücke, denn genau dies ist ist hier mit «Partiten» gemeint, als «Galanterien» bezeichnet, dachte er gewiss nicht an irgend Lüsternes, sondern, wie er ja selbst so schön und für uns sehr altertümlich sagt, an «Gemütsergötzung».

Zurück zum Wort allgemein. Klar ist jedenfalls dies: wenn man es im Zeitraum der Gegenwart betrachtet, dann ist seine ‹ursprüngliche› Bedeutung erstens unerheblich, und zweitens ist seine ‹eigentliche› Bedeutung dann natürlich nur *innerhalb* dieser Gegenwart zu ermitteln.

Und dies ist dann freilich wichtig, oder es *kann* wichtig sein. Wir werden uns immer wieder – und gerade bei unserem Interesse hier – auf die ‹eigentliche› Bedeutung in diesem Sinn beziehen müssen, auf seine ‹eigentliche› Bedeutung in der *Gegenwart*, im *Bewusstsein* der Sprechenden *jetzt*.[9]

So gesehen ist die ‹eigentliche› Bedeutung entweder die häufigste oder diejenige, auf der die *anderen* Bedeutungen, die das Wort auch noch hat, *beruhen*. Beides fällt oft, durchaus aber nicht immer, zusammen. Diese anderen Bedeutungen sind dann von der ‹eigentlichen› abgeleitet, sie beziehen sich auch gerade in der Gegenwart auf die eigentliche zurück. Hier also brauchen wir wieder das Sprachbewusstsein – denn die *eigentliche* Bedeutung eines Worts ist diejenige, die für dieses *Bewusstsein* die eigentliche ist. Wenn der Sprachwissenschaftler die eigentliche Bedeutung eines Worts oder eines Ausdrucks in der Gegenwart feststellt, muss er sich auf dieses Bewusstsein berufen. Er hat wissenschaftlich keine andere Instanz.

Übrigens führt (es ist ein schlagendes Beispiel) gleich die Etymologie des Worts Etymologie völlig in die Irre. Denn etymologisch heißt *Etymologie* die ‹Lehre vom Wahren›; es ist die ursprüngliche Bedeutung dieses sehr alten Worts – es besteht aus zwei Elementen: *etymo-* und *-logie*; das zweite Element *-logie* geht auf die griechische Endung *-logía* zurück (‹Lehre von …›, ‹Wissenschaft von …›, so wie etwa in *Biologie* ‹Wissenschaft vom Leben›, wo die Etymologie, so etwas kommt natürlich auch vor, tatsächlich stimmt), das erste Element *etymo-* geht auf das griechische *to étymon*, ‹das Wahre›, zurück. Somit in der Tat wäre die Etymologie eigentlich ‹die Lehre› oder ‹die Wissenschaft vom Wahren›. Wenn sie dies wäre, wäre sie die Wissenschaft schlechthin.

Dass die Untersuchung der Herkunft der Wörter, ihrer Geschichte nicht zur Wahrheit über die Dinge führt, die sie bezeichnen, zeigt sich überaus drastisch auch in den Beobachtungen und Überlegungen hier. Und in diesem Fall sehr zum Glück, denn sonst, wahrlich, bei den Befunden, die hier auszubreiten sind, stünde es um die Sexualität – oder auch um die Liebe – äußerst schlecht.

11. Ein interessantes Wort: *obszön*

Der «Duden. Das große Wörterbuch der deutschen Sprache» (1999) sagt zum Eigenschaftswort *obszön*, es sei «bildungssprachlich». Was aber soll das heißen? Es gehört doch keineswegs in den Bereich der ‹Bildung› im engeren Sinn. Dies träfe zum Beispiel für das Wort *skatologisch* zu, das in unseren Zusammenhang gehört und ein regelrechtes Fremdwort ist. Ist aber das Wort *obszön* noch immer ein Fremdwort? Kennt es nicht längst nahezu jeder? Sicher braucht man keine erhebliche Bildung, um das Wort zu verstehen, um also zu wissen, was mit ihm gemeint ist. Ich behaupte dies so, denn man hat ja ein mehr oder weniger sicheres Gefühl dafür, wann und wem gegenüber man ein Wort verwenden darf.

Auf der anderen Seite ist es nie leicht (aber dies ist etwas anderes), eine runde Definition der Bedeutung eines Worts zu geben, wie sie etwa der «Duden» in diesem Fall gibt: «in das Schamgefühl verletzender Weise auf den Sexual-, Fäkalbereich bezogen; unanständig, schlüpfrig». Dann werden Beispiele genannt, die dies verdeutlichen sollen: ‹obszöne Witze›, ‹ein obszöner Film›, ‹ein obszöner Roman›, ‹ein obszönes Photo›, ‹einige Stellen des Buches sind sehr obszön›, ‹etwas, einen Liebesakt etwa, obszön darstellen›, ‹obszön reden›. Interessant, dass in dieser Duden-Definition der «Sexualbereich» und der «Fäkalbereich» zusammengenommen werden. Vielleicht gehört dies, da es in einem deutschen Wörterbuch geschieht, bereits zu meiner These, nach welcher diese «Bereiche» im deutschen nicht so getrennt werden wie in den um uns herum gesprochenen Sprachen. Allerdings sind für mein eigenes sprachliches «Schamgefühl» «Sexualbereich» und auch, wenngleich weniger, «Fäkalbereich» furchtbare Ausdrücke. Hier stört mich vor allem «Bereich». Sicher geht es, was die Sache betrifft, bei *obszön* zunächst und vorwiegend um das Sexuelle, aber das Fäkalische ist hier, vom Gebrauch des Wortes her, nicht auszuschließen. Es wird gleichsam mit einbezogen. Das ist bemerkenswert, und Sigmund Freud hätte nicht widersprochen.

Nun wird heute das Wort sehr oft und zunehmend häufiger *anders* gebraucht. Man gebraucht es auch für etwas, das gar nicht sexuell (oder auch gar nicht fäkalisch) ist, aber gebraucht es dann so, dass das Sexuelle doch immer noch latent anwesend ist: es schwingt mit und gibt dieser Verwendung auch unüberbietbare Intensität, Empörungskraft. Also etwa: ‹Ich finde diesen Ausdruck› oder auch ‹dieses Verhalten einfach zynisch, geradezu obszön!› Es ist sozusagen Empörung pur. Man gebraucht da das Wort in übertragenem, metaphorischem Sinn und meint damit etwas in jeder Hinsicht Abzulehnendes, etwas ganz und gar Negatives. Früher sagte man dazu ‹hanebüchen›.

Vielleicht hängt diese Verschiebung weg vom Sexuellen damit zusammen, dass wir *eigentlich* Obszönes, also im sexuellen Sinn das «Schamgefühl Verletzendes», gar nicht mehr kennen oder anerkennen oder uns scheuen (darum geht es wohl eher), etwas als ‹obszön› in diesem sozusagen direkten und klassischen Sinn herauszustellen. Man will ja als cool erscheinen und sehr ungern als prüde und als Spießer. Zuweilen erhält man den Eindruck, dass das Wort gar nicht mehr zunächst mit dem Sexuellen verbunden wird. So lese ich bereits von «sexueller Obszönität», was doch eigentlich eine Verdopplung, eine Redundanz ist – man sagt zweimal dasselbe, denn eine nicht-sexuelle Obszönität gibt es doch eigentlich nicht. Aber eben: es gibt sie neuerdings doch.[10]

Ich erinnere mich an eine kleine Begebenheit im Haus eines längst verstorbenen Kollegen. Er zeigte uns sein Haus, das er eben gebaut hatte, eine neuerworbene Zeichnung mit dem bekannten Leda-Motiv – Zeus also, um sich zu verbergen, diesmal in der Gestalt eines Schwans – vereinigt sich mit Leda, einer menschlichen Frau, was er bekanntlich mehrmals tat. Die Graphik, übrigens, war schon ziemlich kühn. Die Frau des Kollegen war von ihr offenbar wenig angetan und sagte: «Also, ich, ich kann mir nicht helfen. Ich finde das einfach obszön!» Ihr Mann überging dies, bei der dritten oder vierten Wiederholung sagte er aber schließlich dezidiert, was mir, obwohl ich eher der Meinung seiner Frau zuneigte, gefiel: «Das ist nicht obszön, das ist erotisch!» Da war der Wille zumindest – dieser zumindest – zu eindeutiger Differenzierung, hier also zwischen ‹erotisch› und ‹sexuell›: *obszön* bezog er auf das Sexuelle, nicht aber auf das Erotische, womit er ja nicht meinte, was schwer aufrecht zu erhalten wäre, das Sexuelle und das Erotische seien stets klar zu trennen. Wir unterscheiden ja sprachlich nicht, wie die Griechen und die Lateiner, zwischen *éros* und *agápe* und *amor* und *caritas*. Unsere Sprache hat da nur ein Wort, wobei sie allerdings *Liebe* durch *Nächstenliebe*, wenn es um nicht-erotische, christliche Liebe geht, präzisieren kann.[11]

Der «Duden» von 1999 vermerkt diese zweite Bedeutung auch schon (und zwar eben und natürlich ganz richtig als *zweite* Bedeutung): «2. (Jargon) [moralisch-sittliche] Entrüstung hervorrufend: ‹der Laden hat obszöne Preise›, dann ein Beleg aus dem «Spiegel» von 1991: «Die obszönen Bilder, auf denen Saddam sich zeigt, wie er Kinder tätschelt, die er zu seinen Geiseln gemacht hat.»

Noch ein Beispiel, wo nun wirklich jede Verbindung zum Sexuellen gelöst ist und nur noch jene «moralisch-sittliche Entrüstung» – künstlich in diesem Falle – zittert. Henryk M. Broder: «Wenn ein Michel Friedman sich hinstellt und ruft, ich habe, und dann kommt irgendeine Zahl, 46 Angehörige im Holocaust verloren – da kann ich nur sagen, ja, und einer, der 48 verlor, hat der einen höheren Machtanspruch? Nein, ich halte das für eine obszöne Argumentationsweise... Als ob einen die Zahl ein Leben lang mit einem Persilschein ausstatten würde.»[12] Entscheidend ist für unser Interesse hier nicht, dass Broder dies so gesagt hat, sondern dass uns diese Verwendung von *obszön* bereits unanstößig, ja fast normal vorkommt.

Mir persönlich (ich hinke da hinterher) kommt sie unmöglich vor – als eine ausgesprochene, um es analog auf Deutsch zu sagen, Sauerei. Wobei ich das ungut Verquere der ganzen Argumentation Broders, wenn man dies so nennen will, beiseite lasse. Oder doch zumindest dies: ich finde es in der Tat besser, statt nur eben ‹viele› zu sagen, eine genaue Zahl zu nennen, und ich finde es auch nicht anstößig, wenn man da als Betroffener die genaue Zahl wissen will und im Bedarfsfall weitergibt. Sollte Friedman damit je in irgendeiner Weise geprahlt und es sich selbst zur Ehre oder als «Persilschein» für alles Mögliche angerechnet haben, sähe es anders aus. Aber «obszön» wäre es auch nicht. Gut, Broder darf sagen, was er will, ich aber auch.

12. Cicero: «Was nicht verwerflich ist, wenn man es im Verborgenen tut, ist schmutzig, wenn man darüber redet», «est obscēnum dicere»

Das Sexuelle hat auch in seiner sprachlicher Widerspiegelung viel Eigentümliches. Was das Reden darüber angeht, stellt schon Cicero wie verwundert fest: «Was nicht verwerflich ist, wenn man es im Verborgenen tut, ist schmutzig, wenn man darüber redet», «quod non est turpe facere modo occulte, id est obscēnum dicere» (der Satz findet sich im ersten der drei Bücher seiner Schrift «Über die Pflichten», «De officiis»). Cicero meint doch wohl: was ‹schmutzig› am Sexuellen ist, gehört in den Bereich des Redens oder seiner Darstellung allgemein und nicht in den des Tuns selbst. So ist das jedenfalls, meint er, gesellschaftlich geregelt. Das eine gilt als «verwerflich», «schändlich» oder jedenfalls «ungehörig» («turpe»), das andere nicht. Und es ist ja richtig beobachtet: das Reden darüber, die Darstellung im Reden und in Abbildungen ist das Anstößige, wie dies ja erst recht für das ‹Zeigen› des Akts, seine Öffentlichkeit gelten würde. Es muss, empfinden wir, im Verborgenen geschehen, obwohl oder eben weil da etwas in uns ist, das in diese – exhibitionistische – Richtung drängt oder zu drängen scheint. «Und alle Leute sollen sehn,/wie wir bei der Laterne stehn…», wie es heißt im Lied von «Lili Marleen» (sein Dichter heißt Hans Leip). Der Akt selbst also, jedenfalls unter den entsprechenden, gesellschaftlich oder gar gesetzlich festgelegten Bedingungen, ist unanstößig – schon wegen seiner Notwendigkeit. Für das *Reden* über ihn, außerhalb der Betroffenen, gälte dies aber, und zwar bereits für den ganz und gar ‹unanstößigen› Akt, nicht mehr. Er selbst ist dem Reden entzogen. Cicero scheint sich ja hier auf den Sprachgebrauch selbst zu beziehen. Denn er kommentiert diesen Gebrauch. Auch gerade deshalb ist seine Äußerung für uns von Interesse.

13. Ein witziges Wort des Nuntius Roncalli

Bevor er Papst wurde – da hieß er noch Angelo Giuseppe Roncalli – war Johannes XXIII. Patriarch von Venedig und Kardinal, und davor war er Botschafter, «Nuntius» also des Papsts in Paris. Aus dieser Zeit gibt es eine Anekdote. Bei einem offenbar eher lockeren Essen unter Diplomaten reichte einer eine Postkarte herum, auf der eine unbekleidete Frau zu sehen war. Als sie Nuntius Roncalli erreichte, betrachtete er sie aufmerksam. Dann gab er das Bild dem Diplomaten, der es herumgereicht hatte, freundlich zurück und sagte: «Ihre Frau Gemahlin, nehme ich an», «Votre épouse, je suppose». Der Nuntius unterstellte also in gespielter Naivität dem Diplomaten etwas, was dieser natürlich nie getan hätte. So war die knappe, wohlgelaunte und sicher sehr unerwartete Bemerkung Roncallis – sie überrascht ja, wenn wir die Geschichte hören, auch uns – etwas wie eine zurechtweisende Überführung des Diplomaten, der dem geistlichen Kollegen eine Falle stellen, ihn jedenfalls durch ein ‹obszönes› Photo in Verlegenheit bringen wollte. Eine Entgegnung auf die Bemerkung des Nuntius war kaum möglich – allenfalls ein lösendes Lachen, dem sich dann, ist zu vermuten, mit leichter Verzögerung, auch der unfeine Diplomat angeschlossen hat.

14. Ein «Sonderweg» des Deutschen – und die übliche Entsprechung: *Fuck off!/Verpiss dich!*

Das englische *to fuck* wird in einem normalen Wörterbuch Englisch/Deutsch mit ‹ficken›, ‹vögeln› wiedergegeben. So steht es zum Beispiel im «Langenscheidt Handwörterbuch Englisch, Teil I Englisch-Deutsch» (6. Auflage 1994). Dies ist die *direkte*, also nicht die *übertragene* Bedeutung des Zeitworts. Für uns hier ist sie eher uninteressant. Uns interessieren ja gerade die *übertragenen* Verwendungen. Da finden wir nun bei *fuck it!* als deutsche Entsprechung ‹Scheiße!›, und für *fuck you!* und *get fucked!*: «a) du Scheißkerl!, b) leck mich am Arsch!» Für das Zeitwort *to fuck up* steht deutsch: *versauen* und *vermasseln* und für *[all] fucked up ‹(total, im Arsch›*. Für *to fuck around* finden wir ‹herumgammeln› und für die Aufforderung *fuck off!* steht deutsch ‹verpiss dich!› Soviel zum Zeitwort. Nun zum Substantiv *fuck*.

Da finden wir *I don't give a fuck* übersetzt mit ‹das ist mir scheiß-egal›, und für *fuck!* als imperativischer Ausruf steht einfach *Scheiße!* Für das von *to fuck* abgeleitete Hauptwort *fucker*, das «Täterwort», das «nomen agentis», finden wir schlicht und neutral und ganz zutreffend *Kerl* und dann, negativ, *Scheißkerl*, für *poor fucker* steht *armes Schwein*. Zum Adjektiv *fucking* heißt es ‹verdammt, Scheiß… (oft nur verstärkend)›. *Scheiß-* also als verstärkendes und vulgäres, wenngleich natürlich überaus häufiges Präfix, so wie *fucking* ein verstärkendes Eigenschaftswort ist. Und für *fucking* etwa in *fucking cold* oder auch *fucking good* finden wir ‹saukalt› und ‹unheimlich gut, sagenhaft gut›; auch *saugut* hätte hier stehen können. *Fucking* ist also ambivalent, mit einem positiv getönten Wort verbunden ist es positiv. Da gibt es den hübschen Sprachwitz mit dem knappen Dialog im Restaurant: ein Gast, hereinkommend, ruft, schon von der Tür aus, dem Kellner zu: ‹A bloody beafsteak!›, und dieser fragt höflich zurück: ‹With fucking potatoes?› Unnötig zu sagen, dass der Witz auch darin liegt, dass mit ‹bloody› hier immerhin auch ‹blutend› gemeint sein kann, was englisch auch durch ‹underdone› bezeichnet wird, und in Italien heißt es ‹all'inglese›, in Frankreich ‹saignant›, also ‹blutend›.

Wenn man in diesem Lexikoneintrag die englischen ‹Originale› mit den deutschen Entsprechungen vergleicht, fällt sogleich auf, falls man es nicht schon wusste (aber so bekannt, obwohl der Befund so deutlich ist, ist dies gar nicht), dass einer *sexuellen* Ausdrucksweise im Englischen im Deutschen nahezu immer eine *exkrementelle* gegenübersteht. Oder, ‹auf Deutsch gesagt›, eine ‹Scheiße-Entsprechung›.

‹Auf Deutsch gesagt› – gerade diese Wendung unserer Sprache ist kennzeichnend, denn sie gehört genau zu dem Tatbestand, um den es geht. Sie besagt, dass deutlich und direkt gesprochen werden soll, auch ohne Umschweife und wörtersparend. Und praktisch kündigt sie in der Tat das Wort ‹Scheiße› an und hat insofern auch etwas Entschuldigendes; nicht selten wird dies auch explizit dazu gesagt: ‹Also dies ist, auf Deutsch gesagt, eine beschissene Situation› oder ‹Entschuldigen Sie, aber ich meine, der Mann ist, auf Deutsch gesagt, ein Arschloch›. Oder auch, etwas veraltet, ‹ein Scheißkerl›. Die Wendung unserer Sprache ‹auf Deutsch gesagt› oder auch ‹auf gut Deutsch gesagt› heißt ja, dass wir selbst diese Ausdrucksweise als unserer Sprache und unserer Art zu reden als angemessen empfinden. *Scheiße* also als Exponent von Deutlichkeit, von Deutlichkeit im Negativen, von Deutlichkeit dann auch durch *Steigerung*, denn *scheiß-* ist ja auch ein Präfix: ‹Also, hören Sie mal, es ist mir auf Deutsch gesagt scheißegal, was in dem Protokoll drinsteht!› Aus dem Englischen, dem Französischen, dem Spanischen ist eine analoge Wendung nicht bekannt: to say it in English, pour le dire en français, para decirlo en español… In anderen Worten: ‹auf Deutsch gesagt› sagt man nur auf Deutsch, die anderen Sprachen rekurrieren, um dergleichen anzukündigen, soweit ich sehe, nicht auf sich selbst. Im Französischen gibt es eine ähnliche Wendung, die aber doch nicht dasselbe meint: ‹en bon français›. Der «Petit Robert» umschreibt: «um klarer, einfacher zu sprechen», «plus clairement, plus simplement». Das ist etwas anderes. Man könnte auch sagen: die deutsche Klarheit und Einfachheit gehen in eine andere Richtung.

Und, weiterer Punkt: die Bewertung, um die es in ‹Scheiße› geht, ist nie ambivalent. Sie ist immer negativ. Und dies gilt auch für die Bewertung, die im Präfix *scheiß-* enthalten ist. Auch wenn sich dieses Präfix mit Wörtern verbindet, die für sich selbst positiv sind, wie etwa in *scheißhöflich, scheißfreundlich, scheißanständig*, ist dies so. Sie werden durch dies Präfix ins Negative gezogen und meinen dann etwas wie negative Varianten von etwas an sich Positivem.

Diese fehlende Ambivalenz ist bemerkenswert. Sie gilt zum Beispiel gleich für *sau-* als Präfix nicht: da gibt es nicht nur *saublöd, saudoof, saudumm*, sondern, wie gesagt, auch *saugut*. Und ‹saumäßig› kann auch, zumindest schwäbisch, aber sicher doch auch darüber hinaus, etwa eine Freude sein: ‹Also heeret'Se, dees frait mi aber etzt saumäßig!› Es klingt, zugegeben, wie eine Parodie, kann aber vollkommen ernst gemeint sein. Auch sogar und dann erst recht, wenn es unwahrscheinlicherweise heißt, eine Frau sei «saumäßig schön». *Scheiße* ist somit, locker geredet, in seiner Eindeutigkeit ein geradliniges, ein, man möchte sagen, redliches Wort.

Es gibt eine hübsche Stelle im Zweiten Teil des «Faust», die hierher gehört. Da tritt jener Schüler wieder auf, der im Ersten Teil in einer denkwürdigen Studienberatung durch Mephisto, der, in einen Talar gehüllt, so tut, als sei er der Professor Faust, über die Wissenschaften informiert wurde. In der Zwischenzeit aber ist der damals naive und lernwillig brave Schüler zum «Bachelor» (oder, damals, «Baccalaureus») aufgerückt und frech und aggressiv geworden. Da sagt er nun zu Mephisto, der wieder so tut, als sei er der nun zurückgekehrte Faust: «Im Deutschen lügt man, wenn man höflich ist». Das ist nun ein schöner Satz. Mit ihm antwortet der junge Mann auf den gemütlichen Tadel Mephistos «Du weißt wohl nicht, mein Freund, wie grob du bist».[13]

Zum Exkrementellen gehört indirekt, wie schon angedeutet, natürlich auch das Schwein, denn es steht nun einmal als Paradigma des gerade im exkrementellen Sinne Schmutzigen. Wie jener Lehrer treffend gesagt hat: «Das Schwein trägt seinen Namen zu Recht, denn es ist wirklich ein sehr unreinliches Tier.» Und *Sau*, das als Zusatzwort (*Sauwetter*) so wichtig ist, ist gegenüber *Schwein* emotional noch steigernd. Übertragen verwendet geht bei *Schweinerei* und *Sauerei* das Exkrementelle ins Sexuelle über: die beiden synonymen Wörter können sich sowohl auf das eine wie auf das andere beziehen. Und dann natürlich auf Übelstände der verschiedensten Art – sie müssen nur, seltsamerweise, irgendwie *menschlich* sein. Tiere machen keine Sauereien. Was den Unterschied zwischen *Sau* und *Schwein* angeht – ein Freiburger Bürgermeister sagte mir einmal über die Kandidatenliste seiner (und meiner) Partei zur Gemeinderatswahl: «Ja, also hören Sie, des ischt aber doch a Saulischte!» Er korrigierte sich dann abmildernd, als ich offenbar, obwohl ganz mit ihm einverstanden, ungewollt etwas erstaunt blickte: «Also, ich meine, des ischt doch a Schweinslischte.»

Bei *motherfucker* steht in unserem Englisch-Wörterbuch ‹Scheißkerl›, aber diese ‹Übersetzung›, die im Übrigen ja unseren Befund völlig bestätigt, ist nun, wie gesagt, leicht altertümlich, besser wäre hier doch wohl ‹Arschloch›. Denn so ungenau ‹wortwörtlich› die Entsprechung *motherfucker – Arschloch* sein mag, so genau trifft die Übersetzung doch in dem Sinne zu, dass wir deutsch sehr oft in analogen Situationen *Arschloch* sagen, wenn englisch *motherfucker* gesagt wird und umgekehrt. Und darauf, was man also in gleichen oder sehr ähnlichen Situationen sagt, kommt es an: dies heißt in solchen Fällen eigentlich ‹Übersetzung›. Ein solcher Ausdruck, wenn er in der bestimmten Situation, die das Original meint, *normal*, also erwartbar erscheint, ist dann zutreffend übersetzt, wenn der Ausdruck der Sprache, in die übersetzt wurde, möglichst genau dem entspricht, was in eben dieser Situation in der *anderen* Sprache *normalerweise* gesagt wird.

Was *verpiss dich!* angeht, so gibt es allerdings auch im Englischen das dort ebenfalls häufige *piss off!* Und unser nicht sehr altes *verpiss dich!* kommt ja wohl daher. Doch ist dies hier unerheblich, denn es ändert nichts an der Tatsache, auf die es hierbei ausschließlich ankommt, dass wir, wenn englisch ‹fuck off› gesagt wird, nicht ‹vögle dich weg› oder ‹bums dich weg!› oder ‹fick dich weg› sagen, sondern eben *verpiss dich!* Abstrakt formuliert: wenn englisch eine Metapher aus dem Sexuellen steht, steht deutsch eine aus dem Exkrementellen oder, aber dies ist dann pure und letztlich gleichgültige Wortwahl, aus dem ‹Fäkalischen›, dem ‹Skatologischen› oder, mit Freud, dem ‹Analen›. Somit, um auf unser Englisch-Wörterbuch zurückzukommen und von einem nun wirklich typischen Beispiel her: die englisch-deutsche Entsprechung *fuck off! – verpiss dich!* ist absolut die Regel.

Dieses Ergebnis ist schon als solches interessant genug. Aber wir erhalten es nicht nur, wenn wir das Deutsche und das Englische vergleichen. Sonst wäre es ja für das Englische bemerkenswert und nicht für das Deutsche! Nein, wir erhalten es auch, wenn wir vom Deutschen aus, was wir im Ansatz ja schon getan haben, ins Französische blicken. Und dann auch in die *anderen* romanischen Sprachen, von denen wir das Italienische und das Spanische schon etwas herangezogen haben.

Aber das Ergebnis ‹Sonderstellung des Deutschen› erhalten wir nicht nur, wenn wir es mit dem Englischen und den romanischen Sprachen vergleichen. Es zeigt auch ein Vergleich des Deutschen mit dem ihm so nahen Niederländischen; dasselbe gilt aber auch für den Vergleich auf der östlichen Seite, also mit dem Polnischen, dem Tschechischen, dem Serbischen und dem Kroatischen (früher sagte man ‹serbokroatisch›, dann wurden durch die politische Trennung aus der vormals *einen* plötzlich zwei offenbar völlig verschiedene Sprachen); auch der Vergleich mit dem Russischen führt, immer natürlich mit Unterschieden im einzelnen, zu demselben Ergebnis, kurz, es gilt auch für alle *slawischen* Sprachen. Und es gilt zudem für das Ungarische und für das Türkische auch, für zwei Sprachen also, die gar nicht, wie alle bisher genannten, zur sogenannten ‹indogermanischen› Sprachfamilie gehören. Also: man darf, ja man *muss* hier von einem «deutschen Sonderweg» sprechen. Oder, richtiger: von einem *deutschsprachigen*. Ich kann nichts gegen die Tatsachen.

Dies ist doch ein Ergebnis – oder? Wir Deutschen oder wir Deutschsprachigen unterscheiden uns in diesem Punkt von zumindest sehr vielen Sprachen – und gerade von denen unserer *Nachbarn*. Und davon haben wir ja besonders viele. Mehr als jede andere Sprache in Europa. Trotzdem sind wir ‹in puncto puncti› etwas wie eine Insel. Und ganz unwichtig, um dies auch gleich zu sagen, ist dies nicht, weil einiges damit zusammenhängt. Es geht ja ganz allgemein um das kräftige, früher hätte man bedenkenlos gesagt das *männliche*, das Männlichkeit stark hervorkehrende Sprechen. Es geht um das Schimpfen, das Fluchen, das Beleidigen, das Herabsetzen, das Drohen, das Imponieren, das Äußern von Unwillen, das Verstärken des Ausdrucks, um Kraftworte und Kraftwörter, um das Signalisieren von starker emotionaler Beteiligung oder auch um den ungewollten, quasi unvermeidbaren Ausdruck solcher Beteiligung, aber dann auch wieder, auf der anderen Seite und weniger speziell ‹männlich›, um das gemütliche, das unsteife, lockere, das ungezwungene und gerade auch deshalb deutliche Sprechen.

Natürlich muss man sich darüber im Klaren sein, dass die Begriffe ‹männlich› und ‹weiblich› hier (wie auch sonst) nicht viel weiterhelfen und heute noch weniger als früher. Es ist nur so, dass man schlecht ganz an ihnen vorbeikommt, und ein *Zusammenhang* (wir werden noch mehrfach auf ihn stoßen) ist da schon. Eigentlich geht es aber um einen Bestandteil dessen, was man in der Sprachwissenschaft seit einiger Zeit mit einem guten neuen Ausdruck, der sich endlich herumzusprechen begonnen hat, «Nähesprache» oder «Nähesprachlichkeit» nennt.[14] Damit ist ein mündlich geprägtes, also ungezwungenes Sprechen gemeint, wie es sich unter solchen, die sich nahestehen, von selbst ergibt. Dem stünde dann «Distanzsprachlichkeit» gegenüber – ein Sprechen oder Schreiben aus der Distanz heraus, ‹Distanz› hier in einem ganz neutralen Sinne gemeint. Was ich auf diesen Seiten anvisiere, ist beileibe nicht die *ganze* «Nähesprachlichkeit»: es ist nur ein wichtiger Teil von ihr und einer, der sie ganz besonders kennzeichnet, weil in ihr die Hemmschwelle zum Familiären und auch zum Vulgären herabgesetzt ist. «Nähe» gehört ja überhaupt zum Vulgären. Genauer: das Vulgäre, das uns hier interessiert, impliziert stets «Nähe», stellt sie vulgär her, aber natürlich impliziert «Nähe» nicht umgekehrt vulgäres Sprechen.

Und wenn immer es um *solches* Sprechen geht, sind wir Deutschsprachigen anders und zwar *sehr* anders. All dies muss nun aber, bevor wir weitergehen, zumindest ansatzweise vorgeführt werden. Es muss *gezeigt*, also belegt und bewiesen werden. Denn Beweisen kann auf diesem Feld nur eben ein vielfältiges Zeigen sein. Und dann, auch sehr wichtig (ich höre längst das Gemurmel mäkelnder Einwände), gilt es in der Tat zu differenzieren. Denn, wie die Franzosen in solchen Fällen und unvermeidliche Komplikation andeutend und sie quasi entschuldigend sagen: ‹nichts ist einfach›, ‹rien n'est simple›. Aber man darf doch, bei allem notwendigen Differenzieren, Unterschiede, wo sie wirklich klar vorliegen, nicht unter Hinweis auf Komplexität negieren.

Daher noch einmal diese allgemeine Aussage, die richtig bleibt, auch wenn wir sie differenzieren müssen: das Deutsche unterscheidet sich in dem Punkt, der uns hier interessiert, nämlich in der *übertragenen* Verwendung von Ausdrücken für Sexuelles, von den Sprachen seiner nahen und entfernteren Nachbarn. Und insofern unterscheiden sich dann auch – freilich nur insofern – *alle* Deutschsprachigen von ihren nahen oder weiter entfernten Nachbarn. Dies heißt aber auch, denn es ist hierin enthalten: die Deutschsprachigen, die Deutschen, die Österreicher, die alemannischen Schweizer, gehören zusammen, bei allen großen Unterschieden, die es ja – nicht nur sprachlich – schon in Deutschland selbst gibt. Sie gehören *zusammen* auch gerade in dem nicht unwichtigen Punkt, der unser Thema ist.

15. Beide sind wichtig: die Gemeinsamkeiten der Sprachen und die Unterschiede zwischen ihnen

Ich werde Ausschau halten, zunächst im Deutschen selbst, dann in anderen Sprachen. Mein Interesse hier ist nun einmal *vergleichend*. Ich will ja wissen, wie das Deutsche in diesem Punkte *ist*. Also interessieren mich hier, wenn ich vergleiche, sowohl die Gleichheiten und Ähnlichkeiten als auch die Unterschiede.

Es ist merkwürdig und von der Sache her irritierend, dass es, was dies angeht, schon seit einiger Zeit, gleichsam zwei Familien von Sprachwissenschaftlern gibt. In der einen interessiert man sich fast nur für die Unterschiede. Da kann man nicht genug Unterschiede finden und verliert sich dabei gerne in Details. Ziemlich abrupt aber versiegt in dieser Familie das Interesse, wenn es um die Frage geht, was denn möglicherweise in *vielen* oder vielleicht gar in *allen* Sprachen *gleich* ist. Man interessiert sich da eigentlich nicht für das, was die Sprache als solche, die Sprache überhaupt, also als Bestandteil des Menschlichen, ist. Dies lässt diese unphilosophischen Sprachwissenschaftler seltsam kalt. In der anderen Familie hingegen (und in ihr versammeln sich eher die modernen und postmodernen Sprachgelehrten) interessiert man sich fast nur für das allen Sprachen *Gemeinsame*, da will man nur wissen, was Sprache *überhaupt* sei. Und dort ist es so, dass man dies nicht wissen will, sondern schon weiß. Man sucht gar nichts mehr. Was Nietzsche einmal über Philosophen sagte, dass sie nämlich «nur solche Fragen stellen, auf die sie auch eine Antwort wissen», gilt in jeder Hinsicht für sie. Sprache, wird da unterstellt, ist nichts anderes – immer dieses leichtfertig verhängnisvolle ‹nichts anderes› – als ein genetisch mitgebrachter «Satz von Regeln», «a set of rules», den also der neu Geborene schon hat, schon als Embryo hatte und bloß noch anwendet, um dann im Detail die sprachliche Umwelt zu erkunden, in die er hineingeriet. Und damit hat er nicht erst nach der Geburt, sondern womöglich schon im Mutterleib begonnen. Eines vor allem weiß man in dieser Familie sehr genau: es gibt nichts Uninteressanteres, nichts Langweiligeres als Unterschiede. Und wenn mir hier ein polemischer Zusatz gestattet ist: die Unterschiede sind für diese oft rein anglophonen und anglographen Sprachforscher in der Regel dann nur all das langweilig Ärgerliche, das anderswo *nicht* so wie im Englischen ist. Ich interessiere mich dagegen für beides – für die die Gemeinsamkeiten *und* für die Unterschiede. Und dort, wo Differenzierung geboten ist, weil die beobachtete sprachliche Wirklichkeit dazu *zwingt*, werde ich auch differenzieren. Betrachten wir also, bevor wir ausschwärmen in die Nachbarschaft, zunächst einmal – ‹in puncto puncti› – unsere eigene Sprache.

16. Was man mit *Scheiße* alles machen kann

In einer der zahllosen Karikaturen der alten und berühmten satirischen englischen Zeitschrift «Punch» sieht man einen Zahnarzt mit dem Bohrer in der Hand. Er sagt zu seinem Patienten, den man nicht sieht und den er offenbar schon eine Weile traktiert hat: «Nun möchte ich Sie bitten, bei dem Teil, der jetzt kommt, besonders tapfer zu sein», «Now I want you to be particularly brave about the next part». Mir selbst ist, was jetzt folgt, unangenehm. Und dies nicht nur, weil ich weiß, dass es für die Leser unangenehm ist, und bei diesen denke ich hier mehr noch als sonst an die Leserinnen. Aber es muss sein. Es muss hier einigermaßen vollständig zusammengestellt werden, was alles man mit den Wörtern *Scheiße* und *scheißen* machen kann. Der seltsame Reichtum des Deutschen hier muss vorgeführt werden. Übrigens ist Ihnen das meiste von dem, was ich ausbreiten muss, ja bekannt. Betrachten Sie also dieses Kapitel als unvermeidliche Rekapitulation!

Was die Etymologie von *scheißen* angeht, erfahren wir überrascht, dass *scheißen* und *scheiden* zusammengehören. Die beiden Wörter sind, etymologisch gesehen, dasselbe Wort. Doch legt sich die Überraschung nach kurzer Überlegung, denn schon bei *ausscheiden* sind wir ja in evidenter Nähe, weshalb mich die Rede etwa von einem ‹ausscheidenden Präsidenten› oder ‹Minister› stört: man sollte ‹der scheidende Präsident› oder ‹Minister› sagen. Das etymologische Wörterbuch «Kluge-Seebold» verweist uns also bei *scheißen* auf *scheiden*. Die natürlich bloß erschlossene indogermanische Grundlage für beide Wörter ist *skēi*; im Germanischen kommt da am Ende ein -t dazu, das im englischen *shit* noch da ist und das wir ja auch in dem norddeutsch umgangssprachlichen *Schiet* haben. Wenn *scheißen* und *scheiden* zusammenhängen, wäre also die Feststellung ‹Scheidung ist Scheiße› – rein etymologisch betrachtet – einwandfrei. Doch habe ich ja schon gesagt, dass die Berufung auf Etymologie, wenn es um die Beurteilung von Wirklichkeiten *außerhalb* der Sprache geht, oft in die Irre führt (Kap. 10 und 45).

Geht man von der gegenwärtigen Sprache, also vom Sprachbewusstsein aus, ist das Grundwort das Zeitwort. Das heißt: *Scheiße* ist eine Ableitung von *scheißen*, nicht umgekehrt *scheißen* eine solche von *Scheiße*. Das Hauptwort kommt hier also vom Zeitwort her, und eben so, als ein *vom Zeitwort abgeleitetes*, ist es in uns, in unserem *Sprachbewusstsein*, lebendig. Ich will dies hier nur andeuten, da es nicht zu dem gehört, was ich zeigen will.[15]

In der Sprachwissenschaft bezeichnet man Ableitungen wie *Scheiße* von *scheißen* auch als «Nullableitungen»: Hauptwörter also, die *ohne* eine spezielle Endung (Suffix) von Zeitwörtern abgeleitet worden sind. Und ‹Null› meint eben, dass da schlicht kein Suffix ist, wie wir es etwa in der Ableitung *Bildung* von *bilden* haben, wo also ein Hauptwort mit einem Suffix, hier *-ung*, von einem Zeitwort abgeleitet wurde. Es gibt also Ableitungen, dieser und anderer Art, *mit* Suffix und andere *ohne* Suffix. Im letzteren Fall, «Nullableitung», wird somit einfach die Endung des Zeitworts weggelassen und der Artikel hinzugefügt, so wie etwa in *der Kauf* abgeleitet von *kaufen* oder in *der Verkauf* von *verkaufen*. Solche «Nullableitungen» können also weiblich oder männlich sein – *der Kauf, die Rede*. Und es kann ja auch die Grundform, der Infinitiv, jedes Zeitwortes allein durch den diesmal *sächlichen* Artikel zum Hauptwort gemacht werden: *das Kaufen, das Reden*. Die Grundform eines Zeitworts ist ja im Deutschen (und nicht nur im Deutschen) die Hauptwortform des Zeitworts. Also kommt man eigentlich auf drei Wegen von einem Zeitwort zu *einem Hauptwort: über den Infinitiv (das Kaufen), die Suffixableitung (die Teilung)* und die «Nullableitung» (*der Kauf*).

Hier nun bei unserer «Nullableitung» vom Zeitwort *scheißen* haben wir gleich den besonderen Fall, dass es zwei «Nullableitungen» gibt: eine weibliche und eine männliche: *die Scheiße* und *der Scheiß*, und zwischen diesen beiden Ableitungen, zwei Hauptwörter von einem und demselben Zeitwort abgeleitet, gibt es inhaltliche Unterschiede. Dann gibt es auch noch die Ableitung *Schiss*, etwa in dem außerordentlich häufigen *Schiss haben* oder auch etwa in *Muckenschiss* (etwas sehr Kleines). *Schiss* ist entschieden weniger grob als *Scheiße* und

Scheiß. Zudem gibt es das genannte norddeutsche *der Schiet,* das zunächst einfach die niederdeutsche Entsprechung von *Scheiß* ist, die aber dann, wie der «Kluge-Seebold» richtig feststellt, «als Hüllwort weitere Verbreitung gefunden hat». *Schiet* ist ein abgemildertes Wort für *Scheiße.* Mit «Hüllwort» ist gemeint, was man mit dem Fremdwort ‹Euphemismus› nennt: in der Tat ist *Schiet* nicht so drastisch wie *Scheiße* oder *Scheiß.* Da ist nun wieder ein kennzeichnender Reichtum: gleich drei Hauptwörter von demselben Zeitwort abgeleitet (*Scheiße, Scheiß, Schiss*) und die Variante *Schiet.*

Zu *Scheiße* gibt es bekanntlich auch den noch immer gängigen Euphemismus, das Hüllwort *Scheibenhonig* (der Duden definiert: «umgangssprachlich verhüllend *Scheiße*»). Auch *Scheibenkleister* ist hier zu nennen. Aus meiner Jugend erinnere ich mich an die Verse: «Ach schwätzt doch keinen Scheibenkleister!/VFB bleibt deutscher Meister» (also der VFB Stuttgart). Angeblich gibt es, was das Lautliche angeht, auch eine aristokratische Aussprache von *Scheiße,* die lautet, als würde das Wort mit ‹oi› geschrieben: Schoiße. Als Verstärkung haben wir dann noch oder immer noch die *Schifferscheiße* (‹dumm wie Schifferscheiße›) und dann die Aussprache mit langgezogenem ‹Schschschsch›. Aber diese Variante kann auch etwas wie ein Zögern signalisieren oder ein Innehalten, und in der Tat belässt es der oder vielleicht immer noch mehr *die* Sprechende oft bei diesem Zisch-Laut.

Was den Inhalt angeht, kann sich das Wort *Scheiße* als Ausruf auf eine Situation beziehen, in dem es diese einfach als negativ kennzeichnet – *Scheiße* als Situationskennzeichnung. Dann kann es sich aber auch konkret (und natürlich wieder negativ) auf jemanden beziehen: ‹Du, der ist echt Scheiße›. Oder als Eigenschaftswort gemeint: ‹Ich finde, was du sagst, echt scheiße›. Oder: ‹diese Musik›, ‹diese Frisur› (oder was immer), ist scheiße›. Oder auch als Adverb: ‹Der hat diesmal echt scheiße gespielt›.

Scheiße und auch *Scheiß* sind ohne jede Ambivalenz negative Wörter. Sie können sich nur auf klar negativ Bewertetes beziehen. Und sie sind, wenn man nicht schon von vorneherein in diesem Bereich ist, unter dem Gesichtspunkt des ‹Stils› der klare und sozusagen klassische Durchbruch zum derb Familiären. Unter Umständen, süddeutsch mehr als norddeutsch, denke ich, auch der Durchbruch zum Gemüt-

lichen. Helmut Schmidt hat als Bundeskanzler *Scheiße* in sehr unge-
mütlichem Zusammenhang einmal im Bundestag gebraucht, als er bei
einer Gelegenheit einen Rückblick auf das von seiner Generation Erlebte gab. Da sagte er, nachdem er von der Not nach dem ersten Krieg
und einer leichten Besserung einige Jahre danach gesprochen hatte und
nun auf die Inflation kam: «Dann ging die Scheiße wieder los ...». Da
gab es erstaunte Zwischenrufe, die sich natürlich darauf bezogen, dass
er hier einen kaum als parlamentarisch zu betrachtenden Ausdruck gebraucht hatte. Er stellte sich aber dumm und sagte insistierend bloß:
«Ja bitte, ja bitte, so war's doch!»

Die männliche Form *der Scheiß* findet sich etwa in ‹Sag keinen
Scheiß!› oder und mehr noch in ‹Mach keinen Scheiß!› Dann vor allem
in der häufigen Wendung: ‹ohne Scheiß!›, womit ja gemeint ist: ohne
Sums, ohne Blabla, ohne Täuschungsabsicht. ‹Du, also hör mal zu, ich
mein's echt ohne Scheiß!› Dann auch: ‹Ich hab keine Lust, bei jedem Scheiß erst zu fragen›. Man kann also nicht sagen: ‹Mach keine
Scheiße!› oder ‹Sag keine Scheiße!› oder ‹Du kaufst jede Scheiße› oder
‹ohne Scheiße› oder ‹bei jeder Scheiße fragen›. In all diesen Fällen ist
nur *Scheiß* korrekt. Umgekehrt kann man nicht eine Situation mit
‹Scheiß!› kennzeichnen oder über jemanden sagen ‹Der ist echt Scheiß›.
Auch *im Scheiß stecken* oder *aus dem Scheiß ziehen* oder *der Scheiß
geht wieder los* wären abweichend inkorrekt. Im letzteren Fall bin ich
nicht ganz so sicher. Jedenfalls gibt es Korrektheit auch im Vulgären.
Grammatik ist in der Sprache überall, nicht nur wenn die Schule sich
dafür interessiert. Zuweilen gibt es allerdings auch Austauschbarkeit:
‹Der hat nur Scheiße im Kopf›. Da ginge ‹Scheiß› auch, aber es wäre
dann doch etwas leicht anderes gemeint. Denn dies gilt allgemein als
Unterschied zwischen den beiden Wörtern: *Scheiße* ist konkreter,
meint den ‹Kot› direkt (‹Ich bin in Scheiße getreten›), während *Scheiß*
mehr übertragen Verwendung findet und auch das sozusagen mildere
oder doch weniger scharfe Wort ist.

Dann gibt es den *Scheißhaufen*, den *Scheißdreck* (‹Das geht dich
einen Scheißdreck an›), den *Scheißkerl* und das *Scheißhaus*, welch
letzteres derb eine Toilette bezeichnen kann, aber auch analog etwa zu
Scheißauto oder *Scheißkarren* ein minderwertiges Haus. Im Fall von
Scheißhaus gleich ‹minderwertiges Haus› ist *Scheiß-* schlicht ein ab-

wertendes Präfix, was es ja überhaupt sehr häufig ist, also ein Element der Wortbildung zur differenzierenden ‹Bereicherung› für Haupt- und Eigenschaftswörter: *Scheißkram, Scheißding, Scheißmusik, Scheißessen, Scheißpolitik, scheißegal, scheißvornehm, scheißfreundlich, scheißhöflich, scheißliberal* (*scheißliberal* war ein zentraler negativer Begriff der legendären Achtundsechziger – die ‹liberalen Scheißer› unter den Älteren, also konkret unter den Professoren, waren für sie weit schlimmer, weil perfider, als diejenigen, die sozusagen auf redliche Weise konservativ oder gar reaktionär waren: die liberalen Professoren brauchten lange, bis sie dies als Kompliment verstanden – man hatte sie doch noch nicht ganz aufgegeben). Dann können besonders Eigenschaftswörter, die etwas Negatives bezeichnen oder etwas, das im konkreten Fall als negativ bewertet wird, durch das Präfix *scheiß-* verstärkt werden, also etwa (das ist dann natürlich eine endlose Reihe): *scheißkalt, scheißheiß, scheißblöd, scheißdumm, scheißeilig, scheißlangsam*…

Nun zum Zeitwort. Auch und vor allem mit *scheißen* kann man vieles machen. Zählen wir auf: *auf etwas scheißen*, das ist also ein heftiger, oft das Gespräch geradezu abbrechender Ausdruck von Gleichgültigkeit oder Ablehnung (‹ich scheiß drauf›); dann natürlich *jemanden bescheißen*. Als Kind hörte ich einmal von einem Ausländer ‹Man hat mich überschissen›, was mir und meiner Mutter (mein Vater war noch nicht vom Krieg zurück) damals witzig vorkam, weil es noch drastischer und anschaulicher als *bescheißen* ist – also gleichsam von oben nach unten, jedenfalls blieb mir dieser, finde ich, ‹gute› Fehler im Gedächtnis, so dass ich ihn hier nicht unterdrücken kann.

Dann *jemanden anscheißen*, also heftig kritisieren, wozu diesmal sozial die Richtung von oben nach unten gehört (seinen Vorgesetzten kann man eigentlich, auch wenn man ihm gegenüber ausfällig wird, nicht ‹anscheißen›), zu *anscheißen* gehört auch das Hauptwort *Anschiss* (‹einen Anschiss› oder etwa auch ‹einen Riesenanschiss bekommen›); dann, natürlich wieder von oben nach unten, *jemanden zusammenscheißen*, also ‹ganz und gar fertigmachen› (‹Sein Chef hat ihn saumäßig zusammengeschissen›); dann die Wendung *es bei jemanden verschissen haben*, also ‹es mit jemandem völlig verdorben haben› (‹der hat es bei mir verschissen› oder ‹ich habe es bei dem verschissen›), in den Studentenverbindungen gab es seinerzeit quasi offiziell den *Verschiss*, womit gemeint war, dass mit dem Betreffenden der Verkehr abgebrochen wurde, hierzu dann die feste Wendung *jemanden in den Verschiss tun* (das war dann so etwas wie der offizielle Beschluss einer Verbindung gegen jemanden, also auf Abbruch jeden Kontakts); dann *verscheißern*, also ‹jemanden verspotten›, ‹dem Spott preisgeben› (‹Du, der hat dich gestern, nachdem du weg warst, ziemlich verscheißert›); dann das Partizip *beschissen*, etwa im Sinne von ‹mir geht es beschissen›, was also mit betrogen (‹er hat mich beschissen›) rein gar nichts zu tun hat, sondern die pure, die ungetrübte Negativität meint (Helmut Schmidt bei Amtsantritt von Obama: «Nie hat je ein neuer Präsident eine so beschissene Situation vorgefunden...» oder, wie ich einmal in einer Diskussion hörte: «Du, also, hör mal, mit diesem Begriff kommst du auf 'ne ganz beschiss'ne Ebene»); man kann auch einfach, statt bloß eben anzukommen, *angeschissen kommen* (‹der kam dann auch noch angeschissen›); und dann wird vom Zeitwort abgeleitet der Täter bezeichnet, also ein «Tätername» geschaffen, ein «nomen agentis», hier also *Scheißer*: ‹Ach, weißt du, das ist ein armer Scheißer›, was, entsprechend dem zuvor Gesagten, genau dem englischen *poor fucker* entspricht, bei uns wäre auf der deutschen exkrementellen Linie auch ‹armes Schwein› verfügbar, dann natürlich gibt es noch immer, obwohl weniger häufig geworden, den alten, geradezu klassischen *Hosenscheißer*, also einen Mann, der Angst oder, wie man auch sagt ‹die Hose› oder einfach ‹sie gestrichen voll› hat, wobei das mit dem ‹gestrichen› ja ungeheuer konkret ist. Der Ausdruck scheint sich eher nur auf Männer zu beziehen. Von *Hosenscheißerinnen* habe ich jedenfalls noch nichts gehört. Ja, und den *Schleimscheißer* gibt es sehr charakteristischerweise auch, denn da geht es sozusagen um einen negativen oder noch negativeren *Scheißer*, einen, der nicht einmal das richtig kann.

Was die reine Negativität von *Scheiße* angeht, kenne ich von *Scheißer* aus meiner schwäbischen Heimat allerdings die klar positiv besetzte Variante mit der Verkleinerungsform *Scheisserle*, die immerhin auch der «Duden» verzeichnet: ‹landschaftlich familiär Kosewort für einen Säugling, ein Kleinkind›. In der Tat: «Jo, so a nett's Scheißerle!» ist, als Kompliment etwa für die Eltern, ganz und gar so, nämlich als reines Kosewort, gemeint. Auch «Soicherle» habe ich so gehört, und es ist ja nur konsequent, dass da dann auch *seichen* ‹harnen›, wie der «Kluge-Seebold» definiert, hinzugenommen wird. Natürlich ist dies, da es ja um sehr kleine Kinder geht, ein Sonderfall. Es bleibt, meine ich, von solchen spezifischen Verwendungen abgesehen, bei der unvermischten Negativität von *Scheiße*.

17. Und mit den Wörtern um *Scheiße* herum

Dann ist zu beachten, dass es zu *Scheiße* und *scheißen* Wörter gibt, die inhaltlich in großer Nähe sind, was wir ja eben schon bei *Schwein* feststellten. Man hat, wie gesagt, in der Sprachwissenschaft im Blick auf dieses interessante Phänomen ganz allgemein von «Trabantenwörtern» gesprochen. Das Phänomen besteht darin, dass sich um zentrale Wörter, die Begriffe bezeichnen, die affektiv besonders herausragen, sich *andere* Wörter trabantengleich hinzugesellen. Dahinter steht das Bedürfnis, dasselbe etwas anders, also leicht verschieden, zu sagen.

Hier dürfen und müssen wir uns auf die alte Rhetorik berufen. Sie sprach davon, dass es für die Wirkung wichtig sei, «über *dieselbe* Sache auf verschiedene Weise zu *reden*», «de eádem re váriē dícere». Sie meinte damit: abwechseln, variierend reden, und dies heißt in aller Regel – mit anderen Wörtern. Der «Menge der Wörter», der «cōpia verbōrum», galt das berechtigte Staunen der Rhetorik im Mittelalter, und also musste diese von der Sprache selbst geschaffene und dem Sprechen angebotene Wortmenge in der künstlichen, der hergestellten Rede, auch in der Poesie, fruchtbar gemacht werden. Eben dies finden wir auch auf *diesem* Feld, wo es gewiss an affektiver Beteiligung am allerwenigsten fehlt. Also: «über dasselbe in verschiedener Weise».

Ein Trabantenwort zu *Scheiße* und *Scheiß* wurde oder ist jetzt im Sprachbewusstsein das Wort *Stuss*, das eigentlich ganz woanders herkommt, nämlich aus dem Jiddischen und letzlich aus dem Hebräischen und ‹Unsinn› bedeutete. ‹Stuss reden› oder ‹verzapfen›, und ‹Stuss machen›, dann auch den Ausruf ‹So ein Stuss!› empfinden wir als ganz in der Nähe von *Scheiß*. Und daher kommt auch seine Härte. Natürlich ist es weniger drastisch als direkt *Scheiße* oder *Scheiß*. Übrigens kam, wie mir der Schriftsteller Asher Reich aus Tel Aviv mitteilte, aus dem Jiddischen das Wort *Dreck* ins Ivrith, das da direkt ‹Scheiße› bedeutet. Statt *bescheißen* sagt man auch – und wieder als «Hüllwort» *–anschmieren*. Man kommt nicht gleich darauf, dass damit eigentlich dasselbe gemeint ist. Aber es ist unabweisbar. Dies gilt wohl auch für die Wendung ‹im Eimer sein›, also etwa ‹die Sache ist im Eimer›, womit gemeint ist, dass sie leider negativ abgeschlossen ist und zwar definitiv – es ist nichts mehr zu machen. Gut: ‹Die Sache ist vorläufig im Eimer› ginge schon auch, aber da klärt ja ‹vorläufig› das Gemeinte. Und dann ist ‹im Eimer› doch nicht immer negativ – es kann auch positiv sein, ist also ambivalent. Man denke hier auch an das positiv eingeschätzte ‹zu Potte kommen› – ‹der kommt einfach nicht zu Potte› (vielen ist gewiss das Bild, das sie da gebrauchen, gar nicht klar – es entspricht ja auch einer längst vergangenen Realität: es geht um das, was ‹Nachttopf› hieß, ein Gefäß, das man, für alle Fälle, neben das Bett stellte, wobei man wissen sollte, dass in vielen alten Wohnungen das Klosett gar nicht in der Wohnung, sondern außerhalb, etwa im Treppenhaus, war). Ein Kollege von mir pflegte von Studenten zu sagen, die mit ihrer Doktorarbeit nicht fertig wurden, sie seien «hartleibig», womit er bei demselben Bild, bei derselben Metapher war. Bei *Wurst* – und so verwendet wird das Wort ja meist ‹Wurscht› ausgesprochen – mag man mit der Scheiße-Assoziation zögern, ausschließen kann man sie aber sicher nicht: die Parallele von ‹ist mir wurscht› und ‹scheißegal› ist ja doch schwer abzuweisen. ‹Das ist mir scheißwurscht› habe ich übrigens noch nicht vernommen. Natürlich gehören auch *das stinkt mir* und *in die Hose gehen* (‹das ging aber deutlich in die Hose!›), wobei diese Wendungen kaum anstößig sind oder weit weniger, als es zu erwarten wäre. Und *Mist* gehört natürlich auch in diese Reihe – ein sozusagen immer mögliches Ersatzwort für *Scheiße*. «Opposition ist Mist», sagte Franz Müntefering seinerzeit, als er noch nicht in der Opposition war. Und dann ist natürlich *kacken* ein anderes regelrechtes Trabantenwort, ein Synonym geradezu, und das Hauptwort *Kacke* also auch (‹Jetzt ist die Kacke am Dampfen›), und die Wendung ‹ich habe das total verkackt› oder ‹ich hab' die Prüfung voll abgekackt› ist neuerdings bei den Jungen nicht selten und meint, dass das Ergebnis alles andere als gut gewesen ist.

An Stelle des Präfixes *scheiß-* kann auch *sau-* oder *schweine-* stehen: *saukalt, schweineteuer.* Und vom *Scheißkerl* ist es zum *Schweinehund* und *Sauhund* nicht weit. Es scheint mir aber, dass der *Schweinehund* ein Sonderfall ist: die Bezeichnung ist nicht nur negativer als *Scheißkerl,* sondern auch als *Sauhund,* obwohl ja *Sau-* eigentlich eine Steigerung ist gegenüber *Schwein-.* Im *Schweinehund* treffen wir ja das speziell deutsche Mischtier, denn wir empfinden da, vom Bild her, die gleichzeitige sich gegenseitig negativ aufladende Anwesenheit von Hund und Schwein. Der Fall ist etwas besonderes, nicht nur weil also *Schweine-* hier nicht eigentlich ein *Hund* verstärkendes Präfix ist, sondern weil hier auf der moralischen Sauerei, dem inneren Schmutz insistiert wird, mehr als in *Scheißkerl* oder *Saukerl* oder auch in *Sauhund.* Bekanntlich gibt es ja auch den ‹inneren Schweinehund›, womit das allgemein Negative, das in uns ist, zusammengefasst wird – eine Art von sprachlicher Anerkennung im Deutschen dessen, was theologisch die «Erbsünde» ist. Kant sprach philosophisch, aber dazu analog (was die Idealisten ihm seinerzeit übelnahmen), von dem «krummen Holze», aus dem der Mensch nun einmal gemacht sei und gar von dem, abstrakter gesagt, «radikal Bösen» in ihm.[16]

Denkwürdig im Rückblick die Feststellung des SPD-Politikers Kurt Schumacher seinerzeit im Reichstag, natürlich *vor* der sogenannten Machtergreifung, wonach der Nationalsozialismus nichts anderes sei «als der unausgesetzte Appell an den inneren Schweinehund im Menschen». Allerdings ist zu konzedieren, dass der in unserer Sprache vorgegebene ‹innere Schweinehund› (und diese Vorgabe prägt uns ohne Zweifel ein wenig) faktisch doch zumeist (und sie mag man nun als ‹typisch deutsch› betrachten) auf etwas wie ‹Trägheit› und ‹Arbeitsunwilligkeit› reduziert wird. Helmut Schmidt im Gespräch – «Auf eine Zigarette» – mit Giovanni di Lorenzo: «Sind Sie ein Autor, der unter Schmerzen schreibt, oder macht Ihnen das Schreiben auch Spaß?» – «Es macht mir Spaß, aber erst, wenn ich in Gang gekommen bin; den Arbeitsrhythmus wieder zu finden ist das Problem. – Den inneren Schweinehund zu überwinden. – Das meine ich.»[17]

Übrigens war mit *Schweinehund,* wie es scheint, ursprünglich tatsächlich ein Hund für die Schweine gemeint, also einer für den Schweinehirten, der früher, als die Schweine in den Wald getrieben wurden, sehr wichtig war (der Wald war ja vormals, im Mittelalter, auch Weidegebiet). Danach hat sich die Bedeutung im Sinne jenes Mischtiers gewandelt. Ein solches meint ja auch der ebenso bekannte *Schweinigel*, der sich als Schimpfwort (und *Schweinigel* ist ja *nur* ein Schimpfwort, allerdings kein allzu heftiges) auf die Freude am äußeren und inneren Schmutz bezieht, während *Schweinehund* vor allem auf Gemeinheit, also auf das Moralische zielt. Und diese Bedeutung sagt, nebenbei, auch etwas aus über die implizite Bewertung dieser beiden Tiere, was beim Schwein nicht überrascht, aber doch einigermaßen beim Hund, dem treuen Freund (was sicher nicht nur für uns Deutsche, sicher jedoch auch für uns gilt). Aber unsere Sprache sagt es anders. Die Ausdrücke ‹Du Hund!› und ‹Das ist ein ganz gemeiner Hund!› sind ja auch nicht schmeichelhaft. Nur im Bayrischen findet der Hund eine positive Bewertung, wie sie aus dem respektvollen Ausdruck ‹A Hund is er jo scho!› klar hervorgeht. Dagegen erscheint in diesem Dialekt der Hirsch, sonst allgemein als edles Tier betrachtet und nicht für Beschimpfungen verwendet, klar negativ: ‹Dös is a Hirsch› meint, was man sonst im Deutschen als einen ‹Blödmann› oder ein ‹Rindvieh› bezeichnet.

Wir haben schon festgehalten, dass *Sau-* (*sau-*) als Präfix ambivalent ist, in *saugut* zum Beispiel ist es, angesteckt durch *gut*, positiv. Für *Schwein* gilt dies erst recht, denn es kann ja ein Synonym für *Glück* sein: ‹Schwein gehabt!› (in dieser Formel kann *Schwein* nicht durch *Sau* ersetzt werden). Natürlich meint *Schwein* vom Stilistischen ganz abgesehen ein sehr spezifisches Glück – eigentlich ein gerade noch vermiedenes Unglück.

Was *Sau-* als Präfix angeht, dürfen wir die berühmte *Saubande* und den nicht weniger berühmten *Saustall* nicht vergessen. Da ist es nun nicht überraschend, dass das Wort *Kuhstall* keineswegs analog zu *Saustall* verwendet wird. Ein Kuhstall ist ein Kuhstall – sonst nichts. Als übertragen verwendeter *Stall* ist mir nur noch der *Affenstall* geläufig, und der bezieht sich eher auf Unordnung, Mangel an Disziplin als auf Dreck (es gibt ja auch noch das *Affentheater*, womit irgendetwas Verrücktes und Unordentliches gemeint ist). Und zu *Sau* gehört natürlich auch das von ihm abgeleitete Zeitwort *versauen,* und von diesem ist ja besonders dessen Partizip der Vergangenheit häufig, also *versaut,* das sich oft mit *total* oder *völlig* verstärkt findet und zuweilen, ähnlich wie vor einiger Zeit noch *kaputt* (‹Ein ganz kaputter Typ›) eigentümlich ins Positive umschlägt. Was die *Saubande* angeht, gibt es eine wunderbare Stelle bei Karl Valentin in dem Telephongespräch des Buchbinders Wanninger, der sich bei der Firma, die ihm den Auftrag gegeben hat, einige Bücher zu binden, erkundigt, wohin er die nun fertiggestellten Bücher bringen oder schicken soll. Er wird von einer Stelle zur anderen weitergereicht, bleibt aber beharrlich höflich, ja unterwürfig, und am Ende, nachdem man ihm gesagt hat, es sei jetzt eben «Büroschluss», er solle sich anderntags wieder melden, da sagt er: «Wos? Jawohl, ja so, danke – entschuldigens vielmals!» Dann aber, nachdem er schon aufgelegt hat, hört man ihn noch sagen: «Saubande, dreckade!»[18]

Zu den Trabanten von *Scheiße* gehört vieles. Zum Beispiel der relativ neue *Griff ins Klo* (‹Mensch, das war ein Griff ins Klo, kann ich dir sagen›). Dass diese drastische Wendung neu ist, zeigt, dass dieser Schoß noch fruchtbar ist. Und dann natürlich auch und vor allem *Arsch* (auch in der r-losen Form und mit langem a *Asch*) und das weit häufigere *Arschloch.* Beide werden, direkt an eine Person gerichtet, als Schimpfwort gebraucht. Und ich denke, diese Beschimpfung bezieht sich eher nur auf Männer. Es ist eine Beschimpfung, zunächst jedenfalls, von Mann zu Mann – eine relativ harte. Und von *Arschloch* gibt es die schöne und sprechende Variante *Bilderbucharschloch.* Also: ‹Du Arsch, jetzt hör mir mal zu...!› Oder über einen Dritten gesagt: ‹So'n Arsch!› oder ‹Was für ein Arsch!› Dergleichen geht übrigens, um dies gleich zu sagen, mit den entsprechenden Wörtern französisch *cul* und spanisch und italienisch *culo* nicht. Da wäre dies – *quel cul!* oder *¡que culo!* oder *che culo!* – eher ein stark erotisch getöntes Lob im Blick auf eine Frau. Was *Arschloch* angeht, so erklärte mir einmal ein Spanier, der auch gut Deutsch kann, er könne sich gar nicht vorstellen, wie dieses Wort zum Schimpfwort werden konnte. Das sei doch lächerlich. Spanisch heißt dies übrigens (pardon!) ‹das Auge des Arschs›, ‹el ojo del culo›.

Ein vorzüglicher Mitarbeiter der «Frankfurter Allgemeinen Zeitung» fragte mich einmal, als wir auf einer gemeinsamen Reise zusammentrafen, nach meiner Meinung über einen Kollegen von ihm bei demselben Blatt. Ich versuchte, übrigens meiner Meinung entsprechend, aber vorsichtig, da ich ja seine Meinung nicht kannte, einiges Kritische zu formulieren. Da unterbrach er mich ungeduldig und sagte, was mich zunächst schockierte: «Also, ich meine, das ist ein Arschloch!» Da stellte ich meine Bemühung um Differenzierung ein, denn so eine Feststellung ist ja in der Tat – dies muss man sprachpragmatisch auch sehen – eine differenzierungsverweigernde und das Thema zumindest fürs erste abschließende Aussage. Ein anderes, gewichtigeres Zitat will ich auch noch anfügen. Alfred Polgar, der große Wiener Kritiker (er war aber noch einiges mehr) schrieb aus dem New Yorker Exil, denn er war jüdischen Schicksals, am Jahresende 1941 seinem Freund Berthold Viertel: «Immerhin möchte ich das Ende der Schweinerei, die das monströse Arschloch aus dem Innviertel angerichtet hat, gern mitgenießen».[19] Es wurde ihm vergönnt.

Dann gibt es die Wendung ‹am Arsch sein›, die der Bedeutung nach genau dem französischen *être foutu* entspricht, womit wir wieder den üblichen Unterschied exkrementell – sexuell hätten. Und wenn ich von Bedeutungsentsprechung rede, meine ich wieder genau dies (und darauf kommt es an): wenn der Franzose *être foutu* sagt, sagt der Deutschsprachige *am Arsch sein*. Und diese Wendung wird ja oft durch den Ausdruck *am Abend* verhüllend angedeutet. Interessant ist hier auch die Wendung ‹sich auf den Arsch setzen›, was soviel bedeutet wie ‹nichts mehr machen können›, ‹sich mit etwas abfinden›. In einem Gespräch vor vielen Jahren, in dem es um politische Rhetorik ging, äußerte Helmut Schmidt große Bewunderung für einen Satz Gustav Heinemanns, der damals auch schon lange zurücklag. Heinemann hatte im Bundestag auf einen Zwischenruf antwortend gesagt: «Weil Jesus Christus nicht gegen Karl Marx gestorben ist, sondern für uns alle». Dazu Helmut Schmidt: «Was willste da noch sagen? Da kannste dich doch nur noch auf'n Arsch setzen…».

Die berühmteste Wendung mit diesem Wort ist natürlich der sogenannte «Götz von Berlichingen»: *am Arsch lecken*, wobei es in Goethes «Götz» tatsächlich «im Arsche lecken» heißt. Da ruft der Reichsritter Götz von Berlichingen, der also «mit der eisernen Hand», dem kaiserlichen Boten zu: «Vor Ihro Kayserliche Majestät, hab ich, wie immer, schuldigen Respect. Er aber, sags ihm, er kann mich im

65

Arsch lecken!» (3.Akt). Es folgt noch die Szenenanweisung (in dieser Schreibung) «schmeist das Fenster zu», was ja nun überdeutlich den Gesprächsabbruch signalisiert, der oft mit diesem Ausruf oder dieser Beschimpfung verbunden ist. Nicht selten wird die Wendung auch abgekürzt mit *leck mich!* oder *Sie können mich mal!*, worauf dann *Sie mich auch!* die klassisch phantasielose Antwort ist. Es gibt auch mildernde Formeln wie *leck mich am Kittel* oder *am Ärmel!*

Bekanntlich nennt man den «Götz» auch den «schwäbischen Gruß», weil er sich mit diesem Stamm besonders verbunden hat, obwohl er nun überall im deutschen Sprachraum nicht nur passiv bekannt ist. Im übrigen drückt er, zumindest im derb Schwäbischen, sicher nicht nur Beschimpfung oder gar Beleidigung aus, sondern zumindest auch, natürlich nur unter gut Bekannten oder Freunden, Erstaunen und Überraschung, etwa bei einer Begrüßung, wenn man jemanden unvermutet trifft. Es ist aber bei diesem Ausdruck oft nur gespielte Folklore. Ein württembergischer Richter soll einmal eine Beleidigungsklage wegen des «Götz» mit der sprachpragmatischen Erklärung abgewehrt haben, dieser Satz, formal betrachtet eine Aufforderung, habe praktisch pragmatisch drei verschiedene Funktionen: er diene erstens dazu, ein Gespräch einzuleiten, zweitens, es abzuschließen, drittens aber habe er unter Umständen auch den Zweck, einem Gespräch eine andere Wendung zu geben. Und der Anwalt des Beklagten setzte hinzu, es habe sich zudem ja lediglich um ein Anerbieten seines Mandanten gehandelt, dem der Kläger zu folgen keineswegs verpflichtet war.

Dann gibt es den seltsamen Fluch «Himmel, Arsch und Zwirn!» Da ist nun ausschließlich das an dritter Stelle genannte Wort überraschend. Wie kommt gerade der Zwirn da hinein? Ich vermute, dass da der andere Fluch «Verflixt und zugenäht!» dahintersteckt: von «zugenäht» zu «Zwirn» (da könnte man eine sexuelle Assoziation unterstellen – nicht reinkommen).

An *Arsch* lehnt sich das überaus häufige Zeitwort *verarschen* an, das in Analogie zu *verscheißern* ‹sich lustig machen› meint. Da gibt es ja den netten Spruch ‹Verarschen kann ich mich selber› und darauf die nette Antwort: ‹Ja, aber ich kann's besser.› Und von *Verarschen* werden dann wieder zwei Hauptwörter abgeleitet: *die Verarschung* und neuerdings auch immer häufiger *die Verarsche*, so wie man jetzt von *der*

Denke, ‹Daher kommt seine linke Denke›, oder auch *der Verkaufe* redet, etwa: ‹Von der Verkaufe her ist dieser Politiker sehr erfolgreich›, gemeint also wie er sich verkauft, somit *ankommt* und auf diese Weise sich selbst und seiner Partei nützt (an anderes ist dabei realistischerweise nicht gedacht). *Verkaufe* meint also etwas anderes als ‹Verkauf›. Dann erscheint *arsch-* sporadisch auch als negativ verstärkendes Präfix, vor allem hat sich *arschkalt* festgesetzt (was leicht nachzuvollziehen ist) und *arschklar* (wo es schwerer ist) auch.

Im Unterschied zu *Scheiße* ist *Arsch* nicht immer negativ. Das Wort ist von der Bewertung her seltsam ambivalent, seltsam, weil es ja andererseits doch schon sehr negativ ist. Klar positiv ist es etwa in der häufigen Verwendung ‹Der hat doch keinen Arsch›, womit ein Manko signalisiert wird, ein Manko an Männlichkeit, Mumm, Sinnlichkeit, an Bodenhaftung und Wirklichkeitsverankerung. Und wieder würde man dies von einer Frau schwerlich sagen. Hier entspricht ja ‹er hat keinen Arsch› ziemlich genau dem ‹hat keine Eier› (was man jetzt – und nicht nur von Jüngeren – immer häufiger hört). Wieder sind wir hier eindeutig im Diskurs unter Männern über Männer. Der FDP-Politiker Wolfgang Kubicki erklärte am 11. 12. 10: «Wir haben Protagonisten in der Partei, die weil sie keinen Arsch in der Hose haben, immer behaupten, die anderen seien schuld». An der Hose sieht man hier klar den Männerbezug, obwohl – die Sprache ist sehr konservativ – die Wirklichkeit dem längst nicht mehr entspricht (man sagt ja auch noch immer ‹sie hat die Hosen an› oder spricht, noch seltsamer, im Blick aufs Theater von einer ‹Hosenrolle›, wenn also eine Schauspielerin einen Mann zu spielen hat).

Eine Auffälligkeit wollen wir noch feststellen. Das Deutsche hält sich, meine ich, bei weiblichen Personen mit den exkrementellen Ausdrücken eher zurück: dem *Scheißkerl* und *Scheißmann* entspricht kein *Scheißmädchen* oder keine *Scheißfrau*, auch erst recht keine *Scheißkuh*. Also, diese Bildungen stünden natürlich zur Verfügung, aber sie werden nicht oder kaum gebraucht.

Wir haben (ich fasse zusammen) in diesem mir selbst unangenehmen, aber vom Thema her unvermeidlichen Kapitel über *Scheiße* und *Scheiß* und *Schiss* geredet, von *Schiet*, *Scheibenhonig*, *Scheibenkleister*, *Schschsch*, *Scheißhaufen*, *Scheißdreck*, *Scheißkerl*, *Scheißkram* etc., dann von *scheiß-* als Präfix (*scheißliberal* etc.), dann von *auf etwas scheißen, jemanden bescheißen, jemanden anscheißen, jemanden verscheißern, es verschissen haben mit jemandem,* von *beschissen* und von *Scheißer* und speziell vom *Hosenscheißer,* schließlich von den Trabanten zu unseren Leitwörtern *Scheiße* und *Scheiß,* also von *anschmieren, im Eimer sein, zu Potte kommen, in die Hose gehen, das stinkt mir, das ist mir wurscht,* von *kacken* und *abkacken* und *Kacke,* dann von *sau-* und *schweine-* als Präfixe, vom *Schweinehund* und vom *Sauhund,* von der *Saubande* und vom *Saustall,* dann *Arsch, Arschloch* und *verarschen, am Arsch sein, sich auf den Arsch setzen, keinen Arsch haben.* Dann die vielen Bildungen und Wendungen mit *Arsch,* also etwa *Arschkriecher* und *am Arsch vorbeigehen.* Und übrigens haben wir den *Arschkerl* nicht einmal genannt. Er steht neben dem *Scheißkerl,* was den Trabantencharakter von *Arsch* zu *Scheiß* beweist. Bismarck soll sich mit dem Namen des Abgeordneten Lasker das Wortspiel erlaubt haben, man solle den ersten Buchstaben dieses Namens an sein Ende setzen.

Die Liste ist lang, ärgerlich lang, ich bitte um Nachsicht, aber vollständig ist sie, dies bitte ich auch zu beachten, keineswegs – nicht einmal wenn man sich, was ich ja auch hier getan habe, auf das jedermann Bekannte beschränkt.

Zum Abschluss ein Wort, nein, es ist kein Wort, es ist nur eine Äußerung von Goethe, die ich einem eben erschienenen sehr schönen Vortrag von Albrecht Schöne entnehme. Goethe wurde an seinem dreißigsten Geburtstag, nachdem er schon vier Jahre in Weimar als Berater des acht Jahre jüngeren Herzogs gewirkt hatte, in den Adelsstand erhoben. Dazu nun Schöne (der die Schreibung Goethes so übernimmt, wie sie dasteht): «Unempfänglich war er dafür keineswegs. Es komme ihm wunderbar vor, gestand er der Charlotte von Stein, dass er, wie im Traum, mit dem 30ten Jahre die höchste Ehrenstufe, die ein bürger in Teutschland erreichen kann, betrete›. Aber als er einem spöttisch-kritischen Freund entgegenhielt, allemal sei Weimar ‹ein Schauplatz, um zu versuchen, wie einem die Weltrolle zu Gesicht stünde›, meinte er doch auch schon ‹das durchaus Scheisige dieser zeitlichen Herrlichkeit zu erkennen›».[20] Und er schreibt dies genauso wie *schmeisen* («schmeist das Fenster zu»). Für die beiden letzten Abschnitte wäre dies ein schöner Titel: «das durchaus Scheisige».

18. Der deutsche Mittelfinger

Es gibt den ausgestreckten Zeigefinger und, was etwas anderes ist, den lehrerhaft erhobenen. Der ausgestreckte zeigt, er begleitet in diesem Sinne das Sprechen oder das Sprechen begleitet ihn. Der erhobene Zeigefinger – Achtung: ich sage etwas Wichtiges! – wurde zum Symbol für Besserwisserei, für Dozieren und Moralisieren. Letzteres tritt schon in der festen Wendung hervor ‹etwas mit erhobenem Zeigefinger sagen›, die Spanier sagen da, wörtlich übersetzt ‹mit dem Fingerlein in der Luft›, ‹con el dedito en el aire›, und mit dem ‹Fingerlein› – ‹er hat es mit dem Fingerlein in der Luft gesagt›, ‹lo ha dicho con el dedito en el aire› – ist hier, ironisch gewissermaßen, der Zeigefinger gemeint. Dieser Finger ist ja derjenige überhaupt, welcher der Sprache am nächsten ist, der Sprache und dem Sprechen: der sprachnächste Finger.[21] Sprechen ist ja weithin ein Zeigen und also nur aus der Situation heraus zu verstehen: *hier, dort, heute, gestern, morgen* und vor allem *ich* und *du* und *er, sie, es* sind *zeigende* Wörter, mit dem griechischen Fremdwort «deiktische» Elemente (nach dem griechischen Wort *deíknymi* ‹zeigen›). Es wäre zu untersuchen, ob das mit dem Zeigefinger für alle Sprachen gilt oder ob es auch da, was zu vermuten ist, wieder Unterschiede gibt.

Diese Finger- oder Handarbeit, die auch Armarbeit ist, gehört fest zur Sprache hinzu. Die Sprachwissenschaft redet da von «parasprachlichen» Elementen: Elemente, die das Sprechen begleiten oder auch geradezu ersetzen. Eine Geste kann mehr als einen ganzen Satz ersetzen. Ein Beispiel aus Thomas Manns «Zauberberg». Hans Castorp fragt seinen Vetter Joachim, bald nach seiner Ankunft im Sanatorium, wie lange der leitende Arzt, also der Hofrat Behrens, ihn, Castorp, mit seiner Erkältung denn hätte liegen lassen, wenn er selbst sich nicht gemeldet hätte. Da lesen wir nur: ‹Joachim, gebrochenen Blickes, den Mund wie zu einem hoffnungslosen ‹Ach› geöffnet, machte in die Luft hinein die Gebärde des Unabsehbaren.» Joachim sagt also lautlich gar nichts, auf einem akustischen Aufnahmegerät hätte man nichts gehört, und doch gibt er mit Mund-, Hand- und

Armgebärde eine vollständige Antwort. Und die «Gebärde des Unabsehbaren» ist ja auch wieder kulturell festgelegt. Und da diese Gebärden festgelegt sind, gibt es unter den Sprachgemeinschaften (und oft auch schon innerhalb ihrer) Unterschiede. Schon wieder ist da – und bereits bei den Gebärden – das Geschichtliche, das Kulturelle am Werk.

Ein kleines Beispiel: wenn wir im Deutschen aufzählen, erstens, zweitens, drittens, beginnen wir zeigend mit dem Daumen der rechten Hand und machen dann mit dem Zeigefinger und dem Mittelfinger weiter und beginnen unter Umständen erneut mit dem Daumen derselben oder der anderen Hand. Die Spanier hingegen (und sicher nicht nur diese) beginnen umgekehrt mit dem kleinen Finger und hören mit dem Daumen auf, und sie finden unsere Handarbeit, die unser Aufzählen begleitet, grob und klobig, während wiederum uns die ihre seltsam oder lustig oder, jedenfalls bei einem Mann, feminin geziert erscheint.

Aber ich will hier auf den Mittelfinger hinaus. Auf den erhobenen oder besser den steil hochgereckten Mittelfinger der rechten Hand. Dabei sind die übrigen Finger und der Daumen kugelartig eingezogen, und die ganze Hand fährt einigermaßen rasch und aggressiv in die Höhe. Und es ist doch wohl immer, weil die Sache wichtig ist, die rechte Hand. Diese Geste, die jetzt jeder kennt, war früher bei uns nicht so üblich wie etwa in Südeuropa. Jetzt aber – Europäisierung oder schon Globalisierung – ist es anders. Wir verstehen sie und machen sie jetzt auch schon mal selbst. Durch den Fussballspieler Stefan Effenberg wurde sie in Deutschland, auch weil er durch diese Geste Probleme bekam, zusätzlich bekannt.

Sie ist eindeutig sexuell, und sie ist ja geradezu eine bildliche Darstellung: der für sich erhobene, erigierte Finger und der Rest der Hand, die dabei nach außen gewendet wird, symbolisieren das männliche Organ. Da wird eine verbale Äußerung ersetzt oder, wenn sie hinzukommt, kommt sie wirklich nur noch hinzu. Und sie wird ja vor allem auch dann verwendet, wenn eine direkte akustische Verständigung nicht möglich ist – etwa, klassischer Fall, von Auto zu Auto. Oder wenn man keine Lust zu einer verbalen Äußerung hat, nicht weiter insistieren und einfach die Kommunikation abbrechen oder gar nicht aufnehmen will.

Nun aber – wie heißt dieser aufgerichtete Mittelfinger bei uns? Eben: er heißt (und wir denken uns gar nichts dabei) *Stinkefinger!* Wieder sind wir da also bei demselben. Der Deutsche bringt die Sache gutmütig – und wiederum angelehnt an das in seiner Sprache Übliche – in exkrementellen Zusammenhang, denn was sollte sonst in der Bezeichnung *Stinkefinger* liegen? Thilo Sarrazin berichtete am 24. 12. 10 in der «Frankfurter Allgemeinen», er stoße auf seinen Reisen auf große Zustimmung, einmal allerdings habe ihm ein Türke, der im Zug nicht weit von ihm gesessen habe, nachdem er ausgestiegen sei, sich verabschiedend durchs Fenster den «Stinkefinger» gezeigt. November 2010 hat der Gewerkschaftsführer Frank Bsirske kurz Aufsehen erregt, weil er in einer Rede beide Hände erhob und als gleichsam argumentativen overkill gleich zwei aufgerichtete Mittelfinger zeigte. In einer Glosse der «Süddeutschen Zeitung» war dazu zu lesen, er habe hier dem «Stinkefinger», so der ahnungslose Journalist, eine «sexuelle Bedeutung» gegeben… Er hätte ihm also gerade die Bedeutung gegeben, die ihm eigentlich als einzige zukommt! Wieder ein Beleg für unsere exkrementelle Obsession, denn tatsächlich ist es ja so, wie es das Wort *Stinkefinger* schlagend oder steckend belegt, dass wir aus einer doch eigentlich evidenten *sexuellen* Bedeutung – auf unserer Linie bleibend – eine *exkrementelle* gemacht haben. Wir können es nicht lassen.

Den ausgestreckten oder erhobenen, um nicht zu sagen erigierten Mittelfinger gab es übrigens schon zur lateinischen Zeit in Rom und wohl überall im Imperium Romanum (da sorgten schon die Soldaten dafür). Da hieß er «dígitus impúdicus», was mit «unzüchtiger» oder «unkeuscher» Finger» zu übersetzen wäre. Dieser Finger oder Fingerzeig ist schon bei dem Schriftsteller Gaius Suetonius belegt, der 140 nach Christus starb. Das «Lateinische Handwörterbuch» von Heinrich Georges erläutert *dígitus impudícus* so: «der mittelste Finger (als dem männl. Gliede ähnlich)». Das ist wohl klar – dies wusste also schon, wenig überraschend, der unter Lateinkundigen mit Ehrfurcht so genannte «alte Georges».

19. Das ferne Holland (‹Ich fühl mich hodig!›) und das nähere Schweden (‹Ein Satanstag!›)

Blicken wir nun ins Niederländische hinein, eine Sprache, die der unseren unmittelbar benachbart ist, und sie ist natürlich auch enger als jede andere germanische Sprache, enger auch als das Englische, mit unserer verwandt.

‹Niederländisch› ist der umfassende Ausdruck für die Sprache erstens der Niederlande (im Land selbst heißen die Niederlande *Nederland*) also die Sprache ‹Hollands›, wie wir deutsch zumeist sagen, womit aber in den Niederlanden selbst speziell die westlichen Provinzen des Landes gemeint sind, dann zweitens des flämischen Teils Belgiens, nämlich der beiden belgischen Provinzen Westflandern und Ostflandern (hier sagt man statt ‹Niederländisch› auch ‹Flämisch› (auf niederländisch *vlaams*). Somit drei Namen für dieselbe Sprache: ‹Niederländisch›, ‹Holländisch›, ‹Flämisch›, ‹Nederlands›, ‹Hollands› (das sagen die Holländer durchaus auch), ‹Vlaams›.

Zwischen dem Niederländischen und dem Deutschen gibt es nun, was die Ausdrücke für negative Kennzeichnung angeht, einen eklatanten Unterschied. Er ist allein wegen der großen räumlichen und verwandtschaftlichen Nähe sehr erstaunlich. Sehr stark herrschen im Niederländischen Ausdrücke vor, die sich auf Sexuelles beziehen.[22]

Einige Beispiele, die uns geradezu schockieren. Die zum männlichen Organ gehörenden Wörter *kloot, zak, klootzak*, also ‹Hoden›, ‹Sack› und ‹Hodensack›, dann *lul* ‹Penis› und *eikel* ‹Eichel› sind alle, wenn es um die übertragenen Verwendungen geht, ziemlich deckungsgleich mit unseren Bezeichnungen *Scheißkerl* oder *Arschloch*. Das heißt also konkret: wenn *wir* so etwas sagen und somit ein exkrementelles Bild gebrauchen, gebrauchen die niederländisch Redenden ein sexuelles. Dasselbe geschieht – diese Sprache ist gerecht – auf der weiblichen Seite: *kut, trut, doos, bef, muts* sind Wörter, die das weibliche Organ bezeichnen, hierher gehört auch *tiet* ‹Brust› – diese Wörter stehen, wenn übertragen verwendet, für etwas, was wir mit *blöde Kuh* oder *doofe Pute* bezeichnen. Niederländisch bezeichnen diese Ausdrücke für das weibliche Organ alle eine negativ gesehene Frau! Und dies geht noch weiter: wo wir *Mist* oder *Scheiße* sagen, heißt es niederländisch *kut* ‹Vagina›, *kloten* ‹Hoden› oder auch *sodemieten*, was eigentlich ‹Homosexueller› bedeutet.[23]

Da gibt es dann auch viele Wortbildungen. Für ‹Scheißkerl› oder ‹Depp› sagt man niederländisch *kloothannes*, also ‹Hoden-Hannes› oder *kloteklapper* ‹Hodenklatscher›. Auf Frauen bezieht sich *sufkut*, wörtlich ‹dusselige Möse›. Von *kloot* ‹Hoden› abgeleitet wurden folgende Wörter, die etwas Negatives meinen: *kloten* ‹herumschlampen›, *iets kloten* ‹etwas verscheißen›, *kloterig* ‹beschissen›, *kloterij* ‹Bescheißerei›. Oder etwa *besodemieteren* ‹bescheißen› und *opsodemieteren* ‹sich verpissen›. Die Übersetzungen zeigen hier klar die Entsprechungen sexuell – exkrementell. Weiter: *neuken* meint umgangssprachlich den Akt, aber *verneuken* entspricht dann ‹verarschen›, *verneukeratief* ‹betrügerisch› und *verneukerij* ‹Bescheißerei›. Unser ‹Götz› hat als Entsprechung *kus mijn kloten* (*kussen* meint natürlich ‹küssen›). Und dann werden sowohl das weibliche *kut-* als auch das männliche *kloten-* als Präfixe verwendet und zwar als gleichbedeutende: *kutboek*, *klotenboek*, ‹Scheißbuch›, *kutpolitiek*, *klotenpolitiek* ‹Scheißpolitik›. Und für ‹das ist Scheiße› kann man entweder und offenbar unterschiedslos *dat is kut* oder *dat is kloten* sagen, ebenso wie man für ‹ich fühl mich beschissen› *ik voel me kut* oder *ik voel me kloten* sagen kann – da ist also zwischen weiblich und männlich volle Parität (wir werden sehen, dass dies französisch oder spanisch ziemlich anders ist). Um zu sagen ‹das langweilt mich› heißt es hier (und dies können auch Frauen sagen) ‹davon krieg ich keinen Steifen›, *daar krijg ik geen stijve van*. Dass auch Frauen dies sagen können, belegt die sozusagen bewusstlose Verwendung. Und die Homosexuellen finden sich durch die genannten Ausdrücke ebenfalls gleichgestellt. Das Niederländische ist also wirklich, vom Genus- oder Genderstandpunkt aus betrachtet, ausgewogen – da ist Gleichbehandlung.

Daneben wird niederländisch für Negatives durchaus auch Exkrementelles herangezogen: das aus dem Englischen entlehnte *shit*, dann etwa das Wort *drol* für ‹Kot› werden im Sinne von ‹Idiot› oder ‹Arsch› gebraucht, und ein *schijter(d)* und ein *kakker(d)* ist ein ‹Feigling›, ein *zeiker(d)* hingegen, also ein Seicher, somit ein ‹Pisser›, ist übertragen etwas wie ein «Miesepeter› oder ein ‹Nörgler›. Das Exkrementelle wird also auch benutzt, nur eben weit weniger als im Deutschen. Während somit im Niederländischen die sexuelle Referenz überstark ist, ist es bei uns die exkrementelle.

Ich bin ja hier von Ausdrücken für Sexuelles ausgegangen und habe festgestellt und bin noch dabei, es zu tun, wie diese Ausdrücke in den verschiedenen Sprachen in übertragenem Sinn verwendet werden und was alles mit ihnen bezeichnet werden kann. Man kann nun aber auch gerade umgekehrt verfahren, indem man von einem zu Bezeichnenden, einem *Inhalt* also ausgeht und sich dann fragt, was da alles zur Bezeichnung dieses Inhalts an Ausdrücken herangezogen wird. So kann man zum Beispiel vom Schimpfen, Beleidigen, Fluchen und Verfluchen ausgehen, um dann eben diese Frage zu stellen: wie wird das alles ausgedrückt?[24] In dem genannten Aufsatz setzen Damaris Nübling und Marianne Vogel genau so ein – beim Schimpfen und Fluchen, und dann fragen sie nach den Bezeichnungen, den «Quellen» dieser Bezeichnungen, sie fragen also, woher die Bilder kommen, die da jeweils verwendet werden. Und sie unterscheiden, was das Bildmaterial angeht, vier solcher «Quellbereiche»: den sexuellen, den skatologischen (er entspricht dem, was ich exkrementell nenne), den religiösen (Gott und Teufel), schließlich Krankheiten, die man dem Betreffenden wünscht. Und da vergleichen sie nun das Deutsche, das Niederländische und das Schwedische. Ihr Ergebnis ist kurz gesagt: im Deutschen dominiert sehr stark das Exkrementelle, im Niederländischen ebenso stark das Sexuelle; das Religiöse dominiert stark im Schwedischen, wo umgekehrt das Sexuelle kaum und das Exkrementelle schwach vertreten sind. Krankheiten werden im Niederländischen auch stark herangezogen (*krik de pokken!*), während dies im Deutschen und Schwedischen fast ganz fehlt. Man kann auch sagen, dass das Niederländische stark ist in allen vier «Quellen», ganz besonders aber im Sexuellen, während das Deutsche nur im Exkrementellen stark ist und das Schwedische nur im Religiösen. Das heißt: Das Schwedische steht tatsächlich dem Deutschen in der Vermeidung der sexuellen «Quelle» ziemlich nahe, es unterscheidet sich aber vom Deutschen, weil es das Exkrementelle einigermaßen vernachlässigt. Und dann «nutzt» das Schwedische, «den religiösen

Bereich mit einer Intensität, an die weder das Deutsche noch das Niederländische heranreichen».

Was das Deutsche angeht, fassen Nübling und Vogel ihren Befund so zusammen: «In erster Linie wird der fäkalische, in zweiter der religiöse Bereich genutzt... Der sexuelle Bereich ist dagegen weit abgeschlagen.»[25]

Im Schwedischen ist also der Teufel los, da herrscht er ziemlich absolut und erscheint auch gleich mit drei verschiedenen Namen: *fan*, *(d)jävel*, *satan*. *Djävel* oder *jävel* geht natürlich etymologisch auf den griechischen, dann lateinischen *diábolos/diábolus* zurück. So ist zum Beispiel ein Scheißtag schwedisch *en satans dag* und ein Scheißfinne *en jävla finne* oder auch, mit nachgestelltem Teufel, *en finnjävel*. ‹Teufelsfinne› also oder ‹Finnenteufel›: die Finnen scheinen eine Obsession der Schweden zu sein... Und der unwilligen Frage ‹Wo ist der Scheißhammer?› entspricht schwedisch ‹Wo ist der Teufelshammer?›, *Var är hammarjäveln?* Von *jävel* ist das Adverb *jävlig* abgeleitet, das auch im Sinne von ‹beschissen› verwendet wird oder dann als Verstärkung ‹sie ist verdammt hübsch›, *hon är jävlig snygg*. Dann ist als Fluchwort auch die Hölle *helvete* wichtig, statt ‹verpiss dich!› heißt es unter den Schweden ‹Geh zur Hölle!› *Dra åt helvete!* Die exkrementelle Referenz gibt es schwedisch natürlich auch: *skit* (‹Scheiße›) wird verbunden zu *skitjobb* (‹Scheißjob›), *skitprat* (‹Quatsch›), und *skitstövel* heißt wörtlich ‹Scheißstiefel›, entspricht aber praktisch unserem Arschloch. Und neben *skitjobb*, ‹Scheißjob› also, gibt es auch den *pissjobb*, der nicht besser ist. *Skit* als Vorsilbe kann aber auch positiv sein, was deutsch mit *scheiß-* nicht geht, so in *skitgodd* ‹verdammt gut› oder *skitbra* ‹verdammt schön› oder *skitsnygg* ‹verdammt hübsch›. ‹Scheißhübsch› ist bei uns niemand – das Deutsche ist hier konsequenter, denn *Scheiße* und *scheiß-* sind immer negativ.

Dies also wäre, was unseren Punkt angeht, die klassische Entsprechung unter den drei hier ins Auge gefassten Sprachen:

Deutsch: «ich fühl mich scheiße»

Niederländisch: «ich fühl mich ‹mösig›» oder «ich fühl mich ‹hodig›» («ik voel me kut» oder «ik voel me kloten»)

Schwedisch: «ich fühl mich teuflisch» («jäg känner mig för jävlig»).

Woher kommt gerade im Schwedischen die starke *religiöse* Referenz, die ja übrigens auch im Deutschen, vor allem im älteren Deutsch, und auch in anderen Sprachen keineswegs fehlt? Schwer zu sagen. Und woher kommt der große Unterschied zwischen Deutsch und Niederländisch, was die sexuelle Referenz betrifft? Warum unterscheidet sich das Niederländische in diesem Punkt vom Deutschen so stark? Als Antwort auf diese Frage fällt mir nur ein (was wohl jedem zuerst einfällt), dass die Niederlande und auch Belgien durchgehend stark dem Meer zugewandt sind. Und da ist dann auch überall (was im deutschen Sprachraum anders ist) der Einfluss der Seeleute. Und die kommen von überall her, kommen hier zusammen und bringen dies aus ihren Ländern mit und finden in dieser sehr ausgeprägten Männerwelt, also der der Seeleute, rasch ein Echo.

20. *Mit Karacho* – ein starkes Wort aus Spanien

Ein Ausdruck dieser Art ist auch ins Deutsche eingedrungen – das schöne Wort *Karacho*. Aber es wurde hier gleichsam umgebogen. *Karacho* kommt von dem spanischen *carajo*, das genauso, so also, als wäre es deutsch mit ‹ch› geschrieben, gesprochen wird, das heißt: es wird deutsch so geschrieben, wie es spanisch gesprochen wird. Spanisch *carajo* bezeichnet nun tatsächlich vulgär das männliche Glied. Das Wort wird oft als derbe Verwünschung verwendet: *¡que se vaya al carajo!*, ‹der soll zum Teufel gehen!› Oder auch einfach und sprachlich sozusagen Verstärkung und Nachdruck schaffend: ‹*¡carajo!*› Oft wird das Wort, vor allem als Ausruf, zu ‹*¡caray!*› abgemildert. Das ist dann also wie jemand bei uns statt *Sakrament! Sack Zement!* oder statt *verdammt nochmal! verdoricht nochmal!* sagt. Psychologisch gesehen: man sagt das Wort nicht und sagt es irgendwie doch. Oder umgekehrt und psychologisch vielleicht richtiger: man sagt es und sagt es nicht wirklich.

Der «Kluge-Seebold» informiert und belegt, dass der Ausdruck *Karacho* «zuerst in der Hamburger Seemannssprache zu finden» ist: da also war das Einfallstor. Die deutschen Seeleute haben es von spanischen oder auch lateinamerikanischen Kollegen übernommen. Hinzukommt etwas, was gelegentlich in der Tat noch hinzukommt: das Wort ist auch rein lautlich, was nicht unwichtig ist, überzeugend. Auch für solche, die gar nicht spanisch können. So etwas gibt es bei Wörtern aus fremden Sprachen. So überzeugen zum Beispiel die deutschen Wörter *Schnaps* oder *kaputt* die Nicht-Deutschsprachigen, wenn sie sie hören (natürlich nur dann), schon von ihrer *lautlichen* Beschaffenheit her, im Verein, selbstverständlich, mit dem, was sie bedeuten. Das lautlich Überzeugende fügt sich dem Inhaltlichen hinzu. So also auch hier bei *carajo*. Da blieb bei den deutschen Seeleuten inhaltlich wohl nur das Wort als solches hängen, als etwas Lautliches, als ein expressives Kraftwort. Die kräftige sexuelle Komponente blieb aber verborgen.

Die Deutschen haben dann etwas ganz anderes daraus gemacht als das, was es im Spanischen war, nämlich nun einfach und nun doch wohl asexuell ‹hohe motorisierte Geschwindigkeit›. Der «Große Duden» zitiert aus einem Roman von Fritz Rudolf Fries: «Mann…, wär ich gern Rennfahrer geworden, so mit Karacho über die Avus». Genau. So kennen wir das Wort, also etwa von einem gesagt, der schwungvoll mit dem Auto oder auf dem Motorrad daherkam ‹Mit großem Karacho ist er um die Ecke gekommen›. Wie es nun gerade zu *dieser* Bedeutung kam, wäre zu klären, falls es überhaupt noch zu klären ist. «Der Teufel ist ein Einhörnchen», heißt es. Das ist die Sprache aber auch. «Die im Deutschen übliche Bedeutung» führt der «Kluge-Seebold» zurück auf «die spanische Redensart *al carajo contigo* ‹geh zum Teufel›, ‹Mach, dass du fortkommst!›». Aber der Übergang von daher zu hoher und speziell motorisierter Geschwindigkeit ist nun wirklich nicht zwingend. Da setze ich zur Erklärung eher auf die lautlich expressive Beschaffenheit des Worts, die ja zudem ganz in der Nähe ist von *Krach*, was zu einem männlich, also kräftig beanspruchten und dann aufheulenden Motor ja immerhin passen würde. Und dass dieser Motor von sexuellen Assoziationen völlig frei wäre, speziell bei einem Motorrad, so weit würde auch ich nicht gehen. Vielleicht hat sich doch etwas vom spanischen *carajo* in unser *Karacho* hineingerettet.

21. Englisch: die «Sechs Großen» und einige Kleinere dazu

Was das Englische angeht, kann ich mich auf ein gutes, zudem gut geschriebenes Buch, ein Reclam-Bändchen, stützen: Andrew Williams, «Rude Words. A Short Dictionary» (der Titel ist englisch, das Buch ist aber auf Deutsch geschrieben). Hier finden sich rund fünfzig einschlägige Wörter zusammengestellt und ausführlich kommentiert – ausführlich genug für unsere Zwecke. Der Autor berücksichtigt nicht nur das britische und das amerikanische Englisch, sondern auch das australische, neuseeländische, südafrikanische und das afroamerikanische, also das der Farbigen in den Staaten (da gibt es gerade bei diesen Ausdrücken beträchtliche Unterschiede zu den übrigen Amerikanern).

Man habe, sagt er, von «the Big Six» gesprochen, den «sechs Großen» unter den vielen zu vermeidenden «groben» Wörtern, die aber so überaus häufig gerade *nicht* vermieden werden und von denen es besonders in der neueren ‹schönen› Literatur wimmelt. Williams bezeichnet sie als *rude*, somit als «grob». Dies sind die sechs: *shit, piss, fart, fuck, cock, cunt*, Wörter also für Scheiße, Pisse, Furz (oder Flatulenz, wie das elegante Fremdwort für ‹Darmaufblähung› lautet), dann das zentrale und längst fast international oder global gewordene vulgäre Wort für den Akt, schließlich die vulgären Wörter jeweils für Penis und Vagina. *Cunt* übrigens sei das unmöglichste, härteste Wort dieser kurzen Reihe. Dies wäre dann ein riesiger Unterschied zum Französischen, wo das entsprechende Wort *con* auf keinen Fall so zu kennzeichnen wäre, und für *coño* im Spanischen gilt dasselbe. In Wirklichkeit aber, meint Williams mit gutem Grund, seien fünfzig oder sechzig Wörter dieser Art «allgemein in Gebrauch», «in common use» (er zitiert da eine Arbeit des sehr bekannten Sprachkritikers Bill Bryson von 1990). Diese Wörter also werden von Williams präsentiert. Er hält sich an das Kriterium, dem auch ich folge: Beschränkung auf das allgemein und zumindest *passiv* Bekannte. Im Englischen allerdings ist das Kriterium ‹allgemein bekannt› schwieriger als in anderen Sprachen, weil ja das Englische in extremer Weise keine Nationalsprache mit einem alle Varietäten überdachenden «Standard» ist, also wegen der mehreren, noch dazu räumlich weit zerstreuten Varietäten dieser Sprache (und das *indische* Englisch kommt ja noch hinzu – in Indien ist Englisch immer noch Staatssprache, die Inder brauchen sie selbst oft, um sich untereinander zu verstehen, wobei sie gewiss, wenn es um Ausdrücke geht, die hier in Rede stehen, oft auf ihre Muttersprachen zurückgreifen).[26]

«Rude words» sagt Williams und verweist auf andere übliche Benennungen, die er vermeidet: *swear words*, ‹Fluchwörter› oder *dirty* oder *naughty words*, somit ‹schmutzige› oder ‹unanständige Wörter›. Die beiden letzteren Benennungen sind ihm wohl zu unsachlich, auch zu moralisch oder zu prüde (das sind sie tatsächlich), und das erste, «Fluchwörter», bezeichnet in der Tat nur *eine* der Funktionen, ist also nicht allgemein genug (es geht da ja nicht nur und eigentlich am wenigsten um das Fluchen). Jedenfalls ordnet Williams unter den Begriff des «groben Worts» nach den Bedeutungen vier Arten von Wörtern oder auch Ausdrücken: Wörter, die Sexuelles (*fuck*) bezeichnen, dann Exkrementelles (*shit*), dann solche, die religiös tabuisiert sind (*damn*) und solche, die einfach so, also ohne eigentlich erkennbaren oder einleuchtenden Grund ‹grob», ‹rude» sind, so zum Beispiel das auch schon fast international geläufige Eigenschaftswort *bloody*, das seine Bedeutung eigentlich verloren hat. Jeder kennt dieses oft nur verstärkende Wort: *a bloody fool*, ‹ein Vollidiot›, *a bloody good thing*, ‹eine verdammt gute Sache›, *you bloody well know*, ‹du weißt ganz genau› *a bloody bitch,* ‹eine verdammte Schlampe› (*bitch* meint zunächst ‹Hündin›, dann also ‹Schlampe›), *not a bloody soul* übersetzt das Lexikon mit ‹kein Schwanz› und *bloody awful* mit ‹beschissen›. Man hat zwar, was dieses Wort angeht, womit wir wieder beim Sexuellen und gleichzeitig Frauenfeindlichen wären, über einen Zusammenhang mit der Menstruation spekuliert, worauf auch Williams hinweist. Hier aber insistiere ich erneut darauf, dass eine solche Spekulation rein etymologisch ist, also nichts brächte, wenn wir uns fragen müssen (und dies müssen wir), was die Sprechenden damit *heute* in ihrem Bewusstsein verbinden, denn sicher geht es da nicht um «die Tage» der Frau. Im Übrigen ist *bloody* in den letzten Jahrzehnten deutlich zurückgetreten, und es war, wie der «Concise Oxford Dictionary» von 1995 verzeichnet, «chiefly British».

Mir missfällt, dass der Autor Sexuelles und Exkrementelles gleichermaßen unter dem Begriff des ‹Obszönen› zusammenordnet, weil ich gerade Wert darauf lege, dass dieser Begriff für Sexuelles reserviert bleibt. Dieses ‹Gebiet› ist, auch gerade sprachlich, etwas für sich. Der Unterschied zwischen dem Sexuellen und dem Exkrementellen ist wichtig, aber die psychische Überlappung beider auch. Bei den «Big Six» ist es so, dass das Sexuelle und das Exkrementelle jeweils drei Wörter aufweisen: ein Gleichgewicht also: *shit, piss, fart* einerseits, *fuck, cock, cunt* andererseits. Ganz anders aber dann bei Williams Liste mit den rund fünfzig «groben» Wörtern: davon haben nur neun eine exkrementelle Referenz, neununddreißig jedoch eine sexuelle. Diese neun sind: *shit, pooh, turd, cack, crap* (alle ‹Scheiße›), *bum, butt* (‹Hintern›), *piss, fart.* dagegen *fuck, balls, bollocks, cock, dick, cunt, screw, shag* usw. usw. Wir brauchen hier nicht ins Einzelne zu gehen, denn uns interessiert ja nur das Zahlenverhältnis, und da ist das Übergewicht der sexuellen Ausdrücke überdeutlich. Wieder also, wie beim Niederländischen, ein sehr starker Unterschied zum Deutschen.

Und dann geht es uns ja nicht um das Exkrementelle und das Sexuelle für sich, also um die Verwendung dieser Wörter für Exkrementelles und Sexuelles *direkt*, sondern um die *übertragenen* Verwendungen. Dafür nun noch einige Beispiele aus Williams. Also etwa das imperativisch monotone ‹Fuck those fucking fuckers!› oder ‹I can't be fucked going to school today›, womit gemeint ist: ‹Ich hab keine Lust, heute in die Schule zu gehen› oder ‹No fucking way!›, ‹Auf gar keinen Fall› oder als Hauptwort *fuck-up*: ‹Scott's expedition was a fuck-up from the very beginning›, ‹Scotts Expedition war von vornherein zum Scheitern verurteilt›, wobei diese vornehme Übersetzung nur von der Aussage her, nicht aber stilistisch stimmt. Und man sieht an dem Beispiel, wie weit wir hier vom Sexuellen entfernt sind.

Was *shit* betrifft, ist dieses Wort möglicherweise drastischer als seine deutsche Entsprechung, und in seiner Einsilbigkeit mit dem kurzen Vokal und dem harten konsonantischen Ausgang ist es wohl auch expressiver und vielleicht schon deshalb schärfer (nicht nur, dass es uns Deutschsprachigen so vorkommt, sondern dass es, wichtiger, *innerhalb* des Englischen, also für die Englischsprachigen härter ist als *Scheiße* für uns). Es gibt eine sehr bekannt gewordene kurze philosophische Abhandlung von Harry G. Frankfurt mit dem schlagenden Titel «On Bullshit», in der ein bestimmtes verspielt wahrheitsunwilliges Denken, wie es sich in der Tat breit gemacht hat, aufs Korn genommen wird.[27] Dann gibt es eine einigermaßen bekannt gewordene und auch witzige Verwendung des Worts zur Unterscheidung, ausgerechnet, von sechs (oder sieben) Religionen; der Titel ist, etwas zweideutig, «Religious Truths» – also «Religiöse Wahrheiten» oder «Wahrheiten der Religionen» oder «Was verschiedene Religionen als Wahrheiten ansehen». Also: «Taoism: Shit happens; Buddhism: If shit happens, it isn't really shit; Hinduism: This shit has happened before; Islam: If shit happens, it is the will of Allah; Catholicism: Shit happens because you deserve it; Protestantism: Let shit happen to somebody else; Judaism: Why does shit always happen to us?»[28] Die Definition des Judentums deutet darauf hin, zusammen mit der als Frage formulierten Aussage, dass diese Definitionen aus jüdischem Milieu kommen (I may be wrong, of course). Fragen oder Gegenfragen sind ja in den jüdischen Witzen häufig und selbst Gegenstand von Witzen: «Warum antworten Sie immer mit einer Gegenfrage? – Warum soll ich nicht mir einer Gegenfrage antworten?»). Im Übrigen ist ‹Shit happens› eine feste Wendung des Englischen. Der sprachlich versierte frühere Verteidigungsminister der USA Donald Rumsfeld sprach gelegentlich, wenn es Probleme im Irak gab, in Pressekonferenzen von «stuff happens», was eine hübsche Kaschierung ist.

Mit *fuck* werden auch viele sogenannte «Akronyme» gebildet. Das sind Wörter (sie sind im Englischen besonders üblich), die aus den Anfangsbuchstaben anderer Wörter bestehen; sie sind also eine besondere Form von Abkürzungen, weil sie als Abkürzungen wie ein Wort daherkommen und in der Tat auch als Wort sprechbar sind (so sind sie gedacht und gemacht). Wie Williams betont, sind sie im Falle von *fuck* «vornehmlich in der Militärsprache» üblich. Da wären wir wieder in einer Männerwelt. Einige seiner Beispiele: «*snafu* (situation normal all fucked up); *tarfu* (things are really fucked up); *fubar* (fucked up beyond all recognition ‹bis jenseits aller Erkennbarkeit›. Aber auch normale Abkürzungen kommen mit *fuck* vor: *bfd* (big fucking deal für ‹na und?›) und rtfm (read the fucking manual!, ‹lies die verdammte Bedienungsanleitung!›). Während des Vietnamkriegs war *fta* (fuck the army) ein Schlagwort der Kriegsgegner. Im sogenannten Netzjargon (gebräuchlich in Chats, Instant Messaging, Diskussionsforen usw.) sind unter anderem die Abkürzungen *ffs* (for fuck's sake), *omfg* (oh my fucking god), *mofo* (motherfucker), *gagf* (go and get fucked) und *jfgi* (just fucking google it) und wtf (what the fuck) üblich.» Dies ist gerade von *unserer* Sprache her betrachtet, eindrucksvoll, ja geradezu unglaubwürdig, weil für uns eine solche Präsenz eines Worts *dieser* Art, nicht (so sagt man ja vornehm) ‹nachvollziehbar› ist.

Von *bum* ‹Hintern› gibt es die Wendung ‹to make a bum of something› ‹etwas vermasseln› oder ‹to bum around› ‹ziellos umherwandern›; von *to piss* nicht nur *to piss off* ‹He pissed off at 10 o'clock› ‹Er haute um zehn Uhr ab›, sondern etwa auch ‹It really pisses her off when I leave the toilet lid up› ‹Es macht sie richtig wütend, wenn ich den Klodeckel nicht wieder zumache› (also ‹eigentlich› ‹es pisst sie weg›). Und ‹he was really pissed› bedeutet dann wieder ‹Er war stockbetrunken›.

Oder für uns Deutschsprachige so schockierende Ausdrücke wie *motherfucker* oder *cocksucker*, die deutsch meist exkrementelle Entsprechungen haben. Auch Williams übersetzt *motherfucker* schlicht mit ‹Arschloch›. Oder dann dieses Beispiel: ‹This fucking remote control is a real motherfucker›, von Williams übersetzt mit (was mich wegen des letzten Worts nicht ganz überzeugt): ‹Diese verdammte Fernbedienung ist echt ein Scheißteil!› (‹ein Scheißding› wäre da normaler). Auch bei *cocksucker* nennt er ‹Arschloch› als Entsprechung. Und das sehr häufige ‹it sucks› wird auch mit ‹scheiße› wiedergegeben, etwa: ‹Homework sucks›, ‹Hausaufgaben sind scheiße›. Bei ‹You fucking cunt!› lesen wir ‹Du verdammtes Arschloch› und bei *cuntface* ‹Arschgesicht›: die Übersetzung ist ungenau, aber praktisch pragmatisch völlig zutreffend. Also wieder dieses uns schon bekannte Ergebnis: die für uns schockierende und schockierend häufige Verwendung von Ausdrücken für Sexuelles, wenn es um Sexuelles gar nicht geht (im Deutschen wäre dies nicht auszuhalten, man würde jemanden, der so redet, als krank betrachten, ihm eine Obsession unterstellen). Und dann also, auf dieser Linie, die übliche Entsprechung: englisch sexuell – deutsch exkrementell.

Williams bringt auch sehr sprechende, zum Teil gar hübsche Text-beispiele. So gleich als Motto eine Briefstelle des Schriftstellers Philip Larkin, der 1985 starb. Da heißt es: «I suppose my writing is terrible. Sod & bollocks, anyway. Not to mention cunt and fuck. Omitting bugger & shit». Also: er hält seine Schreiberei für schrecklich. Und dann zitiert er einige der einschlägigen Wörter, die bei ihm vorkommen: *sod*, was eigentlich ein Homosexueller ist, praktisch aber einfach ein unangenehmer Typ (das Wort kommt von *sodomy*, das englisch, im Unterschied zum deutschen *Sodomie*, meist ‹Homosexualität› bedeutet); *bollocks* ist ein Ausdruck für die Hoden. Diese Wörter also, meint Larkin in scheinheiliger Selbstkritik, seien bei ihm «sowieso» da, «anyway» – um *cunt* und *fuck* nicht zu erwähnen und um *bugger*, was sich auf eine bestimmte Art des Verkehrs bezieht, und *shit* beiseite zu lassen. Und dann zitiert Williams aus einem Gedicht desselben Larkins, in dem es gar nicht unwitzig über das, was Eltern auf ihre Kinder übertragen, heißt:

«They fuck you up, your mum and dad,
They may not mean to but they do
They fill you with the faults they had
And add some extra just for you.»

Williams übersetzt: «Sie vermasseln dich, deine Eltern,/Sie wollen es vielleicht nicht, tun es aber doch./Mit ihren eigenen Fehlern füllen sie dich/Und fügen noch einige hinzu, nur für dich». Also gut: *vermasseln* ist gemeint, aber *to fuck up* ist eben doch etwas ganz anderes, gerade weil in *to fuck up* noch *fuck* drin ist: nicht nur etymologisch (das sowieso), sondern auch, und darauf kommt es an, im Bewusstsein derer, die *jetzt* den Ausdruck verwenden und hören. Und weil dies so ist, ist *to fuck up* etwas anderes als ‹vermasseln›.

22. Französisch – «Le père Barrault est un con»

Von dem zentralen Zeitwort *foutre* und seinen Trabanten habe ich schon gesprochen (Kap. 7). Das häufigste negativ verwendete Wort mit sexuellem Bezug ist französisch aber unbezweifelbar *con*. Dieses

Wort bedeutet ‹eigentlich› und zwar natürlich wieder ‹vulgär› das weibliche Genitale. Der «Petit Larousse», der auch oder eigentlich für Schüler gedacht ist, schreibt: «*vulgaire*. Sexe de la femme». Es kommt vom lateinischen *cŭnnus*, und dieses lateinische Wort findet sich auch im Provenzalischen, im Spanischen, Katalanischen, Portugiesischen (im Italienischen ist es nur noch, wenn überhaupt, als «veraltet» da). Da das Lateinische seinerzeit durch *Soldaten* gebracht wurde, ist die Verbreitung nicht erstaunlich…

Auch das französische *le con* ist wie das lateinische Wort männlich. In den allermeisten Fällen bedeutet es aber nicht die «weibliche Scham», wie man früher sagte, sondern etwas anderes und nur von daher vulgär *Übertragenes*. Und es ist ungeheuer häufig. Das ‹Vulgäre› und das ‹Familiäre› gehen hier ineinander über. Der «Petit Larousse» unterscheidet einfach zwei Wörter, erstens *con* «sexe de la femme», zweitens *con, conne*: «sehr familiär: dumm, unfähig». Von ‹vulgär› redet er also zu Recht gar nicht mehr. Aber natürlich hängen die Bedeutungen der beiden hier unterschiedenen Wörter zusammen. *Con* kann übertragen vieles bedeuten. Als pures Schimpfwort – da ist es fast allgegenwärtig – wäre, je nach dem, die Übersetzung ins Deutsche *Arschloch* oder *Arsch* oder *Blödmann* oder *Idiot*. Ein harter Ausdruck muss es jedenfalls im Deutschen sein, denn französisch jemanden *con* zu nennen, so häufig es, direkt und mehr noch indirekt, geschieht, ist einigermaßen hart (es kann aber, wie viele Schimpfwörter, unter Umständen auch ‹nett› gebraucht werden).

Jean-Paul Sartre berichtet in seinen faszinierenden, in klassischem Französisch geschriebenen Kindheitserinnerungen «Die Wörter», «Les mots», er habe als Kind eines Tags an einer Wand seiner Schule die Inschrift gelesen «Le père Barrault est un con». Barrault hieß einer der Lehrer. Er habe gar nicht gewusst, was das ist – «un con», weder in der übertragenen Bedeutung noch gar in der ‹eigentlichen›. Und mehr als über dieses Wort sei er auch schockiert gewesen über das dem Namen Barrault vorausgestellte respektlose «le père» – wie kann man einen Lehrer so respektlos benennen! «Der Vater Barrault», «le père Barrault»: so nennt man französisch entweder einen Pater, der mit Familiennamen so heißt (da wird *Père* dann großgeschrieben), und der wird dann auch mit ‹Mon père› angeredet, oder man nennt so und nun in sehr lockerem Ton etwa einen Lehrer oder einen Vorgesetzten oder irgendeine Respektsperson (und darum ging es hier): das französische ‹le père› entspricht in diesem Fall also etwa unserem ‹der alte› (‹der alte Maier›).

Aber das Wort «con» als Aussage an der Wand beunruhigt den Jungen doch: «kurz und brutal wie es war, hatte es die schreckliche Einfachheit elementarer Tiere», «court et brutal, il avait l'horrible simplicité des bêtes élémentaires». Die bloße kurze Lautgestalt also von «con» – geschrieben sind es drei Buchstaben, gesprochen nur zwei Laute – fesselt das Kind (in der literarisierten Erinnerung jedenfalls des Erwachsenen). Und dann war da doch wohl die präzise Ahnung, das Gemeinte müsse etwas Schlimmes sein. Sartre schildert hier, wie es mit solchen Ausdrücken zumeist geht, wenn man als Kind zuerst auf sie stößt: man versteht augenblicklich, da ist etwas sehr ungehörig Negatives, dann, später, oft viel später, erfährt man, was der Ausdruck ‹eigentlich›, also unübertragen, meint, und versteht den Ausdruck dann auch in dem Schockierenden, das er in übertragener Verwendung hat. Der Übersetzer ins Deutsche hat aber mit «con» hier ein Problem. Im Fall von «Les mots» ist es der berühmte Germanist und Kritiker Hans Mayer (‹berühmt› hätte er selbst jedoch als einen sehr schwachen Ausdruck betrachtet): Mayer also übersetzt «con» von der Bedeutung her ganz zutreffend mit «Arschloch». Nur passt dann (dies hätte er beachten müssen) die lautliche Kennzeichnung des Worts «kurz und brutal» überhaupt nicht mehr, denn *Arschloch* mit seinen sechs Lauten und neun Buchstaben ist gar nicht kurz, sondern lang und gar ein zusammengesetztes Wort! Die Lösung ‹Arsch› wäre da besser gewesen.[29]

Der französische Politiker Philippe Douste-Blazy war von 2005 bis 2007 Außenminister, residierte also am berühmten sogenannten Quay d'Orsay, und so heißt auch der Amtssitz des Außenministers. Der Mann war nach ziemlich allgemeinem Urteil für diese Aufgabe denkbar ungeeignet (er konnte keine Fremdsprache und war auch in seiner eigenen sehr undiplomatisch). So nannte man ihn bald «le con d'Orsay», was nun wieder, und nur deshalb war es witzig, gleichlautend mit dem Namen des Philosophen Condorcet war, der 1794 starb (er vergiftete sich, weil ihm die Guillotine drohte) und nach dem eine berühmte Pariser Schule, das «Lycée Condorcet» benannt ist – dieser

Gleichklang milderte auch wieder den Spott. Solche Witze sind im Französischen viel leichter zu machen als etwa im Deutschen, und in Frankreich werden sie auch keineswegs als ‹Kalauer› abgewertet, sondern gelten als geistreich. Noch eine typische Verwendung von *con*: ‹c'est un petit con prétentieux›, ‹ein kleines eingebildetes Arschloch› oder einfach ‹ein kleiner Klugscheißer.›

Es gibt zu *con* also auch eine weibliche Form *conne*, die dann natürlich nur die übertragene Bedeutung hat. Daneben gibt es männlich auch die Erweiterung *connard* (oder mit nur einem ‹n› *conard*) und weiblich entsprechend *connasse* (oder *conasse*: es ist nicht häufig, dass einem im Französischen eine Rechtschreibung freigestellt wird). Als Eigenschaftswort ist *con* nicht notwendig eine Beschimpfung, sondern in der Regel einfach eine mehr oder weniger negative Kennzeichnung. *Con* entspricht etwa ‹blöd› oder ‹doof› oder dann auch bloß unserem ‹komisch› im Sinne von ‹seltsam›. Es ist nun wieder eine deutsche Spezialität und Merkwürdigkeit, dass *komisch* im Sinne von ‹lustig› in unserer Sprache zusätzlich die jetzt wohl häufigere Bedeutung ‹seltsam› angenommen hat (‹Du, der war heute ziemlich komisch› – an Lustigkeit denkt man dabei am wenigsten). In dieser Bedeutung unseres *komisch* findet sich *con* etwa in dem sehr häufigen Satz, der eigentlich auch nur noch in dem sehr abgeschwächten Sinne ‹vulgär› ist, dass er nicht geradezu bei jeder Gelegenheit gesagt werden kann (also wirklich vulgär ist das nicht): ‹C'est con comme truc›. *Truc* heißt ja einfach ‹Ding›, und also wird hier schlicht festgestellt: ‹Das ist was Blödes› oder ‹was Komisches›. Irgendein sexueller Bezug ist da nun wirklich nicht präsent. Es ist nur eben noch das Wort *con* mit seiner Aura. Was die Beschimpfung mit *con* betrifft, wird sie übrigens durch die häufige Hinzufügung durch *petit* oder *pauvre*, also ‹klein› und ‹arm›, nicht abgeschwächt, sondern eher verstärkt: ‹Petit con, va!› oder über einen Dritten: ‹Enfin, c'est un pauvre con, quoi›. Umgekehrt wird gesagt, dass ‹C'est un grand con› eher positiv sei oder sein könne. Als de Gaulle einmal irgendwo die Inschrift las «Mort aux cons!», «Tod den Arschlöchern!» soll er angemerkt haben: «Sehr umfangreiches Programm!», «Vaste programme!»

Von *con* gibt es vor allem zwei Ableitungen: erstens *la connerie*, wortwörtlich also eine ‹Möserei›, gemeint ist eine Dummheit, irgendein Blödsinn, zweitens dann das nicht weniger häufige Zeitwort *déconner*, sozusagen ‹ausmösen›, faktisch aber wieder ‹Blödsinn machen› oder ‹blöd daherreden›: ‹Je t'en prie, ne déconne pas!› oder ‹Faut pas déconner, hein?›, ‹Ich bitt dich, mach keinen Quatsch!›, ‹Flipp nicht aus!›

Natürlich kann man es skandalös finden, dass gerade die Bezeichnung für das weibliche Genitale, auch wenn es die vulgäre Bezeichnung ist, so verwendet wird: nämlich *immer* negativ – die Differenzierung bewegt sich in der Tat nur innerhalb des Negativen. Doch so ist es eben. Und wir wollen uns ja nur wundern, nicht bewerten. Aber es gibt Negatives doch auch auf der männlichen Seite. So zum Beispiel das von dem vulgären Ausdruck für die Hoden *les couilles* abgeleitete und auch sehr häufige Schimpfwort *le couillon*. Der ‹normale›, also nicht vulgär-familiäre Ausdruck für *les couilles* ist *les testicules*. Das Wort *couillon* gelangte als *Kujon* ‹Schuft› übrigens auch ins Deutsche, wird da aber kaum mehr verwendet oder auch nur verstanden. Immerhin verzeichnet es noch der Rechtschreib-Duden: «veraltend für Schuft». Es gehört sozusagen zur klassischen Sprache, der des 19. Jahrhunderts. Herbert Wehner gebrauchte das Wort einmal im Bundestag, allerdings als rhetorische Frage im Blick auf sich selbst: «Bin ich denn ein Kujon?» Aber das von *Kujon* abgeleitete Zeitwort *kujonieren* ist noch sehr gebräuchlich und zwar im Sinne von ‹schikanieren›. Das deutsche *Kujon* ist also ins Moralische hinübergerutscht, was für das französische *couillon* nicht gilt. Da bleibt das Wort im Intellektuellen, denn der couillon ist einfach ‹blöd› oder ‹dumm›. Und *la couillonade* bezeichnet familiär schlicht einen Blödsinn oder etwas Unseriöses, dann aber auch, bemerkenswerterweise, eine Täuschung. Da geht es dann doch ins Moralische. Auch *couillonner* kann ‹täuschen› oder ‹hereinlegen› bedeuten. Und wir finden *les couilles* auch, wenn es um Belästigung geht: ‹tu me casses les couilles›, ‹du zerbrichst mir die Hoden› oder einfach ‹tu me les brises!›, ‹Du zerbrichst sie mir›. Aber so verwendet erscheint das Organ selbst dann indirekt doch wieder klar positiv!

Dann *bordel*. Dieses alte Wort geht auf italienisch *bordello* zurück, das sich schon bei Dante findet (Purgatorio, 6. Gesang); es ist aber letztlich germanisch und hängt mit unserem *Bord* zusammen (vielleicht ging es da zunächst um etwas wie eine Bretterbude). Heute meint *le bordel* kaum mehr ‹Bordell›, also ‹maison de prostitution›, sondern, für uns überraschend, ohne jeden sexuellen Beiklang schlicht eine ‹große Unordnung›. Insofern ist das Wort für uns und für die Franzosen, die deutsch lernen, ein sogenannter «falscher Freund». So nennen Sprachwissenschaftler und Übersetzer zwei Wörter, die ähnlich lauten, unter Umständen auch, wie hier, etymologisch zusammengehören, aber etwas Verschiedenes bedeuten, insofern also, als bloß scheinbare Freunde, denjenigen, der die andere Sprache lernt, leicht in die Irre führen. ‹Attends une minute, que je range un peu mon bordel›, ‹Warte eine Minute, dass ich mein Durcheinander hier etwas in Ordnung bringe›. Auch ein solcher Ausdruck ist uns ziemlich fremd, ja schockierend: ‹Was für ein Bordell hier!› – nichts ist aber französisch normaler als ‹Quel bordel là-dedans!›. *Bordel!* ist dann auch ein häufiger Ausruf, und da drückt das Wort Zorn und Empörung aus. Dies ist für uns weniger überraschend als die Bedeutung ‹Unordnung›: ein Ausdruck also mit klar sexueller Referenz für etwas, das mit Sexuellem gar nichts zu tun hat... Dasselbe gilt übrigens, ganz analog zu *bordel*, für das vom Zeitwort *foutre* abgeleitete Hauptwort *le foutoir*, das ebenfalls eine ‹große Unordnung› bezeichnet.

Überaus häufig als Ausruf ist auch *putain*, also ‹Hure›. Das Wort – ‹oh putain!› – markiert alles: vom bloß leichten Erstaunen bis hin zur Wut. Da ist es wirklich der Ton, der die Musik macht – und der Zusammenhang, aus dem man so etwas nicht reißen sollte. Oft ist der Ausdruck durch ‹nom de Dieu› verstärkt: ‹putain, nom de Dieu!›, wobei dann zumindest klarer Ärger im Spiel ist. Im Übrigen ist dieser Ausruf im Süden Frankreichs womöglich häufiger als im Norden. So gibt es den französischen Scherz von dem Unterschied zwischen einem Hund in Lille und einem in Toulouse: der Hund in Lille bellt «Gouá, goua, goua, gouá!», während der in Toulouse sich mit «Goua, goua, putain, putain, goua, gouá!» vernehmen lässt. Hinzukommt, dass *putain* im Süden etwas anders, nämlich mit schwächerer Nasalierung und in Richtung ‹putaing› artikuliert wird.

Ein weiterer hier einschlägiger sexueller Ausdruck ist *enculer*, meist in der Form des Partizips der Vergangenheit, also *enculé*, verwendet. Dass in diesem Zeitwort *le cul* ‹der Hintern› steckt, ist offensichtlich, und so braucht es nicht weiter erläutert zu werden. Jedenfalls ist etwa ‹Enculé!› oder ‹Espèce d'enculé!› eine derbe und verächtliche Beschimpfung. Dann gibt es die drastisch hübsche Wendung ‹(il ne) faut pas non plus enculer les mouches›, also übertragen ‹man soll sich jetzt auch nicht in Kinkerlitzchen verlieren›.

Ein Synonym für das Zeitwort *baiser* im Sinne von ‹avoir des relations sexuelles› ist *niquer*. Und *niquer* wird dann auch, konsequent analog zu *baiser*, im übertragenen Sinn von ‹betrügen› verwendet. Das Wort steht übrigens, zumindest seit 1999, im «Petit Larousse», was immer eine gewisse Nobilitierung bedeutet, denn in diesem Lexikon steht durchaus nicht alles. Dort heißt es beim Eintrag *niquer*: «1. vulgaire. Avoir des relations sexuelles avec. 2. Très familier. Tromper, duper». Also, auch dies ist bemerkenswert: die übertragene Bedeutung ist im Unterschied zur eigentlichen nicht mehr «vulgär», sondern nur noch «sehr familiär».

Zum Zeitwort *branler* schreibe ich hier ab, was in Langenscheidts «Power Wörterbuch Französisch» von 1999 steht (es ist nicht sehr umfangreich, aber vorzüglich und besonders für Schüler gedacht): «1. (*Stuhl usw.*) wackeln 2. *vulgär* tun, machen 3. *vulgär* se branler (= onanieren) wichsen». Ich nehme an, dass die an zweiter Stelle genannte Bedeutung von der an dritter Stelle genannten abhängt, die Reihenfolge also wohl die umgekehrte sein müsste, also: ‹wackeln› ‹onanieren› ‹machen›. So wie *foutre*, wie ausgeführt, ‹machen› bedeuten kann, würde dies auch für *branler* gelten. ‹Qu'est-ce que tu branles ici?› heißt also einfach und vulgär ‹Was machst du hier?› Und vor allem (und dies muss uns in unserem Zusammenhang interessieren): *se branler d'une chose* drückt Gleichgültigkeit aus, und so entspricht ‹je m'en branle› genau dem auch vulgären ‹je m'en fous› und dem nicht-vulgären, insofern korrekten ‹je m'en moque›. Also wieder eine sexuelle Metapher. Ein *branleur* ist dann ein Faulpelz, ein Nichtsnutz, und davon gibt es konsequent die weibliche Variante *la branleuse*.

All dies ist nur ein kurzer Einblick in das, was französisch hier einschlägig ist. Wir haben drei Zeitwörter mit sexueller Referenz genannt, die uns hier in ihren Übertragungen interessieren, *enculer, niquer, branler*, dann die uns ebenfalls vor allem in den übertragenen Verwendungen interessierenden fünf Hauptwörter le *con, la conne, le couillon, le bordel* und *la putain*. Davon sind drei weiblich orientiert und nur eines, *le couillon*, männlich. Mehr Beispiele, denke ich, würden das Bild kaum verändern. Und dieses Bild zeigt: Sicht des Sexuellen ganz klar vom *Mann* her und insofern dann, nur insofern, Dominanz des Weiblichen. Und diese Dominanz – darum ist sie negativ – betrifft dann auch die *negative* Verwendung von Ausdrücken mit sexueller Bedeutung. Das Sexuelle erscheint hier vorwiegend negativ. Und negativ erscheint dann auch in männlicher Sicht, darf man sagen, die Frau.

23. Italienisch – ‹È una ficata!›

Italienisch nennt man ein derbes, grobes, wüstes, vulgär-familiäres Wort *una parolaccia*, Plural *le parolacce*. *Fóttere*, natürlich, ist ein solches Wort (Kap. 7). Zu diesem Wort ein kurzer Nachtrag. Der genannte derbe die Kommunikation abbrechende Ausdruck ‹Va' a farti fóttere!› ist überregional. Und da muss man wissen, dass in Italien fast jede Region für das, was *fóttere* ‹eigentlich› meint, einen eigenen Ausdruck hat und dass man normalerweise den jeweils regionalen Ausdruck bevorzugt. Jedenfalls wurde mir gesagt, dass *fóttere* insofern geradezu etwas «Snobistisches» habe (hinzukomme, dass es in den Synchronisationen amerikanischer Filme regelmäßig für «fuck off» erscheine). Hier muss man in der Tat wissen, dass in Italien die Regionalsprachen außerordentlich wichtig sind, wichtiger als irgendwo sonst in den romanischen Sprachen, wichtiger wohl auch noch als im *deutschen* Sprachraum: einigermaßen Gebildete reden in Italien je nach der Sprechsituation zweisprachig: in ihrem Dialekt oder dann, wenn es darauf ankommt, in der Hochsprache oder doch in ihrem mehr oder weniger stark regional getönten ‹Hochitalienisch›. Keineswegs erfährt der Dialekt in Italien die Abwertung, die wir aus Frankreich kennen, wo es zur Bildung gehört, dass man ein gleichsam ortloses, nicht regional gebundenes Französisch redet. Was das zuvor genannte ‹Va' a farti fóttere› angeht, gibt es da zudem die häufige derbere Variante ‹Vaffanculo!›, in der *culo*, ‹Arsch› steckt, die nicht erläutert werden muss.

Das dem französischen *le con* etymologisch entsprechende *il conno* (von lateinisch *cŭnnus*) ist zwar, wie gesagt, auch ins Italienische gelangt, dort aber heute (und nicht erst seit heute) veraltet. Vielen Italienern ist das Wort geradezu unbekannt. Es wurde durch ein anderes Wort ersetzt: das übliche vulgäre Wort ist *la fica* oder im Norden *la figa* – da stoßen wir nun gleich auf den regionalen Unterschied (im Norden, aber auch sonst, ist der Konsonant, der Verschlusslaut zwischen Vokalen stimmhaft oder, wie man außerhalb der Sprachwissenschaft sagt, ‹weich›). *Fica* bezeichnet also vulgär das weibliche Organ und dann, natürlich auch vulgär, die Frau überhaupt: wieder einmal eine Bezeichnung des Ganzen durch den Teil, also «der Teil steht für das Ganze», «*pars pro toto*». Und das Wort hat mit *il fico* zu tun, was die Feige bezeichnet (und auch den Feigenbaum). Da handelt es sich natürlich, was die auf das Geschlecht übertragene Bedeutung angeht, um ein Bild. Das Wort *fica* ist vom Mann her gesehen, und es ist nun insofern auf ‹männliche› Weise sehr positiv getönt: es meint «eine (sexuell) anziehende Frau», «una donna attraente», wie man uns erklärt. Entsprechend ist dann auch *una ficata* – ‹Hochschätzung›, ‹Bewunderung›, ‹Begeisterung› – einfach irgendetwas ganz Tolles, etwas, das dann mit Sexuellem gar nichts mehr zu tun hat: *che ficata!* Eine *ficata* ist also schlicht etwas, eine Handlung oder ein Zustand oder ein Sachverhalt, die in diesem Sinne, müsste man deutsch erläutern, durch ‹Feigenhaftigkeit› gekennzeichnet sind! Und es ist bemerkenswert, dass es neben *fica* auch die männliche Form *il fico* gibt (mit der nördlichen Variante *il figo*). Und auch dieses Wort ist sehr positiv gemeint, etwa in dem Ausruf ‹che fico!› ‹was für ein toller Typ!›; hier kommt dann also die weibliche Sicht auf den Mann zur Geltung, oder die Frau zieht, die Sache konsequent umdrehend, dem Mann einfach gleich. Diese Ausdrücke haben sich vom Sexuellen gelöst, sind auch entsprechend häufig, aber der sexuelle Hintergrund ist doch nicht ganz weg, er bleibt latent, also stets hervorrufbar, im Bewusstsein da.[30]

Es gibt zum Beispiel die bekannte Hand mit dem zwischen Zeige- und Mittelfinger geklemmten Daumen. Sie heißt italienisch ‹die Feigenhand›, *la mano fica*, und bezieht sich auf das Sexuelle. Dann gibt es ein bekanntes derb realistisches Bauernsprichwort, welches behauptet, ein Haar auf dem Geschlecht einer Frau ziehe stärker als ein Karren mit Ochsen: «Tira di più un pelo di fica che un carro di buoi.» Da zumindest ist die ‹eigentliche› Bedeutung nun wirklich voll da. Und einige Empirie hat die Aussage dieses Sprichworts zweifellos für sich. Bemerkenswert vielleicht doch auch, dass es da im Deutschen kein entsprechendes Sprichwort gibt, jedenfalls kein dermaßen bekanntes.[31]

Dann das schon genannte Wort *cazzo*, das ‹eigentlich› das Glied bezeichnet. Es ist außerordentlich häufig, vor allem wieder in den übertragenen Verwendungen. Etwa in den irritierten Fragen von der Art ‹Was machst du da eigentlich?›, ‹Che cazzo fai?› oder ‹Wohin gehst du eigentlich?›, ‹Dove cazzo vai?› (unser ominöses, nicht immer leicht übersetzbares ‹eigentlich›)[32]. Da ist *cazzo* eine Verstärkung, die, gleichzeitig, je nach dem, Erstaunen, Ungeduld oder Ärger signalisierend, eine irritierte familiäre Tönung gibt, ob sie nun bloß gespielt oder wirklich ist. Insofern ist der Zusatz ‹eigentlich› im Deutschen natürlich nicht die richtige Entsprechung. Übersetzt man dies wörtlich ins Deutsche, tritt die Fremdheit solcher Ausdrücke für uns deutlich hervor: ‹Was, Schwanz nochmal, machst du?›, ‹Wohin, Schwanz nochmal, gehst du?›

Wichtiger aber: *cazzo* ist im Unterschied zu *fica* negativ, sehr negativ sogar. Übertragen bedeutet es: Dummheit, Blödheit, Unfähigkeit usw. Entsprechend negativ ist dann auch *una cazzata*, nämlich das strikte Gegenteil von *una ficata*. Und wie *ficata* ist auch *cazzata* sexuell gleichsam entleert. Dann gibt es auch, überaus häufig, die Wendung ‹Kopf des Glieds›, ‹testa di cazzo›, und ‹essere una testa di cazzo› meint ‹ein Dummkopf sein›, ‹jemand, der ‹zu nichts taugt›, ‹un buono a nulla› (*nulla* gleich ‹nichts›). In der vergrößernden und personalisierenden Form *un cazzone* bedeutet *cazzo* wieder Dummkopf (das Wort kann aber auch rein vergrößernd, als sogenanntes Augmentativ, ein *großes* Glied meinen). Dann gibt es den *rompicazzo*, worin das Zeitwort *rómpere* steckt: das Wort meint also jemanden, der einem das Glied zerbricht, somit stark belästigt, dann das Zeitwort *incazzarsi* ‹in Schwierigkeiten geraten›, und in vielen Wendungen taucht das Wort *cazzo* auch auf: *impicciare* heißt ‹stören›, ‹hindern› und *impicciarsi* dann ‹einmischen›, und da sagt man nun familiär *impicciarsi di cazzi altrui*, ‹sich in die Angelegenheiten anderer einmischen›, also ‹eigentlich›: ‹in die Glieder von anderen›. Dem entspricht dann die positive Aufforderung: ‹Kümmere dich um deine eigenen›, ‹Fatti i cazzi tuoi!›

Dann: *non capire un cazzo,* ‹rein gar nichts verstehen›. Wo wir ‹immer nur Bahnhof› verstehen, versteht der Italiener ‚nicht ein Glied›. Da ist also *cazzo* immer negativ. Das heißt: bei *non capire un cazzo* ist *cazzo* für sich selbst ja eher positiv, jedenfalls nicht unbedingt negativ, denn das Minimale, das man nicht einmal versteht, ist ja doch wohl eher etwas Positives. Oder? Und positiv ist es auch in *stare sul cazzo,* wörtlich ‹jemandem auf dem Glied stehen›, denn es ist ja keine Abwertung des Glieds. Es heißt tatsächlich ‹unerträglich sein›. Und mit ‹heute dreht sich mir das Glied›, ‹oggi mi gira il cazzo›, ist gemeint, dass man mehr oder weniger schlecht gelaunt ist. Weitere Ausdrücke mit *cazzo:* ‹non me ne importa un cazzo›, ‹das ist mir völlig unwichtig›, ‹scheißegal›, wörtlich ‹es ist mir kein Glied wert›, ‹un lavoro fatto a cazzo›, ‹eine Scheißarbeit›, also eine schlecht erledigte, wörtlich aber ‹mit dem Glied gemacht›, ‹un libro del cazzo› ist einfach ‹ein Scheißbuch›. Bemerkenswert ist da eben, vergleichend gesehen, dass wir einen Ausdruck wie ‹Schwanzbuch› gar nicht oder ganz falsch verstehen würden und dass uns diese hohe Präsenz eines vulgären Worts für das Glied irritieren würde, wenn etwa jemand deutsch so redete. Gut (und darauf will ich ja hinaus): es ist eben nicht deutsch, sondern italienisch. Ein letztes drastisches Beispiel: ‹Wenn wir zu spät kommen, sind das saure Schwänze›, gemeint ist einfach ‹gibt es große Probleme›, ‹problemi grossi›, also: ‹Se arriviamo in ritardo sono cazzi ácidi›.

Merkwürdig, jedenfalls bemerkenswert ist nun, dass die Hoden, während das Glied fast durchweg *negativ* erscheint, zur Bezeichnung von *Positivem* ‹herangezogen› werden (irgendwie muss man es ja sagen). Offenbar also, sonst wäre dies nicht möglich, werden sie, im Unterschied zum Glied, positiv eingeschätzt – es ist schon in der Sprache selbst so angelegt. Für die Hoden gibt es den vulgären Ausdruck *le palle,* eigentlich also ‹die Bälle›, die Mehrzahl von *la palla.* Der normale und neutrale Ausdruck ist *il testícolo,* Mehrzahl *i testícoli.* Wenn man nun sagt *avere le palle,* also wörtlich ‹*die* Bälle haben›, wird damit Befähigung, Leistungsfähigkeit, Erfahrung usw. gemeint. Dies kann übrigens, ebenfalls bemerkenswert, ohne weiteres auch von Frauen gesagt werden, was ja belegt, dass es eine wirkliche Übertragung ins sozusagen Moralische ist. Und dies kann auch positiv gemeint sein, nicht nur im Sinne von unserem ‹sie hat die Hosen an›, das im Italienischen auch da ist, aber eben: die positive Bewertung gibt es auch. Sehr positiv ist auch der pittoresk verstärkende Ausdruck ‹eckige Bälle haben› oder eigentlich ‹die Bälle eckig haben›, was verstärkend dasselbe meint: *avere le palle quadrate.* Dann: ‹mi sono esaurite le palle› heißt wörtlich ‹ich habe mir die Bälle erschöpft› und meint ‹ich bin fertig›. Und ein *rompipalle* ist ein lästiger, nervender Typ.

Der andere familiär vulgäre Ausdruck für Hoden, neben *le palle*, ist *i coglioni*, was die Mehrzahl von *il coglione* ist. Dieses Wort geht auf ein lateinisches *cóleus* zurück, das schon dieselbe Bedeutung hatte und übrigens zunächst (da haben wir wieder ein Bild) ‹Ledersack› bedeutete. Auch *coglione* ist wie *avere le palle* positiv: *avere i coglioni* (entspricht dem deutschen ‹Eier haben›). Und da gibt es dann die Varianten *avere i coglioni duri*, also ‹die Hoden hart haben› oder gar *avere i coglioni d'acciaio*, also ‹die Hoden aus Stahl haben›. Umgekehrt ist *coglionato* mit dem vorausgesetzten negativen oder privativen *s*, also *scoglionato*, negativ: *essere scoglionato*, wörtlich ‹enthodet sein›. Wieder parallel zu *le palle* gibt es auch *rómpere i coglioni* ‹jemandem auf die Nerven gehen›: ‹mi rompe i coglioni›, ‹er (oder sie) geht mir auf die Nerven›.

Dann kann *coglione* auch für eine männliche Person direkt verwendet werden (wieder «Teil für das Ganze»): *essere un coglione*, was überaus häufig und dann sehr negativ ist: es meint ‹Dummkopf›, ‹Blödmann› usw., und das davon abgeleitete Zeitwort *coglionare* heißt ‹foppen›. Dass *coglione*, wenn man es auf einen Mann anwendet, negativ ist, mag man als Widerspruch zum Gesagten betrachten, man sollte sich aber nach allem, was man auf diesem Gebiet findet, nicht groß darüber wundern. Da gibt es viel Ambivalentes.

Drei Dinge sind hier, allgemeiner gesehen, hervorzuheben. Erstens die angedeutete Trennung in der Bewertung, wie sie in dieser Sprache selbst angelegt ist, zwischen Glied und Hoden: Glied eher negativ, Hoden eher positiv. Zweitens dann, wichtiger, die Verteilung männlich/weiblich: ein Viertel der hier übertragen verwendeten Ausdrücke sind ‹eigentlich› für Weibliches, aber Dreiviertel ‹eigentlich› für Männliches, starkes numerisches Übergewicht also der Ausdrücke für Männliches. Drittens dann dies, dass die Ausdrücke für Weibliches eher für Positives stehen, die für Männliches aber eher für Negatives. Also dies alles ist im *Italienischen* so, anderswo ist es anders, zum

Beispiel im Französischen; es ist also einzelsprachlich geprägt, kann von Sprache verschieden sind: es kann, aber es muss nicht.

Natürlich sind auch italienisch die Wörter für ‹Arsch› und ‹Scheiße› wichtig, also *il culo* und *la merda*. Nur sind sie halt eher im Hintergrund. Man kann aber schon sagen ‹Che merda!›, ‹So ne Scheiße!› ‹Heute ist ein Scheißtag› kann man ohne weiteres mit ‹Oggi è una giornata di merda› wiedergeben. Ganz in der Nähe von *la merda* ist *la cacata* oder (wieder Norditalien) *cagata*. Dieses vom Zeitwort *cacare* abgeleitete Hauptwort kann dann auch für ‹Grobheit›, ‹Plumpheit›, ‹rozzezza› stehen (*cacare* gibt es bereits im Lateinischen, es hat sich also zum Italienischen hin gar nicht verändert, unser *kacken* kann übrigens auch aufs Lateinische zurückgehen, könnte aber auch auf anderem Weg entstanden sein).

Weit wichtiger aber: *culo* ist nicht so negativ wie unser Wort *Arsch*. Und sehr merkwürdig ist von uns aus gesehen, dass ‹Arsch› und auch das, was ‹Arschloch› entspricht, nämlich *buco di culo*, geradezu Freude, Bewunderung, Begeisterung und Vergnügen ausdrücken können (Vgl. Kap. 49, «Das Gesäß»).

Culo kommt übrigens schon – oder sogar – bei Dante in der «Göttlichen Komödie» vor und zwar, versteht sich, in der «Hölle». Da gibt es den unter Kennern berühmten Schlussvers des 21. Gesangs, wo von einer üblen Soldatentruppe die Rede ist, welche die Sünder quält, und deren Anführer gibt dann ein Zeichen: «…jeder hatte noch die Zunge an die Zähne gepresst, bereit zum Schnalzen, sobald vom Anführer das Zeichen käme;/und der hatte dann zum Marsche geblasen aus dem Arsche». Der letzte Vers, mit dem dann also dieser Gesang drastisch schließt, lautet italienisch: «ed egli avea del culo fatto trombetta», wörtlich: «und der hatte aus dem Arsch eine Trompete gemacht» (die zitierte Übersetzung ist die vorzügliche neue von Hartmut Köhler).[33]

24. Spanisch – ‹¡Una cosa cojonuda!›

Zu dem wichtigen Zeitwort *joder*, von dem schon die Rede war, nur noch dies: es meint zunächst direkt (und darauf bauen die anderen Bedeutungen auf) den sexuellen Verkehr, wird also ganz unübertragen auch in diesem Sinn verwendet, wenngleich die übertragenen Verwendungen viel, viel häufiger sind. So kann man über einen traurigen, ständig depressiven Mann sagen (es ist etwas wie eine feste Wendung): ‹Der lacht nicht einmal beim Vögeln›, ‹Este no se ríe ni jodiendo›. Eine Wendung übrigens, die mich, aber darauf kommt es nicht an, nicht überzeugt (sie liegt, scheint mir, neben der Sache). Es gibt zu *joder* das ebenfalls nicht seltene *follar*, von dem das sehr häufige und eigentlich normale und jedenfalls nicht direkt vulgäre, sondern eher familiäre Hauptwort *el follón*, ‹das Durcheinander›, abgeleitet ist (aber der Zusammenhang mit *follar* hat sich für das Sprachbewusstsein gelöst).

Fast häufiger als das Zeitwort *joder* ist in unserem Zusammenhang das Hauptwort *coño*, welches vulgär das weibliche Organ bezeichnet. Auch dieses Wort ist, wie *joder*, als an den Anfang einer Äußerung gesetzter oder in sie eingeschobener oder sie abschließender Ausruf, Ausdruck des Erstaunens, der Überraschung. Es kann aber bis zum Ausdruck von erheblicher Wut gehen: psychologisch gesehen. Hier finden wir erneut die erstaunliche und bequeme Elastizität der Sprache, und diese Skala ist sehr weit. Oft verleiht *coño* auch einfach Nachdruck etwa, aber stärker, im Sinne unseres ‹Verdammt noch mal!› – ‹¿Pero qué coño te has creído?›, ‹Aber was, verdammt noch mal, hast du dir gedacht› oder ‹eingebildet?›. Oder: ¿Pero qué coño te importa a tí?, ‹Aber das geht doch dich einen Dreck an!› Und bei ‹Dreck› (das betrifft nun das Deutsche) ist da wieder ‹Scheiße›, ‹Scheißdreck› also, im Spiel, auch wenn man nicht dran denkt. Aber um das ‹Daran-Denken› beim Sagen oder Hören geht es hierbei ohnehin nicht. Oft ist *coño*, wie derartige Wörter überhaupt, ein Signal für die Art und Weise, wie man reden will: also derb, direkt, ungeziert, ohne Umschweife, fast hätte ich gesagt männlich (was Frauen natürlich auch können). Ein bemerkenswerter Unterschied zwischen spanisch *coño* und dem im Französischen wahrlich häufigen *con* soll gleich festgehalten werden: französisch kann man (und dies tun die Französischsprechenden sehr ausgiebig) eine männliche Person mit *con* bezeichnen und mit *conne* eine weibliche. Mit spanisch *coño* geht dies nicht. Man sagt nicht: ‹Este hombre es un coño›, so wie man französisch ganz normal sagt ‹Cet homme est un con›.

Es gibt aber *coño* auch in der weiblichen Form – *coña*. Dieses Wort meint nun auch nicht eine Person, sondern etwas wie ‹Witz› im negativen Sinn oder dann ‹Unfug›, ‹Blödsinn› und wird zum Beispiel in der recht häufigen Wendung ‹ir de coña› (*ir* heißt ‹gehen›) gebraucht, womit ‹hochnehmen› oder (da ist wieder die übliche Entsprechung!) ‹verarschen› oder ‹verscheißern› gemeint ist. Der Ausruf ‹¡Es la coña!› meint: ‹Das ist die Höhe!› Oder ‹Esto va de coña›, ‹Das ist eine Verarschung›. Das von *coño* oder von *coña* abgeleitete Zeitwort *coñearse* heißt ‹sich lustig machen›. *Coño* erscheint sehr häufig in der steigernden Vergrößerungsform *coñazo*, und in *dieser* Form meint es eine mehr oder weniger ärgerliche oder anstrengende oder einfach blöde Sache, jedenfalls etwas klar Negatives. So etwa in dem Ausruf ‹¡Qué coñazo!›, was deutsch eigentlich nur mit ‹Was für ein Scheiß!› oder ‹So'ne Scheiße!› wiederzugeben ist oder ‹¡Qué coñazo de música!›, ‹Was für eine Scheißmusik!›.

Und nun ein bemerkenswerter Punkt. Übertragen verwendet ist das Wort für das *weibliche* Organ immer negativ. Ganz anders auf der *männlichen* Seite. Das vulgäre Wort für ‹Hoden› ist spanisch *cojones*. Und da ist nun der Ausruf ‹¡cojones!› im klaren Unterschied zu ‹¡coño!› rein positiv. Und ohne Ausruf, also einfach so übertragen als familiäres Hauptwort verwendet, bedeutet *cojones* sehr positiv ‹Mut›. So in der Wendung ‹echar cojones a una cosa›, wörtlich: ‹Einer Sache Mut hinzuwerfen›: ‹Ahora hay que echar cojones a la cosa› oder ‹al asunto›. So pflegt man zu sagen, wenn alles Übrige erledigt ist: ‹Jetzt brauchen wir (nur noch) Mut für die Angelegenheit›, wörtlich also ‹Jetzt müssen wir nur noch Hoden dazu schmeißen›. ¡Cojones! ist schon als Ausruf immer die Reaktion auf etwas Positives.

Hierzu eine Anekdote. Ein spanischer Theologe, Professor für Dogmatik, ein sehr ernsthafter und natürlich frommer Mann, erzählte mir, wie es ihm gelang, das Original, also die Handschrift, des sogenannten «Catechismus Romanus» zu entdecken. Dieser «Katechismus», selbstverständlich lateinisch geschrieben (er wurde aber alsbald ins Deutsche, Polnische, Italienische und in andere Sprachen übersetzt), wurde vom Konzil in Trient, das von 1545 bis 1563 dauerte, beschlossen, dann gedruckt.[34] Die Handschrift aber, Grundlage des Drucks, für die sich zunächst auch niemand interessierte, ging verloren – für Jahrhunderte. Dass sie aber irgendwo in der Bibliothek des Vatikans liegen musste, war nahezu sicher, denn wenn irgendwo der Satz gilt ‹Das Haus verliert nichts», gilt er für dieses Haus. Die Konzilsväter hatten den beschlossenen Text für eine letzte redaktionelle Bearbeitung einem Kardinal namens Sirleto übergeben. Insofern wusste man nicht, was dieser noch gestrichen, geändert oder hinzugefügt hatte, und deshalb war die Auffindung der Handschrift auch von Interesse. Der Theologe suchte lange. Schließlich fand er die Handschrift durch eine, wie es zu gehen pflegt, Mischung von Scharfsinn, Beharrlichkeit und Glück. Und es war ja damit zu rechnen, dass irgendwann irgendein Bibliothekar den Text mit einem anderen, möglicherweise *ganz* anderen, hatte zusammenbinden lassen. Kurz: die berühmte Stecknadel im Heuhaufen. Der Katalog, aber da musste man lange und intelligent in ihm suchen, gab den entscheidenden Hinweis. In ihm fand dieser Theologe eine Beschreibung des Inhalts, die passte. Und dann sagte er zu sich selbst in, wie er berichtete, großer Erregung (und gerade deshalb gehört dies hierher): «¡Cojones, el manuscrito!» Er ging zu der im Katalog bezeichneten Stelle – und hatte das Gesuchte in der Hand. Und da ging es dann, setzte er hinzu, nur noch darum, seine freudige Erregtheit vor den anderen, die da arbeiteten, zu verbergen, damit ihm nicht einer von diesen seine grandiose Entdeckung wegnähme. ‹Mensch, das Manuskript!› – so hätte einer von uns gesagt. Da der Mann aber kein Deutscher, sondern Spanier ist, sagte er, von seiner Sprache dazu gezwungen: ‹Hoden, das Manuskript!› Eigentlich konnte er gar nichts anderes sagen.

Von *cojones* wurde das Eigenschaftswort *cojonudo* gebildet. Und da ist nun ‹una cosa cojonuda› eine ganz tolle, großartige, eine uneingeschränkt positive Sache. Wenn man aber das im Sprachlichen Weibliche und Männliche vergleichend nebeneinanderhält, also konkret ‹es un coñazo› und ‹es una cosa cojonuda›, zeigt sich der Unterschied drastisch: die ‹cosa cojonuda›, das Männliche, erstrahlt rein positiv, das Weibliche, der ‹coñazo›, zeigt sich ebenso rein negativ. Übrigens ist dieser Unterschied den Spaniern durchaus bewusst: jedenfalls, wenn sie auch nur kurz darüber nachgedacht haben oder darauf gestoßen wurden. Sie erklären einem auch gerne, dem Fremdsprachigen besonders (es geschah mir mehrmals), diesen Unterschied, indem sie achselzuckend feststellen, wie ungerecht einseitig die Sprache, ihre Sprache also, in diesem Punkt sei.

Die Frage ist nur, was dies *außerhalb* des Sprachlichen bedeutet, welche Relevanz es etwa für das *Bewusstsein*, für die Einschätzung männlich/weiblich im Blick auf die Wirklichkeit hat. Natürlich liegt hier die Diagnose ‹männlicher Überlegenheitswahn› in der Sicht des Manns auf die Frau überaus nahe, machohafte – latente oder manifeste – ‹Frauenabwehr›, die auch mit scheinbarer und subjektiv ganz aufrichtiger Hochschätzung der Frau einhergehen kann (eine klassische Sache – Hoch- und Geringschätzung in einem), «male chauvinism» also, wie es die Nordamerikaner mit einem hübschem Bild sagen: die einfältige und gefährliche nationalistische Sicht auf das Eigene wird auf die Geschlechterdifferenz übertragen, auf die Sicht des Mannes auf die Frau (die Möglichkeit eines ‹female chauvinism› wird, soweit ich sehe, nicht ins Auge gefasst).[3] Doch sollte man hier vorsichtig sein. Fürs erste gilt es, sorgfältig zu beschreiben – und zwar zunächst einmal das Sprachliche. Und im Sprachlichen, in der Sprache selbst, hier also im Spanischen, ist es unzweideutig so. Ganz unabhängig von der Frage, was dies über das Sprachliche hinaus bedeutet. Und sprachlich ist etwa auch der Unterschied zu dem so nahe verwandten Italienischen erheblich, denn dort werden die Ausdrücke für Weibliches, wie wir sahen, eher positiv und Ausdrücke für Männliches, etwa *cazzo* und vor allem *testa di cazzo*, eher negativ, zumindest *auch* negativ verwendet, während in diesem Punkt das Französische mit seinen durchweg negativen Verwendungen von *con* im übertragenen Sinn mit dem Spanischen geht oder, wie man's nimmt, was die Spanier ungern hören werden, das Spanische mit dem Französischen. Aber im Französischen ist insgesamt gesehen, wie gezeigt, die Sache schon rein sprachlich differenzierter.

Nun zu weiteren Ausdrücken für Beschimpfung. Da gibt es das Wort *cabrón*. Es gehört zu *cabra* ‹Ziege›, ist sozusagen die männliche Variante von ihm, und hat summarisch die folgenden Bedeutungen: ‹Ziegenbock› zunächst, womit wir klar beim Sexuellen sind, dann die davon übertragenen Bedeutungen: ‹Mann, der dem Ehebruch seiner Frau zustimmt, ihn hinnimmt›, dann ‹Hahnrei›, also ‹betrogener Ehemann›, dann (wieder sehr machistisch gedacht) ‹Mann, der Beleidigungen erträgt, sich also nicht, wie es sich gehört, mannhaft gegen sie wehrt›, für das Spanische Chiles wird auch die Bedeutung ‹Zuhälter› verzeichnet, schließlich – und dies ist bei weitem die häufigste Bedeutung – ganz allgemein ‹Schweinehund›, ‹Sauhund› und, vielleicht wieder am treffendsten ins Deutsche übersetzt, ‹Scheißkerl› oder ‹Arschloch›. Neben *el cabrón* gibt es speziell für die Beschimpfung die Vergrößerungsform *el cabronazo*, und das Wort *la cabronada* bezeichet eine Handlungsweise, die für einen *cabrón* typisch ist: also wieder, bei uns, eine Schweinerei oder, deutlicher, eine Sauerei.

El marica bezeichnet spanisch einen Homosexuellen. Davon gibt es die Vergrößerungsform *el maricón*, die dann ein zweites Mal zu *el mariconazo* vergrößert werden kann. Und *una mariconada* ist dann wieder eine Handlungsweise, die für einen Homosexuellen kennzeichnend ist. Da sind wir erneut bei ‹Sauerei›, denn dies meint *mariconada*. Und hier natürlich zeigt sich die Abwertung, die Verachtung für den ‹unmännlichen› Mann, am deutlichsten. Und mir scheint *mariconada* noch stärker zu sein als seine Synonyme, nämlich: *sinvergonzada*, ‹Unverschämtheit›, *cerdada*, ‹Schweinerei›, von *el cerdo* ‹das Schwein› abgeleitet, *putada*, von *puta* ‹Hure› kommend, und stärker auch noch als das eben genannte *cabronada*. Jedenfalls erinnere ich mich lebhaft, dass ein Kollege aus Chile, als ich eine bestimmte Verhaltensweise eines Kollegen als ‹eine Unverschämtheit›, ‹una sinvergonzada›, bezeichnet hatte, mich nachdrücklich verbesserte, indem er erregt ausrief: «Eso, ¿una sinvergonzada? Hombre, ¡eso es una mariconada!» In Spanien ist *mariconada* übrigens weniger geläufig als in Lateinamerika.

Auch die Hure, *la puta*, gehört natürlich in diese Reihe, besonders in der Form des Hurensohns, des *hijo de puta* oder *hijoputa*, der ja auch im Deutschen nicht fehlt, nur ist er hier quasi literarisch. Lebendig ist in süddeutschen Dialekten lediglich noch (da allerdings sehr) der *Hurenbub*. Aber da geht es um Kinder. *Puta* also im Zusammenhang mit der Mutter, der Verdächtigung der Mutter. *Hijo de mala madre* ist eine andere und ganz analoge Beschimpfung. *Puta* kann aber auch wieder, besonders in der Wendung *de puta madre* sehr positiv sein, wenn man etwa ein Essen meint, aber es kann alles Mögliche sein, das man mit der Kennzeichnung *de puta madre* lobt. Dann ist dies zwar sehr familiär, aber ein expressives und äußerst positives Prädikat – eine nicht sonderlich überraschende Ambivalenz der gerade mit diesem Wort für Hure verbundenen Wertung. *Puto, puta* ist also auch ein Eigenschaftswort. Negativ ist dann wieder die Hinzufügung von *puta*, die sehr häufig ist, zu der Wendung *de una vez* (das Wort *la vez* bedeutet ‹das Mal›: etwa in dem Ausruf ‹¡Que se vaya de una puta vez!›, ‹Der soll verdammt noch mal endlich abhauen!›, wörtlich also ‹ein huriges Mal›. Hier drückt *puta* also starke Irritation aus und will sie auch vermitteln. Oder auch etwa ‹¡Qué puto calor!›, ‹Was für eine verdammte Hitze!› Die populäre und populistische Präsidentin der Regierung der Region Madrid, Esperanza Aguirre, erklärte Juli 2011: «No tenemos un puto duro», wörtlich: ‹Wir haben keinen Hurenduro›. Nun, *un duro* – das waren seinerzeit, als es noch die Pesetas, gab, fünf Peseten, also sehr wenig; man sagt auch noch ‹No teníamos ni cinco›, ‹Wir hatten nicht einmal fünf (Peseten)› – in diesen festen Wendungen hat sich also die Peseta-Währung erhalten (der bekannte Konservativismus der Sprachen). Und was übrigens *puta* angeht, so ist dies nicht das normale familiäre Wort für die Hure oder Nutte, sondern *la fulana*.

Ein sehr häufiges, aber nicht klar hierhergehörendes Wort ist *la puñeta*. *Una puñeta* meint zunächst etwas Lästiges, Ärgerliches, dann etwas Unwichtiges, es habe, belehrt uns ein Wörterbuch vielfach gar keine Bedeutung, sei «bedeutungsleer», diene nur dazu «die verächtliche Tendenz» einer Äußerung zu verstärken oder zu markieren».[36] Aber dann, natürlich, ist es nicht «bedeutungsleer», es bezieht sich nur nicht auf etwas Bestimmtes in der Realität, der wirklichen oder imaginierten, es hat nur keine, wie man fachlich sagt, «Referenz». Jedenfalls – und deshalb nenne ich das Wort hier – hat die Wendung *hacerse la puñeta,* wörtlich also ‹sich die puñeta machen›, die Bedeutung ‹onanieren›. Da fehlt also auch nicht die Referenz. Und diese Wendung wird nun auch gebraucht, um zu sagen, dass jemand jemandem Ärger macht, ihm mehr oder weniger zur Last fällt: ‹me ha hecho la puñeta durante dos semanas›, also ‹er (oder sie) hat mir zwei Wochen hindurch die *puñeta* gemacht›, somit ‹belästigt›, ‹genervt›. Und dies ist ein relativ starker familiär-vulgärer Ausdruck. Dasselbe gilt für den Ausruf ‹¡Que se vaya a hacer las puñetas!›, der ungefähr meint ‹Der (oder die) soll mich in Ruhe lassen› oder ‹machen was er (oder sie) will›, wörtlich also ‹sich die puñetas machen›. Dann gibt es

noch die von *puñeta* abgeleiteten Wörter *puñetero*, ein Eigenschaftswort, das ‹ärgerlich›, ‹lästig› bedeutet, und *la puñetería*, das Un-
wichtigkeit bedeutet, etwa in ‹hace toda clase de puñeterías›, ‹er (oder
sie) macht alle Arten von kleinen und unwichtigen Dingen› – unser
Pipifax käme wohl in die Nähe.

Seltsam ist die klar in unseren Zusammenhang gehörende Verwendung des Worts für Milch, also *la leche*. Seltsam, weil hier das Sexuelle
für uns Deutschsprachige nicht klar gegeben ist. Da ist aber im Spanischen offensichtlich die Assoziation ‹Sperma›. Diese Bedeutung gibt,
neben der anderen, schlicht auch das Lexikon an (zum Beispiel das
relativ schmale von Heinz Müller und Günther Haensch bei Langenscheidt). ‹¡Leche!› oder, im Plural, ‹¡Leches!› meint als Ausruf
etwas mehr oder weniger Negatives oder drückt Irritation aus. ‹No
entiendo ni leches› sagt der Spanier auch (und die Spanierin nun
ebenso), wenn er oder sie sagen will ‹Ich verstehe gar nichts› oder ‹nur
Bahnhof›. Oder für ‹Was wollen Sie denn verdammt noch mal?› kann
der Spanier sagen ‹¿Qué, leche, quiere usted?›. Dann gibt es die klaren
(zur Sprache selbst gehörenden) Wendungen: *estar de mala leche*,
wörtlich ‹jetzt gerade von schlechter Milch sein›, also etwa ‹eine
Saulaune› oder ‹eine Scheißlaune haben› und *tener mala leche* oder
‹von schlechter Milch sein› und *ser de mala leche* meint dann eine
Dauerverfassung: ‹ein Schweinehund sein› oder auch ‹schlechte
Absichten haben›.[37] Ein Synoym hierzu ist übrigens die Wendung
tener mala uva, also eigentlich ‹schlechte Traube haben›. Eine klassische
Wendung, so hässlich sie uns anmutet, ist ‹Ich scheiße auf deine
Mutter›, ‹Me cago en tu madre›. Dies nun wird oft abgekürzt und
euphemistisch deformiert zu ‹Me cago en la mar›, was auch heißen
kann und wörtlich heißt: ‹Ich scheiß ins Meer›. Was aber ganz und
ganz und gar nicht gemeint ist.[38]

Die Mutter ist also vielfach in diesen Ausdrücken präsent. So in der
Verwünschung oder der Beschimpfung ‹la madre que le parió›, (‹verflucht sei die Mutter, die ihn geboren hat›). Übrigens gibt es den Mut-
terbezug konsequenterweise dann auch positiv. Es gab bis vor kurzem
in Spanien die Kultur des sogenannten *piropo*, womit ein nettes,
originelles und natürlich nur erotisch an Frauen gerichtetes Kompliment gemeint war. Einer der einfachsten dieser *piropos* war der

schlichte Ausruf ‹Es lebe deine Mutter!›, ‹¡Viva tu madre!› Wer aber käme bei uns auf diesen Gedanken beim Anblick einer Frau, die ihm gefällt? Im mexikanischen Spanischen (zumindest dort) gibt es die sehr weitgehende Wendung ‹Me ha mentado la madre›, ‹Er hat mir die Mutter genannt› oder ‹erwähnt›, womit faktisch gemeint ist: er hat mich beleidigt. Was ja zeigt, dass der Angriff auf die Mutter im Zentrum der Beleidigung steht. Es kam in Lateinamerika, wenigstens zum Teil, das heißt nicht überall, gar zu einer Art Tabuisierung des Worts *madre*, so dass, wenn man von seiner Mutter redet, man *madre* durch *mi mamá* oder *mi mamíta* ersetzt.

Mear steht für ‹pinkeln›, ‹pissen› (das normale Wort ist *orinar*). Die Wendung *mear fuera del tiesto* oder, als Hauptwort, *una meada fuero del tiesto* meint populär und drastisch ‹an der Sache vorbeireden›. Wörtlich wird da aber gesagt: neben den Topf pissen. Und hier sind wir nun *außerhalb* des Sexuellen und klar beim Exkrementellen. Dies gibt es – und es ist nun wichtig – im Spanischen auch. Und was französisch *merde* und italienisch *merda* heißt, heißt spanisch *mierda*. Und spanisch ist nun *mierda* wirklich kein seltenes Wort. Man kann es direkt auf eine Person anwenden, was deutsch syntaktisch so gar nicht geht: ‹Er ist ein Scheiße», auch sogar «ein perfekter Scheiße›: ‹Es un mierda›, ‹Es un perfecto mierda›. Als der frühere Außenminister Moratinos sein Amt auf Wunsch des damaligen Ministerpräsidenten oder, wie es in Spanien heißt, des Präsidenten aufgeben musste, kamen ihm bei der Abschiedszeremonie Tränen der Rührung: «Se ha comportado como un perfecto mierda», «Er hat sich wie die perfekte Scheiße verhalten», hieß es da in der gegnerischen Presse, was ja zeigt, wie normal so ein Ausdruck geworden ist … *Mierda* findet sich auch in der Verkleinerungsform *mierdecilla*, was aber in diesem Fall gar keine Abschwächung ist: ‹Es un mierdecilla›. Das Geschlecht richtet sich also in allen diesen Beispielen – im Artikel *un* – nach dem Mann, nicht nach dem Wort *mierda*, das ihm zugesprochen wird (natürlich kann das Wort auch im Blick auf eine Frau gesagt werden). Wenn es jedoch statt ‹Es un mierda› ‹Es una mierda› heißt, ist keine Frau, sondern eine Sache oder ein Sachverhalt gemeint. Und diese Aussage ist nun natürlich noch weit häufiger. Es ist also keinesfalls so, dass im Spanischen Ausdrücke zur Beschimpfung oder des Fluchens oder der negativen

Kennzeichnung ausschließlich sexuell orientiert wären. Es gibt auch exkrementell orientierte, insbesondere das allgegenwärtige *mierda:* ‹Esta mierda de música`, ‹No entiendo una mierda›, ‹¡Qué mierda de tiempo!›, ‹Diese Scheißmusik!›, ‹Ich verstehe rein gar nichts› (hier würden wir bemerkenswerterweise kaum sagen ‹keinen Scheiß›), ‹Was für ein Scheißwetter!› Solche Ausdrücke sind also wirklich nicht ungeläufig. Nur dominieren halt doch für Zwecke der Beschimpfung usw. ziemlich klar Ausdrücke für Sexuelles.

Solche Ausdrücke, also vor allem die auf Sexuelles bezogenen, haben spanisch einen Namen, der auch wieder charakteristisch ist: sie heißen *tacos.* Seltsamerweise ist nämlich auch bereits diese Benennung männlich sexuell, denn *taco* heißt ‹Dübel› und ‹Pflock› und ‹Zapfen›, und *tacos* heißen etwa auch die Stollen an den Fußballschuhen.

Und nun noch etwas für uns Bemerkenswertes. Es gibt oder gab bis vor kurzem in Spanien eine spezifische Männersprache, die sich durch solche ritualisierten *tacos,* ganz vorwiegend sexuelle Kraftausdrücke also, kennzeichnete. Und das für uns Überraschende daran war, dass sich dies gerade nicht nur in der Unterschicht fand, sondern dass auch hochgebildete Männer, wenn sie unter sich waren, also keine Frau in der Nähe war, mit großer Selbstverständlichkeit solche *tacos* gebrauchten. Konkret also etwa auch Professorenkollegen nach getaner Arbeit am Tresen in der Bar (da ist nun freilich auch ein typischer kultureller Unterschied zwischen spanischen und deutschen Professoren: am Tresen werden Fachgespräche nicht oder nur sehr zurückhaltend fortgesetzt). Als Fremder hatte man bei solchem Taco- oder Dübel-Diskurs unvermeidlich den Eindruck, es müsse da auf diese Weise normale sich selbst affirmierende Männlichkeit gezeigt werden. Dies wäre aber eine Täuschung, denn dieses Reden geschah mit großer und sozusagen sachlicher Selbstverständlichkeit. Es war einfach da. Diese ‹Männersprache› ist in den letzten Jahrzehnten auch deshalb dahingeschwunden (oder es blieben von ihr nur Reste), weil die Frauen, eine Form der Emanzipation, diese *tacos* in ihr Sprechen aufnahmen, wodurch die Abgrenzung (jetzt sind wir entspannt, auch gerade weil wir nur unter uns sind) hinfällig wurde. Ich kenne da im Deutschen keine Parallele. Und auch in anderen Sprachen nicht – es sei denn, aber da sind doch Unterschiede, im Russischen. Da war und da *ist* in Resten in

Spanien etwas Besonderes – auch sogar innnerhalb der großen spanischsprachigen Welt: die Lateinamerikaner (namentlich von mexikanischen Kollegen habe ich dies mehrfach gehört) empfanden und empfinden diese Redeweise der Spanier schockierend: «Nosotros no somos tan malhablados como los españoles», sagte man mir, wenn ich fragte, was meinte, dass sie, die Mexikaner, nicht so unflätig sprechen, jedenfalls nicht die gebildeten. Das Wort ‹malhablado› heißt buchstäblich, was eigentlich nicht logisch ist, ‹schlechtgesprochen›, denn gemeint ist ja ‹schlechtsprechend›. Und dieses ‹schlechte Sprechen› (wir haben einen solchen Ausdruck gar nicht) bezieht sich ganz und gar nicht auf fehlende Richtigkeit, fehlerhafte Grammatik etc., sondern eben auf solche unflätigen Elemente, welche die *tacos* sind oder als welche sie empfunden werden können.

Man könnte natürlich auch sagen, dass da unter den Spaniern größere Toleranz sei – es werde auf diesem Feld mehr toleriert als anderswo. Das ist sicher so, auch und gerade in der Verwendung von Ausdrücken für Sexuelles. Und sicher ist da vor allem auch eine größere Nachgiebigkeit gegenüber dem Sprechen der früher sogennannten ‹einfachen› Leute. Und ebenso sicher gibt es in Spanien nicht die Bemühung um Distanz nach unten hin (auch und gerade in der Art des Sprechens), wie sie in Frankreich nicht nur üblich war, sondern ist. Noch vor rund zwei Jahrzehnten musste dort der Präfekt eines Départements zurücktreten, weil er einen Kriminellen, einen, der durch eine Entführung zu erpressen suchte, übers Telephon mit ‹con› titulierte: «Man wird dich schnappen, du Arschloch!» Da war allgemein die Meinung, ein hoher Beamter, Vertreter der Republik, dürfe so etwas nicht sagen. Ähnliches, mit Unterschieden gewiss, gilt auch für England. Auch da gibt es jene starke Distanzierung nach unten hin. Die hohen Herren in Spanien jedoch waren und sind gerade umgekehrt bemüht, einfach und natürlich und ‹wie die Leute› zu sprechen. Und man kann bis heute über einen solchen hohen Herrn (und dies gilt auch vom König) nichts Positiveres sagen, als dass er in seinem Sprechen und seinem Verhalten überhaupt *campechano* sei. Dieses Eigenschaftswort ist nun sehr typisch: in ihm steckt *el campo* – ‹das Land› und zwar Land im Gegensatz zur Stadt, und es meint, schwer mit einem einzigen Wort übersetzbar, gleichzeitig etwas wie ‹einfach›, ‹gemütlich›, ‹ungezwungen›, ‹entspannt›, ‹unkompliziert›, ‹natürlich›. So muss man sich in Spanien, eben dies ist dort die Erwartung, als Mächtiger ‹geben› – ein subtiler Aristokratismus der Anpassung. Und zu dieser Anpassung gehören auch, in gegebener Männer-Situation, die tacos, die ‹Dübelwörter›.

25. Katalanisch – ‹Estic molt fotut›

Ich will die zweitgrößte Sprache in Spanien keinesfalls übergehen (die beiden anderen sind das Baskische und das Gallegische, letzteres im äußersten Nordwesten). Aber das Bild, im Blick auf das, was mich hier interessiert, ist nicht anders als im Spanischen, umsomehr (und umso weniger erstaunlich) als die Katalanen in aller Regel ja ebenso gut spanisch sprechen und lesen wie die anderen Spanier (wenn auch mit sogenanntem ‹Akzent› – aber den gibt es im Spanischen anderer Gegenden ja ebenfalls): die Katalanen sind wohl die einzige große ‹perfekt› zweisprachige Bevölkerung in Europa.

Dem spanischen *joder* und *joderse* entspricht katalanisch, wie gesagt, *fótre* und *fótre's*, das im Lexikon mit ‹volkstümlich› gekennzeichnet wird. Und da heißt es, es ersetze «intensivierend *fer*», also das Wort für ‹machen›, ‹tun›, «und eine Vielzahl anderer Verben».[39] Da haben wir etwa: ‹ja et fotré, jo!›, wörtlich ‹dich werde ich schon vögeln›, tatsächlich aber ‹dir werd' ich's geben!›, ‹no em fotrás pas›, wörtlich ‹mich wirst du nicht vögeln›, tatsächlich ‹mich wirst du nicht reinlegen!›. Oder dann im sehr häufigen Partizip der Vergangenheit *fotut:* ‹aquesta notícia m'ha ben fotut›, ‹diese Nachricht hat mich ganz fertiggemacht›, das sehr häufige ‹es fotut› wird zu Recht mit ‹es ist beschissen› übersetzt und ‹estic molt fotut› mit ‹mir geht's ganz beschissen› und ‹em fotia d'avorriment› mit ‹mir war es stinklangweilig›, wobei wir, was das Deutsche angeht, mit der Quasi-Vorsilbe *stink-* , wieder beim Üblichen wären. Und ‹m'han fotut el rellotge›, ‹sie haben mir die Uhr gevögelt› heißt dann praktisch (und konsequent) ‹geklaut›. Die Ersetzung anderer Zeitwörter durch *fótre* geht katalanisch offensichtlich noch weiter als im Französischen. Man kann sogar sagen ‹es fotien tot el vi com si fos aigua›, ‹sie soffen den ganzen Wein wie wenn's Wasser wäre›.

Also ‹sie vögelten den ganzen Wein›. Die eigentliche Bedeutung von *fótre* ‹vögeln› ist nicht ganz weg, und sie wird in dem genannten Lexikon auch noch angegeben «begatten, vögeln», aber gekennzeichnet mit ‹veraltet, früher›.

Dem spanischen *carajo* entspricht katalanisch *carall*. Das Wort wird als «volkstümlich» und «veraltend» gekennzeichnet und mit «Schwanz» übersetzt. Aber das euphemistische Nebenwort *carai!* ist katalanisch mindestens so häufig wie das spanische *¡caray!* Als Ausdruck von Erstaunen, Bewunderung, Entrüstung oder einfach verstärkend – ‹qui carai t'ho ha dit?›, ‹wer verdammt noch mal hat es dir gesagt?› Und unter dem «derb vulgären» *collonada* finden wir die Bedeutungen ‹Eier›, als die eigentliche, und dann übertragen: ‹Scheiß›, ‹Bockmist›, ‹Mumpitz›, ‹Hundsgemeinheit›, und unter dem Plural *collonades!* ‹Quatsch (mit Soße)›, und *colloneria* ist ‹Memmenhaftigkeit›, während *collonut*, genau dem spanischen *cojonudo* entsprechend, sehr positiv ist und als Entsprechungen im Deutschen ‹prima›, ‹klasse›, ‹pfundig›, ‹doll› und ‹toll›, aber auch ‹merkwürdig› genannt werden, welch Letzteres für das spanische *cojonudo* nicht zuträfe.

So sehr also die Katalanen oder viele Katalanen sich vom Spanischen, das sie genausogut beherrschen, und vom spanischsprechenden Spanien überhaupt unterscheiden wollen, in der übertragenen Verwendung sexueller Ausdrücke sind die Unterschiede gering.

26. Portugiesisch – ‹Vai pra caralho!›

Portugiesisch wird, bekanntlich, nicht nur in Portugal, sondern auch in Brasilien gesprochen. Ich berücksichtige beide Varietäten dieser Weltsprache.[40] Natürlich gibt es auch im Portugiesischen, wie überall, die übliche Reihe von Schimpfwörtern, die uns hier nicht interessieren, also direkte, nicht übertragen verwendete Ausdrücke für ‹dumm›, ‹schwachsinnig›, ‹blöd› usw: *imbecil, estúpido, débil mental, cretino* usw. Dann gibt es selbstverständlich auch hier übertragene Tierbezeichnungen etwa für Esel, Kuh, Huhn, Fuchs: *burro, vaca, galinha, raposa.* Wobei das Wort für ‹Huhn›, *galinha*, nicht, wie etwa *chicken* im Englischen (‹Don't be a chicken about it!›), für ‹Memme›, sondern, etwas überraschend, trotz des weiblichen *a galinha*, für einen Mann steht, der hinter den Frauen her ist, den Schürzenjäger oder Frauenheld.[41] Der Mann, der bei Frauen Erfolg hat, wird somit portugiesisch selbst als ‹weiblich› abgewertet (dies jedenfalls der Eindruck von außen). Speziell brasilianisch meint *galinha*, ähnlich wie englisch *chick*, «eine Frau, die sich leicht mit Vertretern des entgegengesetzten Geschlechts liiert», «la facilidade com que se relaciona com elementos do sexo oposto» («elementos» gefällt mir hier besonders). So steht es in dem Wörterbuch der «Akademie für Wissenschaften von Lissabon», «Academia de Ciencias de Lisboa» von 2001. Typisch brasilianisch ist, was naheliegt, die übertragene Verwendung des Namens für den gefürchteten Fisch *piranha*, den wir im Deutschen ja ebenfalls mit seinem portugiesischen Namen bezeichnen, nur dass im brasilianischen Portugiesischen das Wort außerderm auch übertragen verwendet wird: «Frau mit freizügigem Leben», «mulher de vida libertina». So wieder das genannte Wörterbuch. Da sind wir nun bei dem, was uns interessiert: der Name des aggressiven Fischs wird für Frauen verwendet, wobei unterstellt wird, dass so eine Frau für die Männer eine Gefahr sei, während sie faktisch doch wohl eher deren Opfer ist oder diese sie eigentlich (und zumindest einerseits) so wollen – das Sexuelle als Gefahr, und dann das Sexuelle konkret in der Frau hervortretend, mit ihr gleichgesetzt, denn, wie es seinerzeit im berühmten Titel des Films mit Brigitte Bardot hieß: «Ewig lockt das Weib».

Auch das Wort für ‹Scheiße›, das portugiesisch *merda* lautet, ist alles andere als selten. Zum Umfeld von *merda* gehört das Wort *bosta;* es bezeichnet einen Kuhfladen, aber dann übertragen auch erstens «eine schlecht gemachte Sache», zweitens eine «träge Person». Das brasilianische *bunda* entspricht dem allgemeinportugiesischen und nicht-vulgären *nádegas* und meint das Gesäß, die Hinterbacken, dann aber auch, «grob» nach jenem Wörterbuch, eine unbedeutende, eine ganz gewöhnliche männliche Person, einen, wird präzisiert, ‹Hans-Niemand›, portugiesisch ‹João Ninguém›. Und einen *bundão* gibt eben in diesem Sinne, also ‹Blödmann›, auch. Dies alles ist portugiesisch natürlich *auch* da, doch dominieren in dieser Sprache ebenfalls, wenn es um Schimpfen, Beleidigen usw. geht, ganz deutlich Wörter für Sexuelles.

Das vulgäre Zeitwort für den Akt ist *fodér*, gesprochen *fudér;* es bedeutet aber auch «sehr beschädigt, zerstört sein oder in diesen Zustand gebracht worden sein» («deixar ou ficar muito prejudicado, destruido» – *ficar* heißt portugiesisch «bleiben» oder einfach «sein»). Die Befehlsform *foda-se!* (‹vögeln Sie sich!› oder ‹er (sie) vögle sich!›) drückt Schrecken und Unangenehmes aus, und die andere *que se foda!* Gleichgültigkeit und Verachtung. Und die Feststellung *é foda*, die jenes Wörterbuch nicht verzeichnet (*é* heißt ‹is›), entspricht praktisch etwa unserem exkrementellen ‹So'n Mist!›.

Das spanische *carajo* erscheint portugiesisch als *caralho*, gesprochen *käralju*. Beide Wörter gehen auf ein vermutetes lateinisches *caráculum zurück, das kleiner Stock bedeutet, womit wir beim Thema wären.[42] *Caralho* bedeutet zunächst, natürlich wieder «in grober Sprache», das Glied, dann zweitens «Gauner» oder «Schuft», drittens etwas, das Ärger macht, viertens signalisiert das Wort, als Ausruf, Irritation. Der erweiterte Ausruf *pra caralho!*, ‹zum caralho!› heißt brasilianisch, wiederum grob, ‹viel›, ‹in großer Menge›. Und etwa *uma casa do caralho* ist ein ganz weit draußen liegendes Haus, entspricht also unserem ‹j.w.d.› (‹janz weit draußen›). Und die Wendung *Vai pro caralho!*, ‹Geh zum caralho!› drückt *starke* Irritation aus. Andererseits ist dann etwas, das man *de caralho* oder *do caralho* nennt, sehr positiv: ‹toll›, ‹phantastisch›. Wieder einmal die Ambivalenz, die wir ja auch im französischen *foutral* ‹großartig› fanden (*neben* den zuallermeist *negativen* Verwendungen von *foutre*).

Ein anderes hierher gehörendes Wort ist *o caçete*. Dieses männliche Hauptwort meint zunächst ein kurzes dickes Holzstück, «pau curto e grosso» (erneut also klare Symbolik!), dann aber bezeichnet es eine langweilige und dadurch lästige Person. Da wird also das Glied in die Nähe von Langeweile und Lästigkeit gebracht, was ja doch überraschen mag – eben wieder etwas Negatives. Dann das Wort *porra*: auch da ist ein kurzer Pfahl gemeint, diesmal mit rundem Ende, es bezeichnet volkstümlich tatsächlich das Glied und brasilianisch gar direkt ‹Sperma›, dann aber auch übertragen etwas Unbedeutendes – ‹Isto é que é uma porra!›, ‹Das ist ein Scheißdreck!› (wörtlich, etwas redundant: ‹Dies ist, was ein Scheißdreck ist!›). Und das Eigenschaftswort *porreiro* entspricht dann wieder – Ambivalenz – unserem ‹super› oder ‹toll›.

Natürlich ist auch das vulgäre Wort für Hure, *puta*, allgegenwärtig und dann selbstverständlich auch *filho de puta*, ‹Hurensohn› – so auch in der sehr verbreiteten Wendung ‹Vai pra puta que te pariu›, wörtlich ‹Geh zu der Nutte, die dich geboren hat!› (wobei *pra* eine Zusammenziehung der Präposition *para*, ‹zu› mit dem weiblichen Artikel *a* ist: *para a puta*). Zu *filho de puta* gibt es entsprechend auch eine Hurentochter *filha da puta*. Spanisch *coño* hat portugiesisch keine Entsprechung, offenbar ist das entsprechende lateinische Wort nicht so weit nach Westen gedrungen. Aber es gibt doch Entsprechungen mit etymologisch anderen Wörtern. Zum Beispiel in dem Wort *boceta*, das zunächst ‹Gefäß› bedeutet, dann aber ist es in Brasilien ein «grobes» Wort für das weibliche Organ geworden, und insofern wird es dann auch zur Beschimpfung verwendet.

Auch im Portugiesischen gibt es wie im Spanischen eine speziell männliche Sprache, die durch solche Ausdrücke gekennzeichnet ist und sich also in entsprechenden Situationen (wenn Frauen nicht dabei sind) auch bei kultivierten Männern findet. Und wieder das Emanzipationsphänomen, dass dies nun auch von Frauen übernommen wird. Somit Einheit der beiden Varietäten des Portugiesischen, der europäischen und der amerikanischen, und Einheit des Portugiesischen mit dem, was sonst, außerhalb des deutschsprachigen Bereichs, festzustellen ist – somit außerdeutschsprachige Normalität!

27. Rumänisch – ‹Seid mösig!› (und ‹Sächsisch›: *Aursch, Drak, Mäst*)

Was nun das Rumänische angeht, die östlichste der romanischen Sprachen, reiche ich weiter, was mir ein Freund, den ich dort habe, auf meine Anfrage mitgeteilt hat (er ist Sprachwissenschaftler an der Universität Jassy). Die Stadt Jassy im Nordosten des Landes in der historischen Gegend Moldau heißt rumänisch ‹Jasch› und dieser Name wird rumänisch ‹Iaşi› geschrieben (‹Jassy› ist der deutsch-internationale Name).[43] Adrian Poruciuc (Porutschúk) schreibt mir: «Was dieses Feld angeht, ist das Rumänische reich. Zunächst wäre zu sagen, dass sich diejenigen Flüche, die stark beleidigend sind, auf sexuellen Verkehr beziehen. Das Hauptelement ist das Zeitwort *fúte*» (Einschub: es ist das Wort, das ich schon nannte, Kap. 7, und das auf das lateinische *futŭĕre* zurückgeht, das dann, in diesem Teil der Romania, zunächst zu *fútere* wurde). Adrian Poruciuc weiter: «*Fute* hat hier eher ein Machtverhältnis im Visier als ein sexuelles» (auch dies ist bemerkenswert, und wir sind ja schon mehrfach darauf gestoßen). ‹Sodann müsste gesagt werden, dass es die Rumänen vermeiden, *fúte* mit heiligen christlichen Symbolen in Verbindung zu bringen. Aber sogar ich selbst als verstädterter Intellektueller, der ich bin, kann es nicht verhindern, wenn ich wirklich wütend bin, verbal in etwas auszubrechen wie: ‹Ich vögle das Kreuz›, oder ‹die Kirche› oder ‹Gott›, oder ‹Gottes Ostern deiner Mutter›; rumänisch mit dem genannten Zeitwort: ‹Futu-ţi crucea mă-ti!› oder statt ‹crucea›, ‹das Kreuz› oder dann ‹biserica›, ‹die Kirche›, oder gar ‹Dumnezeul›, ‹den Herrgott› oder ‹dumnezeii›, ‹Paştele›, ‹Ostern›.[44] Und am Ende ist da immer ‹mă-ti›, ‹deiner Mutter›. Wie Du siehst, liegt das am stärksten beleidigende Element in der Anwendung auf die *Mutter* des Angeredeten. Da die Formel ‹futu-ţi› so häufig verwendet wurde, wurde sie schließlich zusammengezogen zu ‹tu-ţi›. Und diese Verkürzung wurde dann nicht mehr als so grob beleidigend empfunden. Sogar meine Mutter sagte gelegentlich zum Spass ‹Tu-ţi mama ta›. Drittens gibt es neben den religiösen Ausdrücken andere, die expliziter sexuell sind. Sehr häufig ist ‹tu-ţi curu mă-ti!» (ich erläutere: *cur* ist das Wort, das vulgär ‹Hintern› bedeutet, *curul* ‹der Hintern›, und auf das lateische *cūlus* zurückgeht).[45] «Viertens. Das rumänische *pizdă*, das Wort für das weibliche Organ, ist genauso häufig wie *curu*. Fünftens wird auch das männliche Organ ganz und gar nicht vernachlässigt. Das Wort *pulă* wird vorwiegend in herausfordernden, machoartigen Ausdrücken verwendet, so etwa in ‹Er (oder sie) soll meinen Schwanz essen!›, ‹Mânca-mi-ar pulă!›, was ich seltsamerweise auch schon von Frauen der unteren Schicht gehört habe, ‹Ich stecke meinen Schwanz in...›, ‹Să-mi bag pula-n...›. Letztere Wendung hab ich oft während meines Militärdiensts gehört. Da habe ich auch viele Offiziere uns mit dem Satz, wir sollen ‹mösig›, ‹pizdoşi›, sein, anfeuern hören, und sie meinten da so etwas wie das, was Ihr im Deutschen mit ‹stramm› meint.» Bei *pizdă* zeigt sich übrigens die östliche Lage des Rumänischen, denn dieses Wort findet sich auch im Russischen. Offensichtlich ist es aus dem Slawischen ins Rumänische gelangt.

Freund Adrian, der sich auch im ‹Sächsischen› Siebenbürgens gut auskennt, nicht nur weil seine Frau Anneliese eine sogenannte ‹Sächsin› ist, fügt auch zum Fluchen im ‹Sächsischen› eine interessante Bemerkung hinzu. Übrigens meint ‹sächsisch› hier keinesfalls, was wir in Deutschland darunter verstehen, sondern das Wort steht einfach für das Deutsche, das in *Siebenbürgen* oder, so kann man auch sagen (es ist der ältere Name), in *Transsilvanien* gesprochen wird – mit dem Sächsischen in unserem Sinne hat dieses Sächsische also nichts zu tun, so wenig wie das ‹Schwäbische› im Banat (also auch in Rumänien) mit dem zu tun hat, was *wir* schwäbisch nennen (auch da steht ‹schwäbisch› für ‹deutsch›). Adrian also: «Von dem, was ich aus erster Hand, also von Anneliese, weiß, gilt da, was, wie Du sagst, für das Deutsche *überall* gilt. Sehr wenig von dem vulgär beleidigenden Material bezieht sich da auf Sexuelles. Es geht hier zumeist um *Aursch* (‹Arsch›), *Drak* (‹Dreck›) oder *Mäst* (‹Mist›). Wenn die ‹Sachsen› kräftig fluchen wollten, griffen sie auf den rumänischen Vorrat zurück. Dies ging so weit, dass seinerzeit die lokalen ‹sächsischen› Autoritäten gar mit Strafen gegen ‹walachisches Fluchen›, wie sie es nannten, einschritten». Mit ‹walachisch› ist hier rumänisch gemeint (es ist der ältere Name für diese Sprache, der von dem Namen der «Walachei» genannten Gegend herkommt).

Das ‹sächsische› Rumäniens ist der östlichste deutsche Dialekt, von dem nun nicht mehr viel übriggeblieben ist, weshalb Adrian auch die Vergangenheitsformen gebraucht («fluchen wollten» und «griffen zurück»). Was wir in Deutschland jetzt an siebenbürgischem Deutsch kennen, also das charakteristische Deutsch der ‹Sachsen›, die Rumänien verlassen haben und, wie sie zum Teil noch immer sagen, «ins Reich» gegangen sind, ist eigentlich nur eine lokale Variante des ‹Hochdeutschen›, was ja ähnlich auch für das ‹Hochdeutsche› der Schweizer gilt, das bei uns oft und völlig falsch als ‹Schweizerdeutsch› bezeichnet wird – es ist schweizerisches Hochdeutsch, so wie das siebenbürgisch gefärbte Deutsch das Hochdeutsche der Siebenbürger ist. Die genannten drei sächsischen Wörter für *Arsch*, *Dreck* und *Mist* (*Aursch, Drak, Mäst*) zeigen bereits, dass da zumindest in den Vokalen eine erhebliche Abweichung vom Standarddeutschen ist. Das wirkliche ‹Sächsische›, dasjenige also, das die ‹Sachsen› unter sich sprechen, ist für uns kaum zu verstehen, ja kaum auch nur als ein deutscher Dialekt zu erkennen.[46]

In unserem Zusammenhang aber interessiert uns, weil es sehr bemerkenswert ist, dass sich *dieser* deutsche Dialekt in seinen Flüchen und Beschimpfungen trotz seiner Entferntheit und Getrenntheit von uns (denn da werden ja, zwischen ihnen und uns, *andere* Sprachen, Tschechisch etwa und Ungarisch gesprochen) nicht anders verhält als das Deutsche sonst. Nur dass die ‹Sachsen›, da sie natürlich, weil nämlich die Geschichte es so mit sich brachte, alle zweisprachig sind, auch auf das *rumänische* Material zurückgreifen können und dies gelegentlich auch tun. Und da wird dann charakteristischerweise von «walachischem Fluchen» geredet, von dem man sich aber wieder distanziert. Diese Distanzierung war (und ist) den ‹Sachsen› wie auch den ‹Schwaben› Rumäniens besonders wichtig (‹wir sind keine Rumänen›, sondern eben ‹Sachsen› und ‹Schwaben›). Und bekanntlich hält man ja, ganz unabhängig davon, auf drei ‹Gebieten› des Sprechens besonders zäh an seiner Muttersprache fest oder man fällt am leichtesten in sie zurück – beim Beten, beim Fluchen und beim Zählen. Übrigens: was immer man gegen die Rumänen, vielmehr ihre politische Führung sagen will – sie haben nach 1945 die Deutschen nicht vertrieben, was ja sonst überall mit großer Konsequenz geschah. Man kann ihnen nur vorwerfen, dass sie die Deutschen, als sie es später wollten, nicht oder nur mit erheblichen Schwierigkeiten aus dem Land gelassen haben.

28. Ungarisch – Der Pferdeschwanz

Das Ungarische ist keine indogermanische Sprache – sonst gibt es in Europa nur noch das Finnische, das mit dem Ungarischen historisch zusammenhängt, und dann das Baskische, das mit keiner anderen Sprache in Europa verwandt ist (darüber gibt es nur Hypothesen). Zum Ungarischen nur so viel: da ist der häufigste Fluch ein Satz, der übersetzt nur lauten kann: ‹Ich steck dir einen Pferdeschwanz in den Arsch›. So versichert mir Ivan Nagel, dessen Muttersprache das Ungarische ist, obwohl er (ich kenne da wirklich kein anderes Beispiel) ohne den geringsten ‹Akzent› und mit dem reichsten Wortschatz

Deutsch redet und schreibt. Nach allem, was mir Ivan Nagel sagte, kann diese monströse Beschimpfung, die, wenn ernstgemeint, eine Abweisung, ein Kommunikationsabbruch ist, zumindest *nicht selten* sein. Und im heutigen nationalistisch gereizten und erneut fremdenfeindlichen Ungarn, in dem, wie ich höre, tatsächlich auch «Jude» wieder zum Schimpfwort geworden ist, wird dies eher noch mehr stimmen.[47] Mein Freund Bela Brogyanyi, Freiburg, nannte mir Ausdrücke (nur solche) mit drastisch sexuellem und zugleich oft religiösem Bezug: ‹Seinen Hurengott!›, ‹Wo in der Fotze ist…?› (also wenn man irgendetwas sucht, einen Schlüssel zum Beispiel), ‹Der Hund soll dich ficken!›, ‹Geh in die Fotze der Jungfraumutter!› (also einfach ‹Verschwinde!›), ‹Dass dich der Herr Christus ficke!› (nach einer Verfehlung) – und anderes auf dieser Linie. Aber das schlichte ‹Leck meinen Arsch!› gibt es doch auch: ‹Nyald ki a seggemet› – *nyal* ‹lecken›, *segg* ‹Arsch›…

29. Russisch – als ‹Muttersprache›

Im Russischen gibt es für diejenigen Ausdrücke, die uns hier interessieren, einen Oberbegriff, eine populäre, also gar nicht nur wissenschaftliche Sammelbezeichnung, die bereits zeigt, dass in *dieser* Sprache solche Ausdrücke eine besondere Bedeutung haben. Und wieder zeigt sich hier die große, oft übersehene Bedeutung des Sprachbewusstseins: des Bewusstseins somit der Sprechenden selbst, das sich auf ihre Sprache richtet, nicht also erst das ganz andere Sprachbewusstsein der Sprachwissenschaft. Das *Wissen*, das sich in diesem Bewusstsein zeigt, gehört schon zur Sprache selbst. Und der Name dieser Sammelbezeichnung, die also eine Varietät, eine Sonderausprägung dieser Sprache benennt, ist charakteristisch und hat bereits unmittelbar mit der Sache zu tun.

Die Russen nennen diese Sprachvarietät ‹Mat›, und diese Bezeichnung lehnt sich an ihr Wort für Mutter an, das fast gleich lautet, nämlich *mat'*.[48]

Also ‹Mat› – tatsächlich geht es hier im wörtlichen Sinn, aber ganz anders als unser Begriff dies meint, um ‹Muttersprache›. Und die Bezeichnung ‹Mat› für diese Sprache ist wieder einmal eine Bezeichnung des Ganzen durch einen Teil von ihm, in diesem Fall dem *wichtigsten*, denn dieser Name verdankt sich dem zentralen Fluch des Russischen, der (und da sind wir nun wirklich beim Thema) ein *Mutterfluch* ist. Er lautet: *job tvoju mat'*, und dies meint wörtlich (pardon!): ‹Ich habe deine Mutter gevögelt!› Und die Übersetzung ‹gevögelt› ist hier schon eine euphemistische Abschwächung! Oft wird ‹Mat› deutsch auch mit «obszöner Wortschatz» wiedergegeben. Was nun aber speziell *job tvoju mat'* betrifft, ist die große Bandbreite an Bedeutungen erstaunlich; es kann heißen: ‹toll›, ‹nicht zu fassen›, aber auch ‹verdammt› oder ‹Arschloch›.

Es gibt zum Beispiel von Valentin D. Devkin ein Wörterbuch dieser Sprachvariante mit dem Titel «Der russische Tabuwortschatz», das 1996 erschien.[49] «Tabuwortschatz» wäre somit ein weiterer Ausdruck für den Mat. Aber – kann man etwas Tabu nennen, das so allgegenwärtig ist? Was wäre ein faktisch nicht-tabuisiertes Tabu? In gewissem Sinne allerdings gibt es so etwas aber schon: einerseits tabuisiert, andererseits in bestimmten, überaus häufigen Situationen, ganz oder kaum angefochten da. Devins Wörterbuch ist russisch angelegt. Es bringt aber eine (übrigens ungeschickt übersetzte oder geschriebene) Zusammenfassung auf Deutsch. Da stellt Devkin den Mat oder die Mat-Sprache als Besonderheit des Russischen heraus: «Im Unterschied zu anderen Sprachen verfügt die russische unter vielen ‹unanständigen› Wörtern über ein paar Ausdrücke, die ganz eigenartig gebraucht werden. Das sind Bezeichnungen im Sexual- und Fäkalbereich *(coíre, pénis, téstes, vagína, vúlva, prostitúere)*».[50] Also: so ganz besonders, im Sinne eines ‹Alleinstellungsmerkmals›, ist dies ja, was das Russische angeht, keineswegs. Mit der Aussage ‹das gibt es *nur* in dieser Sprache› oder auch ‹*nur* in diesem Dialekt› sollte man prinzipiell vorsichtig sein. Richtig ist, dass es, was Devkin meint, anderswo nicht in dieser gleichsam festen und kodifizierten und von den Sprechern selbst entsprechend eingestuften und übrigens auch stark umstrittenen Form gibt. Also es bleibt da schon eine Besonderheit des Russischen (jedenfalls unter den uns üblicherweise zugänglichen Sprachen).

Diese Ausdrücke hätten, so Devkin, «ihre eigentliche Objektbeziehung» verloren. Geblieben sei nur «ihre ausgesprochen unanständige Färbung». Aber eben: diese «Färbung» ist durch die latent doch anwesende «Objektbeziehung», also den latent anwesenden sexuellen Inhalt, die sexuelle Referenz bedingt. Sie würden «zur emotionalen Entladung verwendet» oder auch um «Vertraulichkeit» zu schaffen oder zu betonen. Auch dies, muss man sagen, unterscheidet die entsprechenden russischen Ausdrücke nicht von solchen in anderen Sprachen. Der Unterschied im Russischen liegt vorwiegend in der außerordentlichen Frequenz und in der Umstrittenheit des ‹Mat› in der Sprachgemeinschaft selbst. Devkin bezeichnet die eigentlichen, die wörtlichen Bedeutungen der Ausdrücke, um die es im Mat geht, vornehm mit ihren lateinischen Entsprechungen, also: Verkehr haben (*coíre*), männliches Glied (*pénis*), Hoden (*téstes*), weibliche Organe, Scheide, Gebärmutter (vagína, dieses Wort betonen wir im Deutschen falsch, die lateinisch richtige Betonung *vagína* wäre aber im Deutschen schon wieder pedantisch), *vúlva* (oder klassisch *vólva*) und Prostitution (*prostitúere*, eigentlich ‹preisgeben›). In Wirklichkeit geht es hier ja nicht um *Wörter* oder *Ausdrücke*, sondern um Dinge, um ‹Wirklichkeiten›, deren vulgäre Namen zur Bezeichnung von anderem und eigentlich dann Nicht-Sexuellem ‹herangezogen› werden. Dass diese Namen dann vulgär sind, ist allerdings schon wichtig, und das Vulgäre liegt in der Tat an den Wörtern, gehört zu deren Aura. Unter diesen ‹herangezogenen› Dingen fehlt bei Devkin das Exkrementelle, obwohl er ja selbst vom «Fäkalbereich» redet (aber da vermischt er es vielleicht, unter dem Oberbegriff des ‹Obszönen›, mit dem Sexuellen). Tatsächlich dominiert im Russischen das Sexuelle sehr stark. Und so dominieren dann auch überstark vulgäre Ausdrücke für Sexuelles. Die entscheidenden Wörter sind wohl diese fünf: *jebát'*, *chuj*, *pizdá*, *bljad'*, *žópa*, also ‹vögeln›, ‹Glied›, ‹Vulva›, ‹Hure›, ‹Hintern›.

Den Hinweis auf Devkin verdanke ich Ralph Dutli, dem großen Übersetzer aus dem Russischen (Mandelstam, Zwetajewa, Brodsky), er ist aber noch einiges mehr, zum Beispiel ein beträchtlicher Lyriker und Essayist. Er selbst nennt in einem Brief an mich, die folgenden Ausdrücke. Zunächst also den Zentralfluch *job tvoju mat'*, den auch Devkin als erstes nennt. Ich bleibe hier einmal bei dem allgemeinen Ausdruck ‹Fluch›, obwohl es um einen Fluch im strengen Sinn gar nicht geht. Die zu *job* gehörende Grundform des Zeitworts lautet *ebát'* und dann *jóbnut'*, welch letztere Form für den Aspekt der Vollendung und der Einmaligeit steht.[51] Dutli übersetzt übrigens doch wohl richtiger mit ‹Ich habe deine Mutter gefickt› als Devkin dies tut, der es mit ‹ich fickte deine Mutter› wiedergibt – die einfache Vergangenheit, das sogenannte Präteritum oder auch Imperfekt, ist hier entschieden weniger passend als die zusammengesetzte Vergangenheit, das Perfekt, das eine Handlung bezeichnet, die in der Vergangenheit statthatte, aber mit ihrer Folge in die Gegenwart hineinreicht, diese Gegenwart gleichsam *prägt*. Wenn Sie zum Beispiel jemanden um die Mittagszeit bitten, mit Ihnen zu essen, und der Betreffende antwortet ‹Danke, nein, ich aß schon›, ist dies ein grober sprachlicher Fehler. Da muss man natürlich sagen ‹Ich *habe* schon gegessen›.[52]

Dann gibt es, nach dem *Mutterfluch*, zwar nicht, charakteristischerweise, den *Vater-*, aber doch den *Männerfluch*, also etwas mit dem Ausdruck *chuj*, vulgär für Penis. Und da finden sich nun viele Wendungen. Wenn man etwa sagen will ‹Scher dich zum Teufel!›, ‹Hau ab!› oder ‹Zieh Leine!› oder ‹Mach mal 'ne Fliege!›, sagt man im Mat, obwohl man wirklich nur eben dies und nicht irgendetwas Sexuelles meint: ‹Hau ab auf den Schwanz› (so übersetzt Dutli verdeutlichend). Oder man sagt, um etwas unmissverständlich zurückzuweisen oder zu verweigern oder auch um sich selbst kategorisch zu verweigern, also bis zum groben Kommunikationsabbruch hin: ‹Schwanz – dir in den Mund!› oder ‹in die Kehle› oder ‹in den Arsch› oder ‹ins Arschloch›. Man sieht: das geht, nicht nur für uns Deutschsprachige, einigermaßen weit.

Dann das Wort *pizdá*, das uns eben schon im Rumänischen begegnete – es ist also das vulgäre Wort für das weibliche Organ – und da sagt man nun ganz parallel zu *chuj* ‹Hau ab in die Fotze!› Oder um etwa zu sagen ‹Gleich setzt es was!›, sagt man ‹Gleich kriegst du Fotze!›. Weiblich und männlich sind hier also gerecht verteilt. Aber *chuj* ist doch häufiger. Man hat *chuj* oft, so eine witzige Beobachterin, die ich gleich zitiere (und sie sagt es nur referierend), «das stärkste russische Wort genannt».

Dann wird auch das vulgäre Wort für Hintern für ‹Scher dich zum Teufel!› verwendet: ‹Ab in den Arsch!› Da sind wir nun im «Fäkalbereich» oder doch in einem sich zwischen dem Sexuellen und dem Exkrementellen bewegenden. Das vulgäre Wort für Hintern lautet, wie gesagt, *žópa*.

Schließlich «Hure», da haben wir das Wort *bljad'*. Es wird, wie Dutli sagt, «als Füllsel an allen möglichen Stellen des Satzes eingefügt». Oder man sagt, um die Wahrhaftigkeit, die Verlässlichkeit zu betonen, etwa im Sinne unseres ‹Darauf kannst du Gift nehmen!›, wörtlich, was uns doch einigermaßen überrascht, ‹Ich werde die Hure sein› (‹*Bljad' budu!*›). Es geht hier um Wörter, die in vielen Wortableitungen, also in Wörtern, die von ihnen abgeleitet sind, und mehr oder weniger festen Wendungen sie damit sexualisierend ‹eingesetzt› werden.

Alle diese Ausdrücke dienen also der Beschimpfung usw., aber dann auch einfach der Abfuhr emotionaler Spannung, der Wut, der Enttäuschung, der Überraschung, der Begeisterung und anderen Gestimmtheiten.

Und dann ist da wieder ein interessanter Punkt, was Männer und Frauen angeht, also den Gender-Aspekt, weiblich/männlich im weiteren, nicht nur oder nicht primär im *sexuellen* Sinn. Offenbar haben Frauen bis zum Ende der Sowjetzeit Mat-Ausdrücke gar nicht gebraucht. Da hat sich jetzt, aber nur langsam, etwas geändert, besonders natürlich bei jüngeren Frauen. Auch sie gebrauchen nun den Mat.

Marina Rumjanzewa, die ich eben zitierte, eine beträchtliche Kennerin offensichtlich, sagt: «Mat – das sind die schlimmsten, die unflätigsten Obszönitäten, die es in der russischen Sprache gibt. Außer den beiden genannten Körperteilen» (da meint sie das Glied und das weibliche Organ, also die genannten Wörter *chuj* und *pizdá*) «umfassen sie Hoden (zwei Wörter), Hure und den Koitus (zwei Wörter) mit jeweils Hunderten von Ableitungen und Nebenschöpfungen, Tausenden von Redewendungen…» Das Wort für Hintern, also *žópa*, lässt sie beiseite. Bei ihr sind es also insgesamt nicht fünf, sondern sieben Grundwörter. Und in dem, was sie «Nebenschöpfungen» nennt, haben wir erneut die «Trabantenwörter», von denen in Kap. 17 die Rede war.[53] Bemerkenswert ist hier natürlich wieder, dass aus ganz Wenigem, in diesem Fall also aus «sieben Grundwörtern», äußerst viel gemacht wird. Hierfür drei Beispiele: ‹On zachujaril svoe brachlo v cemodan›, sinngemäß: ‹Er pfefferte seinen Kram in den Koffer hinein›, tatsächlich wurde hier – ‹zachujaril› – mit *chuj* ein drastisches Zeitwort gebildet, dem ‹Hineinpfeffern› nur schwach entspricht. Oder: die Frage ‹Eto čto za chujovina?›, wörtlich: ‹Was ist das für ein Schwanzzeug?›, oder, nun mit *ebát'*, ‹On menja sovsem doebal so svoimini voprosami›, gemeint ist: ‹er hat mich mit seinen Fragen genervt›, tatsächlich wird da aber etwas wie ‹zu Ende gevögelt› gesagt.

Devkin bringt ein hübsches Beispiel einer russischen Alltags-Erzählung, und zwar erst in normaler Übersetzung, wo es also um die wahrscheinlichen Entsprechungen im Deutschen geht, somit um das, was in einer Erzählung dieser Art im *Deutschen* gesagt würde, und einer wörtlichen Übersetzung, wo die Mat unverhüllt hervortritt, wobei Devkin immerhin zugibt, dass es sich um einen «Extremfall» handle. Es geht in der kurzen Erzählung um «eine ärgerliche Begebenheit aus dem russischen Alltag». Zunächst also die normale und eigentlich korrekte Übersetzung: «Fahre ich heute nach Fahrkarten. Vergeblich! Mittagspause! So ein Mist! Musste noch mal hinfahren! – Verflucht und zugenäht! Eine Riesenschlange stand vor dem Schalter. Zwei Stunden musste ich anstehen. Da kommt so ein Scheißkerl von Schieber und bietet Fahrscheine 2. Klasse nach Petersburg für morgen an. Dieser Drecksack verlangte saumäßig viel Geld dafür. Nur um schnell wegzukommen, habe ich Arschloch die Karten genommen. Verflixt noch mal! Jetzt sitze ich ohne Geld da. Himmel, Arsch und Wolkenbruch!» Also, ganz glücklich kann man als Deutschsprachiger mit dieser Übersetzung nicht sein. Da ist zuviel von dem drin, was ein Deutschsprachiger in einer solchen Situation nicht sagen würde. Immerhin kommt die exkrementelle Tendenz der deutschen Fluchwörter im Unterschied zu den russischen klar heraus: die Richtung stimmt also schon. Nun aber die wörtliche Übersetzung Devkins, die eine Erläuterung dessen ist, was im russischen Original tatsächlich vorliegt: «Ich fuhr [Hure!] nach Fahrkarten. [’Nen Penis kriegte ich!] – Mittagspause! Komme ich [Hure!] nach der Pause [ist das ein Penis], steht da schon eine Schlange [gefickt sei ihre Mutter!]. Mehr als eine Stunde musste man anstehen [ins Maul gefickt!]. Da [Hure!] kommt ein Schieber [gefickte Hündin!] mit 2 Fahrscheinen nach Petersburg. Verlangt dreifachen Zuschlag [so’n Hurensohn!]. Nun habe ich [solch ein Fotzenstück!] zugeschnappt, sonst wäre ich hier [für gefickte Ewigkeit!] steckengeblieben. Nun bin ich pleite [blöder Sack]!» Da ist sozusagen alles sexuell, obwohl, noch einmal, dies alles nicht sexuell gemeint ist: das Sexuelle ist da nur das allgegenwärtige Vehikel.[14]

Devin betont, dass «die Popularität des ‹Mat› immer mehr zunimmt», auch sogar bei «gebildeten Frauen». Natürlich nur «im Alltagsbereich». Überraschend ist, dass er diese Sondersprache unverholen negativ beurteilt: «Durch ihre aggressive, abstoßende Scheußlichkeit bleibt sie eine Art böse Verwünschung, ein Fluch des Volkes». Da geht er weit und nimmt teil an einer Diskussion, die nicht mehr strikt sprachwissenschaftlich ist: er sollte sich als Linguist damit begnügen, diese außersprachwissenschaftliche Diskussion zu beschreiben und einzuordnen. Auch im Vergleich mit anderen Sprachen. Aber Devkin gehört offenbar in die Tradition der Sowjetzeit hinein. Denn da war Sexualität Tabu. Und die russische Sprachwissenschalt hält, höre ich, an diesem Erbe noch ziemlich fest und an der Vorstellung von der großen, mächtigen und reinen russischen Sprache. Sprachliche Varietäten werden abgewertet, dialektale so gut wie soziale, und dies gilt dann erst recht für den Mat, der zudem das Selbstbild von der großen russischen Kulturnation stört. Man hat gar versucht, den Mat historisch durch einen Tartareneinfall zu erklären. Er sei also gar nicht russisch …

Der bedeutende russische Schriftsteller Viktor Jerofejew widmet in seinem Buch «Russische Apokalypse» dem ‹Mat› ein ganzes Kapitel, das er mit «Auf dem Schlachtfeld der russischen Flüche» überschreibt.[55] Hier stellt er auch klar, dass das Phänomen, genauer dessen Explosion, mit der Perestroika zu tun hat. Da trat offensichtlich etwas hervor, das zuvor nur latent, aber doch *stark* anwesend war: «Wir leben in einer Epoche der Entfesselung des Mat». Und: «in der Sowjetzeit konnte man wegen ‹materschtschina› (obszönen Fluchens an öffentlichen Orten) für zwei Wochen ins Kittchen wandern. Nach einem Gesetzentwurf der Duma soll der öffentliche Gebrauch des Mat, der auf drei Elefanten (chuj – Schwanz, pizdá – Fotze, bljad' – Nutte) und einer Schildkröte (dem Verb jebat' – ficken) ruht, bis hin zu Freiheitsentzug bestraft werden.» Übrigens ist das Wort *materschtschina*, das also ‹obszönes Fluchen› bedeutet, ein Beispiel für eine Weiterbildung von *mat*, und *-tschtschina* als Suffixendung entspricht unserem *-erei*. Nach Jerofejew wurde der Mat «zur Revolte gegen die kulturelle Vertreibung und Erniedrigung des Körpers… Sex war eine schmutzige Angelegenheit. Das führte zur Entwicklung einer parallelen Untergrundkultur». Die Gegner des ‹Mat› heute seien «eine viele Millionen zählende

Masse, die sich allmählich aus dem Zustand der Unzivilisiertheit erhebt und den Mat als Kulturlosigkeit versteht, aus der sie unter Qualen herausgefunden hat». Gut, das ist die Stimme eines geistvollen Schriftstellers, und Ironie ist in diesen Worten kaum überhörbar. Interessant für uns ist aber vor allem dies: «Sogar in den slawischen Nachbarländern wie Tschechien oder Polen ist das Fluchen unterteilt in eine Scheiß-Kultur und eine Sex-Kultur. Der russische Mat ist vollständig in der Sphäre der Sex-Kultur angesiedelt. Das Schlachtfeld der russischen Flüche ist erogen, aber selektiv. ‹Schopa› – der Arsch – wurde nicht aufgefordert, beim Sex mitzumachen. Die Russen haben Fäkalien aus dem Schimpfvokabular ausgeklammert: Sie stinken zwar, sind aber weich und nicht stark genug. ‹Gowno› – Scheiße – ist ein Antiquitätsmerkmal. Ein Wertungsbegriff, den Russland nicht recht versteht.» Und so in diesem leichten, witzig ironischen Stil weiter (und dieser Text nun wurde gut übersetzt). Jerofejew weist noch darauf hin und stimmt darin mit Devkin überein, dass nun auch «seit Mitte der 1990-er Jahre bezaubernde Mädchen den antiweiblichen Impuls des Mat durchbrachen und ihn selbst als scharfes Gewürz ihrem Alltagsdiskurs hinzufügten». Und kurz zuvor lesen wir: «Der Mat hat bereits gesiegt. Aber der siegreiche Mat ist zu sehr an sein Untergrundleben gewöhnt, sein Sieg kann tödlich für ihn sein. Wohnen wir seinen letzten Zuckungen bei? Bljad' – verdammte Scheiße – wie sollen wir dann bloß fluchen?»[56] Gut übersetzt, aber eben: *bljad'* heißt nicht ‹Scheiße›, sondern ‹Hure›…

30. Kroatisch – ‹So ist das halt!›

Einige Beispiele noch aus dem Kroatischen. Die Kroaten, die in lateinischer Schrift schreiben, und die Serben, die dies kyrillisch tun, nannte man gelegentlich mit einem hübschen Ausdruck «die Italiener der Slawen».[57] Bei den Ausdrücken, die uns hier interessieren, scheinen sie mir aber weit deutlicher auf der slawischen Seite zu stehen, wobei ich vermute, dass, was ich hier für das Kroatische festhalte, auch für das Serbische gilt. Im Serbischen aber, höre ich, sei die Vermischung des Sexuellen mit dem Gottesbezug stärker.[53]

Jebiga! heißt wörtlich ‹Fick ihn!›, faktisch aber (was ja wirklich etwas sehr anderes ist) ‹Das ist nun mal so› oder ‹So ist das halt›. Dann steht es für den Ausdruck der deutlichen Ablehnung bis hin zum Kommunikationsabbruch: *Jebem ti miša*, ‹Ich fick deine Maus› oder einfach *Jebi se!*, ‹Fick dich›. Um zu sagen ‹Du bist mir egal› fragt man *Tko te jebe?*, wörtlich: ‹Wer fickt dich schon?›, oder ‹Ich fick dir die Sonne›, wobei ‹Sonne›, *sunce*, für all das steht, was einem wichtig ist, somit *Sunce ti jebem*. Dann finden wir auch im Kroatischen die zahlreichen Mutterbeschimpfungen oder -flüche: *Jebem ti mater*, ‹Ich fick deine Mutter› oder noch drastischer mit Nennung des Organs: *U pićku materinu* oder *Mrš u pićku materinu*, oder auch einfach, was sehr gebräuchlich ist, *Pićka ti materina*, ‹Die Möse deiner Mutter› oder gar ‹Ein Hund möge deine Mutter ficken›, somit *Jeba ti pas mater*, *pas* ist also ‹Hund›. Und das kroatische Wort für Fluchen *psovka* enthält in sich selbst das Wort *pas* und meint direkt etwas wie ‹ein Hundegebell machen›. Dann wird auch Gott einbezogen etwa in *Božja ženo* ‹Gottes Frau› oder dann direkt *Jeba ti Bog* ‚Gott möge dich ficken›. Man wird – nicht nur vom Deutschen herkommend – schon sagen müssen, dass dies, wie man früher sagte, starker Tobak ist. Dies gilt nun erst recht für das Türkische. Und man wird auch wohl annehmen dürfen, dass die Präsenz des Muslimischen im Balkan auf das Serbische und Kroatische hier eingewirkt hat.

31. Türkisch: ‹Ananı sikerim›

Das Wort für ‹Scheiße› lautet türkisch *bok*. Und wenn wir deutsch sagen – es ist, je nach dem, mit wem und in welcher Situation man redet, familiär oder vulgär – ‹ich hab Scheiße gebaut›, sagt der Türke drastischer und nun sicher vulgär ‹Scheiße gegessen›: *bok yemek*, wörtlich ‹Scheiße essen›, denn *yemek* ist das Wort für ‹essen›. Nun ist es ja wirklich nicht überraschend, dass auch im Türkischen die übertragene Verwendung des Worts für ‹Scheiße› nicht unbekannt ist. «Aber so oft», präzisierte mir ein lange in Deutschland lebender Türke, der gut Deutsch und also auch gut vergleichen kann, «so oft sagen wir türkisch gar nicht ‹Scheiße›. Wir haben da eher andere Wörter.» Ich

denke, diese Auskunft wird man von jedem einigermaßen sprach-
bewussten unter uns lebenden Türken erhalten.

Häufiger gebraucht werden im Türkischen, wenn es um Ablehnung,
Abwehr, Beschimpfung oder einfach um negative Kennzeichnung geht,
Ausdrücke wie *orospu*, ‹Hure›, ‹Nutte› und *orospu çocuğu*, was wörtlich
‹Hurenkind› bedeutet, denn *çocuk*, gesprochen ungefähr ‹tschodschuk›,
ist das Wort für ‹Kind›. Oder dann *yarak*, vulgär für ‹Glied›, und *amcık*
vulgär für das weibliche Organ. Da scheint also im Türkischen, anders
als etwa im Französischen, ein gewisses Gleichgewicht vorzuliegen
zwischen der negativen übertragenen Verwendung der vulgären Bezeichnungen für das männliche und das weibliche Organ. Oder man
gebraucht, um etwas auf dieser Linie auszudrücken, einen Satz, der uns
Deutschsprachige doch sehr überrascht, wie ‹Ich bumse deine Mutter›,
Ananı sikerim – ana ist das Wort für Mutter und *sikmek* (die Grundform des Zeitworts) steht, sagen wir, für ‹bumsen›. Man gebraucht
diesen Satz auch erweitert und dann doch wohl verstärkend: *Anani
avradını sikerim*, womit wörtlich gemeint ist ‹Ich bumse deine Mutter
und deine Frau›. Bemerkenswert auch, dass das Wort *ibne*, das eigentlich ‹schwul› bedeutet, ganz klar als Schimpfwort und überhaupt negativ verwendet wird, wie sich dies ja auch im Deutschen, besonders in
der Sprache der Jugend, findet. Ein Schimpfwort ist auch *pezevenk*, das
vulgär ‹Zuhälter› bedeutet. Dann gar Allahın sikerim ‹ich bumse deinen
Gott›, und auch von Allahını kitabını sikerim ‹ich bumse deinen Gott
und dein Buch› (und das Buch, natürlich, ist der Koran).

Somit, neben *bok*, ‹Scheiße›, lauter sexuell markierte Ausdrücke oder
Redensarten. Und hierher gehört vielleicht auch, dass das Wort für
Gurke, nämlich *hıyar*, umgangssprachlich für ‹Blödmann› oder ‹Gro-
bian› gebraucht wird. Im Deutschen reden wir zwar von *herumgurken*
und einer *Herumgurkerei* und einer *Gurkentruppe,* aber direkt als
Gurke (obwohl das Wort auch bei uns diese Assoziation hat) bezeichnen
wir einen Mann weniger. Dann gibt es türkisch als Schimpfwörter
natürlich auch Tierbezeichnungen. So etwa *inek* ‹Kuh› oder *eşek* ‹Esel›,
und von letzterem Wort gibt es die Steigerung ‹Esels Sohn› oder
eigentlich sogar, ziemlich redundant, ‹Eselssohnesel›: *eşek oğlu eşek*.

Bisher haben wir ja den Bereich der indogermanischen Sprachen nur
mit dem Ungarischen verlassen. Das Türkische ist die zweite nicht-

indogermanische Sprache, die wir berühren. Unser sehr flüchtiger Blick zeigt uns aber schon, dass sich auch hier die Dinge im Vergleich zum Deutschen nicht anders verhalten als sonst. Ich nehme an, dass sich das Bild bei genauerer Beobachtung nicht wesentlich verändern würde.[59]

32. Einschub: Das lateinische Wort *obscēnum* – die Analyse im ‹alten Georges› und die Ähnlichkeit des Lateinischen mit dem Deutschen in diesem Fall

Zum Lateinischen wäre viel zu sagen.[60] Ich beschränke mich aber darauf, auch als Ergänzung zu dem, was ich zum Wort *obszön* gesagt habe (Kap. 11), eine kommentierte und von meinem speziellen Interesse geleitete Zusammenfassung dessen einzurücken, was zum Wort *obscēnum* im «Ausführlichen Lateinisch-Deutschen Handwörterbuch» von Karl Ernst Georges («vermehrt und verbessert» von Heinrich Georges, 1913) steht, also einfach, wie gesagt, im ‹alten Georges›.

Lautlich gibt es das Wort, zunächst einmal, in zwei Formen: entweder *obscēnus* oder *obscaenus*, nicht aber *obscoenus*, aber diese letztere Form kommt auch vor, der ‹Georges› jedoch weist sie, hier normativ wertend, zurück. Er nennt sie «falsch», weil «unklassisch». Allerdings ist gerade diese Form die Grundlage für unser *obszön*.

Etymologisch hängt das Wort mit *caenum* oder *cēnum* «Schmutz» zusammen, das etwa bei Vergil und Ovid vorkommt. Das Eigenschaftswort *obscēnum* oder *obscaenum* setzt sich also aus der Präposition *ob* und dem Hautpwort *cēnum, caenum* zusammen. *Ob* meint ‹gegen, hin zu›, wenn es um eine Bewegung geht, es meint ‹vor›, wenn dies nicht der Fall ist. Zum Beispiel mit Bewegung: *exercitum ob Romam ducere*, «das Heer nach Rom führen» und ohne Bewegung: *Mihi mors ob oculos versatur*, «Mir steht der Tod vor Augen». Georges definiert *obscēnus* mit: «kotig, schmutzig, ekelhaft, garstig». Und da unterscheidet er erstens einen «eigentlichen» und einen «übertragenen» Gebrauch. Also «I. eigentlich, für das ästhetische Gefühl». Mit «ästhetisch» ist hier ‹wahrnehmend› gemeint. Da nennt Georges nun zunächst einige passende Substantive, etwa ‹Blut› (*cruor*), ‹Lachen› (*risus*),

‹Geburten› (*fetus*), das sind dann Missgeburten (fētūs obscēni); auch, besonders interessant für uns, ‹Gefäß› (*vas*): ein bestimmtes Gefäß, das *vās obscēnum*, ist dann ‹der Nachttopf› oder, etwas edler, wie man früher sagte, als es dergleichen noch gab, ‹das Nachtgeschirr›. *Obscēnus* also zunächst: ‹in Richtung auf das Schmutzige gehend›.

Vom Eigenschaftswort *obscēnus* abgeleitet gibt es das sächliche Hauptwort *obscēnum*. Es bezeichnet also zunächst einfach ‹das Schmutzige›. Da nennt nun Georges beim *eigentlichen* Gebrauch überraschend ‹das Schamglied›, zum Beispiel «obscēnum virīle», also «das männliche Glied», und er nennt das Beispiel «magnitūdo obscēni», was also die «Größe des Glieds» heißt, wörtlich somit «die Größe des Schmutzigen»... Überraschend ist dies aber nicht vom ‹alten Georges›, sondern von der lateinischen Sprache her.

Obscēnum kann also einfach ein Synonym zu *membrum* sein. Vom Substantiv *obscēnum* gibt es nun die Mehrzahl *obscēna*. Bei dieser Mehrzahl unterscheidet ‹Georges› als Bedeutungen: «der Hintere», womit er den Hintern meint, dann «die Schamglieder, Schamteile, das Gemächt», schließlich «Kot». Also ist *obscēna* auch eine synonymische Variante zu *excrementa*. Daran ist nun erstens bemerkenswert, dass der Hintern mit den «Schamteilen» – als das Schmutzige – gleichsam zusammengefasst wird.

Nebenbei erfahren wir auch, dass *Gemächt* für die (männlichen) Organe nicht, wie man vielleicht meinen möchte, ein Ausdruck neueren Datums ist (er findet sich jetzt besonders in feministischen Zusammenhängen). Der «Kluge-Seebold» bezeichnet das Wort als «archaisch», was es nicht oder neuerdings nicht mehr ist. Alt ist es aber schon und findet sich sogar, nach «Kluge-Seebold», bereits im Althochdeutschen. Man muss unterscheiden zwischen ‹alt› und ‹altertümlich› oder ‹archaisch›. *Gemächt* hängt natürlich mit *Macht* zusammen und wurde so – ‹Macht› gleich ‹Zeugungskraft› – «verhüllend auf den Körperteil übertragen». *Gemächt* war also ein Euphemismus. Und natürlich – oder eben nicht natürlich, sondern geschichtlich bedingt – sah man die Zeugung nur beim Mann. Die Frau ist gleichsam – es ist die überlieferte aristotelische Sicht – nur der Boden, in den der Mann seinen Samen versenkt, in welch letzterem, so die alte Auffassung, schon der ganze Mensch ist. An sich ja merkwürdig, denn dass Kinder ebenso sehr der Mutter ähnlich sein können wie dem Vater, konnte doch nicht verborgen geblieben sein. Gut, aber da konnte man sagen, der Boden hat eben auch seine Wirkung…

Doch zurück! Zweitens ist festzuhalten, dass die Mehrzahlform *obscēna*, das Wort also für Hintern und «Schamteile», auch eine synonymische Variante für *excrementa*, also für ‹Kot› ist. Wir haben hier also in diesem lateinischen Wort die Nähe von Hintern und Geschlecht, was ja rein körperlich ohnehin gilt (wieder die Nachbarschaft, die ‹Kontiguität›), dann aber, weit überraschender, die Nähe von Geschlecht und Kot oder, sagen wir drastischer, Scheiße.

Im Abschnitt «II. übertragene Bedeutung» unterscheidet ‹der Georges› zwei Bedeutungen. *Obscēnus* zunächst «für das moralische Gefühl» und umschreibt dies deutsch so: «schmutzig, unflätig, ekelhaft, anstößig, zotig, unzüchtig, unsittlich, pöbelhaft». Das wird dann von einzelnen *Wörtern* gesagt oder von Reden: «sermones obscēni», «verba obscēna» oder «versūs obscēni» – «Reden» oder «Aussprüche», «Wörter», «Verse». Cicero: «versūs obscēnissimi», «sehr schmutzige Verse». Bei Tacitus ist auch von «Lüsten», «voluptates obscēnae», die Rede oder, wieder bei Cicero, von «Flammen», «flammae obscēnae», was Georges dann kurz und schlicht mit «Liebe» umschreibt, Liebe also als «schmutzige Flammen». «Schmutzige Mädchen», «puellae obscēnae» sind bei Ovid einfach «Huren». Und im Plural sind dann *obscēna* «Unzüchtigkeiten» – entweder als Handlungen oder als Worte.

Schließlich nennt Georges noch eine weitere übertragene Bedeutung von *obscēnus*, nämlich «eine böse Anzeige gebend, ungünstig, unheilvoll», und zwar im Zusammenhang mit Wörtern wie *dicta, omen, famēs*, also ‹Aussprüche›, ‹Anzeichen› ‹Begierde› (oder ‹Hunger›). Diese Übertragung ist besonders interessant, denn hier erscheint das Sexuelle nun eindeutig nicht nur in der Nähe des Schmutzigen, sondern gar in der des Unheilvollen. In der Analyse im ‹Georges› der Bedeutungen dieses lateinischen Worts stoßen wir auf vieles, auf das wir beim Thema ‹Sprache und Sexualität› immer wieder stoßen.

Von der Herkunft her, etymologisch gesehen, sind lateinisch *obscēnum* und deutsch *obszön* dasselbe Wort. So sagt man in solchen Fällen in aller Regel. Auch in der Sprachwissenschaft, wo man schon weiß, dass es eigentlich *nicht* so ist, drückt man sich so aus. Tatsächlich handelt es sich ja um *verschiedene* Wörter, schon weil sie in verschiedenen Sprachen sind und, in diesem Fall, Lateinisch und Deutsch, auch sehr verschiedenen Zeiten zugehören. Es sind verschiedene Wörter, weil sie sich in verschiedener Weise abgrenzen von anderen Wörtern und also ihre Bedeutungen verschieden sind. Nur eben etymologisch sind sie identisch – in diesem Fall dadurch, dass das eine Wort vom anderen herkommt – deutsch *obszön*, niederländisch *obsceen*, französisch *obscène*, englisch *obscene*, spanisch und portugiesisch (bei leicht verschiedener Aussprache) *obsceno*, katalanisch *obscè*, italienisch *osceno* – ein Beleg, einmal wieder, für die *lateinische* Grundlage unserer europäischen Sprachen. Alle diese *verschiedenen* Wörter haben also dasselbe «Etymon» oder, so sagt die Etymologie auch, sie sind «Reflexe» desselben (lateinischen) Worts.

Der Blick in den ‹alten Georges› ist bemerkenswert, weil schon er allein uns zeigt, dass das Lateinische sich dem Deutschen gar nicht so unähnlich verhält. Das kann nicht nur daran liegen, dass Karl Ernst und Heinrich Georges Deutsche waren. Auch lateinisch werden das Sexuelle und das Exkrementelle eigentümlich zusammengesehen. Konkret: wenn *obscēnum*, das Wort für das Schmutzige, auch für das Glied stehen kann, und wenn *obscēna*, die Mehrzahlform dieses Worts, für den «Hintern, die Schamglieder, Schamteile, das Gemächt» und auch noch für «Kot» oder, auf Deutsch gesagt, für *Scheiße* stehen kann, ist der Fall klar. Da ist das Lateinische dem Deutschen sehr ähnlich oder das Deutsche dem Lateinischen.

33. Frankreich – ein Mischland

«Sie sind Scheiße in einem seidenen Strumpf», «Vous êtes de la merde dans un bas de soie», hat Napoleon einmal zu Talleyrand gesagt, dem großen Diplomaten, der, sehr im Unterschied zum Kaiser, von Geburt an ein hoher Adliger war. Der «seidene Strumpf» übrigens bezog sich auf das traditionelle Kleidungsstück des männlichen Adels, der keine langen Hosen trug, sondern kurze, ‹culottes› genannt, mit Strümpfen. Also: *merde*. Das deutliche und vulgäre Wort wurde früher oft nicht einmal ausgeschrieben. Und so steht Napoleons Satz auch in dem Wörterbuch «Le Petit Robert» zitiert: «Vous êtes de la m… dans un bas de soie.»

Dieses Wort wird in Frankreich gelegentlich auch noch, ein wenig analog zu unserem «Götz von Berlichingen», als «le mot de Cambronne» bezeichnet. Pierre Vicomte de Cambronne lebte von 1770 bis 1842. Er hatte an den Feldzügen der Revolutionszeit und des Kaiserreichs teilgenommen, Napoleon machte ihn 1813, spät also, zum General. In der Schlacht von Waterloo, Juni 1815, wurde er verwundet. Da kommandierte er das Garderegiment zu Fuß der Kaiserlichen Jäger. Victor Hugo, ein Dichter also, weshalb man vorsichtig sein muss, berichtet, man habe von Cambronne, als er aufgefordert wurde, sich zu ergeben (und zwar mit dem schönen Zuruf «Tapfere Franzosen, ergebt euch!», «Braves Français, rendez-vous!»), nur ein Wort gehört: «Merde!». Auch dies steht in dem Artikel «merde» des «Petit Robert». Und der «Petit Larousse» präzisiert hübsch im Eintrag ‹Cambronne› seines Enzyklopädie-Teils: «die Aufforderung, sich zu ergeben, beantwortete er mit dem berühmten Wort, das mit seinem Namen verbunden blieb.» Das Wort selbst wird da gar nicht genannt, was ja bedeutet (deshalb zitiere ich), dass jeder, der nachschlägt, weiß, um welches Wort es sich handelt. Und in der Tat kann man – kultiviert – noch immer sagen: «Er hat ihm mit dem Wort Cambronnes geantwortet», «Il lui a répondu par le mot de Cambronne».

Das lateinische *mĕrda* ‹Kot› wurde in alle romanischen Sprachen von Osten bis Westen weitergereicht: italienisch und rätoromanisch (Friaul und Engadin), dann auch okzitanisch, katalanisch und portugiesich *merda*, französisch also *merde* und spanisch *mierda*. Bemerkenswert ist der Rest, der im Rumänischen geblieben ist, und zwar in dem Zeitwort *dezmierdá*, wörtlich somit ‹ent-scheißen›, das aber ‹streicheln›, ‹liebkosen› bedeutet. Ursprünglich war damit ‹kleine Kinder trocken legen› gemeint – wieder also, was die Bedeutung ‹liebkosen› angeht, eine Bezeichnung des Ganzen durch einen Teil oder dann (es passt hier auch) durch ‹Nachbarschaft›, ‹Kontiguität›. Im Französischen meint das entsprechende Zeitwort *se démerder* ‹sich aus einer schwierigen Situation befreien› und entspricht also dem normalen *se détrouiller*.

Meine These zum Französischen ist nun, dass sich diese Sprache in dem uns interessierenden Punkt nicht nur vom Deutschen unterscheidet (dadurch dass, wie überall sonst, das Sexuelle weit stärker vertreten ist), sondern auch von den anderen romanischen Sprachen, weil das Exkrementelle in ihm weit stärker hervortritt als in ihnen. Oder genauer und richtiger: das Exkrementelle ist in den anderen romanischen Sprachen keineswegs selten, aber im Französischen ist es entschieden häufiger als irgendwo sonst in der Romania.[61]

Zunächst ist schon das Wort *merde* häufiger als die entprechenden Wörter im Italienischen, Spanischen und Portugiesischen, auch wohl als im Rumänischen. *Merde* oder (mit dem Teilungsartikel) *de la merde* bezeichnet übertragen, wie in Napoleons Wort an Talleyrand, eine verächtliche Person. Oder dann natürlich eine Sache oder auch eine schwierige, kaum auflösbare Situation. Was die Sache angeht, ein Beispiel: bei einer Weinprobe im Fernsehen urteilte Gérard Depardieu über einen ihm unbekannten aus einem Karton, also nicht einmal einer Flasche kommenden miesen Wein (und erwies sich insoweit als Kenner): «Ah non, alors, c'est vraiment de la merde!» Hier hätte er auch ‹de la pisse› sagen können. Und der «Petit Robert» zitiert, was die Situation betrifft, einen kurzen und klaren Satz Sartres: «Et nous, nous sommes dans la merde.» Dies alles überrascht uns vom Deutschen her nicht. Nur würden wir deutsch nicht, wie in dem Napoleon-Wort, eine Person *direkt* als «Scheiße» oder «Scheiß» bezeichnen. Oder vielmehr: wenn wir über jemanden sagen ‹Der ist einfach scheiße!›, meinen wir dies als Eigenschaftswort. Wir charakterisieren da eine Person, setzen sie aber nicht mit dieser Sache gleich, jedenfalls nicht so ohne weiteres wie dies im Französischen (oder auch, wie gezeigt, im Spanischen) geschieht. In der Tat übersetzt etwa Johannes Willms (in der Ankündigung seiner Talleyrand-Biographie) das Napoleon-Wort nicht wie ich, sondern gleichsam deutscher: «Talleyrand, Sie sind nichts als ein Seidenstrumpf voll Scheiße.»[62] Aber *ich* wollte ja verdeutlichen, was da französisch tatsächlich und auch knapper gesagt wurde: «Sie sind Scheiße in einem seidenen Strumpf». Hier ist ein Unterschied in der Verwendung zwischen dem Französischen und dem Deutschen.

Es gibt auch, natürlich, im Französischen ‹ein Scheißwetter›, ‹un temps de merde›. Dann wird *merde*, wie deutsch, als Ausruf verwendet und drückt da, dem «Petit Robert» zufolge, «Zorn, Ungeduld und

Verachtung» aus. Aber dann auch, das ist nun nicht unwichtig, «Erstaunen und Bewunderung». So immer wieder in dem Ausruf, der überaus häufig ist, wie jeder weiß, der auch nur kurz in Frankreich war: ‹Merde alors!› Da ist nun etwas, was bei *Scheiße* fehlt, nämlich Ambivalenz – *merde* kann auch Positives ausdrücken, sogar «Bewunderung», und dies ist nun (seien wir vorsichtig) im Deutschen kaum möglich. *Scheiße* ist, wie es scheint, ohne irgendeinen Einschlag von Positivem: eine klare Sache! Französisch sagt man familiär auch oft, wenn man eine klare Ja-oder-Nein-Antwort will statt ‹oui ou non› ‹oui ou merde› – ‹Alors, tu viens, oui ou merde?› Auch da muss ‹merde› nicht unbedingt die negative Wahl bedeuten. Es kann in dieser Frage auch einfach Ungeduld oder Verärgerung ausdrücken.

«Langenscheidts Power Wörterbuch Französisch», das laut Vorwort «speziell für den Einsatz in der Schule konzipiert wurde» (es erschien zuerst 1999), führt in einer eigenen Spalte zu *merde* aus: «Der Ausruf *merde!* gehört zwar zu den bekanntesten französischen Schimpfwörtern. Das Wort ist aber sehr umgangssprachlich und sollte von Nichtfranzosen daher besser nicht verwendet werden. Als Ersatz wird daher meistens *mince!*, was eigentlich ‹dünn› heißt, oder *zut!* verwendet; ein bisschen stärker ist: *mince alors!, zut alors!* ‹Verflixt noch mal!›» Etwas ungeschickt und zimperlich gesagt, aber schon richtig. Was fehlt ist der Hinweis, dass man als Fremdsprachiger, was man in Rechnung stellen muss, *anders* bewertet wird von denen, die *die* Sprache als Muttersprache reden, was man als ungerecht empfinden mag – es ist aber so. Das Gleiche ist da also nicht das Gleiche. Auch ist es für einen, der von außen kommt, schwerer zu entscheiden, ob ein Ausdruck in einer bestimmten Situation gerade noch geht.[63]

Von *merde* gibt es nicht wenige Ableitungen: *le merdier*, vulgär, wie natürlich auch *merde* selbst, dann das Zeitwort *merdoyer*, das nun nur noch, laut «Petit Robert», ‹populär› ist, also nicht mehr ‹vulgär›, dann *merdeux*, ein Eigenschaftswort und ein Hauptwort, vor allem aber das vulgäre überaus häufige Zeitwort *emmerder*, wovon wieder das Eigenschaftswort *emmerdant* und die Hauptwörter *un emmerdeur, une emmerdeuse, un emmerdement* und *un emmerde* abgeleitet sind (alle sind «vulgär» oder «sehr familiär»). Es hängt also einiges mit diesem Wort zusammen.

Un merdier, ein altes Wort, schon im 12. Jahrhundert belegt, bezeichnete zunächst einen Scheißhaufen, jetzt wird es fast nur noch übertragen gebraucht, und dann ist damit eine große, ziemlich unauflösbare Unordnung gemeint, eine komplexe, schwer durchschaubare Situation. Das Zeitwort *merdoyer* meint, dass man sich in einer Erklärung oder dem, was man unternimmt, verwirrt, verwickelt, nicht zu Rande kommt. *Merdeux* bezieht sich auf etwas mit Exkrementen Verdrecktes, und als Hauptwort auf einen unreifen jungen Menschen, einen Grünschnabel, männlich oder weiblich: «Cette merdeuse de dix ans», heißt es irgendwo bei Emile Zola (der «Petit Robert» zitiert es). Oder dann verächtlich ‹un petit cul merdeux›. Das, wie gesagt, sehr häufige, ja im familiär Gesprochenen allgegenwärtige *emmerder*, eigentlich ‹mit Scheiße versehen›, meint ganz und gar nicht etwas unserem *bescheißen* Analoges, sondern eine langweilende Belästigung: ‹Il m'emmerde›, ‹Er nervt mich›.

Da ist nun aber ein wichtiger und seltsamer Unterschied zwischen der ersten Person Einzahl und den übrigen, denn ‹Je t'emmerde›, meist laut und pampig abweisend gesagt, meint nicht ‹Ich nerve dich›, sondern ‹Lass mich in Ruhe!› oder ‹Du kannst mich mal!› – Abbruch also, zum Spaß oder auch gar nicht zum Spaß, der Kommunikation: ich will, jedenfalls im Augenblick, nichts von dir oder von dem, was du sagst, wissen. Der «Petit Robert» zitiert treffend Raymond Queneau: «Les gens du quartier? Je les emmerde», also ziemlich genau: «Die Leute aus dem Viertel? Die sind mir scheißegal!» Somit also ganz und gar nicht: ‹Ich belästige sie›. Sonst aber, bei den anderen Personen, meint *emmerder* sehr negativ gerade dies: er oder sie (undsoweiter) belästigt, langweilt mich in hohem Grad. Da ist das Französische also inkonsequent: die Bedeutung in der ersten Person Einzahl ist ganz anders als bei den anderen Personen.

Ein *emmerdant* oder eine *emmerdante* ist dann eine lästig langweilige männliche oder weibliche Person. Und entsprechend ist *un emmerdement* ein großer Ärger, ‹un gros ennui›. Auffallend, dass das französische Wort für *langweilen*, *ennuyer* und das zugehörige Hauptwort ganz in der Nähe des Ärgers sind. ‹On s'emmerde ici› bedeutet: ‹Wir langweilen uns hier› (das ‹on› im Sinne von ‹wir›, das wir deutsch so auch nicht haben). Aber es ist wieder eine Langeweile mit einem starken Einschlag von Verärgerung oder eine durch Langeweile bedingte Verärgerung. Wir haben da kein Wort, das Ärger und Langeweile so zusammenfasst wie das französische *ennuyer* mit seinem Hauptwort *ennui*.

Unbedingt hierher gehört, weil es nun wirklich exkrementell und häufig ist, auch das als «sehr vulgär» gekennzeichnete Zeitwort *chier*, das man nur mit ‹scheißen› übersetzen kann. Es ist, übertragen verwendet, auch wieder «vulgär», aber nicht mehr «sehr» («Petit Larousse»). Man trifft es da vor allem in der häufigen Wendung *faire chier quelqu'un*, wörtlich also ‹jemanden scheißen machen›. Es bedeutet ‹jemanden ärgern› oder ‹auf den Wecker› oder ‹auf den Keks› oder ‹auf den Geist gehen›. Und ‹Ça me fait chier› meint ‹Das kotzt mich an› oder ‹Tu me fais chier›, ‹Du kotzt mich an›. *Chier* geht direkt und lautlich ganz regelmäßig, nach den ‹Lautgesetzen› entwickelt, auf das genannte lateinische *cacare* zurück.

Der Befund ist also klar: in Frankreich auf der einen Seite, wie überall in der Romania entsprechend, *con, putain* usw., und auf der anderen *merde, faire chier, dégueulasse* usw.

Woher diese Sonderstellung Frankreichs, die Nähe in *diesem* Punkt zu Deutschland und zum Deutschen? Wurde die Frage je gestellt? Der Befund jedenfalls, der sich nun wirklich *aufdrängt*, ist unzweideutig.

Hier darf man schon daran denken, dass Frankreich und ganz sicher (da kann man es konkret und wissenschaftlich zeigen) die französische *Sprache* sehr stark, viel stärker als irgendein anderes romanisches Land und irgendeine andere romanische Sprache, durch *Germanen* geprägt worden sind. Unter diesen sind vor allem die ‹Franken› zu nennen, die vom vierten Jahrhundert an in das nördliche Gallien eindrangen und es in abnehmender Dichte nach Süden bis ungefähr zur Loire hin besiedelten. Die Franken haben ja schließlich auch dem Land ihren Namen gegeben, und so ist Frankreich das einzige romanischsprachige Land mit einem germanischen Namen: ‹Francia›, ‹Frankenland›, ‹Land der Franken› (eine eigentlich ungerechte Bezeichnung, denn die Franken waren ja in Gallien die Minderheit). Die Sprache, die damals, also bevor die Germanen kamen, im alten Gallien gesprochen wurde, nennt man heute mit dem wissenschaftlichen Namen ‹galloromanisch›.

Dieses ‹Galloromanische› kam vom Lateinischen her, was letztlich auf die Eroberung Galliens durch Gaius Julius Caesar, zwischen 58 und 51 vor Christus, zurückgeht.[64] Diejenigen, die ‹galloromanisch› sprachen, nannten ihre Sprache wohl einfach ‹romanisch›, ‹romanz›. Übrigens gab es schon vorher, im 3. Jahrhundert, Einfälle von Germanen, der Franken, der Alemannen oder Sueven, auch der Burgunder, und später kamen dann noch die ‹Normannen›, wie man sie nannte, also die ‹Wikinger›, wie sie sich selbst bezeichneten; sie besetzten schließlich, im 10. Jahrhundert, die dann nach ihnen benannte Normandie. Diese Wikinger übernahmen sehr rasch das Französische, sie sprachen es längst, als sie 1066 als Normannen nach England übersetzten und dort eine Jahrhunderte dauernde Zweisprachigkeit schufen, die aus dem Englischen auch etwas wie eine romanische Sprache machte.

Der entscheidende germanische Einfall ins alte Gallien war aber doch der der Franken, die vom Niederrhein kamen und dann in Gallien im 5. Jahrhundert, mit Chlodwig, französisch Clovis, ein Reich errichteten, das Merowingerreich. Ganz im Norden Galliens wurde das romanisch sprechende Gebiet wohl gar entromanisiert. So kam es zur französisch/flämischen Sprachgrenze, die heute Belgien von Westen nach Osten durchzieht. Südlich davon entstand aber zunächst, wohl drei Jahrhunderte lang, ein großes bis ungefähr zur Loire gehendes zweisprachiges Gebiet: nebeneinander also galloromanisch und fränkisch. Schließlich aber haben die Franken ihre mitgebrachte Sprache aufgegeben und das ‹Galloromanische›, also die Sprache der Mehrheit, übernommen. Indem sie es aber übernahmen, haben sie das Galloromanische sehr stark verändert.

Lautlich haben sie bewirkt, dass das Französische, das auf diese Weise im nördlichen Frankreich entstand und die Grundlage der heutigen Sprache ist, sich weiter vom Lateinischen entfernte als *alle* anderen romanischen Sprachen, weshalb die Romanisten das Französische gelegentlich das ‹enfant terrrible› der Romania nennen. Die alten französischen Wörter sind wegen der Franken alle kürzer als die etymologisch entsprechenden der anderen romanischen Sprachen. Zum Beispiel: lateinisch *securum* ‹sicher›, italienisch *sicuro*, spanisch *seguro*, portugiesisch *seguro*, französisch *sûr* (sechs Laute italienisch, spanisch und portugiesisch – französisch aber nur drei) oder lateinisch *augustum* ‹August›, italienisch *Augusto*, spanisch *Agosto*, portugiesisch *Agosto*, französisch *Août* (das man ‹u› oder ‹ut› aussprechen kann – eine Verkürzung also von ‹augustum› zu ‹u› von acht auf einen einzigen Laut, im Italienischen blieben immerhin sieben, im Spanischen und Portugiesischen sechs). Für solche Verkürzung gibt es unzählige Beispiele (das oben genannte lateinische *cacare* wurde italienisch zu *cacare*, blieb also genau, was es war, spanisch und portugiesisch wurde daraus *cagar* und französisch also *chier* – aus drei Silben eine: schje). Aus diesem Grund nannte Arthur Schopenhauer, was aber natürlich Unfug ist, das Französische ein «verdorbenes Italiänisch». Und außerdem haben die Germanen, die die betonte Silbe so stark betonten, dass alles, was nach ihr kam, verstummte, tatsächlich bewirkt, dass nun *alle* französischen Wörter auf der letzten Silbe betont werden – auch das ist im Italienischen, Spanischen und Portugiesischen ganz anders: da ist entweder die vorletzte betont (das ist der häufigste Fall) oder die vorvorletzte oder aber die letzte: italienisch *cánto* ‹ich singe›, *cántano* ‹sie singen›, *cantò* ‹er (sie) sang›.

Dann haben die Franken viele und sehr zentrale Wörter ins Französische gebracht, auch solche, die zum psychologischen Wortschatz gehören, was immer ein Zeichen für tiefen Einfluss ist: also etwa die Wörter für ‹Stolz›, ‹Schande›, ‹Hass›, ‹kühn›, ‹hässlich›, auch für ‹Krieg› und ‹gewinnen› oder ‹verdienen›, aber auch ‹konkrete› Wörter wie die für ‹Spieß›, ‹Marschall›, und ‹Handschuh› sind germanisch: *orgueil, honte, haine, hardi, laid, guerre, gagner, épieu, maréchal, gant.* Germanische Wörter für materielle Dinge wie etwa für Handschuh oder Spieß gibt es ohnehin viele. Die ursprünglich ethnische Bezeichnung *franc, franche* wurde zu einer für eine zentrale moralische Eigenschaft: ‹offen›, ‹aufrichtig, redlich› – so konnten die Franken sich verhalten, weil sie ja die Herren waren (Nietzsche hätte dies, weil es genau seiner Auffassung von «Herren-Moral» entsprach, gefallen). Und viele dieser ursprünglich germanischen Wörter gingen dann auch wegen des Prestiges des Französischen im Mittelalter in andere romanische Sprachen über: zum Beispiel finden wir *guerra* auch im Italienischen, Spanischen und Portugiesischen (im Rumänischen aber, soweit reichte der Einfluss des Französischen im Mittelalter nicht, heißt Krieg *război*, das Französische wurde für das

Rumänische erst viel später wichtig). Dies alles ist seit langem ziemlich festes, kaum mehr angezweifeltes Schulwissen, das die Studenten, die Französisch studieren, mit einigen Fachtermini, die ich hier beiseite lassen konnte, in den ersten Semestern erwerben. Da sage ich also wahrlich nichts Neues.

Wenn nun aber dieser Einfluss der Franken in dem nach ihnen benannten ‹Frankenland› im Lautlichen und im Wortschatz so außerordentlich war, dann darf man doch wohl die Hypothese wagen, dass die besondere Häufigkeit des Exkrementellen im Französischen, also im Vergleich mit den anderen romanischen Sprachen, mit den Franken zusammenhängt. Denn eines ist auch klar: man muss, um den «Sonderweg» des Deutschen zu erklären, wenn es überhaupt möglich ist, weit zurück, zumindest bis ins frühe Mittelalter, und dies müsste man dann selbstverständlich auch, um den Grund für den «Sonderweg» des Französischen innerhalb der romanischen Sprachen zu finden.

Es kommt ja noch hinzu, dass die Franken dadurch, dass sie im Wesentlichen nur nördlich der Loire siedelten, zu der Nord/Süd-Zweiteilung des Landes erheblich beigetragen haben. Sie haben sie jedenfalls indirekt verstärkt, denn der klimatische Unterschied war ja schon da. Man redet in Frankreich selbst traditionell von den «zwei Frankreichs», «les deux France»: zwischen ihnen ist da die alte Sprachgrenze Französisch/Okzitanisch, von der im Französischen immerhin der «Akzent des Südens» geblieben ist, «l'accent du Midi», den man im Norden ‹nett›, ‹gentil› findet, aber nicht ganz ernst nimmt; nicht unwichtig auch die quer durch Frankreich gehende Butter/Öl-Grenze (die Öl-Küche beginnt also, von uns aus gesehen, nicht erst in Italien oder Spanien); dann ist der Norden eher ‹ordentlich›, gesetzter und fleißiger, der Süden mit leichter Tendenz zum ‹Unordentlichen›, weniger gesetzt und weniger fleißig (so jedenfalls sieht man es im Norden des Lands); der Süden eher das, was wir Deutsche ‹temperamentvoll› nennen, der Norden deutlich weniger (jedenfalls für einen Süddeutschen – ein Hamburger mag es anders sehen und schon in Lille oder Rouen überschäumendes Temperament erfahren); der Norden eher konservativ, der Süden eher progressiv oder aufmüpfig, also politisch eine rechts/links-Aufteilung (und am konservativsten ist man im Elsass); der Norden eher fromm, zum Teil gar klerikal, der Süden, aufmüpfig auch hier, eher antiklerikal. Also gut: da sind wir im Bereich des Meinens, der Vorurteile, des nicht deutlich Greifbaren. Es ist aber ein Irrtum zu meinen, etwas sei weniger wirklich und wirkend, nur weil es nicht mit Begriffen, Beweisen und ‹kontrollierten Beobachtungen› eindeutig zu fassen ist.

Könnte es also nicht sein, dass auch unser starker Befund, was unser Thema und das Französische angeht – und der Ursprung des Französischen, das sich erst im 19. Jahrhundert in ganz Frankreich ausgedehnt hat, ist der *Norden* Frankreichs – könnte es nicht sein, dass unser Befund letztlich mit der frühen und starken Präsenz der vom Niederrhein gekommenen Franken, die im Lande die Herren waren, zu schaffen hat? Quaeritur. Auf Deutsch: ich frag ja bloß.

34. Was genau liegt insgesamt vor?

Wir haben im Blick auf unser Thema das Deutsche mit anderen Sprachen verglichen, mit dem Englischen, Französischen, Italienischen, Spanischen, Katalanischen, Portugiesischen, Rumänischen, Lateinischen, dann mit dem Niederländischen, dem Schwedischen, Russischen, Kroatischen, dem Ungarischen und dem Türkischen. Dieser Vergleich brachte zunächst das Ergebnis, dass diese Sprachen alle, wenn es um Negatives geht, skatologische Ausdrücke, Ausdrücke also für Exkrementelles (oder Fäkalisches), gebrauchen, dann aber, dass im Deutschen – und darin unterscheidet es sich – gerade diese Ausdrücke sehr stark dominieren, während es in den anderen Sprachen, wenn es um Negatives geht, anders ist: da herrschen übertragene Ausdrücke für Sexuelles vor – abgesehen vom Schwedischen: im Schwedischen sind vom Religiösen herkommende oder das Religiöse in Anspruch nehmende Ausdrücke besonders häufig. Solche Ausdrücke wiederum finden sich auch anderswo, im Schwedischen jedoch herrschen sie vor.

Beide Übertragungen, die von Ausdrücken für Sexuelles und die für Exkrementelles, sind *vulgär*, sie gehören zum *vulgären* oder zumindest zum *familiären* Sprechen, was heißt, dass solche Ausdrücke nur in bestimmten Situationen gebraucht werden können. Und es gehört natürlich zur Sprachbeherrschung, dass man genau weiß, wann (und dies heißt auch gegenüber *wem*) sie verwendet werden können. Um dies ohne Überlegung und intuitiv zu wissen, muss man eine Sprache sehr gut können, und einigermaßen sicher ist man da in aller Regel nur in der Muttersprache.[65] Aber auch dies muss deutlich gesagt werden: wenn die entsprechende Situationen tatsächlich gegeben ist, werden in *übertragenem* Sinn (nur *diese* Verwendung interessiert uns) Ausdrücke für Sexuelles und für Exkrementelles dann auch wirklich *häufig* gebraucht. Es gehörte ja von Anfang an zu unserem Ansatz hier, uns gerade auf das zu konzentrieren, was jedem und jeder gut bekannt ist. Und die Unterscheidung männlich/weiblich ist hier wichtig, weil es da tatsächlich (noch immer) einen Unterschied gibt, vor allem, was die aktive Verwendung solcher Ausdrücke angeht, wenn man sie also nicht nur versteht, sondern auch gebraucht. Männer; auch schon junge Männer, gebrauchen sie entschieden häufiger als Frauen – weil dies in ihrer Sicht mit Männlichkeit zu tun hat.

Es geht also um das *Vorherrschen* solcher Ausdrücke. Es verhält sich keineswegs so, dass es im Deutschen Ausdrücke für *Sexuelles* in solcher Verwendung *gar nicht* oder dass es in den anderen genannten Sprachen nicht *ebenfalls* so verwendete Ausdrücke für *Exkrementelles* gäbe. Im Deutschen also eine sehr starke Dominanz des Exkrementellen und in den anderen Sprachen (abgesehen vom Schwedischen) eine mehr oder weniger starke des Sexuellen, wobei dann wieder im Französischen die Ausdrücke für Exkrementelles stärker hervortreten als in den anderen Sprachen – interessanterweise gilt dies für das Französische auch gerade im Vergleich mit den *übrigen* romanischen Sprachen. Das Deutsche hat da eine Sonderstellung – da ist etwas wie ein «Sonderweg». Man könnte auch sagen, dass wir im Deutschen eine starke Konzentration auf das Exkrementelle haben, in den anderen eine solche auf das Sexuelle.

Von diesem allgemeinen Befund gibt es im Deutschen zwei Abweichungen – eine räumliche im Südwesten und eine zeitliche in der Jugendsprache, in welche in den letzten Jahrzehnten die übertragene Verwendung von Ausdrücken für Sexuelles doch ein Stück weit eingedrungen ist. Dass die Jungen, hier durchaus beiderlei Geschlechts, anders sprechen, weil sie sich absetzen wollen, als die alten oder älteren Erwachsenen, bringt ganz allgemein in eine Sprache ein Element von Geschichtlichkeit. Genauer: diese Geschichtlichkeit ist selbstver-

ständlich ohnehin in ihr: hier aber wird sie zu einer unmittelbar gefühlten, weil dieses Gefühl das eigene Leben, die eigene und mit anderen
geteilte *Lebensfrist* als Orientierungspunkt hat.[66] Übrigens gilt dies
umgekehrt auch für das Sprechen der Älteren und Alten. Jeder kennt ja,
wenn es um bestimmte Wörter oder Wendungen geht, Äußerungen wie
‹Ja, gut, so hat mein Großvater noch gesagt, aber ich sage das nicht
mehr› oder umgekehrt: ‹Ja, richtig, so sagen jetzt die Jungen, ich kenne
das von meinen Enkeln, ich selbst aber sage das nicht›. Von diesen
beiden Abweichungen soll in den folgenden Abschnitten die Rede sein.

Ich sprach in sehr allgemeiner Formulierung von der Bezeichnung
von Negativem. Konkret geht es dabei um Schimpfen und Beschimpfen
(man kann ja allgemein schimpfen oder *jemanden* beschimpfen), es
geht um ein Zusetzen (jemandem Zusetzen), um ein Missbilligen, Ab-
wehren, Ablehnen, um ein Verletzen, Beleidigen, um ein auf jemanden
Fluchen oder auch um ein auf etwas Fluchen, oder auch um das Verfluchen, das ja längst eine religiöse Beimischung oder Konnotation
nicht mehr zu haben braucht. Ursprünglich war dies selbstverständlich
dabei, nun wird es eben so mitgeschleppt, weil es eben da ist: Sprachen
sind ja konservativ. Die Gestimmtheiten, die hinter dem stehen, was
alle diese Zeitwörter benennen, sind etwa Ärger, Missbilligung,
Unwillen, Ablehnung, Abwehr, Zorn oder Wut. Alle diese inneren
Vorgänge oder auch Zustände sind dasjenige, was durch solche entweder sexuellen oder exkrementellen Ausdrücke bezeichnet wird.
Man darf sie darum auch ‹Kraftausdrücke› nennen. In dem Fall, der
uns hier interessiert, handelt es sich abstrakter gesagt um *negative
Gestimmtheiten*, die in verschiedener Weise gerichtet und mehr oder
weniger stark oder intensiv sein können.

Das Bezeichnete ist das eine. Das andere sind dann die Mittel, mit
denen dieses Bezeichnete bezeichnet wird, mit denen diese Gestimmtheiten nach außen, für andere artikuliert werden. Das Wort «entflieht»,
wie es bei Homer schön heißt, «dem Gehege der Zähne». Und da sind
nun die Ausdrücke für Sexuelles und Exkrementelles, von denen wir
ausgingen, nur zwei unter anderen. Allerdings sind sie doch die wichtigsten und interessantesten.

Neben diesen Ausdrücken gibt es vor allem die negativen Bezeichnungen von Menschen durch Namen von Tieren: deutsch etwa *Esel,*

Hund, speziell dann *Dackel* oder *Windhund* oder gar *Rottweiler*, dann natürlich *Schwein*, auch *Ferkel* und *Rindvieh*, *Ochse* oder *Hornochse*, auch, wenn es um spezifische menschliche Eigenschaften geht, *Fuchs* und *Affe* oder *Papagei*; für weibliche Personen gibt es *Kuh, Gans, Pute, Ziege*, süddeutsch *Geiß, Schlange*. Für männliche Personen ist die Zahl der herangezogenen Tiere größer. Was nicht heißt, dass Frauen in der Sprache günstiger beurteilt werden. Es dürfte eher so sein, dass Männer eher gegen Männer sind, diese Gegnerschaft ist für sie bedeutsamer, nur da werden sie eigentlich heiß. Wichtig ist aber, dass die Bezeichnungen nach Tieren geschlechtsspezifisch sind, was natürlich dort, wo ein grammatisches Geschlecht ist, wie etwa im Deutschen, damit zusammenhängt, dass dieses Geschlecht die Vorstellung von diesen Tieren mitprägt. Viele Tiere haben ja ein gemeinsames Geschlecht: so ist der Name für die Katze bei uns weiblich, im Französischen aber männlich: *le chat*. Wenn man bei uns das männliche Exemplar meint, muss man *Kater* sagen und im Französischen, wenn man das weibliche meint, *la chatte*: bei uns ist also der Kater die Abweichung, im Französischen die Kätzin.[67] In einer hübschen im Lexikon Robert zitierten Stelle bei Zola heißt es (was zu unserem Thema gehört) über eine bestimmte Frau in Bezug auf einen bestimmten Mann: «elle était très chatte avec lui», was hübsch gesagt, aber so knapp nicht zu übersetzen ist: ‹Sie war mit ihm ganz wie eine Katze› – ‹Sie war sehr Katze mit ihm› geht deutsch nicht, und ‹wie eine Katze› ist deutlich schwächer und auch nicht genau dasselbe.

Auch Namen von Krankheiten werden herangezogen oder das Wort *krank* selbst (‹Der ist doch krank!›), und das veraltete Wort *siech* für ‹krank› (aber *siechen* und *hinsiechen* sind ja noch lebendig) ist zum Beispiel im Schwäbischen und wohl auch darüber hinaus ein sehr geläufiges und übrigens ziemlich hartes Schimpfwort ‹So ein Siach!› oder ‹Descht doch an Siach!›, wobei die allermeisten, die dies sagen, nicht wissen, dass das Wort ursprünglich ‹krank› meint. Tatsächlich ist etwas wie ‹hundsgemeiner Kerl› gemeint. *Krijk de pokken!* sagt man im Niederländischen.

Dann gibt es Ausdrücke für Formen von Unwetter: etwa *Hagel, Blitz, Donnerwetter*. Letzteres ist etwas altertümlich und auch allzu brav geworden. ‹Es gab ein richtiges Donnerwetter› setzt ja auch eine hierarchische Struktur voraus. Von unten her kann man kein

Donnerwetter machen. Und es gibt etwa, vorwiegend über einen jungen Mann gesagt, den ‹frechen Blitz›. Die Spanier sagen im gegebenen Fall ‹Ein übler Blitz möge dich entzweischlagen!›, ‹¡Mal rayo te parta!›.

Auch Religiöses wird so verwendet: ‹Herrgott noch mal!›, ‹Jesses› (‹Jesus›), süddeutsch-katholisch: ‹Jessas, Maria ond Joseph›, und natürlich ‹Sakrament›, das auch in den wiederum eher süddeutschen Ausdrücken *Sakra, Herrgottsack* und *Heilandsack* enthalten ist. Dann natürlich: ‹Himmel, Herrgott, Sakrament!› Undsoweiter (das ist ja hier nicht unser Thema). Und ‹gottverdammt› gibt es auch.

Ich selbst bin, als ich zuerst (es ist schon lange her) auf dieses Thema kam und darüber nachdachte, von dem lebhaften, auch, zugegeben, leicht entsetzten Erstaunen darüber ausgegangen, dass ausgerechnet Ausdrücke für Sexuelles zur Bezeichnung von negativ Erlebtem verwendet werden. Übrigens von in sehr vielfältiger, in sehr *verschiedener* Weise *negativ* Erlebtem. Mein Erstaunen, das sicher auch dadurch bedingt war, dass ich deutschsprachig bin, ging aus *von* oder, genauer, es stieß sich *an* der seltsamen Mehrdeutigkeit, der Polysemie des französischen Zeitworts *baiser* – *baiser* als vulgäres Synonym für *faire l'amour* und (darüber staunte ich, und nur darüber gibt es auch zu staunen) als ebenfalls vulgäres Synonym für *tromper*, ‹betrügen›. Was hat das eine, fragte ich mich, zunächst durchaus naiv schockiert, mit dem anderen zu tun? Die Naivität habe ich zusehends, wie mein Material sich häufte, verloren, aber das Erstaunen blieb. Von dem Fall *baiser* ausgehend fand ich dann rasch auch in anderen Sprachen vieles andere in diese Richtung Gehende, was mein Erstaunen nicht minderte. Als ich mich zum ersten Mal gedruckt darüber äußerte, überschrieb ich meinen Text mit «Negative Sexualität in der Sprache», ein Titel, der mein Erstaunen zu objektivieren suchte.[68]

35. Die *räumliche* Ausnahme im Deutschen

In allen Sprachen gibt es regionale Unterschiede. Und natürlich unterscheiden sich Sprachen auch darin, ob diese Unterschiede eher stärker oder schwächer sind. Sicher sind sie im Raum der französischen Sprache schwächer als in dem der deutschen. Im Vergleich mit dem

Deutschen sind sie sogar in dem sehr viel größeren Raum des Spanischen schwächer. Ganz sicher gilt es jedenfalls für das Spanische in Spanien selbst, denn da sind die regionalen Unterschiede gering. Sehr groß sind sie dagegen im Raum des Italienischen. Aber jede Sprache ist eine heterogene, eine uneinheitliche Einheit von verschiedenen Ausprägungen von ihr. Mein Lehrer Mario Wandruszka schrieb einmal drastisch: «Eine Sprache ist viele Sprachen».[69]

Die Sprachwissenschaft redet von Varietäten (es gibt seit einigen Jahrzehnten eine regelrechte «Varitätenlinguistik»). Und unter diesen Varietäten unterscheidet sie erstens räumliche, um die es hier gehen soll. Zweitens unterscheidet sie Varietäten nach den sozialen Schichten. «Schichten», also, nicht «Klassen» (doch will ich mich auf diesen Unterschied jetzt nicht einlassen). Drittens trennt sie Varietäten nach den verschieden geprägten Situationen, in denen jeweils geredet und geschrieben wird. In der Tat redet und schreibt man nie in leerem Raum, und je nach dem ist der ‹Stil›, in dem man redet oder schreibt, verschieden. Man spricht im Blick darauf auch von der «Verschiedenheit der Sprechanlässe». Gerade bei den Ausdrücken, um die es uns hier geht, ist dies ganz besonders wichtig. Man kann im Deutschen nicht überall ‹Scheiße› sagen, im Französischen nicht überall ‹con›, und ‹fuck› geht englisch auch nicht immer.

Die Sprachwissenschaft hat da eigene Fachausdrücke eingeführt: «diatopisch» für die räumlichen Varietäten (griechisch *tópos* ‹Raum›), «diastratisch» (lateinisch *strātum*, ‹Schicht›) und «diaphasisch» (griechisch *phemí*, ‹sprechen› oder *phásis*, ‹Anzeige›, auch ‹Gerücht›, also eben ‹was gesagt wird›). Das «Diatopische» entspricht natürlich auf einer abstrakteren Ebene dem, was man sonst ‹dialektal› nennt. Das «Diastratische» hat man nicht immer so deutlich gesehen und in der Kategorie des «Diaphasischen» kann man viel unterbringen, was man vielleicht doch auch genauer unterscheiden sollte. Für meinen Teil meine ich, man sollte auch das «Diachronische» als zusätzliche Unterscheidung ansetzen: das «Diachronische» in dem besonderen zuvor genannten Sinn: das von jedermann gefühlte, erlebte *Geschichtliche* in der Sprache: ‹Ja, so sagen die alten Leute noch, ich sage nicht mehr so›. Das ist Geschichte innerhalb des Gegenwärtigen, wie sie sich in einer Sprache, einer Sprachgemeinschaft allein deshalb ergibt, weil Zehnjährige und Achtzigjährige gleichzeitig leben und doch auch miteinander reden. Und dann müsste zusätzlich wohl unterschieden werden zwischen den Varietäten, die sich speziell und spezifisch aus dem großen Unterschied zwischen Sprechen und Schreiben ergeben. Also aus dem Medium – akustisch oder optisch. Außerdem ist das Sprechen selten nur im akustischen Medium – es ist zuallermeist gleichzeitig auch im optischen. Man sieht sich ja zumeist auch, wenn man miteinander redet und achtet auf die Gesten und die Mimik des anderen. Somit der Gesichtspunkt des «Diamedialen». Doch, wie gesagt, sowohl das «Diachronische» in diesem Sinn wie auch das «Diamediale» lassen sich dem Begriff des «Diaphasischen» ein- oder unterordnen.

Nun also: im Süden des deutschen Sprachraums gibt es durchaus und nicht selten sexuelle Referenzen bei der Bezeichnung von Negativem. Da ist der Süden aktiver als der Norden (womit ich nicht sagen will, dass der Norden da ganz inaktiv wäre). Denken wir zunächst an das bayrisch-schwäbisch-badische *hinterfotzig*, das über diesen Raum auch nach Norden vorgedrungen ist. Der «Große Duden» erläutert: «Herkunft ungeklärt, mundartlich besonders bayrisch; sonst derb: *hinterhältig, hinterlistig, unaufrichtig*: ‹die ihm eigene hinterfotzige Art›, Spiegel, 21, 1985, S.29». Das Spiegel-Zitat belegt, dass das Wort doch wohl überall verstanden wird. Es wurde auch schon im Bundestag gebraucht und nicht als unparlamentarisch gerügt. Was die Herkunft angeht, liest man im «Kluge-Seebold»: «Adjektiv. ‹hinterhältig›, bairische Herkunft nicht ausreichend klar; wohl zu fotzeln = frotzeln ‹zum besten haben› (‹hinter dem Rücken zum besten haben›)». Was das vulgäre *Fotze* angeht, so ist die Etymologie, wie der Artikel im «Kluge Seebold» zeigt, kompliziert. Doch wie immer (aber dergleichen interessiert die Etymologen nicht so): sicher verbinden wir *jetzt* im Sprachbewusstsein *hinterfotzig* mit diesem Wort. Nur deshalb ist es ja vulgär. Dass bayrisch *Fotze* auch ‹Mund›, ‹Maul› bedeutet, ist außerhalb dieses gesegneten Landes ohnehin nicht bekannt, trotz der (ja auch nicht überall bekannten) Bezeichnung *Fotzenhobel* für die Mundharmonika. *Fotze* bezeichnet neben *Fud* seit dem 15. Jahrhundert die Scheide und «regional auch Hintern», und diese Bedeutung sei «in der Regel die ursprünglichere, weil die Wörter für ‹Scheide› stärker tabuisiert sind» (so der «Kluge-Seebold»). Also diese Tabuisierung gälte nur für den deutschen Sprachraum und sicher nicht für die Sprachen, die ich hier vergleichend herangezogen habe. Für unseren Zusammenhang ist natürlich interessant, dass *Fotze* diese *beiden* Bedeutungen hat und dass die Bedeutung ‹Hintern› gar die «ursprünglichere» sein soll und dementsprechend für ‹Scheide› «verhüllend», also euphemistisch, das Wort für ‹Hintern› eingetreten sei. Sprachliche Nähe also des Sexuellen und des Exkrementellen und dann jedenfalls die Verbindung – im Sprachbewusstsein heute – von *hinterfotzig* mit *Fotze*.

Dann aber gibt es auf dieser Linie – negative Sexualität – vor allem den wichtigen südwestlichen *Seckel*, um den es im folgenden Abschnitt geht. Aber auch sonst fehlt Sexuelles im deutschen Sprachraum, wenn es um Negatives im Spiel ist, keineswegs ganz: *Schlappschwanz* ist alt, und das berühmte und wohl ziemlich neue *Weichei* mit seinen vielen Synonymen (*Warmduscher*, *Frauenversteher*, *E-Mail-Ausdrucker*, *Brötchen-über-der-Spüle-Aufschneider*) darf hier auch einbezogen werden. Dann etwa auch ein offenbar neuer plastisch drastischer Ausdruck wie *auf dicke Hose machen*. Christian Wulff hat die Wendung (noch bevor er Bundespräsident wurde) ohne zu zögern im Fernsehen gebraucht: «Herr Westerwelle macht jetzt auf dicke Hose...». Im «Großen Duden» von 1999 stehen sehr viele Wendungen mit *Hose*, auch natürlich die tote Hose («besonders Jugendsprache: «Ereignislosigkeit, Schwunglosigkeit»), die dicke aber noch nicht.

Und nochmals – ich meine mit sexueller Referenz nur die übertragene Verwendung in negativem Sinne, nicht unmittelbar sexuell gemeinte Ausdrücke für Sexuelles. Davon gibt es natürlich auch im Deutschen genug.

Dann ist auch die exkrementelle Referenz im Süden häufiger als im Norden, wo sie wirklich auch nicht selten ist. Aber der Süden geht hier weiter, vor allem, denke ich, das Schwäbische, das in diesem Punkt gar das Bayrische wohl noch übertrifft. Einen Höhepunkt erreicht das Exkrementelle in den (im Schwäbischen überall noch immer ziemlich bekannten) Tübinger Lokalwitzen, den sogenannten «Gogenwitzen», in denen es praktisch nie um etwas anderes geht und in denen das Sexuelle vollkommen abwesend ist. Da ist äußerste Konzentration aufs Exkrementelle. Beispiele will ich hier nicht nennen. Die «Gogen», das Wort mit sehr offenem o zu sprechen, waren die früheren Tübinger Weinbauern, die in einer gewissen gedanklich und emotional fruchtbaren Opposition zur Universitätswelt, insbesondere zu den Studenten standen. Es gibt die «Gogen» längst nicht mehr, weil rund um Tübingen so gut wie kein Wein mehr angebaut wird. Aber die «Gogenwitze» blühen weiter und werden, denke ich, noch immer gesammelt. Dort gelten sie auch als ausgemacht lustig. Ich habe aber erlebt, dass sie auch anderswo ‹ankommen›. Die Sache ist in der Tat über die alte Universitätsstadt hinaus interessant, weil die «Gogen» nur etwas extrem radikalisieren, was an sich zur deutschen Sprache gehört: sie sind in diesem Punkt (möglicherweise auch in anderen) etwas wie gesteigerte Deutsche.

36. Der südwestdeutsche *Seckel*

In der Schreibung ‹Seckel›, also mit e, nicht mit ä, findet sich das Wort kaum in einem Wörterbuch der deutschen Gemeinsprache. Zum Beispiel steht es nicht im «Großen Duden», in dem nun wirklich sehr viel steht. Da findet sich nur – natürlich mit ä – das *Staatssäckel*, was etwas anderes ist. Nun werden viele meinen (Norddeutsche *müssen* dies meinen), diese verschiedenen Schreibungen – e und ä – entsprächen lautlich keinem Unterschied. Tatsächlich aber unterscheiden sich im Schwäbischen und Badischen *Seckel* und *Säckel* deutlich: sehr geschlossenes kurzes e in *Seckel* und sehr offenes kurzes e, eben ein ä, in *Säckel*. Das ist natürlich für jemanden, der als kurzes e nur das sehr offene, mit dem ä identische e kennt, kein Unterschied: würde man *Bett* ‹Bätt› schreiben, würde es norddeutsch genauso gesprochen. Oder besser: für Norddeutsche könnte man *Bett* genausogut ‹Bätt› schreiben. Armut der Hochsprache, in diesem Fall im Lautlichen! [70]

Der Seckel ist im ganzen südwestdeutschen Sprachraum, im «Alemannischen» im weiteren Sinn, somit in Württemberg und in Baden, im Elsass und in der Schweiz, ungeheuer verbreitet (im Fränkischen ist das Wort auch nicht unbekannt, wohl aber offensichtlich im Bayrischen). Unter «Alemannisch» im engeren Sinn versteht man das südliche Baden (so versteht man es vor allem dort). [71] Die Sprachwissenschaft aber versteht unter ‹alemannisch› das ganze Gebiet vom Elsass im Westen bis ins politisch bayrische Schwaben im Osten und, in der anderen Richtung, vom württembergischen «Unterland» im Norden (etwa Heilbronn) bis ins östliche Wallis im Süden, also sagen wir bis Saas Fee (das ist dann das «Höchstalemannische»); und das österreichische Voralberg gehört dazu. In diesem ganzen Gebiet, das somit nicht nur einen Teil Deutschlands, sondern auch Frankreichs, der Schweiz und Österreich umfasst, ist also *Seckel* ein überaus gängiges Schimpfwort.

Zunächst: es wird ausschließlich für einen Mann gebraucht. Sodann ist es ein hartes und vom Beiklang, der ‹Konnotation›, her ein derb volkstümliches Schimpfwort: für einen alten oder auch einen jungen Mann. Zum ‹Seckel› kann man früh werden. Im Einzelfall, bei positiver emotionaler Zuwendung, kann aber auch *Seckel* einmal nett gemeint sein.

Die Schimpfwortbedeutung des Worts ist aber nur die *übertragene* Bedeutung, denn ‹eigentlich› bezeichnet das Wort – wieder derb und nun klar unterhalb des volkstümlich Familiären, nämlich reichlich vulgär – das männliche Glied. Dies wissen viele gar nicht, die das Wort gebrauchen. Namentlich wissen es natürlich Kinder nicht, die das Wort früh hören (und entsprechend als Schimpfwort verwenden). Man erfährt irgendwann später, manchmal gar überhaupt nie, was es *auch* noch und ‹eigentlich› meint. Aber dann versteht und wertet man es erst richtig. Die häufigste und die eigentliche Bedeutung fallen also bei diesem Wort weit auseinander: *Seckel* als Glied ist die *eigentliche*, aber weit seltenere, die von ihr abgeleitete Schimpfwortbedeutung aber ist die ungleich häufigere. Das Schimpfwort und speziell dessen Derbheit baut somit – im Bewusstsein der Sprechenden, die dies wissen – auf der Bedeutung ‹Glied› auf. Dieser Bezug ist sozusagen seine ‹Etymologie›. Aber die Bedeutung als Schimpfwort ‹funktioniert› auch ohne Kenntnis der eigentlichen – nur eben etwas anders. Auch Kinder, die das mit dem Glied nicht wissen, erfassen die abgeleitete negative Bedeutung und deren Schärfe ziemlich genau – einfach von den Verwendungen her, die sie mitbekommen. Dafür, dass *Seckel* tatsächlich das Glied immer noch meinen kann, ein hübscher Beleg. Er stammt von dem im badischen Schwarzwald in dem Städtchen Hausach aufgewachsenen Andalusier, dem Dichter in zwei oder drei Sprachen José F. A. Oliver. Er berichtet in einem Beitrag zu einem Sammelband von seiner badischen Heimat und schreibt: «So isch s halt gsi. Damals. In den Mitsiebzigern. Ich übertreibe nicht im Lautgeringsten. Noi, koi bitzele, nitemol e mug-geseggele meh wi wohr isch»[72] Also übersetzt: ‹So ist es halt gewesen› … ‹Nein, kein bisschen, nicht einmal ein Muckenseckele mehr als wahr ist›. Dies ist doch wohl deutlich. *Muckenseckel* entspricht also, dem Gemeinten nach, genau dem standarddeutschen *Muckenschiss* – nur ist im letzteren Fall das Bild wieder auf der üblichen deutschen Linie.

Was aber die Etymologie des Worts in der Bedeutung ‹Glied› angeht, ist die Sache seltsam, jedenfalls zunächst überraschend, denn offen-kundig verbirgt sich hinter dem Wort lautlich – und zwar nur schlecht – das Wort *Säckel*, also ‹Säcklein›. Dieses Wort, mittelhochdeutsch *seckel,* althochdeutsch *seckil,* kommt aus dem lateinischen *saccellus,* was nichts anderes ist als die Verkleinerungsform von *saccus,* das unübertragen ‹Sack› bedeutet. Unser Wort *Sack* geht also auf das Lateinische zurück. Das lateinische Wort wiederum (aber das braucht uns hier nicht zu interessieren) geht auf das griechische *sákkos* zurück, das seinerseits vom assyrischen *šakku* herkommt. Das Wort würde also eigentlich – als Bild – nur für die Hoden passen, und meinte diese früher ohne Zweifel auch. Jetzt aber und seit langem schon meint es – für diejenigen, die es wissen – das Glied.

Da war also eine Verschiebung der Bedeutung, die für die Sprach-wissenschaft kein Rätsel ist, einfach weil sie viele Fälle dieser Art kennt. Es ist wieder einmal die Verschiebung nach dem Kriterium der ‹Nachbarschaft›, der ‹Kontiguität›. Dieses in der Semantik, der Be-deutungslehre, wichtige Fachwort ist, wie erwähnt, nach dem latei-nischen *contíguus* gebildet, das ‹benachbart, ‹sich berührend›, ‹an-grenzend› meint. Der Begriff ‹Kontiguität› bezeichnet ein wichtiges Verfahren der Assoziation, das auf räumlicher und dann auch zeitlicher Nähe beruht und auch andere Arten von Nähe, etwa Ursache und Wirkung, einbezieht. So funktioniert eben unser Kopf, unsere Psyche.

Für unseren Zusammenhang ist dies entscheidend: *Seckel* ‹Glied› dient als Schimpfwort, als heftiges Schimpfwort. Aber dass es ein *hef-tiges* Schimpfwort ist, ist hier nicht wichtig. Wichtig ist allein, dass es tatsächlich (im alemannischen Raum) und – für das Deutsche insgesamt sehr untypisch – als Schimpfwort dient. Es wird also *negativ* verwen-det, was auch hier heißt, dass Sexuelles, die sexuelle Assoziation, *nega-tiv* verwendet wird. Darum geht es oder nur dies interessiert uns hier.

Dann gibt es das von *Seckel* abgeleitete Zeitwort *verseckeln.* Auch diese Ableitung ist negativ, denn sie meint ‹ausschimpfen›, ‹fertig-machen› und zwar das hierarchische Fertigmachen von oben nach unten. Den Chef kann man nicht verseckeln. Den kann man nur be-schimpfen oder beleidigen. *Verseckeln* entspricht etwa dem allgemein umgangssprachlich-vulgär üblichen *zusammenscheißen,* womit wir wieder bei deutscher Normalität wären. Schwäbisch sagt man etwa: ‹Der hot mi jesesmässig verseckelt!› Also ‹jesusmäßig› – wieder ‹Jesus› als Steigerung! – ‹der hat mich furchtbar zusammengestaucht›. Zumin-dest schwäbisch gibt es auch *romseckle (herumseckeln),* was ein ziel-loses Hin- und Hergehen meint. *Seckeln* ist hier eine Art Synonym für ‹gehen› – auch etwa *nomseckla* oder *nieberseckla:* ‹No, semmer halt do nomgseckelt› oder ‹niebergseckelt›, ‹Dann sind wir halt da hinüber-gegangen›. Das ist nun wieder, für keinen Sprachwissenschaftler über-raschend, etwas wie eine Teil-Ganzes-Beziehung. Und diese Verwen-dungen sind nun interessanterweise überhaupt nicht negativ, auch nicht positiv, sie sind *neutral.* Und sie gehen auch bei Frauen, was ja ein Beweis für die Lösung von der Erstbedeutung des Worts *Seckel* ist.

Eine hübsche Verwendung von *seckeln* entnehme ich dem schon genannten (leider sehr kleinen) «Wörterbuch Schweizerdeutsch-Deutsch» (1998). Hier wird die Grundform *seckle* mit ‹rennen› wieder-gegeben. Diese Grundform *seckle,* die auch schwäbisch so lautet, wäre hochdeutsch mit ‹seckeln› wiederzugeben. Und dann wird ein Aus-spruch der Schweizer Sprinterin Anita Weyermann («war mal dritte der EM über 1500 m») zitiert, mit dem sie ihr Erfolgsrezept zu-sammenfasste: «Gring abe und seckle, seckle, seckle » Die ebenfalls schweizerische Form *Gring* entspricht dem deutschen *Grind,* ‹Kopf›. Somit: «Kopf nach unten und rennen, rennen, rennen!» Seltsam, wie so ein Ausspruch durch seine ‹Übersetzung› ins Allgemeindeutsche von seinem in diesem Fall bescheidenen, aber doch unleugbarem Witz viel oder alles verliert. Der Ausspruch zeigt natürlich auch wieder, dass sich erstens das Zeitwort vom Männlichen gelöst hat (sonst könnten Frauen ja nicht ‹seckeln› – wieder die Elastizität der Sprache) und dass zweitens auch sie in gegebener Situation solch ein Wort gebrauchen können. Und da wir gerade in der Schweiz sind: eine Minger-Ge-schichte, die ich von meinen Schweizer Freunden hörte. Rudolf Minger war 1935, also während der Zeit Hitlers, Bundespräsident. Ihm wurden, nachdem ihm offenbar tatsächlich nicht wenige «faux pas» geschehen waren, viele Geschichten zusätzlich angehängt. Minger-Witze werden noch immer erzählt, und jeder Schweizer kennt eine Reihe von ihnen. Der Mann war übrigens gar nicht dumm, vielmehr bauernschlau, nur halt ungebildet. Eines Tages schrieb er Hitler einen Brief. Er zeigte ihn einem Freund und fragte, was er von dem Brief halte. Der Freund sagte nach der Lektüre: «Also, hör mal, Minger, der Brief ist wirklich gut, da kann man gar nichts sagen. Bloß also ‹Schoofseckel› schreibt man mit ‹ck› und nicht mit zwei ‹g›!» Wirklich ist der Zusatz *Schaf-* zu *Seckel* überall in dem genannten Raum sehr häufig, und er verstärkt natürlich, indem er ihn ins Tierische zieht, den unbedingten Ernst der Beschimpfung. Und er beweist erneut, dass die Bedeutung ‹Glied› in der Bedeutung des Worts noch anwesend ist.

Zur Verstärkung von *Seckel* wird gelegentlich (ein bescheidener Sprachwitz) auch auf das Latein der Messe rekurriert, wenn gesagt wird, dieser oder jener sei nicht nur ‹ein Seckel›, sondern ‹ein seculus seculorum›, was eine – auch vom Latein her problematische – Analogie zu «in omnia saecula saeculorum» ist, «in allen Jahrhunderten der Jahrhunderte» (diese Redefigur, ‹König der Könige›, ‹Blume der Blumen›, ‹Stern der Sterne› usw., wird «hebräische Steigerung» genannt, weil sie aus dem Hebräischen kommt und sich von dort, vom «Alten Testament» her, über das Griechische und Lateinische verbreitet hat).

Es gibt im deutschen Südwesten eine Stadt, die zum *Seckel* eine besondere Beziehung hat – Pforzheim: da sind die «Pforzemer Seckel». Die Pforzheimer selbst nehmen dies ganz neutral oder gar positiv. Sie haben sogar, 1985, sich selbst ein entsprechendes und durchaus dezentes Denkmal errichtet. Es zeigt einen (bekleideten) jungen Burschen, der etwas offensiv, aber in netter Form sein Becken nach vorne wölbt. Dagegen wird in Pforzheim, sagt man mir, *Halbseckel* konsequent als beleidigend empfunden. So wie die Schwaben versichern, die Beschimpfung *Halbdackel* sei schlimmer als *Dackel*. Aber hier ist ja schon (das wäre der Unterschied zum «Pforzemer Seckel») die Bezeichnung eines Mannes als *Dackel* beschimpfend. Ein berühmter Psychiater in Tübingen, Ernst Kretschmer, Autor des vormals sehr bekannten Buchs mit dem schönen Titel «Körperbau und Charakter», hieß dort schlicht «dr Dackldoktr».

Für unseren Zusammenhang sind beim Wort *Seckel* zwei Dinge bemerkenswert: erstens die übertragene negative Verwendung eines Ausdrucks, der unübertragen *Sexuelles* bezeichnet – *Seckel* als echte Alternative zu *Arschloch* (in diesem deutschsprachigen Ausnahme-Gebiet sind exkrementelle Ausdrücke also nicht alternativlos), zweitens, dass es sich hier um das *männliche* Organ handelt, denn meistens ist, was zur Bezeichnung von Blödheit oder von Negativem allgemein herangezogen wird, *weiblich* – meistens: im Italienischen zum Beispiel ist es, wie gezeigt, anders. Man könnte auch sagen: der deutschsprachige Südwesten ist in diesem Punkt bereits italienisch.

37. Die *zeitliche* Ausnahme im Deutschen: Einbrüche (oder Normalisierung) bei der Jugend

Auch bei der Jugend gibt es gewisse Einbrüche: Einbrüche von klar sexuellen Bezugnahmen – in Ausdrücken also, die *nicht* auf Sexuelles gehen, sondern etwas anderes meinen. Das Sexuelle wird da also metaphorisch herangezogen zur Bezeichnung von anderem, in der Regel von Negativem. Es gibt aber bei diesen Übertragungen, wie wir sie in den betrachteten Sprachen fanden, durchaus auch *positive*. Nur diese – negativen oder positiven – Übertragungen interessieren uns hier. Nicht der Wortschatz für Sexuelles an sich.

Zur Jugendsprache im Deutschen (wie in anderen Sprachen) gibt es viele Aufsätze und Bücher, auch Wörterbücher, etwa, um wenigstens eines zu nennen, Hermann Ehmann, «Endgeil. Das voll korrekte Lexikon der Jugendsprache».[73] Es gibt oder gab auch ein großes Projekt der «Deutschen Forschungsgemeinschaft» unter Leitung von Norbert Dittmar, das 2011 auslaufen sollte. Und dann findet man auch im Netz viele Zugänge, darunter den zu jenem Projekt. ‹Jugendsprache› ist, nicht nur im Deutschen, für die Sprachwissenschaft ein weites und beliebtes Feld geworden.

Diese besondere «*Varietät*» einer Sprache tritt zunächst einmal nur *gesprochen* auf. *Fast* nur, denn sie kann in Geschriebenes, in eine Mail unter Freunden oder Kumpeln ganz besonders, mehr oder weniger stark einfließen, oder ein Schriftsteller kann sie literarisch vorführen. Junge Menschen reden nicht nur anders, sie schreiben auch anders, besonders untereinander. Daher ist es auch richtiger, statt einfach von ‹gesprochener Sprache› zu reden, den genaueren Ausdruck zu gebrauchen, der sich in der Sprachwissenschaft nun einigermaßen durchgesetzt hat: «Nähesprache» im Unterschied zu dem, was als Gegenbegriff «Distanzsprache» genannt wird. Und «Nähesprache» kann auch geschrieben werden, so wie «Distanzsprache» gesprochen werden kann.[74] Jugendsprache wäre dann ein Sonderfall von «Nähesprache». Sodann wird diese «Varietät» nur unter Gleichaltrigen verwendet, obwohl da unwillkürlich auch manches nach außen dringt. Sie ist ja ausgesprochen gruppenorientiert: sie dient der Schaffung von Zusammengehörigkeit, von «Wir-Gefühl», und dazu gehört ja auch die Absetzung, auch gerade sprachlich, von den Erwachsenen. Gemeinsame Absetzung stärkt den inneren Zusammenhalt oder eigentlich: man braucht diese Absetzung nach außen für diesen Zusammenhalt nach innen. Und dann ist der spezische Wortschatz der Jugendsprache, eben wegen seiner Gruppenorientierheit, rasch veränderlich. Da hinkt jede Bestandsaufnahme unvermeidlich hinterher. Dies alles ist nicht originell und wird normalerweise gesagt, und es ist auch richtig, obwohl es zu differenzieren wäre. Und da wird dann auch oft festgehalten (und darauf will ich hinaus), dass diese «Varietät» «Tabu-Themen wie Fäkalismen, Begriffe aus der Wortwelt des Sex» enthalte.[75]

Nun aber finden sich im Deutschen «Fäkalismen» wahrlich nicht nur in der Jugendsprache. Was hier tatsächlich vorliegt, ist, dass in dieser die Grenze zum Vulgären stark gelockert ist. Ganz aufgehoben ist sie auch da nicht. Und was die «Begriffe aus der Wortwelt des Sex» betrifft, so kommt dabei, um es gleich zu sagen, nicht allzuviel zusammen. Etwas aber schon, und es *ist* ein Einbruch. Er ist es, der uns interessiert. Und vielleicht hat hier etwas begonnen, das zu beginnen noch nicht aufgehört hat.

Hier ist vor allem das Zeitwort *ficken* zu nennen, das den Älteren und Alten, obwohl jeder, auch der Älteste, es kennt, noch immer schwer von den Lippen geht (*bumsen* und *vögeln* sind netter). Bei den Jungen oder Jüngeren ist *ficken* weniger anstößig – übertragen und durchaus auch in der *eigentlichen* Bedeutung. Und übertragen erscheint es gerade in dem – in anderen Sprachen immer wieder hervortretenden – *negativen* Sinn. ‹Die haben uns heute schwer gefickt›. In den früheren Ausgaben des «Duden» stand zur Kennzeichnung dieser Verwendung «Bundeswehr», jetzt heißt es, was ihre Ausdehnung belegt oder ihr Rechnung trägt, seit langem «Jugendsprache». Gemeint ist natürlich etwas wie ‹hart herangenommen› oder, wie man früher sagte, ‹gestriezt›.

Vielleicht ist in der Schweiz diese Verwendung älter – ein Freund (und Kollege) von mir kennt es bereits aus seiner Militärdienstzeit, die lange zurückliegt. Womöglich – warum nicht? – war die Schweiz hier schneller als Deutschland. Allerdings kann man wohl auch ohne Vorlage auf diese Verwendung kommen. Dann wäre es ein Fall von dem, was man «Polygenese» nennt, wenn also etwas unabhängig voneinander an mehreren oder vielen Stellen entsteht. Aber ein anderer Schweizer Kollege teilt mir mit: «*ficken* ist im Schweizer Dialekt sehr jung, aus Deutschland importiert. Das hiess traditionellerweise immer *vögle*, also *vögeln* (was es in Deutschland ja auch gibt). In diesem Sinn war es im Militärdienst immer sehr verbreitet: ‹er het üs e halb Stund lang gvöglet› (oder ‹gvoglet›). Ledergamaschen, die man um die Wade schnallte, hiessen *Geissevögler*, was mir immer ziemlich rätselhaft blieb».[76] *Geisse*, also, in ‹hochdeutscher› Form und Schreibung, *Geißen*, somit Ziegen.

Oder, weiteres Beispiel, das alles andere als seltene und reichlich surreale ‹Fick dich ins Knie!›, also im Sinne von ‹Hau ab!›, ‹Lass mich in Ruhe!› oder ‹Verpiss dich!› Obwohl *Fick dich ins Knie!*, wie ich hörte, vielleicht schon älter ist. Dann wäre die Wendung eben jugendsprachlich geblieben. Und man sagt auch schon: ‹Also, wenn du das machst, bist du gefickt› oder ‹echt gefickt›. Auch hörte ich in einer Bar (am Sonntagabend von einem jungen Mann plötzlich, aus längerem Schweigen heraus, an einen Gleichaltrigen gerichtet): «Mensch, morgen fickt mich wieder mein Chef». *Mir* hätte er es, denke ich, kaum so gesagt, und ich verstand, was er meinte, auch erst nach zwei Sekunden. Übrigens ist *Schädelficken* für ‹Kopfschmerzen› auch verzeichnet.

Der übliche Hinweis, was *ficken* angeht, ‹Das kommt aus dem Englischen›, liegt neben der Sache, denn erstens ist das trotz des Fast-Gleichklangs gar nicht sicher, und zweitens muss gesagt werden: selbst wenn es so ist, ist das Wort nun halt im Deutschen, und da ist es in dieser ungebremsten Häufigkeit *neu*. Und schwerlich wird diese Verwendung des Zeitworts wieder verschwinden. Übrigens ist *ficken* etymologisch von englisch *to fuck* unabhängig: beide Wörter hängen zwar zusammen, aber nicht so, dass das deutsche von dem englischen herkäme.[77] Trotzdem stützt natürlich die häufige Verwendung von *fuck* im Englischen, das ja ohnehin und mit englischer Aussprache, längst fest zur deutschen Jugendsprache (und darüber hinaus) gehört, das deutsche *ficken*. Direkt an das Englische angelehnt und auch so ausgesprochen ist doch wohl auch *anfucken*: ‹Der hat mich angefuckt› – im Sinne von ‹beleidigt›. *Abgefuckt* ist ja allgemein bekannt, und es ist nicht rein negativ. Dann nimmt die Jugendsprache, neben *fuck*, auch einiges andere direkt aus dem Englischen auf: *bitch*, ‹Schlampe›, *sucker* und *cocksucker*, ‹Lutscher› und, expliziter, ‹Schwanzlutscher›, und zwar im Sinne von ‹Mistkerl›, auch *school sucks* ist offenbar geläufig als gleichbedeutend mit ‹Schule ist Mist›. Und bei *Mist* und *Mistkerl* sind wir ja wieder ganz im deutschsprachig Geläufigen. Auf dieser Linie ist auch *angepisst* im Sinne von ‹verärgert›: ‹Du, der ist ziemlich angepisst›. Vielleicht gehört auch *eiern* im Sinne von ‹lügen› hierher. Sicher jedenfalls *Kumpelbumser* als ‹Betrüger›, das ja direkt an französisch *baiser* ‹betrügen› erinnert, wobei da sicher kein Einfluss vorliegt – da ist wieder «Polygenese». Dann sind natürlich *wichsen* und *Wichser* sehr geläufig, und es ist ja auch nicht bloß Jugendsprache. Da wird es nur ungehemmter gebraucht. Und *Wichser* ist natürlich rein negativ, ein reines und kräftiges Schimpfwort. Von zwei (männlichen) Studenten, die sich am Kopierer des Instituts zu schaffen machten (und mich nicht kannten), hörte ich kürzlich über mein Fach: «Mensch, Linguistik, das ist doch die reine Hirnwichse!» Positiv war dies kaum gemeint. Und ging mir trotzdem nicht *auf den Sack*. Auch diese Wendung, die nicht rein jugendsprachlich ist, gehört in unser Dossier.

Bemerkenswert ist, dass *schwul* bei der Jugend und gerade bei *ihr*, die so viele Idole hat, die hier einzureihen sind, ein sehr negativer, sehr abwertender Ausdruck ist, weil mit ihm alles mögliche Negative, was mit Sexuellem gar nichts zu tun hat, bezeichnet werden kann: ‹Mensch, ist das heute wieder schwul hier› – wenn nur etwas wie ‹doof› oder ‹unangenehm› gemeint ist.

An positiven Verwendungen von Ausdrücken für Sexuelles fand ich *Porno!* im Sinne von ‹Super!› und *orgasmisch* als ‹fantastisch› angegeben, wobei ich nicht weiß, wie verbreitet diese Wörter in dieser Verwendung sind. *Orgasmisch* entspricht übrigens genau, wieder ohne dass da ein Einfluss zu vermuten wäre, dem französischen *foutral*.

Natürlich sind in der Jugendsprache auch zahlreiche «Wörter aus der Begriffswelt des Sex», wie sich der zitierte Beobachter schön ausdrückte, auch *ohne* solche Übertragung, also direkt – eben wegen der Lockerung der Grenze zum Vulgären. Da sind sie gar viel häufiger als übertragen verwendet: *knattern* und *ablaichen* für ‹Sex haben›, *juckig* für ‹Verlangen nach Sex›, *Reiterhof* für ‹Puff›, *Hupen* für ‹Brüste›, dann wieder direkt Englisches, etwa *horny* für ‹geil› oder neuerdings, weil *geil* nicht mehr ‹geil› ist, ‹spitz› oder ‹heiß› oder ‹scharf› oder ‹fett›. Alle diese Ausdrücke sind nun, wie es zur Zeit jugendsprachlich heißt, *voll krass*. Doch sind es nicht solche zum Teil lustigen, zum Teil weniger lustigen Bezeichnungen, die uns hier interessieren. Und dann käme es auch hier darauf an, das bloß Gelegentliche, Sporadische von dem zu trennen, was in der Jugend *jedermann* kennt, was also jugendsprachlich ‹stinknormal› ist (das Wort *stinknormal* ist natürlich wieder deutschsprachige Normalität). Ein Mädchen äußert sich lustig (und man möchte sagen mädchenhaft) im Internet am 2. 4. 07 zu jenen Listen: «ja. schon lustig, was sich manche Leute so zusammenreimen, also ich zumindest gebrauche solche Redewendungen nicht *kopfkratz... vielleicht bin ich auch nur einfach nicht normal...das wirds wohl sein *lach.»

Wir haben in der Tat auch in der Jugendsprache einen starken Einschlag von Unterschied zwischen weiblich und männlich, Mädchen und Jungen, einen Einschlag also von dem, was nun schon seit längerem ‹Gender› heißt, somit einen ‹Gender›-Unterschied. Da ist nun zu sagen, dass auch die Jugendsprache sehr weithin, insbesondere, was das Sexuelle betrifft, eine *Jungensprache* ist. Die Mädchen gehen da ein Stück mit, gerade auch im Sinne einer Emanzipation aus ihrer Rolle. Aber sie sprechen insgesamt doch anders. Und eigentlich wollen, dass sie anders sprechen, auch wieder gerade die Jungen. Immer wenn ich solche frage, wie sie es finden, wenn Mädchen derlei Dinge sagen, auch wenn es etwas Exkrementelles wie *Arschloch* ist, bekomme ich Antworten wie: ‹Nein, find’ ich nicht gut› oder, direkt jugendsprachlich, und dieser Ausdruck hat ja etwas Sexuelles, ‹Das turnt ab›. Die Jungen finden es unanstößig, wenn Jungen es sagen, anstößig aber bei Mädchen. In dieser Hinsicht ist die Jugendsprache schon die Normalsprache: die der Erwachsenen.

Zusammenfassend: da ist schon etwas Neues im Deutschen: neben den Fäkalismen immer mehr Sexualismen, und, damit zusammenhängend, auch wenn es direkt um Sexuelles geht, ein direkterer, das Vulgäre nicht scheuender, ja es gerade wollender Zugriff; verglichen aber mit den anderen betrachteten Sprachen bleibt es doch wenig. Es bleibt bei einem Ansatz. Und natürlich: man könnte diesen deuten als ein (noch zaghaftes) Einschwenken des Deutschen oder genauer der Deutschsprachigen in die Normalität.

Als ich vor zwei Jahren in einem Berliner Sender mit zwei Journalisten, die sich dafür interessierten, über das in anderen Sprachen Übliche redete, also über das Einbeziehen in Beschimpfungen der Mutter usw., wurde mir entgegengehalten, dies gebe es nun auch bereits im Deutschen. So seien in Berlin Sätze wie ‹Ich fick deine Schwiegermutter!› recht gewöhnlich. Dies ist aber, wenn es wirklich so ist, doch wohl sehr auf bestimmte Kreise beschränkt. Und es wäre dann das, was die Sprachwissenschaft einen «Adstrateinfluss» nennt: ‹Adstrat›, ganz wörtlich eine ‹Schicht daneben›, hier also der Einfluss von etwas, das sich sprachlich daneben befindet, also die Übernahme von Elementen aus einer unmittelbar benachbarten Sprache, wenn also die Sprecher beider Sprachen gewisse Kontakte haben und vor allem, wenn die Sprecher der hinzugekommenen Sprache auch die der anderen, der schon anwesenden Mehrheit, mehr oder weniger beherrschen. Was ja in Berlin oder etwa auch im Ruhrgebiet auf die Türken zutrifft, so dass diese dort für das Deutsche ein sprachliches Adstrat sind. Aber zur Jugendsprache oder überhaupt zum Deutschen gehört das, meine ich, noch nicht.

38. Hierzu einiges Literarische

Der feine Herr und – «Affenschwanz!!»

Für die Ausnahmen, die es im Deutschen gibt, ein Beispiel aus realistischer Literatur. Da geht es um eine *aristokratische* Ausnahme. Sie findet sich in der frühen Erzählung Thomas Manns «Das Eisenbahnunglück». Da schildert er – es ist eine der ganz wenigen direkten Ich-Erzählungen dieses Autors – ein Unglück, das er selbst auf einer Nachtreise von München nach Dresden erlebte. Es war, wie die Forschung unschwer herausgebracht hat, am 1. Mai 1906 gegen 21.30 gleich hinter Regensburg, in dem Ort Regenstauf.

Vor der Abfahrt in München, die war um sieben Uhr abends, sieht der Erzähler auf dem Bahnsteig, bereits vom Zugfenster aus, einen feinen Herrn «in Gamaschen und gelbem Herbstpaletot», der ein Hündchen an der Leine führt und auf dem «Perron lustwandelt» (damals sagte man noch nicht ‹Bahnsteig›, sondern, ich habe es selbst von meinem Großvater noch so gehört, französisch ‹Perron›).[78] Übrigens ist in dem «gelben Herbstpaletot des feinen Herrn schon eine Abweichung von der erlebten Wirklichkeit, denn das Unglück geschah ja im Mai und ein «Herbstpaletot» wäre da unangebracht gewesen... Was das Hündchen angeht, stellt der Autor fest: «Nie sah ich ein hübscheres Hündchen». Und dessen Herr, gewiss «von edelster Abkunft», wird nun so gezeichnet: «Er wandelt sicher in seinen Gamaschen, sein Antlitz ist kalt, scharf fasst er Menschen und Dinge ins Auge... Er ist zu Hause im Leben und ohne Scheu vor seinen Einrichtungen und Gewalten, er selbst gehört zu diesen Gewalten, mit einem Worte: ein Herr». Und dann noch: «Ich kann mich nicht satt an ihm sehen». Was hier gewiss sozusagen soziologisch gemeint ist.

Und nun, kurz nachdem sich der Zug in Bewegung gesetzt hatte, erlebt der Erzähler eine Szene zwischen dem Herrn und dem «Schlafwagenkondukteur». Dieser hatte eben den Erzähler kontrolliert und wendet sich nun leise klopfend an das benachbarte «Kabinett», in welches jener Herr mit seinem Hündchen eingezogen war. «Aber das hätte er», so der Erzähler, «lassen sollen», denn der Herr wird nun «furchtbar zornig, weil man es unternahm, ihn zu stören».

Und nun die Stelle, die mich interessiert. Es geht da um die Reaktion des Gestörten, die *laut* war. Der Erzähler erlebt «trotz dem Rollen des Zuges»[79] durch die dünne Wand den unmittelbaren und elementaren Ausbruch seines Grimmes. ‹Was ist denn?!› schrie er. ‹Lassen Sie mich in Ruhe – Affenschwanz!!› Und der Autor setzt hier, was er selten tut, gleich zwei Ausrufungszeichen!

Dies also der Ausdruck, der mich fesselt. Der Erzähler ist aber wenig überrascht von ihm und erläutert ihn offen sympathisierend. Doch ist da natürlich, wie immer, die schwebende Ironie. Er kommentiert: «ein Herrenausdruck, ein Reiter- und Kavaliersausdruck, herzstärkend anzuhören». Schließlich erhält der «Kondukteur», der, nach dieser Weigerung, «sich aufs Unterhandeln legte, denn er musste den Fahrschein des Herrn wohl wirklich haben», doch das Erwünschte, also das «Fahrscheinheft»: «hart und heftig flog es ihm ins Gesicht». Trotzdem dankt er, obwohl ihm von dem Wurf ein Auge tränte, «die Hand an der Mütze».

Der Erzähler, der neugierig auf den Gang hinausgetreten war, «um alles genau zu verfolgen», kehrt «erschüttert» in sein Abteil zurück. Hermann Kurzke meint in seinem originellen und schönen Thomas-Mann-Buch, diese Erzählung trefflich analysierend, der Kavalier habe den Schaffner selbst «kraft seines Herrenrechts als ‹Affenschwanz› beschimpft». Aber hat er dies wirklich? Dieser «herzstärkende» Ausdruck bezog sich ja doch auf die Situation insgesamt, auf die Störung als solche, nicht persönlich auf den Mann.[80] Nein, rein sprachlich, sprachpragmatisch hat dieses Wort, nicht nur hier, sondern doch wohl überhaupt, die Funktion, dem Ausdruck starker Verärgerung oder Missvergnügens oder eben der Wut Nachdruck zu geben. Der Erzähler redet übrigens nicht von ‹Wut›, sondern von «Grimm», was eine edlere und gezügelte Wut meint.

Und nachher, als das Unglück geschehen war, kommt unser Herr noch einmal vor: da sitzt er ziemlich zusammengebrochen und ohne sein Hündchen unter anderen Fahrgästen (es gab bei dem Unglück keine Opfer, alle mussten nur eben auf einen Ersatz-Zug warten): «Jedoch… wen gewahre ich mir schräg gegenüber, in eine Ecke gedrängt? Den Herrn mit den Gamaschen und den Reiterausdrücken, meinen Helden». Von dem «Helden» ist aber da nicht mehr viel übrig. Und wie er zu klagen beginnt, erhält er von einem biederen Schicksalsgenossen die angemessene Antwort: «San's froh, dass Sie sitzen!»

Eigentlich hatte der Erzähler ja nur *einen* dieser Reiterausdrücke vernommen, aber der Erzähler gebraucht den Plural. Er schließt also, ein wirklicher Erzähler, und er tut dies realistischerweise, von einem auf weitere, die ihm zur Verfügung standen. Seine Erläuterung geht ja auf etwas Allgemeines, und er fühlt sich verpflichtet, den Mann zumindest ironisch in Schutz zu nehmen. Das emotional getönte, sympathisierende «herzstärkend» ist ja doch wirklich positiv! Das heißt: er setzt voraus und billigt es, dass gerade solche Herren gelegentlich so etwas sagen. Es gehört zu ihnen. Sie haben ein Recht dazu.

Zweifellos hat «Affenschwanz» eine sexuelle Referenz, wie sie in dem ja sehr geläufigen ‹Affentheater› nicht enthalten wäre. Durch das tierische Element wird die sexuelle Referenz eher stärker. Der Autor erläutert hier etwas Soziolinguistisches, was schon aus seiner Wendung «Reiter- und Kavaliersausdrücke» hervorgeht. Er bezieht sich auf ein sprachliches Phänomen, das heute der Vergangenheit angehört, ihm aber und den Lesern, an die er als guter Erzähler ebenfalls denkt, noch vertraut war. Als die Erzählung erschien, regierte Wilhelm II., auf den sie auch gleich zu Beginn eher respektlos Bezug nimmt.[81] Das sprachliche Phänomen besteht oder bestand darin, dass in bestimmten Situationen (was vor allem einschloss, dass keine Dame in Hörweite war), auch ein sehr ‹feiner Herr› sich solcher Ausdrücke bedienen konnte, ja, dass man es in *seinen* Kreisen dann von ihm *erwartete*.

Etwas davon lebt weiter, aber auch da fehlt ja die reale Basis, in dem, was man noch immer den ‹Casino-Ton› nennt, also den des Offizierscasinos. Wer kennt dergleichen noch? Gut, in Filmen ist er, wenn es um alte Militärs preußischen Typs geht, noch da. Im 18. Jahrhundert gab es in Frankreich unter den adligen Herren ein Sprach- oder Sprechphänomen, das damals als «encaillement du langage» bekannt war, wörtlich also «Verpöbelung der Sprechweise». Es war eine als schick empfundene Anpassung an das niedere Volk, an die «Canaille», wobei dies Wort etymologisch tatsächlich mit dem ‹Hund›, lateinisch *canis*, zu tun hat…

Als ich Sommer 1954 an der Universität Tübingen immatrikuliert wurde, hielt der damals hochberühmte Philosoph Eduard Spranger eine schöne Rede mit dem heute unwahrscheinlichen Titel «Studium und Lebensführung», die mir, bei allem Respekt, den ich vor dem edlen Greis und witzig eloquenten Kathederredner empfand, schon als altertümlich vorkam. Da sprach er tatsächlich noch mit hörbarem, weil klar artikuliertem, Kopfschütteln («der mehr klösterliche Geist früherer Zeiten» sei dem «wahren Studium zuträglicher» gewesen) von dem «Einzug des weiblichen Geschlechts» in die Universität und meinte, dass das Spiel der Liebe, das sich dadurch nun unvermeidlicherweise in den «ehrwürdigen Hallen der Universität» selbst ergebe, doch «wenigstens würdig gespielt werden sollte.» Und dann ein hübscher Zusatz, weshalb ich dies zitiere: mit «würdig» meine er nicht nur das «Ritterliche»; ohnehin sei dieses ja inzwischen «zur bloßen Kameradschaft abgeblasst», «weil», setzte er hinzu, «wir mehr Fußvolk haben als Ritter».[82]

Da ist also etwas geschwunden. Etwas Analoges, aber doch Verschiedenes ist übrigens in Spanien, wie zuvor erwähnt, aber ohne die Feinheitskomponente, noch immer in Resten da. Und was uns angeht, hat immerhin im Herbst 2010, also vor seinem überraschenden Fall, der Verteidigungsminister Karl-Theodor Freiherr von und zu Guttenberg zu den Berichten, er werde bald als Nachfolger von Angela Merkel Kanzlerkandidat seiner Partei, wörtlich erklärt, es werde über ihn zur Zeit «viel Scheiß geschrieben». Und jedenfalls: Guttenberg sagte nicht «Affenschwanz» oder dergleichen, sondern er war mit «viel Scheiß» auf der normalen deutschen und bürgerlichen Linie.

Postscriptum: Von einem von mir verehrten älteren, wissenschaftlich sehr verdienten, auch ästhetisch hochsensiblen Kollegen hörte ich einmal etwas mich unerwartet Schockierendes über eine Studentin, die ihn aufgesucht und gerade, als ich eintrat, verlassen hatte. Offensichtlich war er sehr verärgert über die junge Frau. Unvermittelt sagte er mir: «Also die hätte ihr Vater auch besser an die Wand gespritzt!» Vielleicht gehört dies auch zu dem, was Thomas Mann sympathisierend zu «Affenschwanz» notierte, vielleicht war auch dieser Satz einer jener «Herren- oder Reiter- oder Kavaliersausdrücke». Ich jedenfalls war schockiert und hätte dies dem verehrten Mann nicht zugetraut.

«Potz Fickerment!»

In Thomas Manns «Doktor Faustus» findet sich im 11. Kapitel das
Portrait des Theologieprofessors Ehrenfried Kumpf, bei dem der spä-
tere Komponist Adrian Leverkühn studiert. Dessen Leben ist ja Gegen-
stand dieses Romans, und es wird da nicht direkt, sondern von einem
Freund Leverkühns, Serenus Zeitblom, in der Ich-Form geschildert.
Serenus hat den Professor Kumpf mit seinem Freund in Halle an der
Saale, wo beide eine Zeit lang gemeinsam studierten, aus großer Nähe
erlebt. Er sei, berichtet Serenus, «der saftigste Sprecher an der ganzen
Hochschule» gewesen. «Schon seiner Physis nach» war er, «was die
Studenten eine ‹wuchtige Persönlichkeit› nannten». Und der spezielle
Ruhm seiner Vorlesungen seien «die sogenannten Ex-Pauken» gewesen,
mehr oder minder improvisierte Abweichungen also vom Stoff (und
nun zitiere ich einfach weiter) «die er, die Fäuste bei zurückgerafftem
Gehrock in seinen senkrechten Hosentaschen, auf dem breiten Katheder
hin und her stapfend, in die Lesung einschaltete, und die dank ihrer
Spontaneität, Derbheit, gesunden Aufgeräumtheit, auch wegen ihres
pittoresk-altertümlichen Sprachstiles den Studenten außerordentlich
gefielen. Seine Art war es, um ihn selbst zu zitieren, eine Sache ‹mit
deutschen Worten› oder auch ‹auf gut altdeutsch, ohn' einige Bemänte-
lung und Gleisnerei›, das heißt deutlich und geradeaus, zu sagen und
‹fein deutsch mit der Sprache herauszugehen›. Statt ‹allmählich› sagte er
‹weylinger Weise›, statt ‹hoffentlich› ‹verhoffentlich› und sprach von der
Bibel nicht anders als von der ‹Heiligen Geschrift›. Er sagte: ‹Es geht mit
Kräutern zu›, wenn er meinte ‹mit unrechten Dingen›. Von einem, der
seiner Meinung nach in wissenschaftlichen Irrtümern befangen war,
sagte er: ‹Er wohnt in der Fehlhalde›; von einem lasterhaften Menschen:
‹Er lebt auf den alten Kaiser hin wie eine Viehe› und liebte sehr Sprüche
wie ‹Wer kegeln will, muß aufsetzen› oder: ‹Was zu Nessel werden soll,
brennt beizeiten›. Ausrufe wie ‹Potz Blut!›, ‹Potz Strahl!›, ‹Potz hundert
Gift!› oder auch ‹Potz Fickerment!› waren keine Seltenheit in seinem
Munde, und dieses letzte rief regelmäßig Beifallsgetrampel hervor.»
Wenig später lesen wir, dass «er sich bei jeder Gelegenheit als massiver
Nationalist lutherischer Prägung entpuppte und einem Manne nichts

Grimmigeres nachsagen konnte, als dass er ‹wie ein windiger Wal›, das heißt wie ein Welscher denke und lehre. Im Zorn und mit rotem Kopf fügte er dann wohl hinzu: ‹Dass ihn der Teufel bescheiße, Amen!›, was wiederum mit großem Getrampel bedankt wurde.»

Hier haben wir nun mit «Fickerment» auch wieder das andere und im Deutschen Seltenere, also die negative sexuelle Referenz. Aber die exkrementelle kommt dann doch als eine Steigerung. Und da ist nun auch der Teufel dabei. Zu diesem hat Kumpf ein inniges Verhältnis: «Ungern nannte er den Schädling geradeaus beim Namen, sondern umschrieb und verdarb diesen auf volkstümliche Art mit ‹Teubel›, ‹Teixel› oder ‹Deixel›. Aber gerade dieses halb scheue, halb spaßhafte Vermeiden und Verändern hatte etwas von gehässiger Realitäts-Anerkennung». Und der Erzähler schildert dann auch, wie Kumpf bei sich zu Hause während eines fröhlichen Nachtmahls, den Schädling – Luthernachahmung natürlich – plötzlich in einer dunklen Ecke des Zimmers erblickt und eine Semmel nach ihm schleudert…

Jene leichte Veränderung der Namen, die uns hier schon beschäftigt hat, also etwa *Sack Zement!* statt *Sakrament!*, begegnet uns somit auch hier, und das mit der «gehässigen Realitätsanerkennung» ist sicher eine psychologisch gute Beobachtung. Und bemerkenswert ist auch das Element des Hervorkehrens der deutschen Sprache und ihrer Red-lichkeit (‹auf gut deutsch gesagt›) und die explizite Gegnerschaft des deutschen Mannes zu allem «Welschen», womit hier wohl nicht nur speziell das Italienische oder ‹Römische› gemeint ist (denn ‹Welschland› war bis weit ins 19. Jahrhundert hinein ein anderer Name für Italien), sondern *alles* Lateinische, alles Romanische.

Was übrigens *Potz* angeht, das Kumpf so liebte, so geht es auch auf eine Entstellung nach der Art von «Teubel» zurück: dieser Ausruf, diese Interjektion, weiß der «Kluge-Seebold», ist seit dem 15. Jahr-hundert in Flüchen belegt und geht, wie er angibt, auf *Gottes Marter* zurück, womit natürlich Leiden und Tod Christi gemeint sind – *Gottes, Gotts* also zu *Potz* entstellt. Dies ist nun eine Etymologie in dem rein gelehrten Sinn, weil sie überhaupt nicht mehr im Sprach-bewusstsein ist. Sonst hätte wohl auch der Theologe Kumpf gezögert, *Potz* mit *Fickerment* zusammenzubringen. Lautliche Entstellungen dieser Art finden wir in allen europäischen Sprachen und sicher auch darüber hinaus. Es zeigt, wie ja auch Thomas Manns Erzähler Serenus empfindet, ein beinahe dinghaftes Ernstnehmen des Sprachlichen, das bemerkenswert ist. Und bemerkenswert ist auch, dass solche Entstellungen nicht nur Gott, sondern auch – «gehässige Realitätsanerkennung» – fast in gleicher Weise auch seinen Gegenspieler betreffen.

Der Herr Seehahn und seine «innere Schärfe»

Nun ein wirklich sehr sprechendes Beispiel aus sehr andersartiger realistischer Literatur. In der als «Roman» gekennzeichneten Autobiographie von Martin Walser, die 1998 erschien und der er den Titel «Ein springender Brunnen» gegeben hat, findet sich ziemlich am Anfang eine Nebenfigur, die in unseren Zusammenhang gehört. Dieser Mann, Seehahn mit Namen, hatte ein festes Zimmer in dem Gasthaus in Wasserburg am östlichen Bodensee, in dem der Erzähler aufgewachsen ist. Herr Seehahn, der «dreimal pro Tag in der Wirtsstube verköstigt wurde», war ziemlich rätselhaft. Man sprach von ihm «in schaudernder Bewunderung», weil er einerseits offensichtlich und auf unheimliche Weise unsolide war, andererseits dann aber, wie der Erzähler versichert, «trotz seines Lebenswandels als Buchhalter des Obstbauvereins noch keine Minute Dienst versäumt und als Obstbauvereinsrechner noch nie einen Fehler gemacht hatte».

Und der Herr Seehahn faszinierte besonders den jungen Johann (so nennt sich hier der Autor selbst), weil dieser Mann, wenn er am Tisch saß, «ununterbrochen leise vor sich hin redete». Und dabei bewahrte er einen freundlichen Ausdruck. Der Erzähler erläutert: «Es klang, als sei Herr Seehahn ununterbrochen geladen und müsse, was in ihm tobe, ununterbrochen loswerden, sonst hätte es ihn wahrscheinlich zerrissen oder er wäre sonstwie an innerer Schärfe zergangen.» «Innere Schärfe» also. Johann fesselte dies, und so suchte er immer, so unauffällig wie möglich, denn die Mutter sollte es nicht merken, die Nähe dieses Mannes, um aufschnappen zu können, was er da sagte. Und der saß immer allein.

Das hörte sich dann so an: «Falsche Schlange, Stierbeutel damischer, Saubix nixige, Licht aus, Messer raus, drei Mann zum Blutrühren, Votzennagler elendiger, Eierschleifer, Saubazi, Hutsimpel, Hurenzwetschge, Schafseckel, poussieren, abkassieren, kastrieren basta, Arschgeige, Votzenheini, Pissgurke, Maulhure, falsche Schlange, da wackelt die Wand, da mus was los sein, Hose runter, Hände hoch, raus damit, rein damit, wer kann, der kann, Quadratseckel elendiger, wer hat noch nicht, wer will nochmal, es war einmal ein treuer Husar, der konnte nur zweimal im Jahr, Vogelscheuche, treuloses Weib, geselchte Braut, falsche Schlange, eingefrorenes Konto, Lug und Trug regiert die Welt, Hirnriss, Weltbeschiss, gestern noch auf stolzen Rossen, heute durch die Brust geschossen, morgen in das kühle Grab, wer hat, der hat, gib ihm Saures, haut se, haut se, haut se auf die Schnauze, die Welt, die beschissene, ritzratzzerrissene, Gott ist bankrott, Männchen ge-macht, das wäre gelacht, Sauzwetschge, falsche Schlange, da wackelt die Wand, da muss was los sein, bums vallera, bums vallera, tschin-derassa bums …»

Und Johann, lesen wir weiter, «sammelte Seehahn-Fetzen und sagte sie auf, tonlos, aber mit formulierenden Lippen. Natürlich nur, wenn niemand in der Nähe war. Am liebsten im Bett. Vor dem Einschlafen. Es war sein liebstes Nachtgebet. Falsche Schlange kam am häufigsten vor bei Herrn Seehahn, also bei Johann auch. Er wollte so lange üben, bis er das genau so rasend schnell und leise und freundlich aufsagen konnte wie Herr Seehahn.» Da also, in der Isolierung, ist der Unter-schied zu Herrn Seehahn, dem es egal, vielleicht sogar eher recht war, wenn jemand während seiner zwanghaften Litanei «in der Nähe war».

Was hier klinisch vorliegt, ist ja wohl das sogenannte «Tourette-Syndrom», das in zwanghaften Äußerungen besteht, die sich, wie ich in «The Merck Manual» von 1992 lese (16. Ausgabe, die erste erschien 1889), bei 50 Prozent der Patienten in der Form der «Koprolalie» zeige, also in «unfreiwilligen skatologischen Äußerungen», «involun-tary scatologic utterances», wobei ich vermute, dass hier unter «Ko-prolalie» das Exkrementelle und das Sexuelle, als handelte es sich da um genau dasselbe, zusammengefasst werden. Strenggenommen (und vom etymologischen Standpunkt aus ohnehin) meinen ja «Ko-prolalie» wie auch «skatologisch» nur das Exkrementelle, *nicht* das Sexuelle. Und vom etymologischen Standpunkt aus, der aber hier un-angemessen ist, gilt dies ohnehin: griechisch *kópros* und griechisch *skōr, skátos* beziehen sich beide auf Exkremente. Und wir wollten hier daran festhalten, das Sexuelle und das Exkrementelle zu trennen. Nur das Sexuelle kann ja auch unter Umständen obszön sein. Wieder einmal also wird in der Definition im «Merck» beides, das Exkrementelle und das Sexuelle, schlicht zusammengebracht!

Das genannte «Syndrom», eine psychische Krankheit, heißt so nach dem französischen Neurologen Gilles de la Tourette, der es 1899 zuerst beschrieben hat. Es beginne, so wieder der «Merck», mit grunzenden und bellenden Lauten und ende mit zwanghaften Äußerungen. Und speziell die «Koprolalie» sei beim Tourette-Syndrom (TS) zwanghaft. Sie komme bei 50 Prozent der Patienten vor und könne sie «körperlich und sozial» zu Behinderten machen.

Das passt nun auf den Herrn Seehahn einigermaßen genau, der allerdings aufgrund hoher und respektvoll anerkannter Professionalität bloß als Sonderling gilt. In seiner raschen Aufzählung ist viel drastisch Sexuelles, angefangen mit dem «damischen Stierbeutel». Und in «Schlange» in Bezug auf eine Frau gesagt steckt immer sexuelle Referenz. Die Mehrzahl der Posten dieser Liste ist sexuell. Aber unter ihnen sind auch einfache Schimpfwörter ohne sexuellen Bezug, wie etwa *Saubazi*, ein Ausdruck, der nach «Kluge-Seebold» etymologisch eine bayrisch-österreichische Verkürzung von *Lumpazi(us)* ist (könnte aber nicht auch das italienische *pazzo* ‹verrückt› darin stecken?). Oder dann «*Hutsimpel*», das einfach einen Dummkopf meint, einen Simpel mit Hut, was eigentlich nicht viel Sinn macht, aber vielleicht ist der ursprüngliche Gedanke ja «ein Simpel trotz des (etwas wie Vornehmheit vortäuschenden) Huts» – in meiner nicht weit von Walsers Wasserburg entfernten Heimatstadt Saulgau war und ist der Ausdruck sehr geläufig. Da gibt es auch den ähnlich gelagerten Ausdruck *Glufamichel* für etwas wie «Blödmann»; *Glufa*, also *Glufen* meint Nadeln. Das ist in sich selbst auch nicht sinnvoller als der *Hutsimpel*. Dann gibt es bei Herrn Seehahn gar ein Nietzscheanisch theologisches «Gott ist bankrott»: «Gott ist tot» wird da ins Wirtschaftliche gewendet. Und neben dem Sexuellen gibt es natürlich auch die exkrementelle Referenz – bis hin zum umfassenden, also wahrhaft metaphysischen «Weltbeschiss»: die Welt, wenn nicht der Kosmos, als Lug und Trug, als General-Gesamtbeschiss. Wieder Nietzsche-Nähe, der ja gesagt hat, die Welt sei «nur als ästhetisches Phänomen zu rechtfertigen». Formal ist bei Herrn Seehahn auch ein gewisser Reimzwang zu verzeichnen: «Männchen gemacht, das wäre gelacht» und «haut se» und «Schnauze». Auf bekannte Lieder wird zitierend Bezug genommen, so, mit einer kennzeichnenden Variante, auf das vom «treuen Husar», denn eigentlich heißt es da ja «der liebt' sein Mädchen ein ganzes Jahr» und nicht was Herr Seehahn sagt. Auch Dichter-Verse werden zitiert, so aus Wilhelm Hauffs «Reiters Morgengesang», der so beginnt: «Morgenrot,/leuchtest mir zum frühen Tod?» Und in der zweiten (und doch wohl stärksten) Strophe des Gedichts heißt es: «Kaum gedacht,/war der Lust ein End gemacht!/Gestern noch auf stolzen Rossen,/heute durch die Brust geschossen, morgen in das kühle Grab». Der Tod, der «der Lust ein Ende macht», fehlt also bei Herrn Seehahn auch nicht. Und das «tschinderassa bumm» aus dem vormals sehr bekannten Lied «Wenn die Soldaten durch die Stadt marschieren/Öffnen die Mädchen die Fenster und die Türen» wird hier doch auch ins Sexuelle gedeutet, wenn dies nicht von vornherein schon drin ist – die Mädchen öffnen die Fenster und die Türen: «Ei warum? ei darum!,/ei bloß wegen dem Tschinderassa, Tschinderassa bumm». Welch letzteres lautmalerisches Wort der Herr Seehahn in «bums» verändert und es damit nun wirklich eindeutig macht. Im Übrigen wiederholt sich der Mann (aber Wiederholung gehört strukturierend dazu) in seiner beharrlich hastigen Litanei.

Aber – will dies der Mann eigentlich? Der junge Johann erlebt, was da geschieht, ja eher als einen Zwang, der von Innen kommt, aus der «inneren Schärfe» dieses Mannes. Und dann der ungerührt freundliche Ausdruck während der Litanei, der zu dem Gesagten, das ja doch sehr grimmig und negativ ist, in seltsamem Widerspruch steht. Der Mann *will* nicht sagen, was er sagt. Er kann nur nicht anders. Und der kleine Johann ist fasziniert – nicht nur im Formalen, nicht nur weil da etwas wie auswendig gelernt bewusstlos und zudem freundlich heruntergerasselt wird, sondern weil er in dem, wovon da die Rede ist, etwas wiederfindet von sich selbst und weil ganz allgemein für ein Kind (und einiges davon rettet sich gewiss in den Erwachsenen hinein) ein Tabubruch schon für sich viel Anziehendes hat.[83]

Die Wörter *skatologisch* und das zugehörige Hauptwort *Skatologie* sind im Deutschen ziemlich selten. Es sind regelrechte kultivierte Fremdwörter, auf deren Verständnis man beim durchschnittlichen Sprecher nicht rechen darf. Anders im Französischen die Wörter *scatologique* und *la scatologie*. Der «Petit Larousse» definiert *scatologie*: «Propos ou écrits grossiers où il est question d'excréments», also «Grobe gesprochene oder geschriebene Äußerungen, in denen es um Exkremente geht». Und zu *scatologique* heißt es dann nur «Was sich auf Skatologie bezieht», «Relatif à la scatologie». Etymologisch stehen hinter dem Wort die griechischen Wörter *skõr, skátos* für ‹Kot› und *lógos* ‹Rede›. Im Französischen also gibt es ein eigenes und einigermaßen normales, dem durchschnittlichen Sprecher zuzumutendes Wort für das Sprechen oder Schreiben über Exkrementelles. Übrigens wird zumindest unter dem englischen *scatology* auch das Studium der sogenannten Koprolithen verstanden (Koprolithen sind die versteinerten Exkremente fossiler Tiere).

In Jean-Paul Sartres meisterlicher und faszinierender Autobiographie «Die Wörter», «Les Mots», ragt der mütterliche Großvater Charles Schweitzer heraus, bei dem Sartre, da sein Vater sehr früh verstarb, aufgewachsen ist. Dieser Großvater war übrigens, was überraschen mag, der Bruder des Vaters von Albert Schweitzer. Der hieß Louis und war auch schon, wie sein berühmter Sohn, ein evangelischer Pfarrer, ein «pasteur», wie man Frankreich sagt – im Unterschied zu den katholischen «curés». Charles war Sekundarlehrer, also Studienrat für Deutsch in Paris. Und dann gab es einen dritten Bruder, der war ein Geschäftsmann und hieß Auguste: «Louis ist der frömmste, Auguste der reichste, und ich bin der intelligenteste», pflegte Charles zu sagen. Die Schweitzers waren Elsässer. Sartres Großmutter mütterlicherseits aber, die Louise Guillemin hieß, kam nicht aus dem Elsass, sondern aus dem «inneren Frankreich». Sie sprach also kein Deutsch oder «Elsässisch», wie es im Elsass beharrlich heißt (als wäre das «Elsässische» kein deutscher Dialekt – auch etwa Bayern, wenn sie nur bayrisch sprechen (das gibt es), sprechen deutsch). Und dann war sie auch katholisch. Da kommt es dann zu dem herrlichen knappen Satz über Louise und ihre vier Kinder, darunter also auch Sartres Mutter: «Obwohl sie selbst ungläubig war, machte Louise sie gläubig aus Abscheu vor dem Protestantismus», französisch noch knapper: «Incroyante, Louise les fit croyants par dégoût du protestantisme.»

Aber ich will hier auf einen anderen Satz über Louise hinaus: «Sie hasste», berichtet der Autobiograph, «ihre Hochzeitsreise: er hatte sie schon vor dem Ende der Mahlzeit entführt und in einen Zug geworfen. Mit siebzig sprach Louise immer noch von dem Lauchsalat, den man ihnen in einem Bahnhofsrestaurant serviert hatte: ‹Er nahm sich alles Weiße und ließ mir das Grüne›. Sie verbrachten vierzehn Tage im Elsass, ohne sich vom Tisch zu erheben; die Brüder erzählten sich im Dialekt skatologische Geschichten; von Zeit zu Zeit wandte sich der Pfarrer an Louise und übersetzte sie ihr aus christlicher Nächstenliebe», «Elle détesta son voyage de noces : il l'avait enlevée avant la fin du repas et jetée dans un train. A soixante-dix ans, Louise parlait encore de la salade de poireaux qu'on leur avait servie dans un buffet de gare: ‹Il prenait tout le blanc et me laissait le vert›. Ils passèrent quinze jours en Alsace sans quitter la table; les frères se racontaient en patois des histoires scatologiques; de temps en temps, le pasteur se tournait vers Louise et les lui traduisait, par charité chrétienne.»

Auch die Übersetzung zeigt, dass uns da ein Wort für *scatologique* fehlt, denn «schmutzige Geschichten» wäre irreführend, weil dann eher Sexuelles involviert wäre, was bei *scatologique* nicht der Fall ist. Ein anderes Übersetzungsproblem ist, nebenbei, auch das Wort *le patois*, das neben dem normalen *le dialecte* ein herabziehendes, also negatives Wort für *Dialekt* ist – ein solches Wort gibt es im Deutschen gar nicht.

In unseren Zusammenhang gehört nun sicher, dass, diesem knappen Reisebericht zufolge, die drei elsässischen, also deutschsprachigen Brüder in dieser entspannten Situation, in der sie aus schönem Anlass wieder einmal zusammenkommen, ‹skatologisch› reden, dass sich demnach ihre Geschichten, ihre Späße auf Exkrementelles beziehen. Übrigens geht Sartre auf der nächsten Seite explizit auf die Haltung ein, die er, wie er dies sieht, hinter solchem Reden vermutet (da wird, wie bei seiner Großmutter, auch in ihm etwas wie Anti-Protestantismus lebendig): «Naturalistisch und puritanisch – die Verbindung beider Tugenden ist weniger selten als man denkt – liebten die Schweizer die rohen Worte, die, indem sie sehr christlich den Körper herabsetzten, doch ihre breite Zustimmung zu den natürlichen Funktionen manifestierten», «Naturalistes et puritains – cette combinaison de vertus est moins rare qu'on ne pense – les Schweitzer aimaient les mots crus qui, tout en rabaissant très chrétiennement le corps, manifestaient leur large consentement aux fonctions naturelles.»

Die Schweitzer kommen also, in Sartres Augen, aus der deutschen Welt, Louise aber ganz aus der *französischen*. In ihren Lektüren liebte die Großmutter in der Tat die «groben Wörter» gar nicht, sondern umgekehrt die «verhüllenden» oder eigentlich «die verhüllten»: «Louise aimait les mots couverts». Oder, wieder ein herrlicher Satz: «Diese feine Realistin hatte sich in eine Familie grober Spiritualisten verirrt und wurde durch diese Herausforderung Voltairianerin, ohne Voltaire gelesen zu haben», «Cette réaliste si fine, égarée dans une famille de spiritualistes grossiers se fit voltairienne par défi sans avoir lu Voltaire.»

Hier also stoßen gerade in dem Punkt, der uns interessiert, die beiden Welten zusammen. Das ist gleichsam oder eigentlich genau *du côté de chez Charles* und *du côté de chez Louise*. Und so erfahren wir in dieser Autobiographie indirekt und ohne eigentliche Absicht des Autors, der ja nur die elsässisch protestantische Grobheit der Schweitzer-Familie im Auge hat und sie der feinerern, originär *französischen* Welt der Louise geborenen Guillemin entgegenstellt, etwas von jenem sprachlichen *deutschen* «Sonderweg», dem unsere Aufmerksamkeit gilt.[84]

Flaubert: «Vorwärts, vorwärts!» Eine lange Fahrt in einer Kutsche. Oder «la baisade dans le fiacre»

Gustave Flauberts sehr großer Roman «Madame Bovary», der 1856 erschien, spielt in der Normandie, in der Nähe von Rouen, und Madame Bovary, Emma Bovary, ist die schöne Frau des Landarzts Charles Bovary. Ihre erste außereheliche Affäre hatte Emma mit dem Gehilfen eines Notars, dem jungen, hübschen und etwas schüchternen Léon Dupuis. Es kommt aber, mangels Gelegenheit und Mut, zu nahezu nichts. Dann geht der junge Mann nach Paris, um dort zu studieren – nach Paris, wohin Emma immer wollte und wohin sie nie kam.

Später, nach einer gescheiterten Affäre mit dem windigen Gutsbesitzer Rodolphe Boulanger, trifft Emma im Theater in Rouen Léon zufällig wieder, den die Jahre in Paris von seiner Schüchternheit befreit haben. Nun wird sie seine Geliebte. Die Affäre beginnt mit einer der großen Szenen des Romans: der stundenlangen Fahrt im verhängten Fiaker durch das nachmittägliche Rouen und dessen nahe Umgebung. Ganz evident geht es hier um einen Akt. Kaum dürfte ein solcher je so deutlich, nämlich eben als Akt, kaum je aber auch zurückhaltender erzählt worden sein, denn er wird indirekt *doch* erzählt. Die beiden hatten sich in Rouen verabredet – in der Kathedrale. Léon ist zuerst da, schon befürchtet er, sie würde gar nicht kommen. Während er ungeduldig wartet, belästigt ihn ein «Schweizer», also ein Führer, der ihm, obwohl Léon in diesen Minuten nichts weniger interessiert, die Kathedrale detailreich zu erklären sucht. Ganz ohne dies zu wollen, wird dieser Führer hier zu einem Sittenwächter, fast zur Verkörperung des Gewissens. Nahezu hinterhältig (dies ist hier aber bloß der Erzähler) sein ganz neutral gedachter Hinweis auf das Nordportal der Kathedrale – dort seien «die Auferstehung, das Jüngste Gericht, das Paradies, König David und die Verdammten im Höllenfeuer» dargestellt. Endlich erscheint Emma. Sie kniet zunächst zum Beten auf eine Bank, was Léon nervös macht. Dann erhebt sie sich, geht auf ihn zu – und nun zitiere ich dankbar aus der gleichzeitig mit diesem Buch im Verlag Hanser erscheinenden vorzüglichen neuen Übersetzung von Elisabeth Edl (S. 318–321):

«Wo gehen wir hin?» fragte sie.

Wortlos eilte er weiter mit raschem Schritt, und schon tauchte Madame Bovary den Finger ins geweihte Wasser, da hörten sie hinter sich ein lautes Schnaufen, begleitet vom regelmäßigen Klopfen eines Stocks. Léon drehte sich um.

«Monsieur!»

«Was?»

Und er sah den Schweizer, der unterm Arm und gegen seinen Bauch gestemmt etwa zwanzig dicke broschierte Bände balancierte. Lauter Werke, *die von der Kathedrale handelten.*

«Esel!» brummte Léon und stürzte aus der Kirche.

Ein kleiner Junge trödelte auf dem Vorplatz.

«Schnell, hol mir einen Fiaker!»

Das Kind sauste los, durch die Rue des Quatre-Vents; nun standen sie ein paar Minuten allein, Aug in Aug und leicht verlegen.

«Ach! Léon!… Wirklich…, ich weiß nicht… ob ich das soll…!»

Sie kokettierte. Dann, in ernstem Ton:

«Es schickt sich gar nicht, wissen Sie?»

«Warum nicht?» entgegnete der Kanzlist. «Das ist so üblich in Paris.»

Und dieses Wort, wie ein unwiderstehliches Argument, überzeugte sie.

Aber der Fiaker kam nicht. Léon hatte Angst, sie könnte zurück in die Kirche laufen. Endlich erschien der Fiaker.

«Gehen Sie doch wenigstens durch das Nordportal!» rief der Schweizer, der immer noch auf der Schwelle stand, «damit Sie die *Auferstehung* sehen, das *Jüngste Gericht*, das *Paradies*, den *König David* und die *Verdammten* im Höllenfeuer.»

«Wohin fahren wir, Monsieur?» fragte der Kutscher.

«Wohin Sie wollen!» sagte Léon und schubste Emma in die Droschke.

Und die schwere Maschinerie setzte sich in Gang.

Sie holperte durch die Rue Grand-Pont, überquerte die Place des Arts, den Quai Napoléon, den Pont-Neuf und hielt abrupt vor der Statue des Pierre Corneille.

«Weiter!» sagte eine Stimme aus dem Inneren.

Die Droschke ratterte wieder los, brauste vom Carrefour La Fayette die abschüssige Straße hinab und landete in gestrecktem Galopp vor der Eisenbahnstation.

«Nein, geradeaus!» rief dieselbe Stimme.

Der Fiaker steuerte aus der Einfriedung und trabte, auf dem Cours angelangt, gemächlich zwischen hohen Ulmen. Der Kutscher wischte sich die Stirn, klemmte den Lederhut zwischen die Beine und dirigierte die Droschke aus den Seitenalleen, zum Wasser hinunter, bis an die Grasflächen.

Sie folgte dem Flussufer auf dem schotterbestreuten Treidelpfad und fuhr lange so weiter in Richtung Oyssel, bis hinter die Inseln.

Plötzlich aber stürmte sie drauflos, durch Quatremares, Sotteville, die Grande-Chaussée, die Rue d'Elbeuf, und machte ihren dritten Halt vor dem Jardin des Plantes.

«Vorwärts, vorwärts!» schrie nun die Stimme viel zorniger.

Und sogleich ging es weiter, und sie rumpelte durch Saint-Sever, über den Quai des Curandiers, über den Quai aux Meules, noch einmal über die Brücke, über die Place du Champ-de-Mars und vorbei hinter den Gärten des Hospitals, wo schwarzberockte Greise in der Sonne spazierten, auf einer von grünem Efeu umrankten Terrasse. Sie rollte den Boulevard Bouvreuil hinauf, durchwanderte den Boulevard Cauchoise, schließlich den ganzen Mont-Riboudet bis zur Anhöhe von Deville.

Sie machte kehrt; und jetzt stromerte sie, ohne Plan, ohne Ziel, auf gut Glück durch die Gegend. Man erblickte sie in Saint-Pol, in Lescure, in Mont Gargan, in La Rouge-Mare und auf der Place du Gaillardbois; in der Rue Maladrerie, in der Rue Dinanderie, vor Saint-Romain, Saint-Vivien, Saint-Maclou, Saint-Nicaise – vor dem Zollamt – an der Basse-Vieille-Tour, in Les Trois-Pipes und am Cimetière Monumental. Von Zeit zu Zeit warf der Kutscher auf seinem Bock verzweifelte Blicke nach den Wirtshäusern. Er begriff nicht, welche Bewegungsgier diese zwei Menschen dazu trieb, nicht mehr anhalten zu wollen. Es versuchte es ab und zu, sogleich aber hörte er hinter sich wütende Rufe. Also peitschte er umso kräftiger seine zwei schweißnassen Rösser, scherte sich um kein Gerüttel, rammte gegen dieses und jenes, abgestumpft, mutlos und fast schon heulend vor Durst, Erschöpfung und Trübsinn.

Und am Hafen, zwischen Lastkarren und Fässern, und auf den Straßen, neben den Prellsteinen, glotzten die Bürger aus verdutzten Augen angesichts dieser in der Provinz so ungewöhnlichen Sache: eine Droschke mit zugezogenen Vorhängen, die in einem fort wieder auftauchte, verschlossener als ein Grab und schaukelnd wie ein Schiff.

Einmal, im hellen Tageslicht, auf freier Flur, als die Sonne am heißesten auf die alten versilberten Laternen brannte, erschien eine bloße Hand unter den kleinen gelben Leinwandgardinen und warf Papierschnipsel heraus, die im Winde flatterten und ein Stück weiter niedersanken wie weiße Falter auf einem roten Kleefeld in voller Blüte.

Dann, gegen sechs, hielt die Droschke in einer Gasse des Beauvoisine-Viertels, und ihr entstieg eine Frau, die mit heruntergelassenem Schleier fortging, ohne den Kopf zu wenden.»

Die «Papierschnipsel», die Emma Bovary mit «bloßer Hand» (längst und vermutlich zuerst hat sie ihre Handschuhe abgestreift) aus dem Fenster des Fiakers wirft, sind die des Abschiedsbriefs, den sie Léon überreichen wollte, denn ‹eigentlich› (aber was heißt dies hier?) wollte sie mit diesem Treffen in der Kathedrale die noch kaum begonnene Affäre beenden. So sind diese Schnipsel, die «wie weiße Falter» auf ein rot blühendes Kleefeld «niedersanken», etwas wie der fröhlich ausgelassene Abschied vom Abschied.

Und natürlich müsste man nun die vielen Ortsnamen interpretieren (man tut dies ja, wie der Erzähler erwartet, unwillkürlich), um einen irgendgearteten Bezug zwischen dem zu finden, was sie bedeuten und dem, was im Fiaker geschieht. Flaubert hat dies alles ja so raffiniert und zugleich so natürlich gemacht, dass man schon Suggestives, aber doch (so schlicht war dieser Erzähler nicht) nichts eigentlich Schlüssiges findet. Etwa, gleich am Anfang, die «Straße der Großen Brücke», «Rue du Grand-Pont» ... Dieser Name kann hier sicher interpretiert werden im Sinne eines «großen» Übergangs von einem zum anderen, aber – so heißt die Straße nun einmal. Dann etwa Pierre Corneille: er ist der ethische, die Pflicht hochhaltende Dichter Frankreichs schlechthin, und nach einem alten Lehrer-Spruch, den jeder halbwegs gebildete Franzose kennt (oder kannte), «male» Corneille in seinen Tragödien die Menschen so wie sie sein sollten, während der andere Tragödiendichter, Racine, sie «male», wie sie tatsächlich sind. Das mit dem Corneille-Denkmal, vor dem zudem der Fiaker «abrupt anhält», passt also inhaltlich – im Kontrast – zur Situation schon recht gut. Aber Corneille stammt aus Rouen, und so ist es andererseits unvermeidlich, dass gerade hier ein lokalstolzes Denkmal für ihn steht. Da bleibt also das Gefährt stehen, dann aber «ratterte», auf den lauten Zuruf von innen, «die Droschke wieder los». Überhaupt – der suggestive, erotisch unterlegte Wechsel der Geschwindigkeiten: mal «rumpelt» die Droschke, mal «stürmt sie plötzlich drauf los». Jedenfalls unterlegt der Leser (und die Leserin) unwillkürlich das Geschehen im Innern des Wagens. Und raffiniert (aber mit welch kunstvoller Lässigkeit!), wie sich gerade hier der Erzähler, uns ablenkend, in den verzweifelten, aber offenbar ganz ahnungslosen Kutscher (auch er kennt nicht Paris) hineindenkt und uns, was in der Kutsche geschieht, von *ihm* her erleben lässt und dann auch von den Passanten her, die sich wundern, Provinzler, die sie sind, über das verhängte Gefährt – «verschlossener als ein Grab und schaukelnd wie ein Schiff». Da haben wir, wieder einmal, das Miteinander von Liebe und Tod. Und jedenfalls: für diese Kutschenfahrt gilt der Satz ‹Der Weg ist das Ziel› ganz und gar...

Jean-Paul Sartre, der in seinem monumentalen, nicht beendeten Werk «Der Idiot der Familie», «L'idiot de la famille» (1971–1972), sich an Flaubert wahrlich abgearbeitet hat, sprach bei einer Gelegenheit im Blick auf diese Szene direkt und familiär und ohne Feinheit – und dies gehört nun unmittelbar zu unserem Thema und speziell zum Wort *baiser*, von dem wir ausgegangen sind – von «la baisade dans le fiacre» ...

Und dann ist diese Schilderung auch ein gradioses Beispiel – aber dies ist hier nicht unser Thema – für völlige Pornographievermeidung bei gleichzeitiger Deutlichkeit und (darauf kommt es an) Intensität. Denn die Länge der Schilderung selbst und die insistierende Vielzahl der Ortsnamen sind ja kein Zweck in sich, sondern deuten insgesamt auf das, was sich im Innern der Kutsche vollzieht.

Goethe: «Walpurgisnacht» – und der «Walpurgissack»

Der «Faust» ist doch wohl die größte Dichtung in deutscher Sprache. Freilich ist diese Dichtung gar nicht so sehr deutsch – im zweiten, weit umfangreicheren Teil ohnehin nicht. Nun, im ersten gibt es die sogenannte «romantische» oder auch «nordische Walpurgisnacht», die in der Tat ‹deutsch› ist – im Unterschied zu der weit längeren und sehr anderen, auch ungleich komplexeren und in Griechenland spielenden «klassischen Walpurgisnacht» im zweiten Teil. Diese «romantische Walpurgisnacht» wollen wir hier kurz durchgehen, und zwar (und dies ist nun sicher eine Pervertierung) in *unserem* Zusammenhang, also im Blick auf die sexuellen und die exkrementellen Hinweise in ihr. Es würde mich freuen, wenn die Leser nicht gleich ausstiegen, nur weil es jetzt um Goethe geht. Es ist ja eigentümlich und nicht ohne Tragik, dass der Literaturunterricht in der Schule in aller Regel nur die tiefe Überzeugung zurücklässt, dass es Langweiligeres als Klassiker nicht geben kann.

Was jene «Walpurgisnacht» angeht, so hat Albrecht Schöne, dem wir auch eine neue Ausgabe des «Faust» und dann einen großen Kommentar zu ihr verdanken, von ihr eine «Bühnenfassung» geschaffen.[85] Dabei hat er die sogenannten «Paralipómena» herangezogen. Darunter versteht man Textstücke, die zwar vom Autor geschrieben, später aber doch nicht in das Werk aufgenommen oder, was auf dasselbe hinausläuft, wieder aus ihm herausgenommen wurden. In diesem Fall geht es um Textstücke zu dieser Walpurgisnacht, die Goethe für den Druck des Werks ausgelassen hat. Das war für die Ausgabe von 1808, die erste «Faust»-Ausgabe überhaupt, und da ging es nur um den «Ersten Teil» (der zweite wurde erst 1831, ein Jahr vor Goethes Tod, fertig).

Was mit der «Walpurgisnacht» geschah, ist nun ein sehr klarer Fall von Selbstzensur. Allerdings konnte Goethe ja nichts für die Einstellung, die Prüderie des Publikums, mit dem er zu rechnen hatte. Hierher gehört seine Äußerung gegenüber Eckermann, er hätte so viele starke Sachen machen können: «wenn ihr nur nicht so zimperlich wärt!» Goethe war hier nicht frei, auch wenn er gegenüber jener Einstellung des Publikums, wie Schöne mit vielen Belegen zeigen kann, ganz außerordentlich nachgiebig war, nachgiebiger als er es im Blick auf sein Publikum tatsächlich hätte sein müssen. Es kam da also, sagt Schöne, zu «Textverlusten», und die größten finden sich nicht zufällig eben in der stark sexuell animierten ersten «Walpurgisnacht».

In seine «Bühnenfassung» hat Schöne nun diese von Goethe ausgesonderten Textstücke eingesetzt und zu einem sehr überzeugenden und eindrucksvollen Ganzen gemacht. Dass das Verfahren, rein philologisch gesehen, sein Bedenkliches hat, sagt Schöne selbst. Und er sagt auch, es gehe ihm hier nicht darum, «diese Szene so zu rekonstruieren, wie sie sich der Autor ursprünglich gedacht haben mag». Dies sei ohnehin «ein aussichtsloser Versuch». Aber Bedenken kann man eigentlich doch nur unter *philologischem* Gesichtspunkt haben, und dieser ist nun zwar nicht bloß einer unter anderen, aber doch sicher nicht der einzig mögliche (dies meinen nur einige Philologen). Und dann darf ja ein Philologe auch einmal heraustreten aus seiner

Rolle. Und eine «Bühnenfassung», noch dazu, wie hier, eine gute, darf auch *er* machen, ganz einfach weil *jeder* dies machen darf.

Für unser Interesse hier ist jedenfalls entscheidend und völlig ausreichend, dass Goethe das von ihm selbst Entfernte zuvor *tatsächlich* geschrieben hat. Es ist wirklich alles von ihm. Er steht oder stand – zumindest, während er es schrieb – durchaus dahinter. Und zudem hat er das Entfernte nicht entfernt, weil er es für schwach hielt, sondern aus anderen Gründen. Und vernichtet – dies ist ebenfalls wichtig – hat er es auch nicht. Goethe hat ja in der Jugend und im frühen Mannesalter nicht weniges vernichtet. Der mittlere und späte Goethe war aber dann ein Genie des Aufbewahrens: im äußersten Fall steckte er da die Papiere in ein Kuvert und schrieb darauf ein hypothetisches «Wäre zu vernichten». Und bewahrte es dann auf.[86]

Faszinierend an diesem von Schöne zusammengestellten oder genauer *nur* durch Zusammenstellung geschaffenen Goethe-Text ist nun gerade auch die große Deutlichkeit, die *Drastik* im Sexuellen und natürlich auch, dass es oft – es ist auch insofern eine recht deutsche Dichtung – mit Exkrementellem vermischt ist. Ich sammle nun einfach, stelle ohne viel Kommentar, der hier kaum nötig ist, zusammen, was in jener «Bühnenfassung» für unser reduziertes Interesse einschlägig ist.

Auf den ersten Seiten ist da nichts. Dann aber beginnt es deutlich genug alsbald im «Chor der Hexen» – mit Exkrementellem:

«Die Hexen zu dem Brocken ziehn,
Die Stoppel ist gelb, die Saat ist grün.
Dort sammelt sich der große Hauf,
Herr Urian sitzt oben auf.
So geht es über Stein und Stock,
Es furzt die Hexe, es stinkt der Bock.»

«Furzen» also, im Chor der Hexen selbst, und «Stinken». Wenig später, noch auf derselben Seite, die Hexenmeister, und zwar deren «Halbes Chor» (‹das› Chor also hier bei Goethe, nicht ‹der› Chor). Nachher antwortet dessen andere Hälfte:

«Wir schleichen wie die Schneck im Haus,
Die Weiber alle sind voraus.

Denn, geht es zu des Bösen Haus,
Das Weib hat tausend Schritt voraus.»

Worauf die «andre Hälfte» antwortet:

«Wir nehmen das nicht so genau,
Mit tausend Schritten macht's die Frau;
Doch, wie sie auch eilen kann,
Mit einem Sprunge macht's der Mann.»

Da sind wir nun beim Sexuellen, und deutlich genug. Dann, später,
eine seltsame Äußerung Mephistos, zu dem es in Goethes Bühnen-
anweisung heißt, dass er «auf einmal sehr alt erscheint»:

«Zum jüngsten Tag fühl' ich das Volk gereift,
Da ich zum letzten Mal den Hexenberg ersteige,
Und, weil mein Fäßchen trübe läuft,
So ist Welt auch auf der Neige.»

Hier sind wir nun wieder beim Exkrementellen. Denn die hübsche
Wendung mit dem «trübe laufenden Fässchen» bezieht sich ja doch
wohl, platt gesagt, auf ein Prostata-Problem: es läuft nicht mehr so
richtig, was man auch anders deuten kann. Mephisto, nicht zufällig
«auf einmal sehr alt erscheinend», Mephisto schließt egozentrisch
daraus, der Jüngste Tag müsse nicht mehr fern sein. Denn wenn es mit
ihm zu Ende gehe, geschehe dasselbe mit der Welt. Auch redet er überraschend davon, dass er den «Hexenberg» nunmehr «zum letzten Mal»
besteige.

Nun erscheint auf dem Berggipfel unter «Trompetenstößen, Blitzen
und Donner von oben» der Satan selbst. Und da ist nun zunächst ein
Mann – Albrecht Schöne nennt ihn, schlicht beschreibend, «einen
Knieenden». Der ist nun bereit, wozu ihn ein Zeremonienmeister auf-
fordert, dem Satan nicht die Hände zu küssen, wie er es zunächst
vorhatte, sondern den «hinteren Teil» – ein Kuss, der, wie sich zeigt,
symbolisch die Treue-Unterwerfung signalisiert. Er erlaubt es Satan,
ihn im Sinne eines Lehensverhältnisses zu seinem «Vasallen» zu
machen. Das heißt: der Mann dient bedingungslos seinem Herrn, und
dieser umgekehrt steht für ihn ein. Hier nun das Lob auf den Hintern

Satans, das jener Knieende vor dem Kuss artikuliert (Satan selbst gebraucht in seiner Erwiderung dann das derbere Wort):

«Scheint oben deine Nase doch
Durch alle Welten vorzudringen,
So seh ich unten hier ein Loch,
Das Universum zu verschlingen.
Was duftet's aus dem kolossalen Mund!

So wohl kann's nicht im Paradiese riechen,
Und dieser wohlgebaute Schlund
Erregt den Wunsch hineinzukriechen.»

Wenn das ‹obszön› ist, läge es, müssen wir feststellen, nur und ausschließlich im Exkrementellen. Dann der Kuss. Worauf Satan erklärt:

«Vasall, du bist erprobt!
Hierdurch beleih ich dich mit Millionen Seelen.
Und wer des Teufels Arsch so gut wie du gelobt,
Dem soll es nie an Schmeichelphrasen fehlen.»

Und nun folgen unmittelbar die in diesen «Textstücken», den «Paralipómena», anstößigsten Verse; Satan redet:

«Die Böcke zur Rechten,
Die Ziegen zur Linken!
Die Ziegen, sie riechen
Die Böcke, sie stinken.
Und wenn auch die Böcke
Noch stinkiger wären,
So kann doch die Ziege
Des Bocks nicht entbehren.»

Wieder finden sich hier Exkrementelles («riechen, «stinken») und Sexuelles («des Bocks nicht entbehren») nebeneinander. Genauer, so könnte man es auch sehen: der Drang zum Sexuellen überwindet den

Ekel (oder was auch immer) vor dem Exkrementellen. Das Sexuelle ist ja überhaupt diese seltsame Aufhebung der Ekelschranke, die wir sonst schon vor allzugroßer physischer Nähe oder gar Berührung haben, der intimen ohnehin. Und dieser Drang ist nun wieder, darauf soll doch hingewiesen werden, klar ‹männlich› formuliert: es ist die *Ziege*, die den Bock braucht, sie kann ihn nicht «entbehren». Da dies so ist, ist der Bock umso freier. Klassische Männerphantasie! Dem Mann macht es Spaß (dass auch er es schwer «entbehren» kann, bleibt im Hintergrund, wird nicht gesagt), zusätzlich erfreut er sich an dem Gedanken, dass die Frauen dies ‹brauchen›.

Dann richtet Satan zuerst, wie es sich gehört (bei ihm ist die Welt noch in Ordnung), ein Wort an die Böcke, die Männer:

«Euch gibt es zwei Dinge
So herrlich und groß:
Das glänzende Gold
Und der weibliche Schoß.
Das eine verschaffet,
Das andre verschlingt.
Drum glücklich, wer beide
Zusammen erringt!»

Hier kommen zum Sexuellen somit noch Gold und also Geld hinzu und werden, durch die Verben «verschlingen» und «verschaffen», in zusammenhängende Opposition gebracht: das Gold «verschafft», bringt also etwas ein, man bekommt etwas dafür, der weibliche Schoß aber «verschlingt». Da verliert der Mann etwas. Dann richtet sich Satan an die Frauen, «die Weiber», die «Ziegen»:

Für euch sind zwei Dinge
Von köstlichem Glanz:
Das leuchtende Gold
Und ein glänzender Schwanz.
Drum wißt euch, ihr Weiber,
Am Gold zu ergötzen
Und mehr als das Gold
Noch die Schwänze zu schätzen.»

Das ordinäre Wort wird hier also nicht gemieden; es erscheint sogar zweimal, und das Gemeinte wird beide Male zum Gold in Beziehung gesetzt. Auch sind sich ja die Bedeutungen «leuchtend» und «glänzend» sehr nahe. Die «Weiber» sollen also das Gold, dann aber – und mehr noch – das männliche Attribut schätzen.

Dann ist da ein «junges Mädchen», das rein gar nichts versteht und weint. Mephisto, der sie fragt, warum sie weine, erhält dies zur Antwort:

«… der Herr dort spricht so gar kurios,
Von Gold und Schwanz, von Gold und Schoß,
Und alles freut sich, wie es scheint!
Doch das verstehn wohl nur die Großen?»

Darauf nun Mephisto:

«Nein, liebes Kind, nur nicht geweint!
Denn willst du wissen, was der Teufel meint,
So greife nur dem Nachbarn in die Hosen!»

Dann wendet sich Satan an die «Mägdlein»:

«Ihr Mägdlein, ihr stehet
Hier grad in der Mitten.
Ich seh, ihr kommt alle
Auf Besen geritten.
Seid reinlich bei Tage
Und säuisch bei Nacht
So habt ihrs auf Erden
Am weitesten gebracht.»

Natürlich bezieht sich «säuisch» hier – und durchaus positiv – auf das Sexuelle. Das Sexuelle selbst ist «säuisch» – jedenfalls hier bei Satan. Und das Wort wird – es ist bemerkenswert und gehört in unseren Zusammenhang – in Gegensatz zu «reinlich» gebracht, womit wir wieder, indirekt zumindest, beim Exkrementellen sind. Das «Säuische» also für die Nacht und *nur* für die Nacht. Da werden die am Tag «reinlichen» Mädchen zu den erwünschten ‹Schlampen›. Es ist eindeutig: das Sexuelle und das Exkrementelle werden hier zusammengebracht.

Dann richtet sich Mephisto an den offenbar zögerlichen Faust und weist ihn auf seine Möglichkeiten hin in diesem räumlich sehr ausgedehnten Fest:

«Da seh ich junge Hexchen nackt und bloß,
Und alte, die sich klug verhüllen.
Seid freundlich, nur um meinetwillen:
Die Müh ist klein, der Spaß ist groß …»

Da nun, eine dramatische Stelle, sieht Faust eine bestimmte junge Frau, die ihn alsbald erotisch fesselt. Das sei Lilith, erklärt ihm Mephisto, «Wer?» fragt Faust zurück, und Mephisto klärt ihn auf: «Adams erste Frau» (eine natürlich außerbiblische Zutat; sie ist aber alt). Und Mephisto weist Faust auf die Gefahr hin, die von Liliths schönen Haaren ausgehe, dann aber auch auf zwei Frauen, die am Rande sitzen:

«Da sitzen zwei, die Alte mit der Jungen;
Die haben schon was Rechts gesprungen!»

Auch dies ist sehr klar. Und nun tanzen beide, Faust, versteht sich, mit der Jungen, Mephisto mit der Alten. Die sexuellen Hinweise werden nun noch deutlicher, gröber; sie brauchen wahrlich keinen Kommentar:

Faust *mit der Jungen tanzend*

«Einst hatt’ ich einen schönen Traum:
Da sah ich einen Apfelbaum,
Zwei schöne Äpfel glänzten dran,
Sie reizten mich, ich stieg hinan»

Die Schöne

«Der Äpfelchen begehrt ihr sehr,
Und schon vom Paradiese her.

Von Freuden fühl' ich mich bewegt,
Daß auch mein Garten solche trägt.»

Mephistopheles *mit der Alten*

«Einst hatt' ich einen wüsten Traum
Da sah ich einen gespaltnen Baum,
Der hatt' ein ungeheures Loch;
So groß es war, gefiel mir's doch.»

Die Alte

«Ich biete meinen besten Gruß
Dem Ritter mit dem Pferdefuß,
Halt' er den rechten Pfropf bereit,
Wenn er das große Loch nicht scheut!»

Nun jedoch, ganz plötzlich, der völlige Umschlag. Denn nachdem Faust diesen erotischen Tanz abrupt beendet hat, ändert sich alles. Faust erkennt nämlich zu seinem Schrecken und Jammer in der Ferne Gretchen. Und er erlebt als eine Art vorwegnehmender Phantasmagorie – «Hochgerichtserscheinung» – die Hinrichtung der verurteilten sehr jungen Frau als Kindsmörderin. Da tritt dann, versteht sich, alles Sexuelle und Exkrementelle zurück. Und es wird auch vom Leser und Zuschauer alsbald vergessen. Hier gerade zeigt sich auch Goethes große, rätselhafte, weil wohl ganz intuitive, naive Kunst. Darin nämlich, dass es ihm gelingt, die augenblickliche Umkehr der Stimmung ganz und gar glaubhaft zu machen. Die derb pubertären Anzüglichkeiten, die eben noch herrschten, sind mit einem Schlag vergessen. Man sagt ja immer als Regel, man könne zwar vom Ernsten zum Komischen übergehen, etwa in der Anlage einer Rede oder der einer Veranstaltung, nicht aber umgekehrt vom Komischen zum Ernsten. Genau dies eigentlich Unmögliche liegt hier aber vor. Was jedoch die Kennzeichnung ‹pubertär› betrifft: man sagt es gerne, wenn es um Dinge geht, wie Goethe sie hier wieder sehr intuitiv inszeniert, muss aber dazudenken, dass dies ‹Pubertäre› nicht einfach schwindet, beim Mann am allerwenigsten.

Abschließend die knapp suggestive Szenenanweisung: «Mitternacht. Versinken der Erscheinung. Vulkan. Unordentliches Auseinanderströmen. Brechen und Stürmen». Und nun folgt (aber natürlich schon außerhalb der «Bühnenfassung» Albrecht Schönes) die kurze wilde, abgehackte und starke Szene «Trüber Tag Feld» – die einzige Prosaszene übrigens des ganzen «Faust».[87] Nach ihr kommt nur noch die lange gewaltige Kerker-Szene, in welcher der junge Goethe an ganz große Shakespeare-Szenen heranreicht – vielleicht ist diese Szene überhaupt die einzige wirkliche ‹Shakespeare-Stelle› der deutschen Literatur. Dies gilt auch für ihre – bei Goethe bekanntlich seltene – bedingungslose, fast ganz ungetröstete Tragik: «Der Menschheit ganzer Jammer fasst mich an». Mit «Menschheit» ist hier das Menschsein gemeint. Das «Ist gerettet» der «Stimme von oben» ganz am Ende, das den Worten Mephistos «Sie ist gerichtet» antwortend widerspricht, ist Trost. Aber dieser Trost ist schon jenseitig, und von dort her kommt die Stimme ja auch.

Was die Walpurgisnachtszene angeht, wird man zugeben, dass, was sie bietet, so wie es Schöne gleichsam authentisch ‹konstruiert› hat, ziemlich starker Tobak ist. Übrigens sprach Goethe selbst von seinem «Walpurgissack», den er der Nachwelt überlasse. Er meinte damit eine Sammlung solcher Dinge und sagte: «wenn mein Walpurgissack nach meinem Tode sich einmal eröffnen und alle bis dahin verschlossenen, stygischen Geister Plagegeister, wie sie mich geplagt, so auch zur Plage für andere wieder loslassen sollte... das, denke ich doch, vergeben sie [die Deutschen] mir sobald nicht».[88] «Stygische Geister» sind die des Flusses Styx, der die Unterwelt umkreist. Die Äußerung zeigt, dass da in Goethe etwas ihm selbst zugleich Wichtiges und auf unheimliche Weise *Quälendes* war: «Plagegeister» sagt nicht wenig.[89]

39. Junge Männer – Eine versteckte Anwesenheit von Sexuellem im Deutschen

Hier geht es um ein Thema, das dem, was bisher erörtert wurde, benachbart ist. Und wir reden zunächst nur vom Deutschen. Sind Sie, frage ich, schon darauf gekommen, dass eine Reihe von Ausdrücken, die einen jungen Mann bezeichnen, ‹eigentlich› *dasselbe* meinen und ‹eigentlich› *sexuell* sind?

Die Sprache, *jede* Sprache bringt es fertig, dass man nicht offen auf sie hinsieht. Vieles in ihr wird erst auf den zweiten oder dritten Blick sichtbar. Und vieles, wenn man nicht darauf gestoßen wird, nimmt man womöglich überhaupt nie wahr. Wir vergessen die Sprache, während wir uns sprechend und schreibend und verstehend in ihr bewegen. Unsere Aufmerksamkeit ist zumeist ziemlich ausschließlich auf das bezogen, *worüber* geredet wird. Oder auf die Person oder die Personen, denen wir uns *sprechend und verstehend* zuwenden. Was die Sprachwissenschaftler machen, wenn sie das Sprachliche für sich selbst so wichtig nehmen, ist eine unnatürliche Abweichung, um nicht gleich zu sagen: eine Perversion. Ich will die Anwesenheit des Sexuellen in den Sprachen nicht überschätzen. Warum sollte ich? Aber ich möchte darauf aufmerksam machen, dass schon diese sehr übliche deutsche Ausdrucksweise – ‹das darf man nicht überschätzen› –, die auch in anderen Sprachen Entsprechungen hat, problematisch ist. Denn eigentlich ist es doch so, dass man gar nichts überschätzen soll. Man soll alles so sehen, so *einschätzen*, wie es wirklich *ist* – weder unterschätzen noch überschätzen. Und diese richtige Einschätzung ist ja speziell die Aufgabe der Wissenschaft.

Ich meine mit jener versteckten Anwesenheit von Sexuellem die Reihe: *Bengel, Flegel, Schwengel* (*Ladenschwengel* sagte man früher zu einem Gehilfen in einem Geschäft), dann *Strick, Schlingel, Schlankel* (das ist eine österreichische Variante), *Stöpsel, Spund* oder *Spunten* und *Stift*.[90] Mit *Stift* bezeichnet oder bezeichnete man bis vor kurzem einen Lehrjungen, einen männlichen Auszubildenden, einen Azubi – die Ableitung *Stiftin* wurde, wie es scheint, nicht gebildet.

Auch die Bezeichnung *Spitz* könnte man hier nennen. Sie ist in *dieser* Verwendung nicht so allgemein verbreitet wie die anderen Wörter, die ich genannt habe. Ich kenne es aber aus meiner oberschwäbischen Heimat, wo es sehr häufig vorkommt. Aber sicher ist diese Verwendung im Süden des deutschen Sprachraums auch anderswo geläufig. Und eine *Spitzin* gibt es auch nicht. Aus meiner Jugend erinnere ich mich an Aussagen wie: ‹So'n Schpitz!›, ‹Mensch, descht aber'n Schpitz!›, ‹So'en Sauschpitz!› oder ‹en Jeses-Schpitz!› – ‹Jesus› also, wie (zumindest schwäbisch) recht häufig, als steigernder Zusatz und dies ganz unabhängig von evangelisch oder katholisch.

In der Schweiz übrigens, die wir nicht vergessen wollen, wird *spitz* als Eigenschaftswort in einem leicht negativen Sinn verwendet, der mir sonst nicht begegnet ist, etwa: ‹Das war schon ein bisschen spitz!›, womit gemeint ist ‹auf der Grenze›, ‹auf der Kippe›, ‹nicht mehr ganz in Ordnung›. Auch gelten innerhalb der Schweiz speziell die Ost-schweizer, gegen die sich im Lande selbst ein spezifischer Affekt rich-tet, prinzipiell als ‹ein bisschen spitz›. Manche Schweizer, also solche, die nicht aus der Ostschweiz sind, erklären einem offen: ja, gut, die seien ‹halt schon ein bisschen deutsch›.

Was liegt in der Reihe *Bengel, Flegel* usw. vor? Zunächst haben wir in diesen Ausdrücken offensichtlich ein Bild, eine Metapher für das *Glied*. Bezeichnungen «nach dem Geschlechtsglied» heißt es in dem Artikel ‹Knabe› des «Kluge».

Zu diesem wichtigen hier schon oft zitierten Wörterbuch eine Anmerkung. «Der Kluge» – das ist das «Etymologische Wörterbuch der deutschen Sprache». Sein Autor war Friedrich Kluge. Das Buch erschien 1883 zum ersten Mal. Es wurde oft neu bearbeitet herausge-geben und erschien 1989 in zweiundzwanzigster «völlig neu bearbei-teter» Auflage. Diese Neubearbeitung stammt von Elmar Seebold, so dass man nun vom «Kluge-Seebold» sprechen sollte. Der eben erwähn-te Artikel ‹Knabe› in diesem neuen «Kluge» zeigt übrigens zunächst, wieviel da unsicher ist. Aber die Festellung und selbst die Herstellung von Unsicherheit ist *auch* eine wissenschaftliche Leistung. Und gerade dies ist eine der Leistungen des neuen «Kluge», des «Kluge-Seebold». Solche Unsicherheit ist ja auch wieder etwas wie Sicherheit. Wo früher klare unzweideutige Auskunft geboten wurde, erfährt man nun bloß noch (und dies ist ein Fortschritt): «unklar».

Also *Knabe*. Auch im Blick auf die Herkunft *dieses* Worts gibt es Unsicherheit (warum, ist im Einzelnen für uns unwichtig). «Denkbar» jedenfalls, sagt uns der «Kluge-Seebold» (und dies ist nun für uns wichtig), sei auch «ein Rückgriff auf lautlich entsprechende mund-artliche Wörter, die zu *Knebel* gehören» und ebenfalls diese Bedeutung haben. In diesem Fall würde (wie bei *Stift, Bengel* usw.) «eine Be-zeichnung nach dem Geschlechtsglied vorliegen». Auch *Knabe* selbst könnte also – es wird hier als Möglichkeit in Rechnung gestellt – in diese Reihe gehören. *Ursprünglich*, meine ich, denn heute ist davon ganz und gar nichts im Bewusstsein. Niemand, außer einem hier kundigen Sprachwissenschaftler, denkt bei *Knabe* an so etwas. Erneut konstatieren wir hier diese Abweichung des Sprachgelehrten vom normalen Verhältnis zur Sprache. Natürlich darf und muss der Sprachwissenschaftler von diesem Verhältnis abweichen. Nur sollte er nicht vergessen, dass er dies tut. Und er sollte sich, wo es nötig ist, auch einfühlen in das Bewusstsein der normalen Sprechenden.

Somit, nach «Kluge-Seebold», «eine Bezeichnung nach dem Geschlechtsglied». Hübsch gesagt, denn es gibt in der Tat auch andere Glieder. Aber in unserer Reihe liegt noch etwas vor: nicht nur die Bezeichnung des Glieds nach einem Gegenstand, zum Beispiel einem Stift, sondern auch – und dies ist etwas anderes – die Bezeichnung eines jungen Manns *insgesamt* nach dem Glied. Auch darauf muss man gestoßen werden, denn man kommt nicht von selbst darauf. Zusätzlich zu dem Bild für das Glied gibt es also noch dies, dass der eigentliche, der normale Ausdruck durch einen anderen, einen *uneigentlichen* ersetzt wird. In unserem Fall wird der *eigentliche* Ausdruck, also ‹Junge› oder ‹junger Mann›, dadurch ‹ersetzt›, dass das Ganze durch einen – offenbar als wichtig betrachteten – *Teil* von ihm bezeichnet wird. Die Ersetzung des eigentlichen Ausdrucks durch einen uneigentlichen nennt man mit dem alten Fachwort eine ‹Metonymie›. Eine besondere Form von Metonymie ist nun eben, dass ein Teil des Ganzen für das Ganze überhaupt steht, er bezeichnet dann also nicht mehr nur einen Teil des Ganzen, sondern das Ganze selbst. Somit, um zu unseren Beispielen zurückzukehren: ein als wichtig erachteter *Teil* des Ganzen steht da für das Ganze überhaupt. Dieser Teil muss übrigens, im Falle von Mann, nicht unbedingt das Glied sein. Zum Beispiel ist im Rumänischen das übliche Wort für den Mann *bărbat* – da ist also der Bart, rumänisch *barbă*, das kennzeichnende Merkmal. Der erwachsene Mann ist da, im Unterschied zur Frau, aber auch (und sicher mehr noch) zu einem Jungen, der mit einem Bart versehene, der *barbátus*, wie die lateinische Grundlage dieses Wortes lautet. Die lateinische Formel für eine solche Bezeichnung des Ganzen nach einem Teil ‹pars pro toto› kannte schon die alte Rhetorik, die mit den Griechen begann. Diese Rhetorik hat nämlich schon fast alles Sprachliche genau klassifiziert. Und sie ist hier in der Tat, was überraschen mag, zuständig.

40. Einschub: Rhetorik – Was ist das eigentlich?

Rhetorik ist keineswegs nur eine Lehre von kunstgerechter Rede, nicht nur ‹Redelehre› mit allem, was dazu gehört, bis hin zu der in der Rhetorik besonders wichtigen Art des *Vortrags*, welche die Römer ‹Handlung›, ‹actio›, nannten und die heute englisch ‹delivery›, also ‹Überbringung› oder auch ‹Ablieferung›, heißt. Nein, die Rhetorik ist (oder vielmehr: sie *war*) auch eine Lehre vom kunstgerechten *Schreiben*: sie ist (oder sie *war*) eine regelrechte Poetik, eine Lehre vom Reden und Schreiben und zusätzlich dann auch eine Lehre vom angemessenen *Verstehen* des Geredeten und Geschriebenen. Und sie hat – als zweitausendjährige Tradition – das, was wir, mit mehr oder weniger Pathos, ‹das Abendland› nennen, sehr stark und also, einmal wieder, den ‹alten Griechen› an bestimmt. Diese Tradition brach Ende des 18. Jahrhunderts ab, aber doch so, dass sie keineswegs ganz verschwand. Etwas von ihr ist übriggeblieben.

Und diese starke und lange Tradition hängt nun mit etwas Wichtigerem und in aller Regel Übersehenen zusammen: was man Rhetorik nennt, in diesem vollen, *schulmäßig* überlieferten Sinn, ist eigentlich nichts anderes als eine systematisierende Zusammenfassung dessen, was in der Sprache *an sich schon* ist. Es war wohl wieder einmal Friedrich Nietzsche, der dies zuerst klar erkannt und herausgestellt hat.[91] Die Sprache ist für sich selbst schon ‹Rhetorik›. Oder vorsichtiger: in der Sprache selbst ist schon viel Rhetorisches. In anderen Worten: was wir ‹Rhetorik› nennen, die Rhetorik, wie sie, historisch gesehen, bei den Griechen entstand, ist nur die systematisierende Bewusstmachung, ein ans Licht Ziehen von etwas, das in der Sprache ohnehin mannigfach am Werk ist. Und insofern kann Rhetorik – in diesem weiteren und, fast hätte ich gesagt, ‹ewigen› Sinn – auch nicht verschwinden. Sie verschwände nur mit der Sprache zugleich. Doch zurück zu den jungen Männern – wir sind aber von ihnen, wenn wir von den ‹alten Griechen› reden, so weit gar nicht entfernt.

41. Junge Männer (Fortsetzung)

Der Sprachwissenschaft ist also der Zusammenhang und der Charakter all jener Bezeichnungen, die ich nannte, nicht verborgen geblieben. Ich sage hier nichts Neues. Somit: eine Metapher, ein Bild zunächst (für das Glied), dann zweitens eine Teil-Ganzes-Bezeichnung, eine pars-pro-toto-Metonymie; die Glied-Metapher ‹Bengel› steht als Teil – und das ist dann die Metonymie, die uneigentliche Bezeichnung – für den *ganzen* jungen Mann. Metapher also und uneigentliche Bezeichnung. Natürlich könnte man es auch umgekehrt sagen: ein Teil, hier also das Glied, steht für das Ganze, und dieser Teil wird metaphorisch, bildlich also, bezeichnet.

Merkwürdig ist, dass man erst darauf gestoßen werden muss. Man kommt in aller Regel nicht von selbst darauf, dass alle diese Ausdrücke auf dasselbe hinauslaufen. Also: *Bengel, Flegel, Schwengel* – somit derbe längliche Holzstücke, die als Instrumente verwendet werden, zum Beispiel, besonders drastisch, als Dreschflegel (man haut damit auf das abgeschnittene, gemähte Getreide ein) –, dann *Strick* (eine andere auch sehr deutliche Metapher), *Schlingel* gehört zu *schlenkern*, und wir verbinden es mit etwas Ähnlichem, etwas Herumhängendem, *Stift* und *Spitz* sind deutlich genug, und *Stöpsel* und *Spund* (*ein junger Spund*) oder schweizerisch (und auch nördlich des Bodensees) *Spunten* sind dies ganz besonders: da wird etwas zugemacht, zugestopft, gleichsam verschlossen.[92] Und auch hier wieder das handwerklich Instrumentelle. Bei *Knilch* stellt unser Sprachbewusstsein keine Verbindung mit einem anderen Wort her, und etymologisch ist auch dieses Wort, wieder nach «Kluge-Seebold», «unklar». Für *Kerl* gilt dasselbe. Übrigens gehört das Wort *Bube*, das erst im späten Mittelhochdeutschen belegt ist und in seiner Herkunft ebenfalls unklar ist, sicher *nicht* in diese Reihe; da liegt eine solche Metapher nicht zugrunde.

42. Sprachkritischer Einschub: Eine seltsame Lücke im Deutschen – *Junge, Bube*

Was den normalen Ausdruck für ‹Junge› angeht, haben wir im Deutschen eine ärgerliche oder auch seltsame Lücke. Trotzdem ‹funktioniert› unsere Sprache auch hier, wenn auch nicht ganz reibungslos. Es fehlt uns etwas, das dem englischen *boy* oder dem französischen *garçon*, dem italienischen *ragazzo*, dann auch dem spanischen *muchacho* oder *chico* entspräche. Es fehlt ein normales und allgemeines und regional neutrales Wort für den noch nicht jungen, sich erst abzeichnenden Mann. *Bube* zunächst ist süddeutsch, und dieses Wort hat in gehobener Sprache auch oft eine negative Bedeutung – so auch in unserer klassischen Sprache «Halt ein, Bube!» In dem sehr negativen Wort *Bubenstück* (‹Das war nun wirklich ein Bubenstück!›) tritt sie überdeutlich hervor. *Junge* ist norddeutsch. Und für den Plural *Jungs,* neben *Jungen,* gilt dies erst recht; Süddeutsche reagieren oft geradezu allergisch auf *Jungs.*[93] Und das nicht regionale *Knabe* ist zu altertümlich für normalen Gebrauch – «Willst, feiner Knabe, du mit mir gehn …?», heißt es in Goethes «Erlkönig». Das Wort *Knabe* ist für den Normalgebrauch auch zu edel. Seinerzeit, als die regenbogenfarbige «Edition Suhrkamp» zu erscheinen begann, hieß ein hübscher, sogleich einleuchtender Werbespruch, diese Reihe sei, «wie wenn man statt *Junge Knabe* sagt». Diesen altertümlichen Wert hat *Knabe* übrigens nicht in der häufigen Wendung ‹ein alter Knabe› – «Rotwein ist für Alte Knaben/Eine von den besten Gaben», lautete früher ein Reim. Martin Walser lässt in «Muttersohn» seinen Professor Feinlein erzählen, dessen Gegner Dr. Bruderhofer nenne ihn in den Sitzungen, an denen er nicht teilnehme, «den Alten Knaben». Darauf dann Feinleins, des extrem Süddeutschen, Reaktion: «Wenn ich ein Alter Knabe bin, ist er ein alter Bub. Er hat doch total den Vierzehnjährigen im Gesicht».[94]

Bei *Mädchen* haben wir dieses Problem nicht, denn es ist der allgemeine überall mögliche neutrale Ausdruck, während das norddeutsche *Mädels (das Mädchen, das Mädel, die Mädels),* dann etwa das bayrisch-österreichische *Maderln (das Maderl, die Maderln)* regional sind, und die berühmten «siaßen Maderln» gibt es in Wien – und offenbar nur dort. Eine Lücke also im Wortschatz des Deutschen bei *Junge*, die wir bei der angehenden Frau nicht haben.

43. Literarischer Einschub: Die Rückgabe eines besonderen Stifts auf dem «Zauberberg»

In Thomas Manns «Zauberberg» ist an einer bedeutsamen hocherotischen Stelle ein Bleistift wichtig. Er ist da sozusagen zentral. Und es handelt sich, was auch nicht unerheblich ist, um einen ganz besonderen Bleistift – um einen, bei dem die Spitze, mit der geschrieben wird, herausgedreht werden kann (oder eigentlich, für seine Benutzung, herausgedreht werden *muss*).

Die Stelle ist am Ende des ersten Teils; sie beschließt ihn. Nach einer «Fastnachtsgeselligkeit» kommt es zwischen Hans Castorp und Clawdia Chauchat, die er liebt, zu einem traumhaft kühnen Gespräch. Übrigens sagt der Erzähler später über Castorp: «Ein Schlingel, dieser Hans Castorp. Oder, wie Herr Settembrini es mit schriftstellerischer Feinheit ausgedrückt hatte, ein Schalk». Das gehört zum vorher Gesagten: da wird die Bedeutung von *Schlingel* durch ein feineres Synonym erläutert. Der «einfache» oder gar «simple» Hans Castorp, wie er von Hamburg her in Davos eintrifft, wird zusehends, auf dem Zauberberg und durch ihn, zum «Schalk». Jenes also hocherotische Gespräch gleitet mehr und mehr ins Französische hinein, obwohl die schöne Russin ganz gut deutsch spricht und Hans Castorp nicht besonders gut französisch. Aber die Fremdsprachigkeit gibt hier Castorp (der «Schalk» selbst sagt es der Russin) mehr Freiheit, und die Formulierung, die er gebraucht, ist schön: «denn für mich ist französisch zu sprechen gleichsam sprechen ohne zu sprechen – ohne Verantwortlichkeit», er sagt es aber schon französisch: «car pour moi, parler français, c'est parler sans parler, en quelque manière, – sans responsabilité…». Vorher hatte Hans Castorp für ein Gesellschaftsspiel einen Bleistift gebraucht (da ging es darum, mit verbundenen Augen «ein Schweinchen» zu zeichnen – ein Schweinchen!). Und Clawdia hatte ihm dazu, da er selbst keinen bei sich hatte, *ihren* Stift geliehen.

Und dieser also war nun so ein spezifischer Stift, dessen Mechanismus sie ihm auch erklärt: «C'est à visser, tu sais». Zum Drehen also: zum ‹Herausdrehen›, sagen wir im Deutschen konkreter (das Deutsche ist im Konkreten genauer als das Französische – ‹zum Drehen› können wir deutsch in diesem Fall gar nicht sagen).

Schließlich macht Castorp der Russin eine zwar ziemlich seltsame, aber unzweideutige und sehr konkrete Liebeserklärung. Und wie sie sich am Ende entfernt – «Adieu, mon prince Carnaval!» – sagt sie amüsiert beeindruckt und nun doch irgendwie neugierig angerührt, denn eine «heiße Katze», was Clawdias Zuname ‹Chauchat› ja bedeutet, ist sie eigentlich nicht. Also sie sagt ihm: «N'oubliez pas de me rendre mon crayon!», «Vergessen Sie nicht, mir meinen Bleistift zurückzugeben!» Da kehrt sie also wieder zum «Sie», zum «vous», zurück – doch ist der Unterschied französisch zwischen *tu* und *vous* nicht so stark, muss man wissen, wie der zwischen *du* und *Sie*. Wusste dies aber der Autor des «Zauberberg»? Jedenfalls: was Clawdia sagt, ist eine klare Aufforderung, sie nachher aufzusuchen – in ihrem Zimmer. Von diesem Besuch wird aber nun rein gar nichts berichtet. Was da geschah, wird nicht geschildert – eine Auslassung also des Erzählers. Und es ist ja geschickt und literarisch ganz richtig, dass er sich selbst – und uns – eine Beschreibung erspart. In dem «Zauberberg»-Film, natürlich, wurde da immerhin andeutend etwas ‹gezeigt›: Castorp beim Betreten des Zimmers und Clawdia ihn – mon Dieu! – mit hochgezogenen nackten Beinen auf dem Bett liegend erwartend… (Das Medium selbst, würde man uns rechtfertigend erklären, mache dies notwendig, tut es aber gar nicht, das sagt man uns nur so, nachdem man es sich selbst eingeredet hat). Nachher, also im zweiten Teil des Romans, ist nur mehrfach, aber immer nur anspielend von jener «Traumnacht» die Rede.

Der Erzähler setzt, den ersten Teil abschließend, unmittelbar nach der Aufforderung Clawdias an Castorp, ihr den Bleistift zurückzugeben, nur noch hinzu: «Und trat hinaus». Und er lässt es Clawdia «leise» sagen. Und dann noch dies: sie sagt es – «einen ihrer nackten Arme erhoben, die Hand an der Türangel». Und zuvor hatte uns der Erzähler zweimal gesagt, dass es gerade diese sensationellen Arme waren, die es Hans Castorp so angetan haben. Mit *dieser* Einladung nun also der Bleistift – und «c'est à visser, tu sais» – in der Hand des

Schlingels. Und es ist der Stift Clawdias! Er gehört ihr. Auf der realen Ebene – die Ausnahmesituation Karneval, ein ansprechender junger Mann, eine von ihm angerührte, neugierig entgegenkommende Frau – ist alles vollkommen normal. Man braucht, um zu verstehen, wirklich keine ‹Symbolik› – aber sie ist in jenem Stift überstark da – allerdings wieder nur, wenn man erst einmal darauf gestoßen ist. Vollkommen erotisch ist die Szene auch ohne dieses Wissen. Und konkret, wie gesagt, erfährt man hier nichts – noch viel weniger als in der von Flaubert geschilderten Kutschenfahrt. Freilich: Hans Castorp ging bei der eindringlichen Darlegung dessen, was er will, in seinem «verantwortungslosen» und übrigens dann sprachlich doch überraschend ordentlichen Französisch, was das Konkrete angeht, sehr weit.

Sigmund Freud bei der Darlegung der ‹Symbole› im Traum auf seine übliche trockene Art: «Alle der Verlängerung fähigen Gegenstände sind Symbole des männlichen Gliedes». Wie unsere Reihe *Bengel* usw. zeigt, gilt dies in der Sprache, der deutschen zumindest, durchaus aber auch für nicht «der Verlängerung fähige». Clawdias Bleistift ist dies allerdings schon. Und natürlich: Thomas Mann hatte, als er den «Zauberberg» schrieb, Freud bereits gelesen.

44. Junge Männer (Fortsetzung)

Vermutlich findet sich etwas, das unserer Reihe *Bengel* usw. ähnlich ist, auch in *anderen* Sprachen. Ein sympathischer junger Franzose, in einer Kleinstadt in der Nähe Londons lebend, berichtete mir, er werde dort von Leuten aus der Nachbarschaft gelegentlich mit «Good morning, dick!» begrüßt, was ihn anfangs doch sehr schockiert habe. Nun, *dick* steht im britischen Slang einfach für ‹Kerl›, im amerikanischen Slang meint das Wort, wiederum sehr bemerkenswert, einen ‹Schnüffler›, und so ist dort ein *private dick* nichts anderes als ein ‹Privatdetektiv›. Das ist ja drastisch genug. Schließlich steht das Wort, sowohl vulgär britisch als auch vulgär amerikanisch, für das Glied und wäre also mit ‹Schwanz› zu übersetzen (so übersetzt es auch sogar das normal seriöse «Langenscheidts Handwörterbuch Englisch»). Was nun nicht unbedingt heißt, dass jener offensichtlich nett gemeinte

Gruß direkt mit «Guten Morgen, Schwanz!» wiederzugeben wäre. Es kommt darauf an, wie präsent im Sprachbewusstsein da die Bedeutung ‹Glied› noch ist. So etwas lockert sich rasch. Sicher ist nur, dass der Gruß nicht gerade sehr formell ist und Sympathie erkennen lässt.

In dem genannten «Langenscheidt» steht die Bedeutung ‹Glied› an letzter Stelle. Sie gehört aber an die erste, denn die beiden anderen – ‹Kerl› und dann ‹Schnüffler› – bauen ja im Bewusstsein auf ihr auf. Auch wenn dieses Bewusstsein verblassen kann, wie es etwa in unserer Reihe *Bengel* etc. klar der Fall ist. Also: *dick* erstens ‹Glied›, dann zweitens, auf diese Bedeutung rekurrierend, auf ihr aufbauend, sie benützend, ‹Kerl› im britischen Englischen, wieder eine Teil-Ganzes Bezeichnung, die uns nun wahrlich nicht mehr überrascht, und dann, wie gesagt, besonders drastisch, ‹Schnüffler› im amerikanischen Englisch, was wieder ein ‹Bild› ist. Zudem ist ja *dick* auch die Kurzform des Namens *Richard*. Warum aber kommt hier gerade dieser Vorname zu seiner pars-pro-toto-Stellung sozusagen für ‹den Mann›? Andererseits: warum nicht? Warum nicht *Richard*? Nichts spricht gegen *Richard*. Und ein geläufiger männlicher Vorname muss es doch sein! Jedenfalls haben wir hier also zwei pars-pro-toto-Ausdrücke für ‹Mann› in einem: *Dick*, ‹Richard›, und *dick*, ‹Schwanz›. Auch das ist etwas wie ‹Etymologie› – Etymologie, die sich nun nicht auf Vergangenes bezieht, sondern auf etwas, das noch immer, im normalen Sprachbewusstsein *ist*. Jedenfalls kann sie dort wiederhergestellt werden und wird dann – ‹ach so, ja, natürlich, daran hab ich noch gar nicht gedacht› – auch als einleuchtend empfunden.

Für den *alten* Mann haben wir deutsch ja den Ausdruck *Sack* oder direkt *alter Sack,* auf dessen sexuelle Metaphorik man vielleicht auch nicht gleich kommt. Da ist das englische *old fucker* entschieden deutlicher. ‹There was an old fucker who told me…›, sagen die Engländer und die Amerikaner, wo wir sagen ‹ein alter Knacker›. Doch bleiben wir bei *Sack!*[95] Als einmal in Harald Schmidts vormaliger unvergessener Sendung oder, wie man jetzt sagen muss, seinem unvergessenen ‹Format›, einer der ‹Gäste› von der Müllabfuhr in Hamburg berichtete und sagte: «Ja, gut, wir haben das auch, wir trennen auch, wir haben da so gelbe Säcke», fuhr ihm Schmidt sofort dazwischen: «Kein Rassimus in meiner Sendung!»

45. Einschub: Eine besondere Art von Etymologie. Außerdem: Freuds wichtige Unterscheidung zwischen Bewusstem, Unbewusstem und Vorbewusstem

Etymologie befasst sich mit der Herkunft der Wörter. Man redet aber auch von ‹Etymologie›, wenn man die Herkunft eines Worts selber meint und etwa fragt: ‹was ist die Etymologie dieses Worts?›. Man will dann einfach wissen, woher es kommt. ‹Etymologie› somit als Teil der Sprachwissenschaft, wie sie sich etwa in einem ‹etymologischen› Wörterbuch, zum Beispiel im «Kluge-Seebold», niederschlägt, oder dann als ‹Herkunft› eines Worts selbst.

Wenn ich aber *hier*, für *mein* Thema, von ‹etymologisch› rede, muss noch einmal und in anderer Weise unterschieden werden. Es gibt einerseits die Etymologie, die Herkunft eines Worts, wie sie nur der sehr komplexen *sprachwissenschaftlichen* Untersuchung zugänglich ist. Dann gibt es andererseits auch die Etymologie, die sozusagen offen zutage liegt – bereits für das normale, alltägliche, also nicht wissenschaftlich informierte Sprachbewusstsein. Dass zum Beispiel das Wort *Gärtner* von *Garten* kommt oder das Wort *Kuss* von *küssen*, muss man nicht nachschlagen. Das muss man auch niemandem erklären. Das weiß jeder und buchstäblich auch schon jedes Kind.

Bei unserer Reihe *Bengel* usw. geht es nun sicher um diese *zweite* offen daliegende (und natürlich ganz unfachliche) Etymologie. Ist man einmal darauf gekommen oder wurde man darauf gestoßen, versteht man sie sofort und braucht dazu keine Sprachwissenschaft. Daher ist sie auch – aber zu Unrecht – für die Sprachwissenschaft nicht so wichtig.

Bei Sigmund Freud gibt es eine interessante Unterscheidung, die sehr nützlich ist, leider aber oft übersehen und bei der Betrachtung und Beurteilung von Sprachlichem nicht herangezogen wird. Und gerade bei der Beschreibung und der Erklärung für das Sprachliche ist sie bedeutsam. Dies zeigt sich eben bei dem, um das es uns hier geht. Und daran hatte Freud selbst, weil er anderes im Auge hatte, sicher nicht gedacht. Es hätte ihn aber kaum überrascht.

Er unterscheidet im Seelischen unter dem Gesichtspunkt des Bewusstseins drei Arten von Vorgängen: «bewusste», «unbewusste» und «vorbewusste». Interessant und neu ist hier natürlich die Unterscheidung zwischen «unbewusst» und «vorbewusst». «Bewusst» ist ja klar. Das heißt: ‹klar› im Sinne von ‹einfach› ist der Begriff wirklich nicht – er ist philosophisch nicht einfach, auch philosophiegeschichtlich belastet, und dann ist dies ja eine der großen, durchaus noch ungeklärten Fragen der Biologie: wie kam es in der Evolution (und dies hat ja mit dem Menschen viel zu tun) zum *Bewusstsein*, genauer, denn darum geht es: zum reflexiven *Selbstbewusstsein*? Aber wie komplex dies auch sein mag: man weiß doch intuitiv, was der Begriff meint, wenn man sagt ‹das war mir durchaus bewusst› oder ‹das war mir nicht bewusst›. Freud macht nun aus dieser sprachlichen und also *vorwissenschaftlichen* Unterscheidung für seine Zwecke eine wissenschaftliche Terminologie, er legt definitorisch fest. In diesem Sinne bezeichnet er als «unbewusst» seelische Vorgänge, die dem von ihm sogenannten «Unbewussten» angehören und nur «bei Vorliegen bestimmter Bedingungen» (etwa in Träumen) *ansatzweise* bewusst werden *können*. Mit «vorbewusst» hingegen meint er Vorgänge, die zwar, rein von der Beschreibung her, ebenfalls unbewusst sind, vielleicht gar das ganze Leben hindurch unbewusst *bleiben*, aber jederzeit, wenn die Aufmerksamkeit sich darauf richtet oder von außen darauf gerichtet wird, bewusst gemacht werden *können*. Die Unterscheidung hier also zwischen «unbewusst» erstens in einem «systematischen» Sinn – etwas ist unbewusst, weil es zum «System» des «Unbewussten» gehört, und unbewusst zweitens in einem rein «beschreibenden» Sinn – etwas ist unbewusst, weil es eben faktisch nicht bewusst, also unbewusst ist, aber jederzeit bewusst gemacht werden kann. Er spricht schließlich auch zusammenfassend von dem «System» des «Vorbewusst-Bewussten» (abgekürzt «Vbw-Bw») und stellt diesem das des «Unbewussten» (abgekürzt: «Ubw») entgegen.[96]

Dies trifft nun gerade auf unsere Reihe *Bengel* usw. zu: was hier vorliegt, ist «vorbewusst», ist also faktisch für sehr viele, rein beschreibend gesehen, *unbewusst*, es kann aber ohne Schwierigkeit, wenn die Aufmerksamkeit darauf gerichtet wird, *bewusst gemacht* werden, so wie ich es hier versucht habe. Keineswegs aber gehört das mit Bengel usw. zu dem, was Freud «das Unbewusste» nennt, zum

«Unbewussten» im «systematischen» Sinn, zum «Es». Sonst hätte ich es ja auch nicht gewusst und also auch nicht erklären können ...

Dass man nicht gleich auf den Zusammenhang all jener Ausdrücke kommt, ist also letztlich nicht überraschend. Es kommt in der Sprache auch sonst vielfach vor und gehört zu ihr. Wenn einem alles bewusst wäre, was beim Sprechen und Schreiben und beim Verstehen im Spiel ist, kämen das Sprechen und Schreiben und auch das Verstehen des Gesprochenen und Geschriebenen ins Stocken. Vieles in der Sprache ist uns nur latent bewusst. Eigentlich gilt es für die ganze Grammatik. Da kennen wir oder besser: da ‹können› wir etwas, dessen wir uns nicht bewusst sind. Wir wissen gar nicht, was wir da wissen oder ‹können›. Aber ein Grammatiker kann es uns erklären, wenn wir ihm mit einer gewissen Anstrengung (die ist allerdings nötig) folgen. Es kann uns bewusst gemacht werden. Und gelegentlich, vor allem wenn es um Wörter geht, kann einem selbst ohne fremde Hilfe plötzlich etwas bewusst werden. Und da ist übrigens ein bemerkenswerter Unterschied etwa zur Physik, Chemie, Biologie, auch zur Medizin usw.: bei diesen Fächern erfahren wir, wenn man uns etwas erklärt, kaum je etwas, das wir eigentlich immer schon wussten oder eigentlich schon hätten wissen *können*. Da erfahren wir wirklich – für uns – Neues. In der Sprachwissenschaft hingegen, besonders was die Grammatik angeht, erfahren wir immer wieder Dinge, wenn man uns etwas erklärt, die wir ‹eigentlich› schon wussten oder ‹konnten›.[97]

46. Junge Männer (Schluss)

Inhaltlich, semantisch ist an unserer *Bengel*-Reihe auffallend, dass diese Bezeichnungen alle mehr oder weniger sympathisierend sind. Auch wenn sie negativ, zum Teil *stark* negativ getönt sind. Sie sind schon für sich selbst nicht ernsthaft negativ, vielmehr haben sie etwas wohlwollend Nettes und Zustimmendes.

Andererseits – dies muss hier berücksichtigt werden, weil es an dieser Stelle hereinkommt – gehört es gerade zur Sprache der Zuneigung, der Liebe, der Zärtlichkeit, dass nahezu alle und vielleicht gar wirklich *alle* negativen Ausdrücke, unter *dieser* Bedingung, der Bedingung der *Zuneigung*, durchaus und sogar *sehr* positiv verwendet werden können. Das gilt ganz sicher für die Bezeichnungen unserer Reihe. Man denke nur an *Schlingel*! Aber sogar, im Extrem, *Sauhund* oder gar *Schwein* können oder könnten so verwendet werden. Man mag hier an einen berühmten Satz denken: «Alles besiegt die Liebe», «Omnia vincit amor». Es ist der Beginn eines Verses des größten römischen Dichters, also Vergils («Eklogen» X, 69). Wieder einmal, auch hier im Kleinen und im Sprachlichen, ein Beispiel, ein Beleg für die, wie Freud sich an gewichtiger Stelle einmal ausdrückt, «Allgewalt der Liebe».[98] Die Liebe also besiegt auch in der Sprache das Vulgäre. Die Sprachwissenschaft redet im Blick auf dieses Sprechen von ‹hypokoristischer› Sprache. Dieses einschüchternde Fachwort ist aber eigentlich sehr schön, denn er beruht auf dem griechischen Eigenschaftswort ‹hypokoristikós›, das ‹zärtlich streichelnd› meint. In diesem Zug des hypokoristischen, des zärtlich streichelnden Sprechens zeigt sich wieder die große Elastizität der Sprache, ihre sehr offene Verfügbarkeit, ihre *Disponibilität*. Diese ist eines ihrer ganz großen und hier ganz offen daliegenden Geheimnisse.

Man mag die Frage stellen, ob diese Ausdrücke eher aus der Sicht des Mannes kommen oder aus der der Frau. Nach allem, was man weiß, nach allem, was man vermuten *muss*, sind diese Ausdrücke *männlich* bestimmt: hier kommt männlich akzentuierte, auch selbstgefällig zustimmende Anerkennung zum Ausdruck, Anerkennung gleichsam von Mann zu Mann. Auch etwas wie vielleicht gar neidischer Respekt vor der Jugend.

47. Frauenbilder

Offensichtlich ist zumindest die deutsche Sprache (es gilt aber sicher auch für die benachbarten), wenn es um die Bezeichnungen für Frauen geht, weit sparsamer als bei denen, die sich auf Männer richten. Jeder aber kennt die *alte Schachtel*, wobei auch hier die Metaphorik nicht sofort klar ist: man muss auch da erst darauf gebracht werden oder man kommt irgendwann von selber drauf (dies macht aber keinen eigentlichen Unterschied). Man lernt diese Ausdrücke ja sehr früh, lange vor der Pubertät, und lernt da nur, was gemeint ist, hier also eine alte Frau, und lernt auch sofort, dass dies alles andere als ein ‹feiner› Ausdruck ist. Letzteres lernen Kinder, wie jeder weiß, ganz außerordentlich früh und schnell. Sie haben ein sehr sicheres Gespür für die Sprengkraft gewisser Wörter, etwa am Familientisch. Sie bringen da schon vom Kindergarten einiges mit und auch dahin. Ein Kind erklärte seiner Großmutter, die es mir berichtete: «Im Kindergarten sagt man zu Po ‹Arsch›». Und so ganz ‹unschuldig› war dies wohl auch nicht gemeint. Da war wohl doch das Gefühl: das wird schockieren.

Junge Schachteln gibt es offenbar nicht. Freud zur (sexuellen) Darstellung der Frau im Traum: «Das weibliche Genitale wird symbolisch dargestellt durch alle jene Objekte, die seine Eigenschaft teilen, einen Hohlraum einzuschließen, der etwas in sich aufnehmen kann. Also durch *Schachte*, *Gruben* und *Höhlen*, durch *Gefäße* und *Flaschen*, durch *Schachteln*, *Dosen*, *Koffer*, *Büchsen*, *Kisten*, *Taschen* usw. Auch das *Schiff* gehört in diese Reihe». Er nennt dann auch *Schränke* und *Öfen* «und vor allem das Zimmer». An Stoffen nennt er *Holz* und *Papiere*, an Tieren *Schnecke* und *Muschel*. Und schließt dann noch an: «Ein erwähnenswertes Symbol des weiblichen Genitales ist noch das *Schmuckkästchen*, *Schmuck* und *Schatz* sind Bezeichnungen der geliebten Personen auch im Traume, *Süßigkeiten* eine häufige Darstellung des Geschlechtsgenusses» (auch wieder so ein Wort, ein ärztlich neutrales – analog zu ‹Alkohol-› oder ‹Nikotingenuss›).[99] Freud weist hier selbst mit dem Zusatz «auch im Traume» auf die Parallele zur normalen Sprache, also nicht der speziellen des Traumes, hin. Nur muss man sagen, dass von all dieser Symbolik des Traums (wir konzedieren einmal, dass Freud hier Recht hat oder doch nur wenig übertreibt) sich in der Sprache, jedenfalls in der allgemeinen und jedermann vertrauten, sehr wenig wiederfindet. Zum Beispiel also in dieser Verwendung von *Schachtel*. Jemand begrüßte einmal (da war ich dabei) eine Frau, die einen Karton trug, mit «Guten Tag beisammen!», was nicht fein war, mich aber doch zum Lachen brachte. Dann *Frauenzimmer*. Der sicher altertümliche Ausdruck ist seltsam, er erklärt sich jedoch historisch. Zunächst (im Mittelhochdeutschen) bezeichnete *Frauenzimmer* die «Wohngemächer der Fürstin», dann, wieder nach «Kluge-Seebold», «das Gefolge der Fürstin». Die Bedeutung verschiebt sich also vom

Ort zu den Bewohnern, hier den Bewohnerinnen. Schließlich verschiebt sie sich vom Kollektiv – und da sind wir vermutlich bei unserem Punkt – auf eine Einzelperson. Da also könnte Freuds «Symbolik» schon hereinkommen – die Frau als Zimmer. Dann natürlich *Schatz* – aber diesen Ausdruck gebrauchen ja auch Frauen nicht selten für *ihren* Mann («Mein Schatz hat's grün so gern…»). *Schatz* ist nicht geschlechtsspezifisch. Im Stuttgarter Raum hörte ich einmal im Blick auf ein junges Mädchen: «Descht» (Zusammenziehung von ‹des ischt›, also ‹das ist›) «aber a netts Kässle!» Dies allerdings würde nun sehr genau hierher gehören. Unbedingt dann natürlich auch der sehr gebräuchliche Ausdruck *Büchse* oder dialektal *Büchs* für eine Frau, eine ältere oder eine jüngere. Die Büchse ist ja auch in Freuds Liste der «Objekte, die einen Hohlraum einschließen». Aus meiner Jugend und Heimat erinnere ich mich noch an den noch immer gebrauchten Ausdruck *Schees*, also französisch *Chaise* ‹Sitz›, womit zunächst unübertragen eine Kutsche gemeint war, für eine ältere Frau – «Descht aber analte Schees», «Das ist aber eine alte Chaise». Jetzt dürften viele, die dies sagen und hören, gar nicht mehr wissen, was das Wort ursprünglich und eigentlich meinte. Übrigens wäre dies – Kutsche als Hohlraum – psychoanalytisch zusätzlich interessant bei Flauberts große Kutschenfahrt: Léon begibt sich da in die Frau hinein (Kap. 38).

48. Einschub: Shakespeare – ein gewagter Vers: «Doch da sie dich für Frauenlust gerüstet…», «But since she pricked thee out for women's pleasure…»

Von Shakespeare gibt es eine zusammenhängende Sammlung von Sonetten, es sind hundertvierundfünfzig – und alle sind Liebesgedichte. Eines davon, das zwanzigste, richtet sich, wie sehr viele von ihnen, an einen jungen Mann. Es lautet in der Übersetzung von Klaus Reichert, der *alle* übersetzt hat, so:

«Ein Frauenangesicht, von der Natur mit eigner Hand gemalt, hast du, Herr Herrin meiner Leidenschaft; ein sanftes Frauenherz, doch nicht vertraut mit Wechselhaftigkeit, wie es bei falschen Frauen üblich. Ein

Auge, strahlender als ihre und nicht so falsch, wenn's blitzt, das alles golden macht, worauf es blickt; ein Mann im Ausdruck, und jeder Ausdruck steht ihm zum Gebot, womit es Männeraugen stiehlt und Frauenseelen narrt. Und, ja, als Frau warst du zuerst geschaffen, bis die Natur, dich schaffend, sich in dich vergaffte und mich um dich durch eine Zutat brachte – ein Ding *dazu*, ein Nichts zu meinem Nutz. Doch da sie dich für Frauenlust gerüstet, sei deine Liebe mein und deiner Liebe Nutz *ihr* Schatz.»

Eine Prosaübersetzung. Und was der Dichter hier gleichsam als Pointe sagt, was er also mit der «Zutat» meint, bedarf kaum einer Erläuterung. Der Dichter und Liebende sagt von ihr, dass sie ihm gar nichts nütze: «ein Nichts zu meinem Nutz», wie es bei Reichert hübsch alliterierend heißt. Der subtil verspielte Gedankengang ist der: da nun einmal der junge Mann, den die Natur zunächst als Frau zu schaffen dachte, bis sie, indem sie sich verliebte in ihr eigenes Werk, die Frau am Ende zum Mann machte (und zu was für einem), da er nun also durch närrische Verliebtheit der Natur «für Frauenlust gerüstet» sei, ist für den Dichter die Lösung diese: ihm, dem Dichter, solle die *Liebe* des Mannes gehören, der Nutzen, der *Gebrauch* seiner Liebe aber den Frauen.

Jedoch ist sprachlich gesehen Shakespeare kühner: jene «Zutat» nämlich benennt er mit einem Zeitwort, das in sich tatsächlich das vulgäre Wort für das Glied enthält. Das Zeitwort ist *to prick out*, und dieses meint etwas wie «ausstechen» oder «markieren» und «zwar mit kleinen Löchern», «piercing» umschreibt das «Concise Oxford Dictionary» (2002), und dies «knappe» Wörterbuch von rund 1.700 Seiten kennt auch das vulgäre Hauptwort *the prick* («*vulgar slang* a man's penis», wie er notiert und überträgt «a man regarded as stupid, unpleasant, and contemptible»). Es ist die zweite Bedeutung, und als erste nennt es «pricking», «Lochung» oder, was für die Shakespeare-Stelle besonders gut passt, «a small hole or mark made by pricking», «ein Loch oder eine Markierung». Das ist nun wirklich das Übliche: ein technisch-handwerkliches Bild für das Sexuelle (vgl. hierzu Kap. 49 «Über das Bezeichnen allgemein und speziell hier»). Die Bedeutung ‹Glied› für *prick* ist schon für Mitte des 16. Jahrhunderts belegt. So teilt nun das große «Oxford English Dictionary», 3. Auflage 2007, mit.[100]

Da findet sich eine Stelle aus der «Financial Times» vom 11.4.92 zitiert, die wohl nichts anderes ist als eine (problematische) Interpretation unseres Sonetts: «All would be well if the effeminate-looking young man were indeed a woman, but he has a prick, which is nothing to William's purpose», «Alles wäre gut, wenn der wie eine Frau aussehende junge Mann tatsächlich eine Frau wäre, aber er hat einen Schwanz, der Williams Absicht nicht dienlich ist».[101]

Zurück zu Shakespeare. Er schreibt also einigermaßen frech im vorletzten Vers «Since she» (also die Natur) «pricked thee out for women's pleasure...». Natürlich tat Reichert gut daran, den aussichtslosen Versuch zu unterlassen, dieses wie beiläufige Wortspiel mitzuübersetzen, denn es müsste ja zudem, sonst kann man es nur gleich bleiben lassen, mit der schlagenden, gar nicht insistierenden Knappheit des Originals geschehen. Und dies geht einfach nicht.

Aber nun die vierzehn Verse des ganzen Sonetts in Shakespeares Worten, die freilich auch in Reicherts getreuer und schön lesbarer und also auch hörbarer Übersetzung sind:

«A woman's face, with Nature's own hand painted,
Hast thou, the master mistress of my passion;
A woman's gentle heart, but not acquainted
With shifting change, as is false women's fashion;
An eye more bright than theirs, less false in rolling,
Gilding the object wherupon it gazeth;
A man in hue all hues in his controlling,
Which steals men's eyes and women's souls amazeth.
And for a woman wert thou first created;
Till Nature, as she wrougth thee, fell a-doting,
And by addition me of thee defeated,
By adding one thing to my purpose nothing.

But since she prick'd thee out for women's pleasure,
Mine be thy love, and thy love's use their treasure.»

Dieses Sonett ist im Original, nicht nur wegen des älteren Englischen hier, gar nicht so leicht zu verstehen. Tatsächlich muss es auch solchen, die Englisch als Muttersprache haben, erläutert werden. Es ist keines der ganz berühmten dieser berühmten Sammlung, aber es ist ein Wunderwerk in seiner so natürlichen und fast wie gesprochen wirkenden gereimten und rhythmisierten Präzision – und in seiner Gewagtheit im Inhaltlichen. Somit: Reim, Rhythmus, Natürlichkeit, Präzision und Gewagtheit. Und zu dieser gehört auch und vor allem das hübsche und ans Ende gerückte «since she pricked thee out for women's pleasure».

Psychologisch ist die Lösung des liebenden Dichters, wie der letzte Vers sie formuliert, offensichtlich schwierig. Doch darauf kommt es nicht an. Dann natürlich, und dies gehört nun in unseren Zusammenhang, finden wir hier auch wieder (es ist eben allgegenwärtig) die übliche mannzentrierte Sicht. Und zwar doppelt. Erstens wird der junge Mann zwar gepriesen wegen der Frauenhaftigkeit seines Gesichts und besonders seiner Augen (da ist ein Stück Frauenlob), gleichzeitig aber werden die Frauen dann wieder kritisiert wegen ihrer Wechselhaftigkeit, jedenfalls wenn es «falsche Frauen» sind, und wegen der Falschheit, nun ganz allgemein, ihres Augenrollens: das des geliebten jungen Mannes, heißt es ja, sei nicht so falsch, «less false in rolling».

Da haben wir, wieder einmal, das Thema, das Verdis Libretto im «Rigoletto» in der vielleicht bekanntesten Opern-Arie überhaupt so formuliert: «La donna è mobile», auf Deutsch: «Ach, wie so trügerisch...!»[102]. Und zweitens (und für uns hier weit wichtiger) finden wir auch hier wieder dies: *beide*, «pleasure» und «treasure» sind im Sexuellen bei den *Frauen*, wieder einmal wird übergangen, dass sie auch beim Mann sein können oder doch wohl quasi unvermeidlich sind. Und eben darin, dass «pleasure» und «treasure» tatsächlich gerade nicht nur bei den Frauen sind, liegt ja dann sicher ein beträchtlicher Teil der psychologischen Schwierigkeit dieser Lösung, wie der scharfsinnige Schluss des Sonetts sie anvisiert: «and thy love's use their treasure», «und deiner Liebe Nutz ihr Schatz». Als wäre hier nur die jeweilige Frau bei der Sache! Und dann sind hier übrigens auch die Plurale «*women's* pleasure» und «*their* treasure» kennzeichnend: es gehört zu diesem männlichen Frauendiskurs, dass die Frau pluralisch wahrgenommen wird. Goethe lässt es den Mephisto zu Faust weltmännisch so sagen: «Ich sage *Fraun*; denn, ein für allemal,/Denk ich die Schönen im Plural» (Faust, Zweiter Teil, Vierter Akt, Verse 10 174-

10 175). Übrigens würde ich auf dem männerbestimmten Frauendiskurs nicht allzusehr insistieren. Man könnte es auch anders sehen…

Und eines muss sehr klar sein: all diese gleichsam negativen Elemente finden sich hier, aber dies ist nun wirklich kein Einwand gegen das Gedicht. Von seiner hohen Anmut, die viel zu tun hat mit seiner Intensität und seiner sich an delikater Grenze bewegenden Gewagtheit, nehmen ihm solche Feststellungen gar nichts. Ein schieres Wunderwerk – dabei bleibt's.

49. Sprache und Sexualität

Was ist Sexualität?

Wir haben diese Frage bisher nicht gestellt. Es war für unsere Zwecke auch kaum nötig. Jeder weiß, was mit dem Wort gemeint ist, was natürlich nicht heißt, dass er auch weiß, was das Gemeinte ist. Vergewissern wir uns immerhin kurz – und locker, denn wer weiß schon *genau*, was Sexualität ist?

Es gibt rein biologische Bestimmungen: in der Evolution entstand Sexualität, also die geschlechtliche Fortpflanzung, vor 600 Millionen Jahren (neben der geschlechtlichen gibt es auch die *ein*geschlechtliche und die *un*geschlechtliche). Sexualität besteht, so gesehen, in der Vereinigung und Neuaufteilung der Genome *zweier* Individuen; dies führt – darwinistisch gesehen und wie sollte man es sonst sehen? – zu größerer Variabilität der Individuen und dadurch zu verbesserter Anpassungsfähigkeit der jeweiligen Art insgesamt. Auch beim Menschen geht es natürlich biologisch – hier passt ‹natürlich› in jeder Hinsicht – um den Austausch von Genomen, um eine neue Verbindung von «Erbinformationen». Eine solche rein biologische Bestimmung ist sicher nicht falsch, hat aber mit unserem Erleben von Sexualität – und übrigens auch, so ist stark anzunehmen, mit dem der Tiere – so gut wie gar nichts zu tun. Auch wenn im Akt der *Zeugung*, wie der vormals berühmte Psychologe und rituelle Freud-Gegner Hans Jürgen Eysenck, wie andere seiner Richtung, zu sagen pflegte, tatsächlich das Entscheidende von dem geschehen mag, was wir unseren Kindern zu geben imstande sind – gerade dann also, wenn wir am allerwenigsten daran denken, und *wenn* wir auch daran dächten, würde es natürlich (und wieder passt das Wort hier genau) am Ergebnis nichts ändern.[103]

Aber schon bei den Wirbeltieren allgemein, bei vielen von ihnen jedenfalls, gibt es *zusätzliche* Funktionen der Sexualität, die vor allem mit der Festigung der jeweiligen Gruppe zu tun haben und nichts mehr mit dem Austausch von Genomen, und in diesem Fall müssen die sexuell Handelnden dann auch nicht unbedingt verschiedenen Geschlechts sein. Dies hat die nunmehr sogenannte «Soziobiologie» klar herausgestellt – ein nicht unproblematischer Begriff, den der große Biologe, zudem ein glänzender Schriftsteller, Edward Osborne Wilson von Harvard eingeführt hat (er ist beileibe nicht nur Ameisenspezialist).[104] Die genannte rein biologische Bestimmung reicht somit schon biologisch nicht aus. Und Menschen unterscheiden sich auch darin von Tieren oder, meinetwegen, von allen *anderen* Tieren, dass ihr sexuelles Verhalten nicht nur von dem geleitet wird, was man Instinkt nennt. Dies weiß schon schlichte vorwissenschaftliche Empirie.

In «Figaros Hochzeit», «Le Mariage de Figaro» (1785), dem Theaterstück von Beaumarchais, Grundlage für das Libretto von Mozarts Oper, sagt eine Figur keck: «Trinken ohne Durst zu haben und jederzeit zur Liebe bereit zu sein – nur dies, gnädige Frau, unterscheidet uns von den anderen Tieren», «Boire sans soif, faire l'amour en tout temps, Madame, il n'y que ça qui nous distingue des autres bêtes» (Akt 2, Szene 21). Wieder die schwere Übersetzbarkeit des so schlichten und unanstößigen *faire l'amour* ins Deutsche, wenn man nicht geradezu ‹Liebe machen› sagen will, und mit «trinken» ist natürlich hier Prozentiges gemeint, bei dem es also nicht primär um Durst geht (es kann ihn nur schöner machen). Man sieht: bei Beaumarchais heißt es schon ganz modern «nur dies unterscheidet uns von den *anderen* Tieren».

Die Lust hängt beim Menschen also nicht oder kaum (und dann wieder eher kulturell) von der Jahreszeit ab. Auch der Frühling ist, wie wir ihn erleben, primär etwas Kulturelles. Dies ist das *eine*, das *andere* ist, dass die Partnerwahl beim Menschen nicht so schematisch und also auch nicht so sicher wie bei Tieren vor sich geht. Kürzlich wurde in der Presse mitgeteilt, dass männliche «afrikanische Marmorriedfrösche», wie Biologen der Universität Witwatersrand in Südafrika herausfanden, «bis zu drei Stunden quaken» und dass die Weibchen «stets das Männchen wählen, das am schnellsten quakt» – am schnellsten also, nicht am lautesten. Und nur die Weibchen wählen da offenbar.[105] Und dann gibt es (und dies mag sich im Tierreich zwischen Weibchen und Männchen vielfach anbahnen) bekanntlich Unterschiede zwischen der Sexualität der Frau und der des Mannes. Diese Tatsache führe, heißt es in der aktuellen Darstellung bei «Wikipedia», auf die ich mich hier vorsichtig beziehe, «bei der Heterosexualität zu mannigfachen Abstimmungsschwierigkeiten». Nett gesagt. Bliebe zumindest hinzuzufügen, dass sich auch bei Homosexualität «Abstimmungsschwierigkeiten» einstellen können. Und dann und vor allem zeigt sich zusätzlich, dass sich sowohl die Frauen wie auch die Männer auch wieder jeweils unter *sich* unterscheiden. Auch dies steigert die Komplexität.[106]

Aber derlei brauchen wir nicht weiter zu referieren. Denn was wir in der *Sprache* antreffen, ist nun wirklich die krude und einigermaßen reine Sexualität und zwar, dies kommt hinzu, eine *männerbestimmte* und, dies kommt weiter hinzu, müsste aber nicht hinzukommen: eine mehr oder weniger *frauenverachtende*. Wir brauchen daher auch nicht die Sexualität von der Erotik umständlich abzugrenzen, den Sexus also vom Eros, und beide auch nicht von dem, was man ‹Liebe› nennt. Nur so viel: selbstverständlich muss zwischen Sexualität, Erotik und Liebe unterschieden werden, andererseits muss aber auch klar sein, dass da nicht allzu strikt unterschieden werden *kann*. Es gibt ja, was Freud «Sublimierung» nennt: aus einem Niederen kann etwas Hohes gemacht werden. Und der Sublimierung bedarf es nicht einmal immer. Psychisch kann vieles und verschiedenes nebeneinanderstehen. Von Michelangelo gibt es die Verse: «Vom Niedrigsten in höchste Sphären leitet/Mich oft mein Wunsch, der mich im Traume lenkt.»[107] Ein «niedriger Wunsch lenkt» den Träumenden (irgendetwas Sexuelles, ist stark zu vermuten) und leitet ihn dann wachend «in höchste Sphären». Man könnte zu diesem zuweilen problematischen Bedürfnis nach klaren Grenzziehungen auch Rainer Maria Rilke zitieren: «Aber Lebendige machen alle den Fehler, dass sie zu stark unterscheiden …».[108] Vermeiden wir ihn!

Auch haben wir ja im Deutschen, wie in vielen anderen Sprachen ebenfalls, tatsächlich ein *einziges* zentrales und großes Wort, in unserem Fall also *Liebe*, das *alles* einschließen kann, auch die ‹christliche Liebe›, für die es griechisch ein eigenes Wort gibt: *agápe* neben *éros*. Das heißt: die christliche Sicht wählte sich im Griechischen ein anderes, ein eigenes Wort für *ihre*, ihr wichtige Liebe; entsprechend finden wir dann im Lateinischen *caritas* neben *amor*.[109] Sicher mit Recht belehrt uns zur Zeit «Wikipedia», dass «zwischenmenschliche Sexualität in allen Kulturen auch als mögliche Form von Liebe verstanden wird». Und mit gleichem Recht, stellt Christoph Wulf in dem schönen Beitrag «Sexualität» zu seinem interessanten (etwas postmodernen) Sammelband «Vom Menschen» fest: «ein erfülltes sexuelles Leben ohne Erotik ist nicht möglich».[110] Wer möchte widersprechen? Das Umgekehrte aber würde man nicht mit derselben Sicherheit sagen wollen. Und Wulf sagt es auch nicht. Ein Problem übrigens liegt ja gewiss, so oder so, in dem Wort «erfüllt». Warum nicht gleich ‹vollwertig› – ‹vollwertiges sexuelles Leben›?

Bereits 1955 hat Helmut Schelsky in einem damals vielgelesenen Buch (es war der Band 2 von «rowohlts deutscher enzyklopädie») festgehalten, dass sich die menschliche Sexualität «in zwei wesentlichen Merkmalen» von derjenigen der Tiere unterscheide: in «einer weitgehenden Instinktreduktion», mit der die «Bildung eines sexuellen Antriebsüberschusses» einhergehe, ein Überschuss über die Fortpflanzung hinaus, dann in der «Ablösbarkeit des sinnlichen Lustgefühls vom biologischen Gattungszweck, womit die Lust als ein neuer Zweck des Sexualverhaltens unmittelbar intendierbar» wird. Es ist einleuchtend und heißt ja wohl nicht, dass den Tieren, den höheren zumindest, etwas wie Lust abzusprechen sei: «Wollust ward dem Wurm gegeben, und der Cherub steht vor Gott», heißt es gar bei Schiller und dann bei Beethoven im letzten Satz der «Neunten» … Auch Schelsky hebt das «Fehlen des jahreszeitlichen Rhythmus der sexuellen Antriebe» hervor und konstatiert eine «Daueraktualität des menschlichen Geschlechtstriebes», der «unter einigermaßen günstigen Bedingungen» zu dem genannten «Antriebsüberschuss» führen könne. Und dann redet er, was den Menschen angeht, von der «kulturellen Formung des sexuellen Verhaltens». Die Sexualität des Menschen ist, bei aller Tiefe und Stärke ihrer biologisch triebhaften Verankerung, in hohem Maß *kulturell* geprägt. Noch einmal Schelsky: «diese historische Wandelbarkeit der menschlichen Sexualität macht den Menschen selbst in seiner *biologischen* Verfassung zu einem geschichtlichen Wesen».[111] Sogar dort also, wo der Mensch sehr stark biologisch ist, ist er geschichtlich. Der kulturelle, somit auch geschichtliche Charakter der menschlichen Sexualität entfaltet sich, unter dem Begriff ‹Genus› oder englisch ‹Gender›, in dem zu Recht seit einigen Jahrzehnten viel thematisierten Geschlechtsbegriff, der den sexuellen oder nur am Sexuellen festgemachten nicht nur erweitert, sondern umfassend *verändert*, so dass ‹Sexus› zu einem bloßen Bestandteil von ‹Genus› oder ‹Gender› wird.

Biologische Grundlage der Sprache

Das Kulturelle ist in der menschlichen Sexualität überall. Was nun aber die *Sprache* angeht, so ist *sie* fast *ausschließlich* kulturell. Allerdings macht es sich der schlichte Satz «Sprache ist Kultur» auch wieder zu leicht. Denn die Sprache hat zumindest eine starke, für sie absolut notwendige biologische Basis, die sich in der Evolution spät, aber doch in sehr weit vorhistorisch zurückliegender Zeit (da geht es um mehrere Millionen Jahre), ergeben hat. Wobei man wohl nicht sagen kann, dass da die Sprache zum Menschen kam, sondern dass es zum Menschen, zu seiner Entstehung erst mit dem ‹Hinzutritt› der Sprache gekommen ist. Ohne Sprache ist der Mensch nicht Mensch. Wilhelm von Humboldt sagt es unzweideutig (aber allein deshalb muss es nicht stimmen): «Der Mensch ist nur Mensch durch Sprache».[112] Konrad Lorenz redete seinerzeit, jene Allmählichkeit relativierend, von der Sprachentstehung als von einem «Kugelblitz der Evolution». Dies aber, sagen mir Biologen, sei «eine wissenschaftlich nicht zu verantwortende Aussage». Doch wie immer: die biologische Basis der Sprache ist unbestreitbar. Und sie besteht ganz einfach in dem empirisch evidenten Sachverhalt, dass der neugeborene Mensch als frühes Kind eine Sprache, und zwar jede beliebige Sprache, zu lernen imstande ist (und es können auch zwei oder mehrere gleichzeitig sein). Dieser Sachverhalt ist eine Fähigkeit, ein Vermögen, ein Können, das der Mensch, in scharfem Unterschied auch zu seinen nächsten Verwandten, den übrigen Primaten, *genetisch* mitbringt. Der Mensch ist nicht nur, nach einer alten Bestimmung früher griechischer Philosophen, «das Sprache habende

Tier (oder Lebewesen)», «tò zóon lógon échon», sondern – und eben da kommt das Kulturelle massiv herein – das immer zumindest *eine* so oder so geschichtlich bestimmte, also geschichtlich gewordene Sprache habende Tier oder Lebewesen. Das mit dem «Sprache habenden Tier» ist bereits eine ‹biologistische› Verkürzung. Es ist richtig, aber nicht *ganz* richtig. Sehr bemerkenswert ist sodann, dass diese Bestimmung, auf die bereits Aristoteles, weil sie ihm schon vorlag, zurückgreift, bis heute gilt – jedenfalls mit der eben gemachten Präzisierung, die wichtig ist, weil sie auf dem Ineinandergreifen des genetisch Mitgebrachten mit dem Kulturellen insistiert.[113]

Die Fähigkeit des Spracherwerbs, die also – gerade als nun rein biologische – speziell *menschlich* ist, heißt in der Sprachwissenschaft seit einiger Zeit englisch «Language acquisition device», abgekürzt «LAD». Aber was diese mitgebrachte «LAD», diese «Vorrichtung» eigentlich sei, ist umstritten und somit ungeklärt, oder (dergleichen geschieht in den Wissenschaften gar nicht so selten) man begnügt sich einfach mit dem Hinweis auf «LAD» und tut so, als sei mit dieser Benennung irgendetwas geklärt.[114] Aber: ist diese «Vorrichtung» oder «Einrichtung» schon so etwas wie ein Wissen, eine rudimentäre und dann also angeborene «universelle Grammatik», die somit *allen* Sprachen zugrundeliegt, weil sie alle, so diese Position, aufbauen auf dieser genetischen Basis? Diese Grammatik könnte selbstverständlich nur äußerst allgemein sein. Oder ist diese «Vorrichtung» einfach, wozu ich stark neige, eben die (wie immer geartetete) *Voraussetzung* des früh-kindlichen Spracherwerbs – und *nur* eben dies und nicht selbst schon etwas wie Sprache? Warum soll gerade hier die Voraussetzung von etwas schon dieses selber sein? Und dann richtet sich das Interesse der Sprachwissenschaft am Sprachlichen seit jeher und zu Recht gerade auf das, was in den Sprachen *geschichtlich*, also geschichtlich *geworden* ist. Zudem sind die Sprachwissenschaftler und wurden, was sie sind, weil sie gerade dieses geschichtlich Gewordene in den Sprachen – in seinen Unterschieden (vor allem in diesen) und Gemeinsamkeiten – interessierte. Und dann sieht man – und dies ist nun sehr wichtig – das Problem des Spracherwerbs von vornherein falsch oder eigentlich gar nicht, wenn man den Spracherwerb *isoliert* ins Auge fasst, wie es diese Sprachwissenschaftler tun. Denn der Spracherwerb ist nur Teil eines überaus umfassenden Erwerbs, den man Wetterwerb nennen kann: man erwirbt einen umfassenden Überblick über die Welt, der wie immer kleinen Welt jedenfalls, in die man durch Geburt hineingeriet oder, wie Heidegger drastisch sagt, «geworfen» wurde – und man wird ja schließlich auch wieder hinausgeworfen aus ihr.[115]

Sicher aber kann und muss im Vergleich von Sprache und Sexualität dies gesagt werden: die im Kern *biologisch* angelegte Sexualität ist alles andere als geschichtsfrei, und die nahezu ausschließlich *geschichtlich* gewordenen Sprachen oder, einfacher, das menschliche Reden, das ja immer innerhalb von Sprachen geschieht, beruhen notwendig auf einer nicht geschichtlichen, sondern *biologischen* Basis. Übrigens hat das Biologische auch eine Geschichte, aber diese Geschichte, die Evolution, ist ganz anderer Art als das, was wir im engeren und eigentlichen Sinn Geschichte nennen: sie bezieht sich nur, bei aller enormen Bedeutung, die sie tatsächlich für uns hat, auf die erdgeschichtlich gesehen winzige Zeit, in welcher der Mensch handelnd und leidend hervortritt und im Zentrum steht. Diese beiden ‹Geschichten› sind so fundamental verschieden, dass man für beide nicht dasselbe Wort gebrauchen sollte. Allein die Tatsache, dass die Zeit in beiden die entscheidende Kategorie ist, ist, wie angedeutet, eine sehr schwache Gemeinsamkeit. Wobei ja noch hinzukommt, dass auch gerade von der Zeitdimension her der Unterschied enorm, ja inkommensurabel ist.

Stärke des Sexuellen und die Wörter für ‹Liebe›

Zur Stärke des Sexuellen doch einige Sätze – schon weil diese Stärke sich gerade auch in den Sprachen spiegelt. Zunächst drei Philosophen. Für Sören Kierkegaard, von dem Heidegger seinen Begriff der «Geworfenheit» hat, war das nun wirklich sehr alte Leib-Seele-Thema wichtig, und zwar nicht nur intellektuell, sondern auch und vor allem existentiell; es hatte für ihn (das muss nicht für jeden so sein) wirklichen Leidensdruck; das Schlimme sei, schrieb er, dass der Geist mit einem Körper verbunden und dieser Körper dann auch noch mit einer geschlechtlichen *Differenz* behaftet sei.[116] Nicht alle Philosophen haben gerade diese am Körper haftende «Differenz» in ihrem Gewicht so hoch angesetzt, also eben das Sexuelle. Dieses Gewicht bleibt übrigens auch bei Homosexualität voll erhalten – nur eben anders herum. Mein Philosophie-Lehrer Walter Schulz, der sich als einer der ersten (nach 1945) für Kierkegaard interessierte, hat jene Stelle oft und gleichsam mit bebenden Lippen zitiert und sprach selbst kopfschüttelnd im Sinne eines ‹das darf doch nicht wahr sein› von der Liebe als «jenem eigentümlichen Hingerissensein zu einem Du hin». In der Tat kann man sich ja fragen: was soll das eigentlich – Liebe? Es gehört zur Philosophie, dass man sich Fragen stellt, die außerhalb ihrer, in der Alltäglichkeit und auch in den Wissenschaften, nicht gestellt werden. Was nun speziell das Sexuelle betrifft, das Walter Schulz gewiss in jenes «Hingerissensein» einbezog, so sagte einmal Robert Spaemann in einem Fernsehgespräch respektvoll und mit sehr ernstem Blick, so als wisse er ganz und gar, wovon er redete: «Der Sexus ist eine sehr große Macht». Nun, es ist banal: aber *wie* er – und gerade *er* – die Feststellung traf, war sie es nicht.

Natürlich ist dies ein altes Thema der Dichtung. Bei Sophokles (gestorben 406/405 vor Christus) lesen wir in seiner «Antigone» über Eros, den «im Kampf Unbesiegbaren»: «Du schweifst fern über das Meer/du schlüpfst in ländliche Hütten,/kein Unsterblicher kann dir entrinnen/und keiner der Menschen, der Eintagsgeschöpfe,/der deinem Rausche verfiel». So singt hier der Chor. Die unsterblichen Götter somit, nicht anders als die Menschen, unterliegen der Gewalt dieses «Rauschs». Freud sprach von der Verliebtheit als von einem «temporären Irresein». Die stärkste, auch radikalste Formulierung zum Sachverhalt jenes «Hingerissenseins» bleibt aber wohl die im «Hohenlied» im «Alten Testament». In diesem «Lied der Lieder» (so lautet, in wörtlicher Übersetzung, der biblische Titel der leider sehr kurzen und etwas wirren Dichtung) gehe es, sagt der Kommentar der sogenannten «Einheitsübersetzung», um «eine realistische Darstellung und Verherrlichung der ehelichen Liebe», sie sei etwas wie ein «Hochzeitslied». In Vers 8, 6–7 heißt es in dieser Übersetzung: «Stark wie der Tod ist die Liebe,/die Leidenschaft ist hart wie die Unterwelt./Ihre Gluten sind Feuergluten, gewaltige Flammen./Auch mächtige Wasser können die Liebe nicht löschen;/auch Ströme schwemmen sie nicht weg».[117] Bei Luther lautet dies: «Denn Liebe ist stark wie der Tod, und ihr Eifer ist fest wie die Hölle. Ihre Glut ist feurig und eine Flamme des Herrn, dass auch viel Wasser nicht mögen die Liebe auslöschen noch die Ströme sie ertränken». In Luthers Übersetzung erscheint die Liebe als etwas brennend Gottgeschicktes: «eine Flamme des Herrn», die «Einheitsübersetzung» redet ohne Gottesbezug, wohl weil sie voraussetzt, dergleichen sei nicht im Text, nur von «gewaltigen Flammen». Insgesamt ist hier übrigens die «Einheitsübersetzung» kaum schwächer als die Luthers, und sicher ist sie genauer, auch weil sie deutlicher macht als er, dass es hier gerade auch um *Sexualität*, um *sexuelle* Erotik geht. Was ja zudem die umgebenden Verse zeigen: «Wie eine Palme ist dein Wuchs;/deine Brüste sind wie Trauben./Ich sage: Ersteigen will ich die Palme;/ich greife nach den Rispen» (7, 8–9). Und die schlechthin unüberbietbare Formulierung, was die Stärke betrifft, ist die Gleichsetzung der Liebe, der Liebe als erotischer Leidenschaft, was ihre Gewalt angeht, mit dem Tod. Das ist keineswegs nur so ein Vergleich – es ist eine Gleichsetzung. Und nicht also heißt es hier, wie gelegentlich zitiert wird ‹stärker als der Tod›, sondern realistischer, härter: «stark *wie* der Tod». Und diese Gleichsetzung ist hier ganz und gar unromantisch. Und es ist wichtig, dies zu sehen, weil die Nähe von Liebe und Tod ein Urmotiv der Romantik ist, besonders der deutschen. Davon ist die sozusagen phänomenologische, die rein feststellende Härte dieses Satzes im «Hohenlied» weit entfernt. Der große Hieronymus (347–420), der, mit seinen Löwen neben sich, die ganze Bibel ins Lateinische übersetzte (wohl die gewaltigste Übersetzungsleistung, nebenbei, eines Einzelnen überhaupt), übersetzt an dieser Stelle das entsprechende Wort gar nicht mit ‹amor›, sondern mit ‹dilectio›, was verdeutlicht, dass er hervorheben wollte, es handle sich hier gerade nicht um Liebe in dem weiteren Sinne, sondern um erotische, die sexuelle Vereinigung suchende *Leidenschaft*: «quia fortis est sicut mors dilectio»[118]. Viktor Klemperer, nicht gerade ein frommer Jude, ließ diesen Satz auf den Stein über dem Grab seiner Frau Eva Klemperer schreiben. Nie stand er irgendwo mit größerer Berechtigung.[119]

Wir haben nun also die folgenden für uns wichtigen Wörter, die ich hier nur aufzählen will: *Liebe*, etwas wie ein gewaltiger Oberbegriff, der mit deutlich verschiedenen, aber doch, wie indirekt auch immer, zusammenhängenden Vorstellungen verbunden ist; dann *Eros, Erotik* und *das Erotische,* danach *Sexus, Sexualität* und *das Sexuelle,* wobei mir die sächlich abstrakten Wörter *das Erotische* und *das Sexuelle* besonders wichtig sind (sie sind vor allem deshalb nützlich, weil sie sich nicht so festlegen – sie machen aus etwas zu Beobachtendem nicht sofort ein ‹Ding›); nicht zu vergessen sodann das aus dem Englischen gekommene, längst restlos eingebürgerte *Sex*, das natürlich nicht bloß die Kurzform des eher gelehrten Wortes *Sexus* ist, auch nicht die des geläufigeren *Sexualität* – man kann nicht sagen ‹wir hatten Sexus miteinander›, auch nicht ‹wir hatten keine Sexualität›, dagegen hätte umgekehrt Spaemann schon auch sagen können ‹Der Sex ist eine sehr große Macht›, aber das Wort *Sex* bezieht sich doch, anders als *Sexus* und *Sexualität*, in einem engeren und eher lockeren, jedenfalls alltagssprachlich unfachlichen Sinn auf das Gemeinte (die Bedeutung eines Worts ist ja nicht nur das Gemeinte, sondern auch etwas wie die Atmosphäre, die das Wort mit sich führt); schließlich gibt es auch noch die ‹deutschen› Wörter *Geschlecht*, wobei dieses Wort ja auch für das Geschlechtsteil oder die Geschlechtsteile stehen kann (hier, ausgerechnet, heißt es neutral *das* Teil, nicht *der* Teil), dann *Geschlechtlichkeit* und *das Geschlechtliche*. Aber alle zuvor genannten Fremdwörter gehören längst fest zum Deutschen, sind also gar keine Fremdwörter mehr, und *Geschlechtlichkeit* ist weit seltener als *Sexualität*, das für das durchschnittliche Sprachbewusstsein das *normale* Wort für die Sache ist. Dagegen ist nun wieder das sehr unschöne (wie ich finde) *Geschlechtsverkehr* das übliche quasi amtliche Wort für das Gemeinte. Der «Große Duden» erläutert *Geschlechtsverkehr* so (ich zitiere dies nur wegen der anderen hier erscheinenden synonymen Wörter): «sexueller, besonders genitaler Kontakt mit einer Partnerin, einem Partner; Koitus: Geschlechtsverkehr mit jemandem haben». Und *Geschlechtlichkeit*: «das gesamte Empfinden und Verhalten im Bereich der Liebe und Sexualität». *Geschlechtlichkeit* also ein Synonym für das häufigere und somit normalere *Sexualität*, und die Definition ist hier sogleich, was man kritisieren mag, auf den Menschen hin ausgerichtet. Weitere eher unschöne Ausdrücke, nämlich Wortzusammensetzungen mit *Geschlecht* sind *Geschlechtsakt*, *Geschlechtswerkzeuge* und *Geschlechtsapparat*, *Geschlechtsbetätigung*, *Geschlechtsleben* (Robert Musil wird im «Duden» zitiert: «Diese medizinische Überschätzung des geordneten Geschlechtslebens...»), dann *Geschlechtspartner* und

-partnerin, *Geschlechtsverirrung* (für *Perversion*) und der kollektive Begriff *Geschlechtswesen*.

Noch einmal: Zum Obszönen

Zur Stärke des Sexuellen gehört auch die des *Obszönen*, das uns hier nur am Rand interessiert, weil unser Zusammenhang ja die Verwendung von Ausdrücken für Sexuelles gerade für *Nicht-Sexuelles* ist. Allerdings mag auch in solcher auf Nicht-Sexuelles bezogenen Verwendung mehr oder weniger Obszönes sein, aber in der Regel doch eher weniger oder gar nichts. Vulgär ist ja etwas anderes als obszön. Die Verwendung auf das Sexuelle selbst gerichteter Ausdrücke, somit die *direkte* Thematisierung von Sexuellem durch die Sprache, wäre ein anderes und ebenfalls weites Feld. Es war das große Thema von Ernst Bornemann.[120] Im Übrigen ist auch, wie angedeutet, das Obszöne nicht leicht zu definieren. Und genau wie beim Sexuellen (und vielleicht damit zusammenhängend) stoßen wir auch hier auf die schwer zu beantwortende Frage, wo es eigentlich beginnt.[121]

In dem erwähnten Aufsatz von Christoph Wulf heißt es: «Mit der immer weiter gesteigerten Sichtbarmachung und Versprachlichung des Sexuellen ist das Sexuelle *obszön* geworden. Der Drang nach Ausstellung des Nichtaustellbaren, nach Sichtbarmachung des Nichtsichtbaren ist das Obszöne der Sexualität heute. Werbung und Pornographie sind die Vehikel des Obszönen… Die Simulation hat das Sexuelle in Besitz genommen… Immer weiter wird das Sexuelle ins Obszöne und in die Simulation getrieben…».[122] Überraschend harte Worte in einem postmodernen Buch, denn ‹postmodern› heißt ja faktisch in aller Regel ‹unernst›: er (oder sie) will nur spielen… Sicher sind diese Worte nicht gegenstandslos. Ich sehe aber nicht, weshalb das Sexuelle selbst obszön geworden sein soll, auch das «Nichtaustellbare» und das «Nichtsichtbare» sehe ich hier nicht, es sei denn es wäre gemeint ‹eigentlich› nicht ausstellbar und ‹eigentlich› nicht sichtbar zu machen, somit ‹eigentlich› – also vom ‹normalen› und ‹gesunden› Empfinden her (was immer dies sei). Faktisch werden aber, es ist schwer oder ganz unmöglich, es zu übersehen, das «Nichtaustellbare» doch ausgestellt und das nicht sichtbar zu Machende doch wahrlich sichtbar gemacht! Nein, es geht lediglich und tatsächlich um die «Sichtbarmachung», auch um die «Versprachlichung», nicht um das Sexuelle *selbst*. Und die «Versprachlichung» ist vielleicht auf *diesem* Feld eine verschärfte «Sichtbarmachung». Nicht immer ist in dieser Hinsicht das Bild radikaler.

Und dann wäre da sicher, wenn es ums Obszöne geht, von einer bestimmten und spezifischen Art von «Sichtbarmachung» zu reden, denn nicht jede, weder jede optische noch gar jede sprachliche «Sichtbarmachung», ist obszön. Das Obszöne und Pornographische liegen in einer bestimmten Form der optischen und sprachlichen «Sichtbarmachung» des Sexuellen, nicht in diesem *selbst*. Und sicher ist das Obszöne eine kulturelle, also in der Geschichte variable Erscheinung, was ja auch aus Wulfs Formulierung hervorgeht. Man darf doch wohl vermuten, dass sie im Tierreich, und auch noch bei den anderen Primaten, zu denen wir gehören, unbekannt ist. Das Obszöne ist, wie immer zu fassen, ein *menschliches* Phänomen und entspricht einem Stück unserer seelischen Wirklichkeit. Jeder (und, vermute ich mal, *jede* erst recht – oder ist dies schon spießig?) hat da Schranken, jenseits derer die Irritation, der Widerwille, ja, der Ekel beginnen. Dass diese Schranken variieren nach der im weitesten Sinn sozialen Einbettung, aber auch rein individuell lebensgeschichtlich und auch übrigens je nach Situation und Gestimmtheit – all dies kommt noch hinzu.

Demgegenüber darf und muss man, trotz dieser Schranken, aber auch einen gewissen und gar nicht so schwachen, vielmehr recht starken Drang nach «Sichtbarmachung» des Sexuellen voraussetzen – und zwar aktiv und passiv. Sonst hätten bestimmte Bücher oder Bilder oder Filme nicht solchen Erfolg! Beides ist präsent (wieder aktiv und passiv): dieser Drang und die Schranken. Und oft kommt es darauf an, um die Formel noch einmal aufzugreifen, bis *wohin* man zu weit gehen kann. Mit einem ‹*etwas* zu weit› kommt man in entsprechender Runde nicht schlecht an. Es gibt Männer und natürlich auch Frauen, die dies eindrucksvoll können. Ich erinnere mich gerne, obwohl traurig und mit Nostalgie, an meinen früh verstorbenen Freund Richard, der beim ‹Reden *darüber*› dieses «etwas zu weit» mit erheblichem Charme beherrschte.[123]

Über Sexuelles zu reden ist schwierig – nicht nur weil man sich vor dem oder den Zuhörenden geniert, sich gehemmt fühlt. Und als Mann wird man sich vor Zuhörerinnen noch gehemmter fühlen (wie es als Frau unter Frauen ist, weiß ich nicht). Dies ist schon einmal ein starker Punkt. Da ist eine Hemmung. Der (nicht unproblematische, jedenfalls sehr unfreudsche) Psychoanalytiker Jacques Lacan hat dies einmal so zur Sprache gebracht: «Insoweit das Subjekt von Sexualität redet, stammelt es», «Le sujet, dans la mesure, où il parle de la sexualité, bafouille».[124] Dies ist die *eine* Schwierigkeit, das so bedingte Stammeln. Denn eine andere kommt nun gerade von der *Sprache* her massiv hinzu. Das Sprechen über Sexuelles ist schwierig gerade auch von ihr her. Es ist eine objektive Schwierigkeit. Man stößt da rasch an Grenzen. Es ist im Sexuellen etwas nicht wirklich Mitteilbares – wie wenn die Sprache hier streikte oder eben, denn ‹streiken› kann sie ja nicht, nicht wirklich mitkäme. Aber dies, muss man sich dann klarmachen, geschieht ihr auch bei anderem, wo Scham oder Ähnliches überhaupt nicht ins Spiel kommen können: zum Beispiel beim Versuch der Wiedergabe von Geschmacksempfindungen, also beim Essen und Trinken. Bei letzterem besonders, wenn es um den geschmacklich und übrigens auch optisch so ungeheuer vielfältigen *Wein* geht. Dann vor allem beim Hören von Musik, also beim Versuch, gehörte Musik sprachlich wiederzugeben. Und man sagt ja oft, Musiker selbst tun es in aller Regel und Musikkritiker auch, Musik sei eine *Sprache*, was sie aber gar nicht ist (sie verbindet sich nur leicht mit ihr).[125] Und auch da, bei der Musik und den Geschmacksempfindungen, gibt es einfach das große Bedürfnis, das so stark positiv Empfundene (beim Negativen ist es weniger groß) möglichst genau zu artikulieren. Es will halt einfach darüber geredet werden. Dieses Darüber-reden-wollen ist ein Humanum – was sonst? Aber ich will hier wirklich nur streifend festhalten, dass das Reden über Sexuelles ein interessantes Thema ist. Ich will es nicht aufgreifen, auch und vor allem, weil ich selbst mich ihm keineswegs gewachsen fühle. Um dieses Thema abzuschließen, zwei Zitate. Zunächst ein hübscher Satz (ich sage ja nicht, dass er richtig sei) des vormals ziemlich bekannten französischen Schriftstellers Henry de Montherlant (gestorben 1972): «Après avoir fait l'amour, le premier qui parle dit une bêtise» – der erste also, der *da-*

nach «redet, sagt etwas Dummes».[126] Tiefer, schöner, melancholischer auch, ist aber sicher dieses kurze Gedicht des großen spanischen Lyrikers Antonio Machado (gestorben 1939): «Im Meer der Frau/ scheitern wenige in der Nacht;/viele im Morgengrauen», «En el mar de la mujer/pocos naufragan de noche;/muchos al amanecer».[127] Ob es auch umgekehrt gilt, also für die Frau – was weiß ich? Wahrscheinlich weniger.

Ist das sexuell gemeint?

Uns geht es hier um einen *sprachlichen* Tatbestand. Und da ist nun eine sehr wichtige Frage, zu der unbedingt Stellung genommen werden muss. Der Tatbestand ist der Ausdruck von Negativem – unter anderem und vor allem – durch Ausdrücke für *Sexuelles*. In dieser Hinsicht ist unser Thema ein sprachwissenschaftliches wie andere auch. Entsprechend finden wir, was wir sonst und gleichsam überall *sprachwissenschaftlich* finden. So etwa, was die Bezeichnungen, die *Namen* der Dinge, angeht, das Prinzip, noch einmal (dass ich mich hier wiederhole, liegt an der Sache), der «Nachbarschaft», der «Kontiguität»: etwas wird benannt nach etwas, das in der Nähe ist, zum Beispiel ‹miteinander schlafen› für ‹Sex haben›. Oder, anderer Fall, die Metapher, das Bild, der Vergleich oder geradezu die (vulgäre) Gleichsetzung, ‹Liebe machen› und ‹betrügen› (etwa französisch *baiser*): ‹Liebe machen› steht hier, als sei es dasselbe, für ‹betrügen› – von der einen Bedeutung kommt man zur anderen. Oder dann die Teil-Ganzes-Bezeichnung, etwas wird nach einem *Teil* von ihm bezeichnet, so etwa, um wieder bei unserem Thema zu bleiben, *baiser* ‹küssen› – vulgär (und gar nicht so furchtbar vulgär) – für ‹faire l'amour›. Also drei verschiedene Arten der Bezeichnung von etwas jeweils durch etwas *anderes* als das, was es selber ist.

Wenn nun aber Nicht-Sexuelles, wie zum Beispiel ‹betrügen›, ‹betrogen werden›, durch Ausdrücke für Sexuelles, in diesem Fall durch die vulgäre Bezeichnung für den Geschlechtsakt, bezeichnet wird (so wie in französisch *on nous a baisés*), kommt zu Recht der Einwand, dies sei doch gar nicht sexuell gemeint. Man denke dabei doch überhaupt nicht an Sexuelles, ebensowenig wie bei *fuck off!* ‹Hau ab!› oder *je suis foutu* ‹ich bin erledigt› oder *c'est un con* ‹das ist ein Blödmann› oder, denn darum geht es, ‹ein Arschloch›. Was ist dazu zu sagen?

Erstens ist das, was bezeichnet, was *gemeint* wird, wirklich nicht sexuell. Aber das ist ja gerade der Witz, dass hier Nicht-Sexuelles durch Sexuelles bezeichnet wird. Das, was ich hier ‹das Gemeinte› nenne, bezeichnet die Sprachwissenschaft mit einem Ausdruck, dessen Bedeutung von seiner alltagssprachlichen ganz abweicht: sie spricht vom *Referenten*, was zunächst, wie es nun auch in der Sprachwissenschaft immer häufiger wird, ein englischer Fachausdruck war – *the referent*. Dann redet man auch, mehr oder weniger gleichbedeutend mit *Referent*, vom *Designat* oder *Designatum* (lateinisch *designare* ‹bezeichnen›). Die Referenten oder Designate sind hier also nicht sexuell, und vor allem deshalb sagen die Sprechenden, wenn man sie danach fragt, mit gewissem – aber nicht völligem – Recht, da sei gar nichts Sexuelles. Und dann (und dies wäre mein zweiter und wichtigerer Punkt) sagen sie, dass sie auch, trotz der entsprechenden Ausdrücke, bei diesen gar nicht an Sexuelles dächten, wenn sie so etwas sagen. Auch dies ist richtig und also zuzugeben. Man könnte ihnen allenfalls sagen, latent, *verborgen* sei das Sexuelle eben doch im Bewusstsein der Sprechenden und Hörenden da, wobei ich mit ‹latent› meine, dass es nicht klar präsent und gar im Vordergrund des Bewusstseins ist, aber doch so, dass es aus dem latenten, also nicht-bewussten Zustand, herausgeholt und tatsächlich bewusst gemacht werden *kann* oder *könnte*. Herausholen kann man nur etwas, das da ist.

Drittens – und dies scheint mir am wichtigsten – ist auf dem *vulgären* Charakter all jener Ausdrücke zu insistieren. Denn genau da ist die psychische Brücke: das Vulgäre jener Ausdrücke liegt darin, dass sie grobe Ausdrücke für *Sexuelles* sind. Das macht sie vulgär. In der Vulgarität ist also indirekt, eben latent, das Sexuelle im Bewusstsein anwesend, auch wenn selten jemandem der Gedanke an Sexuelles im Kopf herumgeht, wenn er dergleichen sagt oder hört. Das Bild, die Metapher ist verblasst. Man mag etwa bei *con* streiten (‹c'est con ce qui t'arrive› – Beispielsatz des «Petit Larousse»; er registriert: «*très familier*» und als Bedeutung: «stupide, regrettable»), aber *con* bedeutet eben immer noch: *vulgaire* ‹sexe de la femme› (so wieder der «Petit Larousse»). Es ist gar nicht anders als wie wenn wir im Deutschen

‹Scheiße› sagen (und für *merde* gilt dies auch) – da denken wir auch nicht jedesmal an das, was *Scheiße* eigentlich meint... Und doch ist gerade im vulgären Charakter der Aussage ‹Scheiße!› die eigentliche Bedeutung des Worts enthalten oder *erhalten*! Das Vulgäre beweist, dass das Sexuelle wie auch das Exkrementelle nicht völlig abwesend sind. Ich habe ja herausgestellt, dass besonders im Französischen Negatives, in Richtung auf das Deutsche gehend (ich sprach, Kap. 33, im Blick auf Frankreich von einem «Mischland»), auch stark durch Exkrementelles ausgedrückt wird. Da ist nun aber festzuhalten, und Franzosen werden einem dies wohl immer bestätigen, dass die sexuellen Ausdrücke härter sind als die exkrementellen, was doch auch darauf hinweist, «dass von beidem doch noch etwas da ist» – im Bewusstsein (wo sonst?).

Über das Bezeichnen – allgemein und speziell hier

Wir müssen uns nun, um das Gesagte besser zu verstehen, noch einmal (und leider etwas pingelig) dem Begriff ‹bezeichnen› zuwenden, den wir hier wieder und wieder gebrauchen. In jedem Bezeichnen ist auf jeden Fall zweierlei: etwas, das *bezeichnet,* und etwas, das bezeichnet *wird.* Der Unterschied also zwischen *Bezeichnendem* und *Bezeichnetem.* Nehmen wir das Wort, das Wortzeichen *Mond* – das Bezeichnende ist hier sowohl die Lautreihe M-o-n-t wie auch, wenn gelesen wird, die Buchstabenreihe M-o-n-d. Hierzu, zum Lautlichen, eine Anmerkung: wenn im Deutschen (gleich im Englischen, zum Beispiel, ist das nicht so) das d im Auslaut ist, wird es zu einem t – zwischen dem in *Mond* mit d Geschriebenem und dem, was in *wohnt* mit t geschrieben wird, ist in der Tat, was vielen gar nicht bewusst ist, im Standarddeutschen nicht der mindeste Unterschied. Soviel zum Bezeichnenden des Worts *Mond.* Das Bezeichnete dieses Worts ist nun ‹einfach› (es ist in Wirklichkeit gar nicht einfach) der Mond selbst, also der Trabant, jener, nach Christian Morgenstern, «völlig deutsche Gegenstand».[128] Was die Sache selbst, also den Mond, angeht, ist dies übrigens eine arge und ja auch von Morgenstern nicht so furchtbar ernst gemeinte Übertreibung: in der Welt der romanischen Sprachen, in welcher der Mond weiblich ist, wird er durchaus auch als Großes wahrgenommen, nur eben nicht als männlich. Wie kommt nun die Bezeichnung zustande? Dadurch, dass in diesem Fall (und in allen anderen analog) in unserem Kopf, in unserem Bewusstsein, das uns dies wahrnehmbar macht, mit der lautlichen Reihe M-o-n-t und der geschriebenen M-o-n-d die *Vorstellung* von diesem Trabanten fest verbunden ist. Das heißt: die beiden Reihen rufen unwillkürlich die Vorstellung ‹Mond› hervor und umgekehrt die Vorstellung die beiden Reihen. Diese mit den beiden Reihen, der lautlichen und der graphischen, verbundene Vorstellung ist es, die das Bezeichnen, in unserem Fall des Monds als Wirklichkeit, ermöglicht. Sie macht das Wort *für das Bewusstsein* zu einem Namen. Das heißt (und nun allgemein): die mit den Lautformen und den entsprechenden Schriftzeichen verbundenen *Vorstellungen* – und gerade *nicht* die Lautformen für sich – sind eigentlich und streng genommen das Bezeichnende. Oder, so kann man es auch sagen: mit Hilfe der mit ihnen verbundenen Vorstellung werden Laut- und Buchstabenreihe zu einem Bezeichnenden. Was die Terminologie angeht, hat sich für das Bezeichnende das entsprechende Fremdwort *der Signifikant* festgesetzt und für das Bezeichnete ebenso entsprechend *das Signifikat*. Letzteres entspricht ungefähr (also nicht ganz, aber dies ist hier unerheblich) den genannten Ausdrücken *Designat* oder *Referent*. Somit: *Signifikat, Designat, Referent* mehr oder weniger synonym (ich betone: ‹mehr oder weniger› und – für unsere Zwecke hier).

Stellen wir nunmehr, ausgehend von dieser Unterscheidung zwischen Bezeichnendem (Signifikant) und Bezeichnetem (Signifikat), als *erste* Übersicht die Bereiche zusammen, aus denen die *Signifikanten*, die *bezeichnenden* Dinge, stammen, die in unseren Sprachen für allgemein Negatives stehen, also für negativ bewertete Signifikate, somit wiederum für Dinge, die mit diesen bezeichnet werden und dann natürlich auch negativ bewertet sind. Dinge werden hier also mit Dingen bezeichnet, mit Hilfe von Wörtern. Es geht hier nicht zunächst, meine ich (und es ist mir wichtig), um Wörter, sondern um *Dinge*. Dies gilt gerade für das Sprachbewusstsein. Deshalb rede ich nicht von ‹sexuellen Ausdrücken›, sondern, denn die Ausdrücke selbst sind ja nicht sexuell, etwas pedantisch von ‹Ausdrücken für Sexuelles›; gerade darum geht es ja: mit Ausdrücken für Sexuelles wird *Nicht-Sexuelles* bezeichnet (und zwar meist *Negatives*). Und mit ‹negativ› meine ich hier konkret: Ausdruck von Geringschätzung, Abwertung, Beschimpfung, Beleidigung, Verwünschung usw. Man wird zugeben, dass es sich hier um ein weites und wichtiges Feld handelt.

Da haben wir, wie im Einzelnen gezeigt oder doch angedeutet:

1. Sexuelles
2. Exkrementelles (für beides haben wir viele Beispiele genannt)
3. Ausdrücke aus dem religiösen Bereich (Gott, Jesus, Maria, Teufel, Hölle)
4. Krankheiten (*Siech* ist süddeutsch ein klassisches Schimpfwort, wobei man sich darüber, dass es eigentlich ‹krank› oder ‹Kranker› meint, gar nicht im Klaren ist; auch das derbe *verreckt* darf man hier, als Bezeichnung des Extremfalls von Krankheit, einfügen, also etwa der zumindest süddeutsch klassische ‹Sauhund, der verreckte!›)
5. Mutter und Schwester und beide sexualisiert (insofern wäre dies auch unter 1., also dem Sexuellen, einzuordnen)
6. Tiere (auch da geht es nicht um tierische Ausdrücke, sondern um die Ausdrücke, die Namen für Tiere, also etwa *Esel, Hund,* unter den Hunden ungerecht speziell *Dackel,* dann *Schwein, Sau, Kuh, Rindvieh, Ochs* – *Stier* bleibt hier, es ist bemerkenswert, außen vor (allenfalls sagt man, aber das geht ja in andere, eher positive Richtung, ‹wild wie ein Stier›) – *Schafskopf, Ziege, Gans.* Für die Bezeichnung von Frauen stehen entschieden weniger Tiernamen zur Verfügung als für die von Männern. In unseren durchaus männerbestimmten Sprachen wird, wenig überraschend, denn es passt zum Übrigen, mehr über Männer geschimpft als über Frauen. Da kommt es, hat man den Eindruck, für die Männer nicht so darauf an.

Und nun zu einer *zweiten* zusammenfassenden Übersicht. Da geht es mir, weil wir in diesem Abschnitt rückblickend gerade bei *diesem* Thema sind, um das, was speziell aus dem *sexuellen* Bereich an Signifikanten, also an bezeichnenden Dingen, herangezogen wird. Da ist

1. (aber die Reihenfolge ist hier unwichtig) der Akt selbst, etwa spanisch *joder* (Aussprache chodér) und französisch *foutre*
2. das weibliche Organ (etwa französisch *con*, spanisch *coño*)

3. (erheblich seltener) das männliche Glied (italienisch *cazzo*, südwest-deutsch *Seckel*)
4. die Hoden (auch nicht so häufig, aber etwa französisch *couillon*, und die Hoden werden auch, zum Beispiel im Spanischen, sehr positiv ‹herangezogen› – so in dem Eigenschaftswort *cojonudo* ‹toll›)
5. das Bordell (französisch *quel bordel là-dedans!* ‹was für eine Un-ordnung hier!›)
6. die Prostituierte (französisch *putain* oder auch, weit heftiger, mit überaus häufig hinzugefügtem Gottesbezug *putain nom de Dieu!*)
7. und also in sexualisierter Hinsicht Mutter und Schwester (spanisch *es un hijo de puta* oder englisch *son of a bitch* ‹ein Scheißkerl›) – ‹Hurensohn› dürfte eines der weltweit häufigsten Schimpfwörter sein (auch für Iwrit, das moderne Hebräische, wurden mir das entsprechende *bensona*, mit stimmhaftem ‹s›, genannt)
8. auch die wiederum sexualisierte Jungfrau Maria (italienisch *porca Maria!*, ja sogar *minchia Maria*, und *minchia* heißt ‹Schwanz!›).

Ich setze eine *dritte* Übersicht hinzu. Bisher ging es ja um die Signifikanten, die bezeichnenden Dinge. Wir gingen dabei von der all-gemein gefassten Bedeutung ‹negativ› aus (in dem genannten Sinne ‹Abwertung›, Geringschätzung› usw.). Von hier aus stellten wir in unseren Sprachen die Signifikanten für Sexuelles, die all dies aus-drücken, zusammen. Nun aber gilt es, umgekehrt die *Signifikate*, die bezeichneten Dinge, zusammenzustellen, wobei wir dann entspre-chend gerade den umgekehrten Weg gehen: von den Signifikanten, hier den bezeichnenden Ausdrücken für Sexuelles, zu dem, *was* sie be-zeichnen, zu den *Signifikaten*.[129] Da zeigen sich nun die verschiedenen Ausprägungen des Negativen:

1. (wieder ist die Reihenfolge nicht so wichtig) betrügen oder (passiv) betrogen werden (französisch *il m' a baisé, je me suis fait baiser* ‹er hat mich hereingelegt›, ‹ich hab mich hereinlegen lassen›, englisch *I've been fucked over*)
2. Belästigung (spanisch *¡no jodas!* ‹sei ruhig!, lass uns (mich) in Ruhe!›)
3. Gleichgültigkeit (französisch *je m'en fous* ‹das ist mir scheißegal›, italienisch *me ne frego*)

4. pure Verstärkung, Bekräftigung des Gesagten (italienisch *che cazzo vuoi?* ‹was willst du, verdammt noch mal?›)
5. fertig, erledigt sein (spanisch und katalanisch *estoy jodido* und *estic fotut* ‹ich bin fertig›)
6. Beschimpfung (süddeutsch *Seckel* und spezifiziert *Schofseckel!*)
7. siebtens, sehr wichtig, schlichte mehr oder weniger heftige Signalisierung des Gesprächsabbruchs (italienisch *va a farti fóttere!*)
8. Beschimpfung (französisch *petit con!* ‹Arschloch!›, spanisch *¡cabronazo!* deutsch wieder ‹Arschloch!›)
9. Unordnung (französisch *bordel* gleich ‹Unordnung›)
10. Unangenehmes (dafür ist wieder einmal französisch *con* ein gutes Beispiel c'est con, tu sais, ce qui m'est arrivé, ‹Blöd, weißt du, was mir da passiert ist›).

Hinzuzufügen ist, dass gelegentlich auch Positives mit Ausdrücken für Sexuelles bezeichnet wird; so meint das französische Eigenschaftswort *foutral*, von dem durchweg negativ verwendeten *foutre* abgeleitet, etwas ganz Tolles.

Nicht nur der Vollständigkeit wegen, sondern auch weil dies mittelbar in unseren Zusammenhang gehört, noch eine *vierte* (und letzte) Übersicht. Da geht es um die Zusammenstellung der Signifikanten, also der bezeichnenden Dinge, für Sexuelles selbst, hierzu aber nur einige Hinweise. Da finden wir Werkzeuge oder werkzeugartige Dinge, dann auch Waffen, also spezifische Werkzeuge. Übrigens deuten darauf schon die auch nicht sehr sympathischen, aber nun ganz unanstößigen quasi wissenschaftlichen Ausdrücke *Geschlechtswerkzeuge* und *Geschlechtsapparat* hin. Als Beispiel ist hier das englische *to screw*, in direkter Bedeutung ‹schrauben›, schlagend, geradezu paradigmatisch. In der vulgären übertragenen, der metaphorischen Bedeutung entspricht das Zeitwort, auch ungefähr ‹stilistisch›, unserem ‹bumsen›. Daneben gibt es die Wendung *to have a screw,* wörtlich ‹eine Schraube haben›, also ebenfalls ‹bumsen›, und die Wendung *to be a good screw,* wörtlich ‹eine gute Schraube sein›, also ‹gut bumsen›. Und da haben wir dann übrigens auch wieder, was uns im Augenblick nicht interessiert, die entsprechende, uns nun längst nicht mehr überraschende Verwendung für Nicht-Sexuelles: *to screw somebody* ‹jemanden reinlegen› und, im Wörterbuch mit «slang» gekennzeichnet, *to screw up* ‹etwas vermasseln› oder auch den Gesprächsabbruch signalisierenden Ausruf, besonders amerikanisch, *screw you! Und get screwed!* somit ‹bums dich!› oder ‹lass dich bumsen!› für das, was wir mit ‹lass mich in Ruhe!› oder ‹geh zum Teufel!› sagen. Das Hauptwort *Schraube* ist ja auch im Deutschen Bezeichnung für eine Frau oder ein Mädchen. Auch der Ausdruck *Schreckschraube* ist nicht gerade unbekannt (auch wenn sich viele, wenn sie dies sagen oder hören, ‹nichts dabei denken› mögen); der «Duden» bringt als trefflichen machistischen Beispielsatz ‹Was will die alte Schreckschraube schon wieder?› (der Ausdruck ist ja schon für sich selbst machistisch). Eine Studentin sagte mir einmal, amüsiert mich bestätigend, als wir in der Sprechstunde über dieses Thema redeten (sie wollte da ein Referat schreiben), ihr Freund habe, als sie an einem Studentinnenwohnheim vorbeiradelten, von einem «Schraubenlager» geredet, was ich nicht kannte und sie lustig fand (ich fand es, jedenfalls als sie es mir sagte, zugegeben, auch nicht schlecht, vielleicht weil mir die Offenheit der Aussage gefiel und die Studentin überhaupt – man reagiert da verschieden und nicht immer rational konsequent).

Zur nicht-sexuellen Verwendung von Ausdrücken für Sexuelles gehört natürlich der gar nicht scherzhafte, sondern absolut korrekte Fachausdruck *Schraubenmutter.* Dann das Wort *die Nut.* Das «ursprünglich berlinerische» Wort *Nutte,* im 20. Jahrhundert aufgekommen, gehört, so «Kluge-Seebold», gerade zu *Nut* oder *Nute,* welche ‹Rinne› oder ‹Fuge› bedeuten (beinahe witzig bemerkt der Duden «Rechtschreibung» zu diesem Wort *Nut* oder *Nute,* was die Schreibung angeht: «in der Technik nur so»). *Nut* war also als Wort vor *Nutte* da, und *Nutte* ist von *Nut, Nute* abgeleitet. *Nut* ist ja in der Tat – here we are again – ein rein handwerklich technischer Ausdruck, genauer: ein Ausdruck für etwas Handwerklich-Technisches. Von hier aus ging es dann wie von selbst zum Sexuellen.

Natürlich findet sich dergleichen auch außerhalb des Deutschen. Oder vielmehr (so kann, so muss man es auch umgekehrt sagen): was *dies* angeht, ist unsere Sprache ganz auf der normalen Linie. Die Schraubenmutter heißt französisch *écrou,* und dieses Wort geht auf ein lateinisches *scrōfa* zurück, das nichts anderes als die Sau, das Mutterschwein, bezeichnet. Und *verrou* heißt französisch ‹Riegel›, und dieses Wort gehe auf das lateinsche *verres* zurück, das ‹Eber› bedeutet. So der Romanist Gerhard Rohlfs. Von ihm gibt es da einen alten Aufsatz «Sexuelle Tiermetaphern», der auch «Schwein und Eber» behandelt. Da stellt er fest: «Durchläuft man die hier zusammengestellten Ausdrücke, so ergibt sich die Tatsache, dass Gegenstände, die dem Begriff des Hohlen ... entsprechen, ihren Namen von der Bezeichnung des weiblichen Schweines (oder eines anderen weiblichen Tieres) herleiten: ‹Schraubenmutter›, ‹Radnabe›, ‹Kasten des Schlosses›, während der Name des männlichen Schweines dann erscheint, wenn es sich darum handelt, Gegenstände zu benennen, die das Eindringen in einen anderen Gegenstand ausdrücken: ‹Schraube›, ‹Bohrer›, ‹Riegel›, ‹Haken›, ‹Zapfen›. Noch klarer werden die hier aufgedeckten Zusammenhänge, wenn man erfährt, dass die bisher ungeklärte neapolitanische Bezeichnung für den großen Bohrer (*vrigala*) in Lukanien ... die Bedeutung ‹Zeugungsorgan des männlichen Schweines› hat.» Dies ist in seiner auftrumpfenden etymologischen Entdeckerfreude bereits erheiternd. Da war der große Rohlfs schon auf meiner Spur oder ich bin noch immer auf der seinen! Ich bin aber auf diese heiter launige Nebenarbeit von ihm erst viel später gestoßen.[130] Was nun jedoch das französische Wort für ‹Riegel›, also ‹Türriegel›, angeht, hat sich Rohlfs offenbar getäuscht: *verrou* hat, wie es scheint, mit dem lateinischen Wort *verres* für ‹Eber› nichts zu tun, denn es geht auf ein anderes lateinisches Wort zurück, nämlich *vericulum* (oder *veruculum*) für ‹Bratspieß›, das sich zu einem *verrucu*lum verschob, welches sich mit *ferrum* ‹Eisen› kreuzte, somit **verruculum + ferrum = *ferruculu*m.[131] Aber ‹Bratspieß› passt in den Zusammenhang natürlich auch.

An einschlägigen vulgären Ausdrücken des Deutschen für den Akt sind, zusätzlich zu *bumsen* selbst, zu nennen etwa: *stoßen, bohren, stemmen, bearbeiten, schießen, rammeln, bimsen, verbimsen, petschieren*, also (mit einem Petschaft) ‹versiegeln›, auch das saloppe ‹verarzten› habe ich (und sicher nicht nur ich) so gemeint schon gehört.[132] Natürlich gibt es auch Ausdrücke für den Akt, die eine andere Herkunft haben – *vögeln* zum Beispiel, das ja nicht aggressiv klingt (aber ist dies bei diesem Wort nur scheinbar so).[133] Was *bumsen* betrifft, definiert «Kluge-Seebold» die nicht übertragene, also die nicht sexuelle

Bedeutung mit ‹dumpf dröhnen, heftig anprallen›. Daraus seien «ausgehend von einer abschätzigen Bezeichnung von Blechmusik» die zusammengesetzten Wörter *Bumsmusik* und *Bumslokal* entstanden. Dann: «in neuerer Zeit, ausgehend von ‹anprallen›», sei daraus ein «umgangssprachliches» Wort für ‹Geschlechtsverkehr haben› geworden. Das ist ja nun eindeutig. Übrigens verstehen die jungen Leute jetzt, von diesem ihnen allein bekannten *bumsen* ausgehend, unter einem *Bumslokal*, was ja ein älterer Ausdruck ist, ein Bordell. Jedenfalls habe ich es vor rund zwanzig Jahren erlebt, dass nicht wenige Kandidaten des Staatsexamens im Fach Französich, also Philologen (!), also mit engerem Verhältnis zu ihrer Muttersprache als andere, in einem Text aus den sechziger Jahren des damals recht bekannten Schriftstellers und Kritikers Hans Egon Holthusen, in dem vom Entstehen des Jazz in «Bumslokalen in New Orleans» berichtet wurde, dieses Wort schlicht mit ‹bordel› ins Französische übersetzten. Ein Bumslokal ist oder war aber einfach ein minderwertiges Lokal, es war auch eigentlich nicht, wie der neue Rechtschreibungs-Duden jetzt weiß, ein «zweifelhaftes Vergnügungslokal» (da ist er offensichtlich schon von der ‹neuen› Bedeutung von *bumsen* infiziert – aber vielleicht gilt dies inzwischen ja schon für die Sprache selbst). Frage: was wäre dann eine Bumsmusik? Jedenfalls kommt *bumsen* ‹Verkehr haben› unmittelbar von ‹heftig anprallen› und steht im Bewusstsein als gleichsam zu ihr passend *neben* dieser Bedeutung (‹Im Dunkeln bumste er gegen eine Schranktür›), auch wenn man dabei nicht unbedingt an den lautmalenden Ausdruck *bums* denkt, von dem die Bedeutung ‹heftig anprallen› kommt. «Bums, da geht die Türe auf! und herbei in schnellem Lauf», dachte ich, während ich dies schrieb, also an den grausamen Schneider im «Struwwelpeter». Ich habe aber sofort – Philologen sind mit Recht skeptisch, wenn es ums Gedächtnis (auch um ihr eigenes) geht –, nachgeschlagen, und tatsächlich: es heißt nicht *Bums*, sondern ‹Bauz› – «Bauz, da geht die Türe auf…». *Bauzen* wäre also auch eine Möglichkeit… Das Wort *Puff* ‹Bordell› führt «Kluge-Seebold» auf ein «Brettspiel mit Würfeln» zurück: solche Spiele seien «in den alten Badehäusern zwischen Männern und Frauen gespielt» worden, und «von da aus konnte man zwanglos in mehr erotische Spiele übergehen», und da habe man dann – wieder einmal «Teil für das Ganze» – die ganze dem Bordell sich stark nähernde Einrichtung so genannt: «daraus *Puff* ‹Bordell›». Danach der Zusatz: *«puffen* ‹stoßen› dann ‹beschlafen› mag mitgewirkt haben». Da bin ich nun ziemlich sicher, dass ‹beschlafen› von Anfang an und vielleicht auch ohne das anregende Würfel-Vorspiel in den lustigen Badehäusern des (in der Tat nicht durchweg «finsteren») Mittelalters dabei war.

Weitere Beispiele wären das fürs Italienische genannte *chiavare,* das zu *la chiave* ‹Schlüssel› gehört, also zunächst ‹schlüsseln›, meint; dazu gibt es dann *la chiavata,* sozusagen ‹eine Schlüsselei›, und *il chiavatore* und dann auch *la chiavatrice,* somit ‹den Schlüssler› und ‹die Schlüsslerin›. Auch *chiodare* ‹nageln›, von *il chiodo* ‹der Nagel› abgeleitet, wird hier genannt. Die vulgär volkstümliche Sprache hat auch für Frauen derartige technische Ausdrücke. Etwa französisch: ‹elle a un châssis d'enfer›, also ‹sie hat ein tolles, wörtlich: ein höllisches Fahrgestell› (ursprünglich war das châssis der ‹Rahmen›, die ‹Einfassung›). Einmal las ich irgendwo die möglicherweise als Scherz gemeinte Annonce in einer Zeitung: «Student mit Außenbordmotor sucht Sportfreundin».

Als Werkzeug- oder werkzeugartige Bezeichnungen für das männliche Glied wären im Deutschen zu nennen: Stempel, Stöpsel, Klöppel, Pflock, Keil, Röhre, Stiel, Latte, Stange, Wedel, Mast, Klotz, Bolzen, Deichsel, Riemen, Pinsel, Besen, Riegel usw. Und was speziell Waffen angeht: Kanone, Geschoss, Gewehr, Flinte, Vorderlader. Dann: Speer, Lanze, Bajonett, Klinge, Säbel usw. Dagegen sind die übrigens entschieden weniger zahlreichen Bezeichnungen für das weibliche Organ anderer Art, also nicht aktiv oder gar aggressiv: Scheibe, Schlitz, Schnalle, Schraube (hier zufällig alle auf sch- beginnend).[134] Den «erst in neuerer Zeit bezeugten» Ausdruck Möse bringt «Kluge-Seebold» mit Muschi ‹Katze› in Verbindung. Das ‹klassische› vulgäre Wort *Fotze* ist, wie schon gesagt, von der Etymologie her schwierig. Es ist seit dem 15. Jahrhundert belegt neben schon früher belegtem und mit ihm zusammenhängenden *Fut. Fotze* meint nicht nur das weibliche Organ, sondern auch den Hintern. Im Bayrischen heißt *Fotze* auch ‹Mund, Maul›. Dazu «Kluge-Seebold» vorsichtig und ohne Begründung: «Ein ursprünglicher Zusammenhang besteht wohl nicht». Einen solchen würde ich, ebenfalls ohne Begründung, aber doch vermuten.

Ausdrücke für heftige, derbe Bewegungen und solche für mehr oder weniger derbe Instrumente werden also zur Bezeichnung des Akts und des männlichen Glieds ‹herangezogen›. Dem entspricht konsequent, dass gelegentlich umgekehrt Ausdrücke für den Akt auch heftige Bewegungen bezeichnen – dies gilt etwa für französisch *foutre* – ‹fous ça en l'air!›, ‹Wirf das weg!›

Dass Namen von Waffen zu Bezeichnungen für das männliche Organ werden, gehört in einen wichtigen Zusammenhang: die Frau als Festung, dann entsprechend als Eroberung des Mannes. Von einer Eroberung (‹Ist das seine neueste Eroberung?›) reden wir ja noch immer. Man kann dies freilich auch von einer Frau im Blick auf einen Mann sagen, dann aber steckt darin – oder? – eine gewisse Kritik, eben weil man es so herum für nicht so normal hält (man redet ja auch von *Kampfbemalung*, wenn sich eine Frau geschminkt hat). Beim Mann ist es normal: er erobert, stiftet an oder ‹macht an›. Es gibt ja auch die ‹Anmache›. Die ‹Damenwahl› bei der traditionell ‹bürgerlichen› Tanzveranstaltung ist noch immer die als solche eigens angekündigte spannende Ausnahme. Die Frau, die sich aktiv und so, dass er es merkt, an einen Mann heranmacht, wirkt auf viele eher ernüchternd, törnt ab: da ist doch noch etwas oder eher ziemlich viel von früher geblieben, mehr als man (oder Mann) zuzugeben bereit ist. Eben dies – «das törnt ab», sagte mir ein Student: so gehe es ihm, meinte er, wenn ein Mädchen bestimmte Ausdrücke gebraucht, die er bei einem Mann nicht beanstanden würde.

Die Frau als Festung war übrigens ein Thema der Liebeslyrik von ihren Anfängen in Europa an. Diese waren in Südfrankreich – «provenzalische Minnelyrik» (vielleicht ist da auch via Spanien ein Zusammenhang mit der arabisch muslimischen Welt, in der es Liebeslyrik schon länger als im frühmittelalterlichen Westen gab). Im Fall der provenzalischen Lyrik war die Angebetete zudem verheiratet, und so wurde der Ehemann zum erheblichen Störfaktor, zum «Eifersüchtigen». Und was die Liebe als Waffengang betrifft, so gibt es von dem großen Claudio Monteverdi, gestorben 1643, in dessen Kompositionen, insofern sie nicht geistlich sind, von *diesem* Stil der Liebe noch sehr viel lebendig ist, unter den *weltlichen* Vokalwerken das berühmte und sehr schöne achte Madrigalbuch mit dem bemerkenswerten Titel «Kriegerische und verliebte Madrigale», «Madrigali guerrieri et amorosi». Aber in den «kriegerischen» geht es genauso um Liebe wie in den «verliebten», und eines der Madrigale beginnt mit der schlichten Feststellung: «Jeder Liebende ist ein Krieger», «Ogni amante è guerrier». Und immer wird da die Liebe beim Mann durch die Augen entzündet, sie leiten das Bild rasch ins Herz, wo es alsbald allergrößten Schaden anrichtet: «Legt Feuer! Tötet!» heißt das lakonisch militärische Kommando der so eingedrungenen Liebe am Ende eines Madrigals – der Mann ist dann sozusagen erledigt, ein Opfer. Amor, der Liebesgott, ist ja bekanntlich seit jeher ein bewaffneter Gott, und seine Waffen, die uns jetzt idyllisch erscheinen, waren die damals üblichen. Da haben wir nun bei den Dichtern und bei Monteverdi in hoher edler Kunstform, was wir in der Sprache in derber, ja oft widerlicher Form finden, so wie wenn da vulgär etwa (nur ein Beispiel unter vielen möglichen) von der Frau im Blick auf den Akt von «das Bajonett putzen» oder auch (das ist aber, einverstanden, keine Waffe) «den Spargel putzen» die Rede ist. Gut, man mag das auch lustig finden. Man sollte niemandem Vorschriften machen, wie er speziell auf diesem Feld etwas zu finden habe. Dies gilt auch für den Ausdruck, den ich einmal von einem sehr prominenten Juristen über einen Bayern hörte, er habe, was man den «bayrischen Gewehrschaden» nenne. Gemeint, so wurde mir erläutert, sei damit ein Mann, der unter streng katholischem Gesichtspunkt falsch verheiratet sei, also etwa mit einer Geschiedenen oder einer Evangelischen, und somit – in Bayern zumindest, so wie es *früher* war – beim Fortkommen unvermeidlich Probleme habe.

Eine Männerwelt

Und nun ein weiterer Punkt. Es ist ja kein Zweifel, dass wir uns in der Sprache – ganz speziell, wenn es um Sexuelles geht – in einer fast reinen *Männerwelt* befinden, in einer Welt, die dann auch, um Klaus Theweleits berühmten Titel aufzugreifen, denn er passt hier genau, beherrscht ist von «Männerphantasien». Die Ausdrücke, die sich da finden – und je mehr wir in den Untergrund der Sprache, ins Triviale und Vulgäre gehen, desto mehr –, reichen vom sozusagen normal und noch nett Machohaften bis ins Unflätige. Der ‹Faschismus›, den Theweleit in seinen Texten fand, ist, wenn man so will, auf diesem Feld schon in der

Sprache. Was zeigt, dass ‹faschistisch› vielleicht doch nicht der richtige Ausdruck ist (für Theweleits Textsammlung stimmt er aber schon).[135]

So etwas wie englisch *to screw* jedenfalls ist Männerphantasie. Dazu gehört auch das dezidiert besitzergreifende Verhalten, nun wieder speziell des Mannes, obwohl es bei der Frau, aber in anderer Form, natürlich auch nicht fehlt. «Wikipedia» in dem Artikel, den ich eben herangezogen habe: «Menschen drücken ihre sexuelle Anziehung durch unterschiedliche Formen und Aspekte aus» (Frage: kann man etwas durch «Aspekte» ausdrücken?): «Zärtlichkeiten, Worte, verschiedene sexuelle Praktiken, durch besitzergreifendes Verhalten». Dies letztere, die *Besitzergreifung* in der sexuellen Liebe, die ja gewiss bei Tieren starke Vorformen hat, ist nun sicher, wie Freud sagen würde, ein bedeutendes Stück seelischen Lebens. Es hat mit «Männerwelt» wieder außerordentlich viel zu tun. Wotan (bei Richard Wagner) setzt es monologisch seiner in jeder Hinsicht Vertrauten Brünnhilde, dem «kühnen, herrlichen Kind», so auseinander: «Als junger Liebe/Lust mir verblich/verlangte nach Macht mein Mut:/Von jäher Wünsche/Wüten gejagt,/gewann ich mir die Welt».[136] Aber gar nicht so wenig von «Macht» liegt auch schon in jenem «besitzergreifenden Verhalten», das in «sexueller Anziehung» und also auch in «junger Liebe Lust» *faktisch*, obwohl es die Liebenden ganz anders erleben, keineswegs abwesend ist. Es fehlt ja auch bei Frauen nicht. Wotan präzisiert oder korrigiert auf dieser Linie gleich danach: «Von der Liebe doch/mocht ich nicht lassen,/in der Macht verlangt ich nach Minne.» Man wird nicht sagen können, dies sei psychologisch unbedarft. Und dass es nur von historischem Interesse sei und es da an zeitgenössischen Beispielen fehle, wird auch niemand behaupten wollen…

Dies sollte doch wenigstens angedeutet werden. Unbedingt gehört es ja hierher: die Sexualität, wie sie in der Sprache selbst, das Gefühlte wiederspiegelnd, hervortritt, ist eine Männerwelt und entsprechend von «Männerphantasien» beherrscht. Und wenn ich von ‹Sprache› rede, meine ich nicht – denn ‹Sprache› gibt es faktisch nur im Plural – *alle* Sprachen, sondern *unsere* Sprachen, diejenigen, die wir einigermaßen überblicken. Und hier meine ich nur die, von denen hier die Rede war. Eine bestimmte Sprache, wie sie in jedem Augenblick ist, ist all das, was sich in langem, in jahrhundertelangem Reden *niederge-*

schlagen hat. Sie ist eigentlich nichts anderes – im Wortschatz und in der Grammatik – als solch ein kollektiver Niederschlag. Und das Reden der Frauen fehlt, was das *Sexuelle* angeht, in diesem Niederschlag ganz. Dabei nennen wir in vielen Sprachen unsere erste und eigentliche Sprache ‹Muttersprache› (englisch *mother tongue* neben *native language*, französisch *langue maternelle,* italienisch *lingua materna* usw.)! Es ist, als fände das Reden der Frauen ‹über diese Dinge› nicht statt, obwohl es natürlich stattfindet. Und – ist es irgend verwunderlich, dass es so ist? Wir kennen ja nur eine männerbestimmte Welt, jedenfalls in Europa und jedenfalls soweit wir in diesem Raum mit Hilfe schriftlicher Zeugnisse, *zurückblicken* können.

Männerbestimmtheit gilt für die *beiden* Wurzeln dessen, was man, emphatisch oder nicht, «Abendland» oder «Westen» nennt. Doch kommt das Entscheidende des Westens aus dessen *Osten* oder gar bereits aus dem Westen des Ostens: aus Athen und aus Jerusalem. Männerbestimmtheit gilt also zum einen für das *Judentum* und damit auch, wenngleich vielleicht etwas schwächer, für das *Christentum,* zum anderen für die *Antike* (sicher für die römische weniger als für die griechische). Und wenn wir über Europa kurz hinausblicken (nicht zuletzt weil uns dies im neuen Europa und weltpolitisch stark betrifft), wird kaum jemand sagen wollen, dass die Männerbestimmtheit des *Islam* schwächer sei als die bei den ‹alten Griechen› oder den Juden oder Christen. Sie ist sicher nicht schwächer in dieser *dritten* und jüngsten Buchreligion, was nicht überraschend ist, da sie ja, zusätzlich zu dem, was dem Propheten vom Erzengel diktiert wurde, gerade auf Judentum und Christentum beruht.[137] Kennzeichnend ist allerdings, dass die Vertreter jeder dieser drei Religionen in aller Regel betonen, gerade in ihrer eigenen werde man den Frauen eher gerecht: alle stellen ihre eigene, locker gesagt, als besondere ‹Frauenversteherin› heraus. Hier sind wir nun im Bereich des Genus oder des Gender, zu welchem, als etwas Kulturelles, das Reden, der ‹Diskurs› der Männer und der der Frauen und die *Verschiedenheit* beider Diskurse gehört – und hierher gehört dann auch, was uns interessiert, nämlich gerade die Verschiedenheit des Diskurses über *Sexuelles,* in welchem die *Frauen,* was dessen Niederschlag in der Sprache und speziell in der vulgären Sprache angeht, so gut wie abwesend sind.

Man darf sich also über die Männerbestimmtheit ‹unserer› Sprachen nicht wundern, und am wenigsten, wenn es um Sexuelles geht. In dem erwähnten Aufsatz «Sexualität» von Christoph Wulf heißt es: «Das Schicksal der Geschlechter ist die Dominanz der männlichen Sexualität. In der Pornographie und in der Prostitution kommt sie dem Mann ungebrochen entgegen... Das Verlangen des Mannes und seine Lust sind die Norm».[138] Zu dieser Männerbestimmtheit gehören dann auch zwei Motive oder Elemente, die sich unmittelbar aus ihr ergeben, auch untereinander zusammenhängen, und über die man sich ebenfalls nicht wundern darf (man muss sie aber deutlich sehen): eine Abwertung des Sexuellen und ineins damit der *Frau*. Was die des Sexuellen angeht, besteht sie nicht selten in dem, was ich eine ‹Abgebrühtheitsphantasie› nennen möchte, also etwa im Sinne von ‹Ja, gut, das kenn ich, nichts Neues und nichts Besonderes für mich›. Beide Motive treffen wir massiv in der vulgären Sprache oder genauer: im vulgären *Unterbau* der Sprache, aber eben: dieser Unterbau ist ein Teil von ihr. Diese Motive sind in der Sprache oder in den Sprachen, und da zeigt sich die Abwertung des Sexuellen vor allem in der, wie herausgestellt, so überaus häufigen Verwendung von sexuellen Ausdrücken für Negatives, dann die Abwertung der Frauen zum Beispiel in den vulgären Ausdrücken für den Akt, aber auch direkt in der negativen Verwendung der Bezeichnungen für Frau. Dies ist ja ganz traditionell und wirklich sehr alt. So heißt es etwa beim Propheten Jeremia: «Die Helden Babels geben den Kampf auf/und hocken in ihren Burgen./Ihre Heldenkraft ist versiegt,/Weiber sind sie geworden». In einem der Responsorien zum Karsamstag des großen Gesualdo heißt es zu Beginn (lateinisch): «Weine wie ein Mädchen, mein Volk, heult laut, ihr Hirten in Asche und Sack...» Da ist also auch in diesem sehr frommen Text die entsprechende Gender-Verteilung: das ganze Volk soll weinen wie ein Mädchen und die rauhen Hirten sollen, wie es sich für Männer, wenn sie schon weinen, gehört, laut und kräftig heulen: die lateinischen Zeitwörter sind *plangere* und *ululare*.[139] Auch in Homers Männerwelt finden sich solche Stellen. Und diese lassen sich, darf man begründet vermuten, wörtlich in alle Sprachen übersetzen... Die Frage ist: wenn dies so massiv in den Sprachen ist, muss es dann nicht auch zumindest im Hintergrund des Bewusstseins derer sein, die diese Sprachen sprechen? Übrigens werden, wie hervorgehoben, Ausdrücke für Sexuelles gelegentlich auch, bemerkenswerterweise, aber eigentlich ist dies ja nicht erstaunlich, zur Bezeichnung von *Positivem* verwendet. Da ist eine gewisse Ambivalenz, während Ausdrücke für Exkrementelles ausschließlich für Negatives gebraucht werden.

Ich habe gesagt, man dürfe sich darüber, dass dies in der Sprache sei, nicht wundern, da es seit jeher zu unserer Welt gehöre, was ich, von meinen Voraussetzungen her, nur *andeuten* konnte. Man könnte und müsste (und dies liegt mir als Sprachwissenschaftler nun näher) gewiss aber auch *umgekehrt* argumentieren: weil Männerbestimmtheit überall, wo es um Sexus und Genus geht, in unseren Sprachen so evident hervortritt, muss es auch, da Sprachen grundsätzlich im Raum der Zeit von sehr, sehr weit her kommen, in unserer Welt seit *sehr* langem so sein.

Ein deutschsprachiger «Sonderweg»

Die Erkenntnis, dass sich das Deutsche sehr stark, fast bis zur Ausschließlichkeit auf das *Exkrementelle* konzentriert, ist gewiss nicht neu. Hier muss auf den großen Spezialisten des obszönen Wortschatzes im Deutschen eingegangen werden. Dies war und ist der erwähnte Ernst (oder Ernest) Bornemann. Von ihm gibt es das «Lexikon der Liebe und Sexualität» (zwei Bände, 1968), dann vor allem «Sex im Volksmund. Der obszöne Wortschatz des Deutschen» von 1974 (da sagt er – oder der Verlag – also «Sex»; der erste Band ordnet diesen Wortschatz alphabetisch, der zweite «nach Sachgruppen»). Im Vorwort erklärt Bornemann: «Nach mehr als einem Jahrzehnt der Arbeit an diesem Lexikon neige ich zu der Ansicht, dass das sexuelle Denken des deutschen Volkes in höherem Maße anal orientiert ist als das irgendeines unserer Nachbarvölker. Jedenfalls herrscht in der sprachlichen Sensitivität derjenigen Volksschichten, die den größten Teil des vorliegenden Materiales geprägt haben, nicht nur ein ausgesprochener Pansexualismus, der alle Objekte, Personen und Vorgänge des Alltagslebens sexualisiert, sondern auch eine Art Analfetischismus, der solche Dinge, Personen, Vorgänge weitgehend analisiert». Bornemann, also, fehlte es nicht an Witz: ‹analisieren›. Und natürlich stellt er das «Analvokabular in der Umgangssprache» ausführlich zusammen (unter Nr. 35.22). Aber Bornemann ist in dem Punkt seltsam – ja unangemessen – vorsichtig: «neige ich zu der Ansicht». Nun hatte er allerdings ein ganz anderes Interesse als ich es hier habe. Und so hatte er auch (was mich, wie in Kap. 9 dargelegt, gerade nicht interessierte) ganz spezifische, dem entsprechenden Milieu zugehörende Gruppen, die ihn über die einschlägigen von ihnen gebrauchten Ausdrücke informierten (Prostituierte, Zuhälter, sogenannte ‹Freier› usw.), während mich gerade beschäftigt, was, wie die Franzosen sagen, Monsieur und Madame Tout le monde, Herr und Frau Jedermann also, kennen. Übrigens ist gegen sein Interesse nichts zu sagen. Ich finde nur meines interessanter. Er selbst bekennt, er habe «ein Vorurteil gegen jede Form der Skatologie», also gegen exkrementelle Ausdrücke gehabt (das ist übrigens seltsam: es kann hier doch nicht auf persönliche Vorlieben oder Abneigungen ankommen). Seine Leute hätten aber darauf gedrungen (was mich nicht wundert), ihm «skatologisches und verhüllt sexuelles Material vorzutragen». Er redet ja, ebenfalls bemerkenswert, von einer analen Orientierung des «sexuellen Denkens des deutschen Volkes», rechnet also, ganz im Sinne Sigmund Freuds, das Anale zum Sexuellen. Bemerkenswert ist zusätzlich, dass er, der in Österreich lebte, hier einfach vom «deutschen Volk» redet. Insgesamt war Bornemanns Interesse merkwürdig ausschließlich auf «Kraftworte der Volkssprache» fixiert, «die Sexuelles mit sexuellem Vokabular belegen», also, deutlich gesagt, auf den Typus *ficken* – somit auf grobe, vulgäre, obszöne Wörter für Sexuelles selbst.

Daneben unterschied er ziemlich beiläufig, auch im Vorwort, noch fünf andere Typen: 1. «Nicht sexuelle Ausdrücke, die Sexuelles darstellen» (da nennt er «verborgenes Glockenspiel» für ‹geheimes Sexualtalent› – na ja); 2. «Sexuelle Ausdrücke, die nicht Sexuelles darstellen» (das wäre also unser Fall *hier*, er nennt da aber nur das Wortspiel *Fickmühle* – für die sonst ‹Zwickmühle› genannte Figur beim Mühlespiel – und, dies ist ein weit besseres Beispiel, *abgeilen* für ‹abbetteln› – er übersieht also, dass gerade da eine dicke Mine ist); 3. «Skatologische Ausdrücke, die Skatologisches beschreiben» (also *Arsch* ‹Gesäß› – hier habe ich das Problem, dass *Arsch*, was noch zu präzisieren sein wird und Bornemann doch weiß, nicht einfach «skatologisch» ist, und dann ist *Arsch* doch einfach ein anderes, ein derberes Wort neben *Gesäß* und *Hintern* und *Po* – das Designat oder Signifikat oder der Referent ist immer dasselbe; 4. «Skatologische Ausdrücke, die nicht Skatologisches darstellen» (Beispiel *eiserner Arsch* für ‹Trumpfkarte› – gut, aber wieder die Vorstellung, die zu Arsch gehört, als nur eben «skatologische» verkürzt); 5. «Nicht skatologische Ausdrücke, die nicht Skatologisches beschreiben» (Beispiel: *Generalsbrille* für ‹Klosettbrille› – da passt als Kommentar nur wieder ‹na ja›). Dass Bornemann meinen Punkt nicht gesehen hat, zeigt auch eine Bemerkung wie diese: «Was die Tendenz der sprachlichen Sexualisierung nichtsexueller Begriffe anbelangt, so zeigt sie sich nur selten in der Form von Neuprägungen, die ihre sexuellen Absichten offen deklarieren». *Baiser* ‹betrügen› ist eigentlich doch nur sehr indirekt die «sprachliche Sexualisierung» eines «nichtsexuellen Begriffs», es ist oder war eine sexuelle Metapher, aber damit doch nicht eigentlich eine «sprachliche Sexualisierung». Und was sollen bei einer Metapher wie hier «Neuprägungen», auf die Bornemann fixiert ist, als wären nur sie interessant? Und warum sollten hier «sexuelle Absichten offen deklariert werden» – wo es doch gerade um Nicht-Sexuelles geht? Also: was mir wichtig ist, hat er nur gestreift. Dies liegt vor allem daran, dass er obstinat auf das Deutsche versessen ist, seine Muttersprache, und diese, worauf es doch angekommen wäre, nicht mit anderen verglichen hat (obwohl er doch im Englischen so zu Hause war – der achtzehnjährige Berliner emigrierte 1933 nach England und nannte sich dort ‹Ernest›).

In einem Punkt aber ist Bornemanns enorme Sammlung auch speziell für unser Interesse wichtig. Wenn nämlich das Deutsche bei der Bezeichnung von nicht-sexuell Negativem, in so starkem Unterschied zu den anderen Sprachen, dermaßen selten auf Ausdrücke für Sexuelles rekurriert, ist es umso bemerkenswerter, dass es, wenn es *direkt* um Sexuelles geht, nicht ‹ärmer› oder irgend zurückhaltender ist als die anderen Sprachen. Bornemann selbst stellt als *eines* seiner ihm wichtigen Ergebnisse heraus, dass «das deutsche Volk nicht puritanischer» sei «als andere Völker». Es handelt sich ja in *beiden* Bereichen um vulgäres bis obszönes Sprechen. Wenn also das Deutsche im vulgär-obszönen Bezeichnen von Sexuellem «nicht puritanischer» ist als andere Sprachen, wenn Bornemann da geradezu einen «Pansexualismus» feststellt, «der alle Objekte, Personen und Vorgänge sexualisiert», dann wird man doch folgern können, dass es nicht an etwas wie «Puritanismus» liegen kann, wenn das Deutsche zur Bezeichnung von Negativem nur so zögerlich auf Ausdrücke für Sexuelles zurückgreift.

Die These von der Vorliebe der Deutschen oder Deutschsprachigen für exkrementelle Ausdrücke, wenn es um die Bezeichnung von Negativem geht, findet eine starke Stütze in dem Buch von Alan Dundes, das 1984 unter dem Titel «Life is like a chicken coop ladder» erschien (*coop* gleich ‹Hühnerstall›, *coop ladder* somit ‹Hühnerstall-Leiter›). Mit diesem Titel übersetzt er eine deutsche Redensart: «Das Leben ist wie eine Hühnerleiter – kurz und beschissen», zu der er noch Varianten nennt, zum Beispiel: «Das Leben ist 'ne Hühnerleiter/vor lauter Dreck kommt man nicht weiter/und wenn man endlich oben ist/dann steckt man drin im tiefsten Mist». Ich weiß nicht, wie bekannt dies ist. Ich habe es erst durch Dundes erfahren. Für die Übersetzung des Buchs ins Deutsche, die schon 1985 herauskam, wurde denn auch ein anderer Titel gewählt, und zwar ein genialer, den nun, trotz der Ergänzungsbedürftigkeit des Satzes, wirklich jeder Deutschsprachige sogleich versteht (was mich sehr bestätigt): «Sie mich auch!» – die klassisch phantasielose Antwort auf den «Götz von Berlichingen».[140] Der originale Untertitel war «A Portrait of German Culture Through Folklore», somit: «Ein Portrait der deutschen Kultur über Volksbräuche». Auch dieser sachliche Untertitel wurde in die deutsche Ausgabe nicht übernommen, da lautet er humorig: «Das Hinter-Gründige in der deutschen Psyche».[141] In dem Buch geht es also um die deutsche Kultur, und zwar via *Volkskunde*.

Alan Dundes konstatiert eine tiefe Störung der deutschen Volksseele, eine regelrechte Zuneigung zum Exkrementellen und also auch zum Skatologischen (was sich mit ‹Kot-Rede› verdeutschen lässt). Da beginnt Dundes spätestens mit einem bekannten Fall, mit Martin Luther (also etwa: «Der Papst ist als wie ein Teufelsdreck in Rom, der Stadt, geschissen») und endet nicht bei den berühmten «Bäsle-Briefen» Mozarts. Bei Luther, meine ich, stört uns solche Rede weniger als bei Mozart. Bei dem wahrhaft sprachmächtigen Reformator ist seine massive Kot-Rede auch wohl Zeitstil, obwohl er unter den Zeitgenossen in dieser Hinsicht oder, sagen wir, *auch* in dieser Hinsicht herausragt. Der «Grobianismus» Luthers war vormals ein klassischer an ihn gerichteter Vorwurf von katholischer Seite – etwa in der längst historisch gewordenen, nunmehr eher berüchtigten Darstellung des aus Tirol stammenden Dominikanerpaters Denifle (Friedrich Heinrich Suso Denifle, gestorben 1905). Ich erinnere mich an eine akademische Diskussion in Tübingen mit dem dort tätigen beträchtlichen evangelischen Kirchenhistoriker und speziell auch Lutherforscher Hanns Rückert, der seinem katholischen Gesprächspartner auf diesen Vorwurf zu unserer Heiterkeit bemerkte: «Den Grobianismus Luthers sehen und bedauern auch wir, aber wir nehmen ihn in Kauf». Emotional unzugänglicher ist also, jedenfalls für mich, die enorme Skatologie bei Mozart, der zudem als Musiker, nicht nur weil er Salzburger war, ja gar nicht so besonders deutsch ist, weit weniger jedenfalls als es Beethoven, Schubert, Schumann und Brahms sind. Dies wäre nun wieder Dundes entgegenzuhalten.[142] Es geht da also um die Briefe an das «Bäsle», die Cousine Maria Anna Thekla Mozart, die den Briefschreiber lange überlebte. Dundes zitiert aus dem Brief vom 5. November 1777: «Jetzt wünsch ich eine gute nacht, scheißen sie ins bett daß es kracht, schlafens gesund, reckens den Arsch zum Mund.» Er zitiert auch, was Mozarts Mutter, ebenfalls 1777, ihrem Mann als Abschiedsgruß schrieb: «adio ben mio leb gesund, Reck den Arsch zum Mund. Ich winsch eine guete nacht, scheiß ins beth das Kracht» (offenbar also eine Familientradition, aber die Graphie des Sohns ist korrekter). Mozarts Brief an das Bäsle vom 3. Dezember desselben Jahres beginnt so: «Meine liebste Cousine, Bevor ich schreibe, Muß ich auf's Closet. So, jetzt ists vorbei. Ah! Ich fühl mich wenigstens leichter, ein Gewicht ist von meinem herzen; und jetzt kann ich wieder fressen».[143] Und es gibt weit Schlimmeres … Dundes nennt neben Luther und Mozart auch andere, zum Beispiel die berühmte Liselotte von der Pfalz (gestorben 1722), die den Bruder Ludwigs XIV., Philipp von Orléans, heiratete, so nach Versailles kam und von dort drastisch lebendige Briefe nach Deutschland schrieb, in denen es auch nicht an Fäkalischem mangelt. Und vieles andere, das Dundes nicht nennt, wäre hinzuzufügen.

Natürlich bringt Dundes nicht nur die ‹analitische› Liebe der Deutschen zu Schokolade und Käse, sondern auch die ‹deutsche Ordnung›

(‹es muss alles seinen geordneten Weg gehen›) mit der zum Kot zusammen. Und da fehlen gar Hinweise (es geht nun einmal nicht anders)
auf die Konzentrationslager nicht... Analität sei «ein kennzeichnender
Wesenszug des deutschen Nationalcharakters». Und dann affirmativer:
«Ich bezweifle, dass sich Kulturen finden lassen, die sich hinsichtlich
der Analität mit der deutschen Kultur messen können».[144] Übrigens
habe ich den Eindruck, dass der Kalifornier die Deutschen nicht mag.
Dies ist sein gutes Recht. Von der Sache her ist zu sagen, dass er zu
wenig vergleicht, denn Skatologisches gibt es wahrlich auch anderswo.
Und da er kaum vergleicht und zudem als Ethnologe, was nicht so sein
müsste, zu eng fixiert ist auf Gegenstände dieses Fachs, sieht er auch
kaum, was ich hier an sprachlichen Tatbeständen herausgestellt habe
und was auf seine monotone Mühle geradezu Champagner gewesen
wäre. Er *streift* das Sprachliche nur. Ein weiterer Fehler ist, dass er sich
ständig auf Dinge beruft, die kaum bekannt sind. Er redet etwa
kopfschüttelnd von einem Restaurant in Berlin, das sich «Klo» benennt
(das Ding gibt es tatsächlich immer noch, in Charlottenburg, in der
Leibnizstraße – reiche Information über diese «Erlebnisgastronomie»
findet sich unter >berlin@klo.de<): ein Restaurant, in dem das
Publikum «teilweise» auf Kloschüsseln sitze und Toilettenpapier als
Servietten erhalte. Überzeugt wäre ich aber erst, wenn es dergleichen in
jeder deutschen Großstadt gäbe, nicht nur gerade in Berlin, wo bekanntlich, wie es in einem alten Lied heißt «die Verrückten sind...»![145]
Also, er übertreibt schon ein wenig. Auch etwa, wenn er sogar, offenbar ganz im Ernst und nun doch zum Sprachlichen übergehend, die
Endstellung des Zeitworts im Nebensatz oder die Endstellung des
entscheidenden Zeitworts in den zusammengesetzten Zeiten um-
standslos mit der Fäkalneigung der Deutschen zusammenbringt (‹Er
hat gesagt, dass er sich morgen mit seiner Frau so gegen drei an der
besagten Stelle› – und da könnte noch vieles eingefügt werden –
‹einfinden wird›). Da redet er tatsächlich vom «deutschen Vergnügen,
Exkremente» (also das Zeitwort) «zurückzuhalten und sie abzu-
führen».[146] Doch wie immer: Dundes' Material ist nicht einfach wegzu-
wischen, und er hat, muss man sagen, den Deutschen oder Deutschsprachigen hier eine eindrucksvolle Anklage, ‹a formidable case›,
gemacht. Und er glaubt ja übrigens auch an ‹Volksseele» und «Natio-

nalcharakter», während man, nachdem dergleichen lange völlig verpönt und quasi unaussprechbar war, seit einiger Zeit bereits wieder, vorsichtiger, mit Norbert Elias und Pierre Bourdieu, von «Habitus» redet, was sich ja an *Geschichtlichkeit* und nicht an Biologischem orientiert. Also für meine Argumentation ist Alan Dundes in diesem nun schon erheblich zurückliegenden Essay trotz allem eine klare Stütze von *anderer* Seite her, weshalb ich ihn hier dankbar erwähne.

Das Gesäß

Hier eine wichtige korrigierende Präzisierung. Wann immer Dundes vom Gesäß redet, ist er sofort beim Analen (dies fanden wir ja auch bei Bornemann). Dem entspricht in der Tat und nun gerade auch vom Sprachlichen her, dass im Deutschen die Nähe zum Analen von Gesäß (Hintern, Po, Arsch) größer ist als anderswo. Dem mussten Dundes und Bornemann aber doch nicht folgen – hier haben sich beide offensichtlich von «deutscher Volksseele» anstecken lassen. Doch insofern das Deutsche hier tatsächlich einseitig oder einsinnig ist, liegen (oder sitzen) sie schon richtig. Ich habe aber gesagt, dass *Arsch* als Schimpfwort (‹so'n Arsch!›) nicht einfach eins zu eins in andere Sprachen übersetzt werden kann, weil anderswo das Gesäß weitaus weniger eindeutig anal ist – oder wie Sigmund Freud (so ist es unter Medizinern vornehm üblich) statt *Gesäß* zu sagen pflegt, die *nates* oder, noch besser, denn lateinisch ist ja der Artikel schon drin, einfach *nates* (lateinisch *natis, natis*, Femininum, ‹Hinterbacke›, Plural *nates*, somit ‹Gesäß›). Allgemein, und dies ist mir nun wichtig (weil es wichtig ist): das Sexuelle darf nicht auf die sogenannten Geschlechtswerkzeuge reduziert werden, natürlich nicht, und die nates dürfen nicht allein, natürlich nicht, dem Analen zugerechnet werden. Ich brauche hier auch Freuds Triebtheorie mit den zwischenzeitlich angebrachten Korrekturen, weil sie einigermaßen bekannt ist, nicht zu referieren, also das Nacheinander, in der Kindheit, der oralen, der analen und der phallischen Phase, dann die Latenzphase bis zur Pubertät.[147]

Namentlich in den *romanischen* Sprachen, aber nicht nur dort, erfährt das Gesäß – von uns aus gesehen – eine Aufwertung zum Sexuellen hin, was sich auch in übertragenen Verwendungen zeigt. Übrigens sind schon die lateinischen Wörter *cūlus* ‹Hintern› und *cŭnnus* ‹weibliche Scham›, die diesen Sprachen zugrundliegen, miteinander verwandt. Einige Beispiele, die für sich sprechen. Ein quasi wissenschaftliches Zitat zuerst. Der Psychoanalytiker Jacques Lacan (er ist umstritten, ich weiß, aber anders als Freud) erklärt, um den Unterschied zwischen Freuds Begriff ‹Trieb› von dem des ‹Instinkts› zu unterscheiden: «Der Trieb treibt Sie zum Hintern hin, meine lieben Freunde, das ist der ganze Unterschied zum sogenannten Instinkt», «Le Trieb vous pousse au cul, mes petits amis, c'est toute la différence avec l'instinct, soi-disant».[148] Aber auch rein umgangs- oder alltagssprachlich (und Lacan nimmt die Alltagssprache hier einfach auf) wird *cul* so verwendet – also klar positiv und klar sexuell: ‹Quand je m'endors, quand je me réveille, je pense au cul› ist ein im Französischen bekannter Satz – beim Einschlafen und beim Aufwachen also denkt der Betreffende an den Hintern. Das wäre deutsch keineswegs so eingängig. Ein hübscher Beleg für die Richtigkeit meiner Behauptung ist, dass die eben zitierte Lacan-Stelle von dessen Übersetzer ins Deutsche denn auch prompt nicht verstanden wurde; er schreibt: «Der *Trieb* gibt Euch also mehr Pfeffer in den Hintern, meine Lieben – von uns aus gesehen – …». Darum geht es hier nun ganz und gar nicht.[149] Aus der französischen Illustrierten «Paris Match» (26.–31. Mai 2011) habe ich mir jedoch notiert (da ging es um die offenbar oft pöbelhaft angemachten Stewardessen und einen bestimmten Typ von Fluggast): «‹Quel beau cul!›, aurait-il alors lancé à l'attention de l'hôtesse de l'air», «was für ein schöner Hintern!», hat der Unhold also ihr (oder – was für eine elegante Sprache! – «ihrer Aufmerksamkeit») zugerufen, und der Journalist fügte seinem Bericht hinzu, sie habe «in ihrer Ausbildungszeit wohl gelernt, wie man mit ungehobelten Kunden umzugehen habe», «à gérer les clients indélicats». Und meine Übersetzung «Hintern» für «cul» an dieser Stelle ist ja sicher zu fein! Aber auch hier ein klarer Fall: sehr positiv und sehr sexuell. Und hier geht dies nun in der Tat auch deutsch – ein Deutscher oder Deutschsprachiger könnte es genauso sagen (‹Toller Arsch!›). So fixiert ist unsere Sprache denn doch nicht… Ein Ausdruck für die Hinterbacken ist französisch *les fesses*. In dem genannten «Dictionnaire du français non conventionnel» (1980) von Jacques Cellard und Alain Rey wird – und dies ist ja nun völlig klar – «histoire de fesses» schlicht und witzig so definiert: «histoire dite d'amour». Mit einer ‹Hintern-geschichte› hätten wir nun wieder deutsch Probleme. Man würde es gar nicht verstehen, schwerlich jedenfalls als ‹Liebesgeschichte›. Aber jeder Franzose (und jede Französin) versteht es sofort: ‹Bon, ben, tu sais, c'était simplement une histoire de fesses›. Es gibt übrigens einen wegen seiner Zweideutigkeit berühmten Vers des großen Tragödien-dichters Corneille (17. Jahrhundert), der lautet: «Et le désir s'accroît quand l'effet se recule» (in dem Stück «Polyeucte», I,1), das heißt, wenn es so geschrieben ist: «Und das Verlangen wächst, wenn die Wirkung zurückweicht», im Sprechen jedoch kann man da ebensogut heraushören statt ‹wenn die Wirkung zurückweicht› – ‹wenn der Hin-tern zurückweicht› – geschrieben wäre dies ‹quand les fesses reculent›. Das ist doch wohl als Witz klar! Übrigens wird deshalb das «quand» in dem Vers bei den Aufführungen durch «lorsque» ersetzt und das «se» weggelassen: «lorsque l'effet recule». Weiter: *la miche* meint fran-zösisch – unübertragen – einen runden Laib (‹Weißbrot› präzisiert mein alter «Sachs-Villatte», der «Petit Larousse» sagt nur «gros pain rond»). Da las ich einmal (und da war nun *miche* übertragen ver-wendet): ‹Sie meint, weil sie ein hübsches Paar Laibe hat, könne sie sich alles erlauben›, ‹Elle croit, parce qu'elle a une jolie paire de miches, qu'elle peut tout se permettre!› Ein in netter Weise objektiver Satz, weil er sachlich das zu Lobende lobt und das nicht zu Lobende kritisiert. Übrigens steht auch diese übertragene Bedeutung schon im «Petit Larousse»: «pluriel, familier *fesses*»). Und *prêter* oder *vendre son cul*, also ‹seinen Hintern leihen› oder ‹verkaufen›, meint ‹sich pros-tituieren›. Auch darauf käme man bei uns nicht ohne weiteres. Nun zum Spanischen. Da würde ganz ähnlich der nicht seltene Macho-Ausruf *¡que culo!* immer sexuell und sehr positiv anerkennend ver-standen und ganz und gar nicht im üblichen deutschen, eindeutig negativ und moralisch festgelegtenen Sinn von ‹So'n Arsch!›. Italienisch drückt ‹culo!› oder gar ‹che buco di culo›!, wie ein Lexikon umschreibt, geradezu «Begeisterung, Freude, Bewunderung, Vergnügen», «entu-siasmo, gioia, ammirazione, divertimento» aus. Hier ist die sexuelle Bedeutung also übertragen und ganz und gar positiv verwendet da. Und was *buco* angeht, muss man wissen, dass es ‹Loch› bedeutet, was ja kulinarisch vom *ossobuco*, buchstäblich also dem ‹Lochknochen›, faktisch der ‹Kalbshaxe›, einigermaßen bekannt ist. Die Kombination von Loch und Hintern ergibt italienisch also tatsächlich eine rein positive und ganz andere Bedeutung als in unserer Sprache! Übrigens haben wir im Deutschen ja immerhin, aber nun speziell bei Männern, den ‹knackigen Arsch›. Positiv erscheinen italienisch die *nates* auch in der Wendung, die nun etwas recht Negatives meint: ‹einen Tannenzapfen im Hintern haben›, *avere una pigna in culo*, die dem bekannten englischen *a pain in the ass* entspricht, wenn man sagt, dieses oder jenes oder auch dieser Mensch oder jener sei so ein Schmerz («He is a pain in the ass» soll Jimmy Carter über Helmut Schmidt gesagt haben, welch letzterer ihn umgekehrt intellektuell für einen Armleuchter hielt, und dieses Wort ist ja ein Euphemismus für *Arschloch*). Und in «a pain in the ass» wird ja, eben weil die Sache positiv gesehen wird, suggeriert, dass ein Schmerz gerade hier besonders unerträglich wäre. Soviel also, nur soviel, zur *nicht* analen und auch für uns Deutschsprachige durchaus nachvollziehbaren Bedeutung des Hinterns! Nur eben – unsere Sprache nimmt dies, und es passt sehr zum Übrigen, nicht auf.

Reden über Sexuelles

Was nun den Beitrag der Sprache, des Sprechens zum Sexuellen selbst angeht, zu seiner Einleitung, Ausleitung, möglichen Steigerung, so kann ich dazu nichts sagen. Ich weiß auch nicht, wer dies könnte. Sogar wenn da jemand ein sogenanntes «Korpus», eine Sammlung also von tatsächlich gemachten Äußerungen zusammengestellt hätte, könnte man die bloßen Äußerungen – für sich selbst – kaum ‹interpretieren›… Dichter vielleicht könnten zu solchem Beitrag des Sprechens etwas sagen – unsicher bin ich aber auch da. Sicher ist es allerdings, dass Menschen, wie natürlich auch «Wikipedia» (in der bereits zitierten Stelle) weiß, ihr Hingezogensein zu einem anderen gerade auch durch Worte und nicht nur durch unartikulierte Geräusche ausdrücken oder auch darstellen; «Wikipedia» zählt auf, um was es da geht: um «Zärtlichkeiten, Worte, verschiedene sexuelle Praktiken, besitzergreifendes Verhalten». Unter diesen vier Elementen tritt wieder einmal *nur* in den Worten das berühmte ‹Humanum› hervor. Alles Übrige ist nicht menschenspezifisch.

Ich möchte mich mit einem schönen Zitat begnügen, das auch gerade deshalb nicht wenige kennen, weil es sich gleich zu *Beginn* eines großen Werks findet – in der «Odyssee». Da ist sogleich von Kalypso die Rede, der Nymphe und Göttin, der schönen Tochter des Atlas, die den Odysseus erotisch festhält auf ihrer «baumreichen» Insel, die fernab liegt, «wo der Nabel des Meeres ist». Athene, die «helläugige Göttin», klagt Zeus gegenüber, so beginnt ja die «Odyssee», die Kalypso an: sie halte den Odysseus, «den Unglückseligen, den Jammernden», auf ihrer Insel zurück. Und nun die Stelle in der Anklage der Athene, die ich meine: «Immer sucht sie ihn mit weichen und einschmeichelnden Worten zu bezaubern». Dies klingt nun aber griechisch weit schöner als in Wolfgang Schadewaldts schöner Übersetzung, vor allem auch weil die Stelle überaus lautmalerisch ist und deshalb oft als Beispiel für lautmalendes Reden zitiert wird. Da heißt es: «aieì dè malakoῖsi kaì haimylíoisi lógoisi délgei».[150] Dreimal «-oisi» und der Abbruch mit dem absinkenden «délgei». Athene selbst will ja Zeus, den «Wolkensammler», «den Höchsten derer, die da herrschen», wohlklingend überreden, den Odysseus heimkehren zu lassen, und dies gelingt ihr. Meine schüchterne These aber, was Kalypsos Wort-Bemühungen um Odysseus angeht, wäre, dass Worte, was hier ja ‹Äußerungen› meint und nicht einzelne Wörter, dass also *Worte* wie immer in solchem Fall doch nur dann etwas vermögen, wenn die Liebe, der Trieb schon da ist. Im «Fünften Gesang» hören wir danach denn auch über Odysseus: «ihm gefiel die Nymphe nicht mehr, sondern, wahrhaftig! er ruhte die Nächte nur gezwungen in den gewölbten Höhlen, ohne Wollen bei ihr, der Wollenden». Und da nun, auf Drängen des von Zeus selbst zu ihr gesandten Hermes, entlässt ihn die Nymphe, was Odysseus allerdings nicht hindert (ganz im Gegenteil), noch einmal mir ihr zu schlafen, und wir hören nicht, dass Kalypso da viel geredet hätte: «und die Sonne ging unter, und das Dunkel kam herauf. Und sie gingen beide in das Innere der gewölbten Höhle und erfreuten sich an der Liebe, beieinander weilend». Voilà![151]

Zurück zu den Schimpfwörtern. Es gibt da einen großen Kenner: Reinhold Arnan, einen Bayern, der seit über fünfzig Jahren in den Staaten arbeitet und die einschlägige Zeitschrift «Maledicta, The International Journal of Verbal Aggression» gegründet und lange herausgegeben hat.[152] Er nennt als älteste ihm bekannte Schimpfwörter erstens «Hund!» aus der altindischen «Rigveda», dem heiligen Buch des Hinduismus, das rund 3000 Jahre zurückliegt, zweitens eine altägyptische Schimpfformel, ungefähr gleich alt, sagt er, die unmittelbar in unseren Zusammenhang gehört: «Ein Esel soll dich vögeln!» Bei dieser Formel sind wir nun nicht nur beim Tier, sondern auch schon beim «Feuchten». Sie werde, versichert Arnan, «noch immer in arabischsprachigen Ländern» gebraucht. Weltweit unterscheidet Arnan erstens die «Familienbeschimpfer» («besonders in Asien und Afrika»). Da gehe es vornehmlich um die «Mutter des Gegners, dann seine Schwester», aber auch der Vater werde nicht ausgespart: so sage man in Persien: «Ich furze in den Bart deines Vaters!» Wir haben jedoch gesehen (warum sagt Arnan es nicht, denn es kann ihm doch nicht entgangen sein?), dass solche Familienflüche auch in *unseren* Breiten, namentlich im Süden Europas und überhaupt in den romanischen Sprachen, von denen es drei ja auch in Amerika gibt, überaus häufig sind. In Deutschland, meint Arnan, gebe es «keine Tradition der Familienbeschimpfung». Richtig – sie ist uns geradezu fremd und, wie schon eingangs im Blick auf den Vorfall Zidane-Materazzi hervorgehoben, gedanklich und mehr noch *emotional* eigentlich gar nicht nachvollziehbar. Wir beschimpfen direkt und individuell denjenigen, den wir meinen und bleiben bei ihm. Zweitens unterscheidet er die «Gotteslästerer»: da stünden «die Katholiken von Bayern bis Brasilien» an erster Stelle. Hier meine ich nun entschieden, dass dieser Kreis weiter zu ziehen wäre. Um Gott zu lästern (ein eher altertümliches deutsches Wort), muss man nicht katholisch sein, es kommt auch sonst vor. Im strengen Judentum ist übrigens schon ein «Mein Gott!» oder das im englischsprachigen Amerika allgegenwärtige ‹o my God!› unmöglich. Da wird man noch schneller zum Gotteslästerer.

Drittens gebe es «die Prüden», und zwar «vor allem in den angelsächsischen Ländern». Dies wundert mich sehr, weil wir im europäischen und amerikanischen Englischen, was die zahlreichen sexualisierten Schimpfwörter angeht, wahrlich nicht viele Belege solcher Prüderie finden, es sei denn (und dies meint Arnan wohl), man sähe gerade in *diesen* Schimpfwörtern einen Ausdruck von ihr – man bräche mit ihnen aus der *normalen* Prüderie aus. Aber – wenn der Ausbruch dermaßen häufig ist, wird diese These doch schwierig. Bisher haben wir hier ja nur den Befund präsentiert und uns einer Bewertung enthalten. Vor allem wundert mich bei Arnan auch, dass er, obwohl er doch einmal zu uns gehörte, die *Sonderstellung des Deutschen* nicht statuiert.

Diese Sonderstellung ist komplex, aber klar. Sie besteht, noch einmal, denn ich möchte nicht missverstanden werden, exakt darin, dass sich das Deutsche beim Schimpfen usw. *fast ganz* auf das Exkrementelle *beschränkt* – fast ganz. Es gibt nur die bisher geringen Ausnahmen bei den Jungen und Jüngeren, dann die räumliche im Südwesten. Und die räumliche Ausnahme ist wohl doch nicht zufällig gerade dort, wo sowohl das Französische als auch das Italienische am nächsten sind. Nur das *Schwedische* ist hier dem Deutschen nahe, aber wieder nur insofern, als es das Sexuelle *ebenfalls* vermeidet – dafür geht es aber besonders stark und ziemlich exklusiv ins Religiöse, was das Deutsche keinesfalls tut. Das Exkrementelle, das im Deutschen so dominiert, tut dies im Schwedischen gar nicht. Unsere übrigen Nachbarsprachen hingegen ziehen, in scharfem Unterschied zum Deutschen, *sowohl* das Exkrementelle *als auch* das Sexuelle heran und – dies ist nun *zusätzlich* wichtig – das Sexuelle *erheblich stärker* als das Exkrementelle. Besonders weit geht hierin das *Russische*, das Exkrementelles fast ganz vernachlässigt und dessen Vulgärsprache sich nahezu ausschließlich im Sexuellen, monoton und phantasievoll zugleich, bewegt – da haben wir das einigermaßen spezifische Phänomen der «Mat-Sprache». Und das *Französische* steht dem Deutschen insofern näher – näher jedenfalls als alle anderen romanischen Sprachen –, als es sich stärker beim Schimpfen usw. auch auf *Exkrementelles* beruft. Und warum sollte dies, wie gesagt, nicht daran liegen, dass das germanische Element in keinem anderen Land romanischer Sprache so stark ist wie hier? Dieses Element ging und geht über die Sprache hinaus, aber für die Sprache gilt es ganz unbestritten: die Sprache der aus dem Gebiet des niederen Rheins eingedrungenen germanischen Franken hat aus dem Romanischen, das im Norden des heutigen Frankreich gesprochen und das die Franken schließlich ‹übernahmen›, seit dem frühen Mittelalter das Französische gemacht, und das Schimpfen mit seinen, wie wir gesehen haben, festen, ein vorgegebenes Thema immer variierenden Formen, gehört ja nun *auch* zur Sprache.

Es ist alles in allem wahrlich nicht übertrieben, von einem deutschsprachigen «Sonderweg» zu sprechen. Man kann nur den Ausdruck kritisieren, denn er kommt aus der Geschichtsschreibung, und da hat die These, die «immer umstritten» war, «weitgehend an Akzeptanz verloren».[153] Warum aber sollte man, umsomehr weil dies so ist, den Ausdruck dann nicht auf das andere Gebiet der Sprache übertragen dürfen? Denn auf dem Feld, das hier in Rede steht, wo es also um Negatives geht, um vulgäres Schimpfen, Beleidigen usw., unterscheidet sich das Deutsche wirklich. Und, nächster Schritt: insofern sich andererseits dieser Unterschied nunmehr – langsam –, wie es scheint, zu lockern beginnt, weil sich das vulgäre Schimpfen, Beleidigen usw. bei den Jungen und Jüngeren auf das Sexuelle hinbewegt, würde es sich hier nicht nur um einen (wie immer langen) «Weg nach Westen» handeln, sondern auch um einen – und mehr noch – nach *Osten*.[154] Ich habe hier aus fünfzehn Sprachen Material gesammelt und verglichen und Gemeinsamkeiten und Unterschiede festgestellt. *Gemeinsamkeiten*: überall ist, um es nun mit meinem Titel zu sagen, ‹Schmutziges›. *Unterschiede*: im Deutschen fehlt ‹das Feuchte› nahezu ganz, da ist fast nur ‹Schmutziges›, während in den anderen vierzehn Sprachen überall viel ‹Feuchtes› ist – das Schmutzige findet sich in diesen Sprachen nur *zusätzlich* zum ‹Feuchten› *auch noch*.[155] Dies der komplexe, aber klare Befund.

Woher der deutschsprachige Sonderfall?

Dies ist nun eine ganz andere Frage. Wie kam es zu diesem «Sonderweg?» Darauf habe ich keine Antwort: weder habe ich bei anderen Einleuchtendes gefunden, noch bin ich selbst auf Einleuchtendes gekommen. Dundes führt den, wie er ihn mit einigem Grund zu erkennen glaubt, ambivalenten *Ekel* der Deutschen vor Exkrementen oder, wie man's nimmt, deren ambivalente *Freude* an ihnen auf die – spezielle Wickeltechnik zurück, wie man sie vormals praktizierte. Man sprach (und spricht) ja direkt vom ‹Wickelkind›. Noch bei Wilhelm Busch, der 1908 starb, sieht man solche bewegungslos eingepackten oder auf Kissen gesteckten Babys (zum Beispiel in der Geschichte mit der tüchtigen Tante, die spät hinzukommend im unbeirrt schreienden Paket die miteingepackte Schere entdeckt). Man hielt diese Technik wegen der Weichheit der Glieder bis etwa ein Jahr nach der Geburt für angemessen. Da lag das Kind in der Tat auch warm – aber eben auch lange in seinen Exkrementen. Hier darf ich an das seltsame Zeitwort erinnern, das wir im Rumänischen fanden, nämlich *dezmierdá:* etymologisch meint es ‹von Scheiße befreien›, tatsächlich aber ‹liebkosen›…

Nun ist die jahrtausendealte Wickeltechnik wirklich nichts speziell Deutsches, allenfalls könnte gesagt werden, dass sie in Deutschland etwas länger beibehalten wurde als etwa in Frankreich oder England. Man sieht solche Wickelkinder ja sehr oft in den zahllosen italienischen, spanischen, französischen, englischen, niederländischen Darstellungen, wenn es um Jesus als ganz junges Kind geht, und natürlich findet man sie auch in deutschen. An der etwas späteren Abschaffung der Wickeltechnik in Deutschland kann es wirklich nicht liegen. Der sprachliche Schimpf- und Fluch-Sonderweg begann ja offensichtlich viel, viel früher… Klar scheint mir nur dies: erstens, selbstverständlich, kann die Sonderstellung des Deutschen nur *geschichtlich* erklärt werden; zweitens müsste man da *weit* zurück, zumindest bis ins Mittelalter und wohl gar ins frühe Mittelalter.

Auch der konfessionelle Unterschied scheidet schon von daher als Erklärung aus. Am Protestantismus kann es aber auch deshalb nicht liegen, weil die Verwendung des Sexuellen zur Bezeichnung von Negativem sich ja auch außerhalb mehr oder weniger geschlossen katholischer Räume findet – im Englischen aller fünf Kontinente oder im Niederländischen, wo immerhin, wie angedeutet, die große Präsenz von Seeleuten, spätestens von der Neuzeit an, durch überall in dem Lande gegebene unmittelbare Nähe des Meers, eine vom Deutschen abweichende Situation geschaffen haben könnte. Das Meer ist dem größten Teil des deutschen Sprachgebiets doch ziemlich ferne, und sonst sind ja für einen neutralen Blick von außen – sagen wir dem eines Italieners – die Niederländer von uns weit weniger verschieden als sie selbst glauben. Und dann ist der deutsche Sprachraum ja zumindest zur Häfte katholisch, wie andererseits auch die Niederlande alles andere als geschlossen protestantisch sind.

Eine *sprachwissenschaftliche* Hypothese zur Erklärung wäre, dass Sprachen offensichtlich in ihrer Metaphorik zugleich phantasievoll und festgelegt sind. Also natürlich nicht die Sprachen selbst, sondern diejenigen, die sie sprechen und andererseits von ihrer Sprache bereits bestimmt sind. Da hat man den Eindruck, dass die Sprechenden, wenn es darum geht, etwas zu bezeichnen, in unserem Fall etwas irritierend und affektbeladen Negatives, einerseits phantasievoll erfindungsreich, andererseits aber doch in der Richtung, in welche die Erfindungen gehen, eigentümlich fixiert sind. Es ist schon etwas da, möglicherweise sogar schon sehr viel, und von dieser Basis aus wird nun weiter gemacht: weiter erfunden, das neu Gehörte wird übernommen, auch wieder, weil es auf der schon vertrauten Linie ist, und damit wieder an andere weitergegeben. Oder auch, musikalisch gesagt, ein Thema wird wieder und wieder variiert, es wird aber nicht ersetzt durch ein anderes, man bricht aus ihm nicht *aus*: es ist als ob der einmal eingeschlagene Weg dies verbieten würde.

Psychologisch gesehen geht es so oder so, beim Sexuellen wie beim Exkrementellen, um Tabubruch. Eine entsprechende Motivation liegt beim Schimpfen und Fluchen vor. Wenn eine Person oder eine Sache gedanklich greifbar ist, auf die man schimpfen kann, *schimpft* man; man *flucht*, wenn nichts schuldhaft Verursachendes greifbar ist – und da geht man dann oft, verständlicherweise, ins Religiöse. Im ziemlich geschlossen katholischen württembergischen Oberland und auch darüber hinaus ist der gängigste Fluch ‹Heilandsack›, also ‹Heiland› plus ‹Sakrament›, letzteres zu ‹Sack› verhüllend abgekürzt (und in dieser Abkürzung könnte – früher hätte ich nie daran gedacht – durchaus Sexuelles dabei sein).

Da gibt es nun die hübsche Geschichte von dem Mann, der immer wieder versucht, sein Motorrad anzulassen, und jedesmal flucht er ‹Heilandsack!›. Übrigens: wäre das Motorrad etwa gerade repariert worden, hätte er nicht geflucht, sondern auf den Betreffenden in der Werkstatt geschimpft. Nun nähert sich ein Pfarrer, hört die Flucherei, schüttelt den Kopf und schlägt milde vor: «Aber, guter Mann, nun versuchen Sie es doch einmal ohne diesen furchtbaren Fluch!» Er macht einen neuen diesmal stummen Versuch, das Motorrad springt augenblicklich an, und der Mann fährt davon. Da hört man den Pfarrer verdutzt murmeln «Heilandsack!». Hier drückt das Wort nun natürlich nicht Ärger, sondern überraschtes Erstaunen aus, was man von vielen Flüchen her kennt und psychologisch kein Rätsel ist.

Beim Schimpfen oder Fluchen ist also etwas, das einfach heraus und «abgeführt» werden muss – ‹c'est plus fort que moi›, ‹es ist stärker als ich›, sagen die Franzosen, sie haben da diese feste Wendung, die ich schon nannte und welche die Sache sehr genau erfasst. Da ist der Affekt des Ärgers, dieser entsteht, baut sich – unter Umständen augenblicklich – auf (guter Ausdruck!): aus einer Frustration heraus, die dann über den ausgelösten Ärger zu einer Aggression führt. Die Aggression – oft sozusagen unvermeidlich, wie im Falle des genannten Motorrads, ‹gegen unbekannt› gerichtet – bedient sich der sprachlich bereitstehenden und eingefahrenen Formeln. Diese Formeln sind nun aber stets, denn sie müssen ja, um der Stärke des Affekts zu entsprechen, stark sein, mehr oder weniger große *Tabubrüche*: sie beziehen sich auf etwas, worauf man sich normaler- und anständigerweise nicht bezieht, und dazu gehören nun, sozusagen vorbildlich, paradigmatisch, das Exkrementelle und/oder das Sexuelle. Das Sprechen hat hier ja auch die Funktion einer *Ersatzhandlung*, man möchte oft eigentlich physisch zur Gewalt übergehen, wie es Zinedine Zidane seinerzeit wirklich tat; das Sprechen muss daher zumindest auch tabuverletzend ausbrechen, um als Ersatz dienen zu können. Freud spricht einmal nicht unwitzig von dem «kulturellen Fortschritt», der darin bestehe «dass sich die Tat zum Wort ermäßigte».

Das Normale ist in der Sprache zunächst das Übliche. Aber das Übliche ist dann auch wieder, zum Teil übrigens auch gerade *inhaltlich,* dasjenige, was was man sagen *muss.* Aber jetzt geht es um das Wie. Und da *muss* man nun so sprechen *wie* die andern – räumlich und sozial (es muss zum Raum passen und zur sozialen Schicht im weiten

Sinn). Sonst erfährt der Sprechende Sanktionen, von denen das Lachen nicht die unwirksamste ist. Wie die anderen sprechen lernt man ja quasi unbewusst in der Kindheit – getrieben nicht so sehr, wie man oft vermeint, durch den Drang zur Nachahmung, zur Imitation, sondern durch den erheblich stärkeren, der hier vorliegt, zur *Identifikation*. Man will direkt so sein wie die anderen. Das Kind identifiziert sich dabei vor allem mit den ein wenig Älteren, mehr noch als mit den Erwachsenen und mehr auch noch als mit den Eltern. Sigmund Freud betont, der Wunsch nach Identifizierung sei «der intensivste und folgenschwerste der Kinderjahre».[156] Das gilt auch für die Sprache – nur hat, was sie angeht, «folgenschwer» nicht dieses Gewicht. Und hier ist nun, darum insistiere ich, ein erheblicher Unterschied zum Normalen *anderswo*, zum Beispiel, wenn es um das Moralische geht. Da erfüllt man, sehr bekanntlich, die Ansprüche nicht schon dadurch, dass man macht, was alle machen. Wenn es heißt (es ist ja so ein klassischer Satz) ‹So etwas tut man nicht›, wird stillschweigend impliziert, dass das Betreffende eben doch getan wird, und mit dem ‹man› sind da die Anständigen, die sich vom Üblichen Abhebenden, gemeint. Da ist die Norm nicht das allgemein, sondern das unter den *Anständigen* Normale (die irritierende Kategorie des ‹Anständigen›). Und in Dingen des Geschmacks und der ästhetischen Bewertung ist ebenfalls ganz und gar nicht so, dass es ausreicht, dem Üblichen zu folgen. In einer Sprache aber ist das Übliche auch sozusagen das Vorgeschriebene – das Übliche in der jeweiligen *Umgebung* und, sehr wichtig, der jeweiligen *Situation: wer* sagt *was* in welcher *Situation* zu *wem*? Somit: das Normale in der Sprache ist immer das Normale in einer bestimmten Situation und dann auch das gleichsam Vorgeschriebene. Nur dass man es nicht als Druck von außen empfindet.

Nun ist das mit dem Normalen gerade für die Ausdrücke wichtig, die uns hier interessierten. Man bringt mit ihnen etwas ins Spiel, das ‹normal› *nicht* ins Spiel gebracht wird, und bricht insofern ein Tabu. Das Tabu für das Deutsche wäre also das *Exkrementelle*, für die anderen betrachteten Sprachen wäre es auch und vor allem das *Sexuelle*. Nun gibt es zur Erklärung der Besonderheit des Deutschen drei Möglichkeiten: entweder ist das Sexuelle für das Deutsche nicht ein so starkes Tabu, weshalb es in das für diese Sprache stärkere Tabu des Exkrementellen geht, oder das Sexuelle ist hier umgekehrt ein dermaßen starkes Tabu, dass es auch im Affekt nicht durchbrochen wird, oder aber schließlich, es wäre wieder etwas Verschiedenes, das Deutsche stößt einfach gar nicht zum Sexuellen vor, bleibt sozusagen unreif im ‹Vorsexuellen›, also Exkrementellen stecken. Für die erste Annahme spricht, scheint mir, kaum etwas. Das Sexuelle ist auch bei uns tabuisiert, sicher nicht weniger als anderswo. Eher könnte die zweite Möglichkeit zutreffen: das Sexuelle ist so sehr tabuisiert, dass es nicht einmal für den sprachlichen Tabubruch in Frage kommt. Oder liegt es tatsächlich an einer sexuellen Unreife, die uns auszeichnet und sich in unserer Sprache niedergeschlagen hat? Oder könnte der Tabubruch nicht auch darin bestehen, dass etwas an sich stark *positiv* Eingeschätztes ins Negative gezogen wird – so wie das Religiöse (Gott, Jesus, Maria) in den Flüchen? Liegt nicht bei der negativen Verwendung des *Sexuellen*, bei seiner so ausgiebigen Instrumentalisierung zur Bezeichnung von Negativem, etwas Analoges vor? Wird nicht auch da etwas positiv Bewertetes – in vulgärer Rede und nur hier – negativ? Und erscheint das Sexuelle bei uns Deutschsprachigen so *nicht*, weil es uns ‹an sich› nicht so eingestanden positiv erscheint? Oder liegt bei uns wirklich eine starke und spezielle Fixierung aufs Exkrementelle vor? Erscheint uns dieses gar nicht so negativ? Oder, nun grundsätzlicher, ist diese psychologische Fragestellung, ist ein Erklärenwollen auf *dieser* Ebene überhaupt verfehlt? Aber – kann man andererseits das Psychologische hier, gerade hier, beiseitelassen? Ich stelle nur Fragen und fühle mich, indem ich mich darauf beschränke, unwohl erinnert an die seltsame und witzige Überschrift des ersten, kurzen Abschnitts von Robert Musils «Mann ohne Eigenschaften», die lautet «Woraus bemerkenswerter Weise nichts hervorgeht» (wobei man sich fragen könnte, ob dies nicht für den ganzen langen, auch auf seine Weise reichen und am Ende wie stehenbleibenden Roman gilt). Es ist bedauerlich, dass Sigmund Freud, der an sich doch an Sprachlichem stark interessiert war, auf diesen Tatbestand nicht eingegangen ist; vielleicht ist er ja auch schlicht nicht auf ihn gestoßen, obwohl er doch, möchte man sagen, auf seinem Wege lag, vor allem was sein zentrales Thema «Die Entwicklung der Sexualfunktion» angeht, wie er sie im dritten Kapitel in seinem sehr späten, unvollendeten «Abriss der Psychoanalyse» (1938) knapp noch einmal zusammengefasst hat.[157]

Jedoch: wenn das mit der erwähnten schlichten aufs Sprachliche zielenden Hypothese, dem bloßen beharrlichen Weitermachen von einem vorhandenen ‹Thema› aus, das immer nur variiert würde, zuträfe, dann bedürfte es dieser psychologischen Überlegungen nicht. Dann wäre eben das Deutsche irgendwann, sehr früh allem nach, eben nur auf diese *eine* Schimpf- und Fluchfährte gesetzt worden, während die anderen dabei erstens auf zwei Fährten arbeiten und zweitens vorwiegend auf der sexuellen. Der «Sonderweg» des Deutschen besteht ja auch in seiner Einwegigkeit...

Wie ist der deutschsprachige Sonderfall zu bewerten?

Diese Frage kann auf jeden Fall gestellt werden. Man muss nicht unbedingt bewerten. Die Sprachwissenschaft tut es prinzipiell nicht und unterscheidet sich darin von ihren Nachbardisziplinen, die eigentlich alle bewerten. Sie hält Bewertung für unwissenschaftlich: sie beschreibt und sie erklärt. Sie beschreibt und erklärt, was ist. Und wenn sie geschichtlich vorgeht, was sie zumeist tut (und seit zwei, drei Jahrzehnten wieder besonders stark), beschreibt sie, wie etwas in einer Sprache *geworden* ist oder wie eine Sprache überhaupt so geworden ist, wie sie jetzt *ist* oder wie sie zu irgendeinem Zeitpunkt ihrer Geschichte *war*. Sie bewertet dabei nur insoweit (und dies *ist* eine verkappte Bewertung), als ihr alles, was sie vorfindet, ganz in Ordnung zu sein scheint und erklärt dann, warum alles so sein muss oder so kommen musste, wie es tatsächlich ist und tatsächlich kam. Sie *rechtfertigt* das Bestehende. Polemisch gesagt: sie liegt vor ihm, also vor der jeweiligen Sprache, die gerade untersucht wird, auf den Knien. Dagegen meine ich nun erstens, dass die Sprachwissenschaft diese Rechtfertigungs-Wertung als solche, denn sie ist sich ihrer gar nicht bewusst, als eine subtile Form der Bewertung erkennen und reflektieren sollte. Sie müsste wissen, was sie da tut, denn so völlig rein beschreibend und erklärend, wie sie vermeint zu sein, ist sie nicht. Konkret: sie trägt dem Spiel des schieren Zufalls in der Geschichte einer Sprache zu wenig Rechnung. Aber ‹Kontingenz› wäre hier der bessere, auch philosophischere Begriff als ‹Zufall›. In der Sprachwissenschaft kommt er, soweit ich sehe, nicht vor. Kontingenz bezeichnet die Möglichkeit des

Anders-sein-könnens: etwas ist so und so, es *muss* aber nicht so und so sein, es ist nicht *notwendig* so, wie es ist, es könnte ebensogut auch anders sein. So zuallermeist sind ja die Dinge, wie sie uns im Raum der Geschichte begegnen, in den auch die Sprache gehört (etwa: es kam zum Krieg, aber es hätte nicht zu ihm kommen müssen oder es kam nicht zum Krieg, es hätte aber auch zu ihm kommen können). Zweitens meine ich und gegen die ‹normale› Sprachwissenschaft, dass es schon auch, bei der Untersuchung einer Sprache, einen Bereich geben darf, in dem unter rationalem Austausch von Argumenten vorsichtig, aber offen bewertet werden darf. Fragen wie ‹Ist das gut?› oder ‹Ist das weniger gut oder gar schlecht?› müssen gestellt werden dürfen. Sicher: es gibt hier das Problem der Kriterien, nach denen bewertet werden soll, aber auch über diese kann rational geredet werden.[158]

Was nun unseren Gegenstand angeht, so muss es zuallermindest erlaubt sein, die negativen Bewertungen, die das Deutsche hier erfahren hat, zurückzuweisen. Denn was wir im Deutschen vorfinden, ist doch schließlich von biederer, solider, geradliniger, beinahe hätte ich gesagt (es geht aber zu weit) *deutscher* Redlichkeit. So erleben wir uns ja selbst ein wenig: wir halten uns nicht für fein, eher für grob, aber für geradeaus und redlich. Wir ziehen zur Bezeichnung von Negativem etwas evident Negatives heran und tun dies nahezu ausschließlich: wir bezeichnen, auf gut deutsch gesagt (diesmal passt die Berufung auf die Sprache), ‹Scheiße› mit *Scheiße*.[159] Wir vermeiden es, etwas an sich Positives, hier das Sexuelle, dadurch, dass es zur Metapher für Negatives wird, selbst ins Negative zu ziehen. Und dann ist ja die Verwendung von Ausdrücken für Exkrementelles immer eindeutig negativ, da gibt es keine Ausnahmen, Scheiße bleibt Scheiße, während die Ausdrücke für Sexuelles gelegentlich auch für positiv Eingeschätztes gebraucht werden. Die anderen betrachteten Sprachen ziehen das Sexuelle ins Negative. Daher unser Befremden, wenn wir dergleichen hören: ‹Vögle dich weg!› – was soll das? Und warum so ordinär?, ‹Verpiss dich!›, wenn schon deutlich geredet werden soll, leuchtet uns, jedenfalls unter Männern, restlos ein. Fein wollen wir gar nicht sein. Die anderen Sprachen also ziehen das Sexuelle ins Negative. Und da nun zusätzlich, wie gezeigt, die Sprachen – das Deutsche natürlich nicht ausgenommen – *Männersprachen* sind, da sie von der männlichen Sicht auf die entsprechenden Dinge bestimmt, ja von «Männerphantasien» *beherrscht* sind, vermeiden wir, indem wir das Sexuelle im Schimpfen und Fluchen vermeiden, gleichzeitig auch, in unser volkstümlich-familiär-vulgäres Sprechen eine latente Frauenfeindlichkeit hineinzubringen.[160] Dieses Element gibt es im Deutschen nur, wenn Männer nun wirklich unter sich das Sexuelle direkt zum Gegenstand machen. Da geht es dann schon insgesamt widerlich zu, was Ernst Bornemanns erwähnte gewaltige Sammlung überreichlich belegt. Aber in unserer allgemeinen und also jedermann vertrauten Umgangssprache haben wir dieses Element nicht. Ich sage keineswegs, dass die deutschsprachigen Männer weniger machistisch wären. Ich sage nur – und dies ist unbestreitbar: es ist in unserer *Sprache* und in unserer normalen umgangssprachlichen *Rede* nicht oder – und dies stimmt auf jeden Fall – viel, viel weniger. Wir halten solches Sprechen nicht für normal, sondern wundern uns darüber, dass ein Mann zu einem anderen, um ihn zu beleidigen sagen kann, ‹Ich will deine Schwester, die Nutte›. Gerade dies aber halten die Sprecher der anderen Sprachen für völlig normal. Für sie ist es bloß vulgär. So wie für uns ‹Arschloch› vulgär oder zumindest derb ist.

Ernst Jünger berichtet unter dem 21. 6. 1917 in seinem jetzt erschienenen originalen, direkt an der Front und oft täglich geschriebenen Kriegstagebuch 1914–1918 von einem «Gericht», dem er da ausgesetzt war. Er bekam «wegen Beleidigung und falscher Behandlung von Untergebenen drei Wochen Stubenarrest» und kommentiert: «Na ja, die Herren, die die Untersuchung leiteten, ein Graf Strachwitz u. s. w. standen in ihrem Etappendasein dem kerndeutschen Worte Arschloch einigermaßan fremd gegenüber. In ihr wohlgepflegtes Dasein waren solche Feldworte noch nie gefallen. Dafür hatten sie alle das EK.I auf der Brust». Das ist doch ein Beleg! Und was Jünger sagt zu dem «kerndeutschen Wort», dem «Feldwort», ist absolut richtig, und es braucht dazu gar kein «Feld». Übrigens ist dies zusammengesetzte Wort auch unübersetzbar, jedenfalls direkt (die spanische Übersetzerin des Buchs zum Beispiel lässt es zur Recht stehen und gibt es dann, dem ‹Stilwert› nach für die spanischsprachigen Leser mit «hijo de puta», ‹Hurensohn› wieder). Natürlich kommt in diesem Tagebuch auch *Scheiße* charakteristisch vor: «Am Abend kam die Feldküche angewackelt und brachte einen Scheißfraß.. » (5. 1. 15), dann, am 24. 5. 17, und dies ist nun bemerkenswert, dämmert es dem jungen Mann, dem der Krieg zunächst unleugbar Spaß machte: «Wenn ich über die grüne Wiese vor mir auf das zerschossene la Baraque sehe, dann muss auch ich, einst so kriegslustiger mir die Frage vorlegen: Wann hat dieser Scheißkrieg ein Ende?»[161]

Zunehmend gebrauchen auch Frauen dieses «kerndeutsche Wort», so wie sie in den anderen Sprachen zunehmend die durchaus männerbestimmten sexuellen Wörter gebrauchen. Dass diese latent oder offen frauenverachtend sind, ist ihnen egal – oder es ist ihnen nicht bewusst. Im Deutschen wie in den anderen Sprachen handelt es sich dabei um ein Emanzipationsphänomen. Zunehmend sehen es Frauen nicht ein, weshalb derlei nur Männer sagen können sollen. Dies ist, meine ich, nachvollziehbar, selbst wenn ich, wie viele Männer, solche Wörter bei Frauen vulgärer finde als bei Männern. Gegen *Arschloch* kann man sicher nicht sagen, es sei speziell frauenverachtend. In dieser Hinsicht ist dies Wort völlig neutral, was ja auch vom «grammatischen» Geschlecht her zutrifft. Aber es wird in Bezug auf Frauen seltener oder gar nicht gebraucht. Oder?

Ein ungerechtes, aber ökonomisches ‹Arbeitsprinzip› des Deutschen und vieler anderer Sprachen

Eine Sprache kommt von sehr weit her. Dafür gibt es, ganz in der Nähe unseres Themas, ein großes Beispiel: die Einteilung aller in der Welt begegnenden Dinge nach dem Sexus-Kriterium – männlich, weiblich und weder noch, also sächlich (‹sächlich› ist aber ein ungeschickter Ausdruck, weil ja auch Sachen sprachlich männlich oder weiblich sein können). Da schleppen unsere Sprachen Uraltes mit sich! Wir haben im Deutschen wie anderswo, etwa im Lateinischen, Griechischen und Russischen, *drei* Geschlechter. Und diese sind nun so verteilt, dass man, wenn in der Wirklichkeit nichts Weibliches oder Männliches oder Neutrales vorliegt, wie dies etwa bei *der* Frau und *dem* Mann tatsächlich der Fall ist, wirklich nicht sagen kann, weshalb das eine Hauptwort *weiblich*, das andere *männlich*, das dritte *sächlich* ist. Auf dem Tisch liegen sie beieinander, vier Sachen, die mit Geschlecht nichts zu tun haben und doch geschlechtlich differenziert sind: *der* Teller, rechts von ihm *das* Messer und *der* Löffel, links von ihm *die* Gabel. Was soll an diesen Dingen männlich und weiblich und ‹keines von beiden› sein? Wieder einmal die pure Kontingenz: es ist so, es könnte ebenso gut anders sein. Da steckt etwas ganz Unmotiviertes in unserer Sprache. Und weil dies so ist, geht es anderswo auch *ohne* Neutrum, wie in den romanischen Sprachen, und es geht auch ganz ohne Genusdifferenzierung: so gleich im Englischen und dann etwa im Türkischen, Ungarischen, Finnischen, auch im Chinesischen. Allerdings, wichtige Einschränkung: bei bestimmten und gar nicht vielen ‹großen Dingen› – zum Beispiel *die* Sonne, *der* Mond, *die* Liebe, *der* Tod – scheint es uns anders, nämlich nicht zufällig oder kontigent zu sein. Da sind wir tief davon überzeugt (so dass wir nicht einmal darüber nachdenken), das Gemeinte sei in der Tat etwas Weibliches oder Männliches. Aber dies meinen und erleben wir nur, weil das Geschlecht der entsprechenden Wörter in unserer Mutter- oder Erstsprache so vorgegeben ist. Danach bildet sich dann unsere Vorstellung vom Gemeinten. Aber nehmen wir nur das Französische: da ist bei den genannten vier ‹großen Dingen› das Geschlecht das entgegengesetzte: *le soleil, la lune, l'amour, la mort*. So auch italienisch, spanisch, portugiesisch. Da wird dann also die Sonne als männlich, der Mond als weiblich, die Liebe als männlich und der Tod – ausgerechnet dieser, möchten wir da als Deutschsprachige sagen – als *weiblich* vorgestellt und dann *ebenso* intensiv, wie wir dies umgekehrt im Deutschen tun, erlebt. Wir reden vom ‹Sensenmann›, ‹Freund Hein› und vormals vom ‹Gevatter Tod›, die Franzosen aber von ‹Madame la mort› … Und in dem berühmten Roman «Der Gattopardo» von Giuseppe Tomasi di Lampedusa (1958) wird der Tod des Fürsten Salina sehr ausführlich als Liebesbegegnung erzählt – für uns kaum nachzuvollziehen, und es liegt lediglich am verschiedenen «grammatischen» Geschlecht. Bei diesen ‹großen Dingen› prägt also dieses Geschlecht unsere Vorstellungen, und sie bleiben auch dann seltsam unberührt, wenn man andere Sprachen hinzuerwirbt, in denen das «grammatische» Geschlecht ein anderes ist.

Diese Vorstellungen nun haben insgesamt mit *Sexus* nur indirekt zu tun, denn sie gehören zu dem, was man ‹Genus› oder ‹Gender› nennt. Ich will dieses Gender-Feld hier nicht betreten. Oder nur ganz kurz, um zu verdeutlichen, dass mein Feld ein *anderes* ist. Ich bin im vulgären Unterbau der Sprachen und fand da, nicht im Deutschen, aber in den anderen Sprachen, eine sexualisierte Männerwelt und in dieser kaum verkappte oder offene Frauenfeindschaft, Misogynie. Man kann dies als einen Abgrund empfinden. Doch sind wir ja im vulgären Unterbau. Mit diesem hat sich die feministische Sprachkritik noch kaum befasst. Oder? Die feministische Sprachkritik, die ich insgesamt ernst nehme, befasste sich mit anderem und ganz besonders mit der Genus-Differenzierung. Auch da haben wir klare Männerdominanz, was zu unserem Unterbau-Befund passt. Es wäre doch sehr überraschend, wenn es im Parterre und darüber *anders* wäre. Die Grammatik unterscheidet sich nach dem Kriterium oben und unten nicht.

Für die Männerbestimmtheit der Grammatik ein kleines Beispiel aus dem Französischen. In dieser Sprache, wie auch in den anderen romanischen Sprachen, müssen die Eigenschaftswörter (im Deutschen ist dies komplizierter) immer mir dem Hauptwort, zu dem sie gehören, in Geschlecht (und auch in der Zahl) «übereingestimmt» werden. Was aber geschieht, wenn es zwei Hauptwörter sind und das eine von ihnen weiblich, das andere männlich ist? Leicht zu erraten: dann hat das Eigenschaftswort die männliche Form, dann fällt das weibliche Hauptwort grammatisch unter den Tisch: ‹Ma femme et moi-même, nous sommes tous les deux très contents›, sagt oder schreibt der Mann, nicht ‹contentes› oder auch: ‹Mon fils et sa femme sont très heureux› und nicht ‹heureuses›.

Das Problem ist, sehr bekanntlich, dort am ärgerlichsten, wo es um Personenbezeichnungen geht, die eine Genusdifferenzierung haben. Das ist zum Beispiel bei *Studierenden* nicht der Fall, bei *Studenten* aber schon. Absolut klar scheint mir der Fall bei direkter Anrede: da muss man auf jeden Fall beides sagen: ‹Liebe Studentinnen und Studenten!›, ‹Liebe Krankengymnastinnen und Krankengymnasten!› Hier muss man die Länge in Kauf nehmen. Und hier hat sich auch wirklich der Gebrauch, sicher auch aufgrund feministischer Sprachkritik, in den letzten Jahrzehnten verändert. Kein Politiker, auch nicht der konservativste, würde heute etwa die Anrede ‹Liebe Berliner!› wagen, was vor vierzig Jahren normal war. Auch sonst (es muss nicht immer gerade die direkte Anrede sein), etwa bei unmittelbarer Zuwendung, sollte man die Frauen eigens erwähnen. So schreibt Benedikt XVI. zum ersten Band seines Jesus-Buchs (2007) im Klappentext: «Ich erwarte von meinen Leserinnen und Lesern nur jenen Vorschuss an Sympathie, ohne den ein Verständnis nicht möglich ist» – ein schöner Satz, nebenbei, auch sonst – dergleichen braucht jeder Autor. Ebenso verfährt Benedikt, natürlich mit einem anderen Satz, im Klappentext zum zweiten Band (2011). Aber in der Regel (so bei *Arbeiter, Schüler, Lehrer, Wissenschaftler, Politiker, Gewerkschafter* usw. usw.) haben wir den Fall, dass diese männlichen Bezeichnungen, es gehört zu unserer Sprache (wie zu anderen auch), *zwei* Bedeutungen haben: *Lehrer* zum Beispiel kann so gebraucht werden, dass die Lehrinnen mit einbezogen sind, wenn einfach die Berufszugehörigkeit gemeint ist, etwa wenn man sagt «Wir müssen Lehrern wieder Autorität zugestehen» (so Ministerin Annette Schavan am 16. 4. 12 in der «Süddeutschen Zeitung») oder dann umgekehrt so, dass die Lehrerinnen gerade ausgeschlossen sind, etwa in dem Satz ‹Lehrer sind für eine solche Aufgabe vielleicht nicht so gut geeignet wie Lehrerinnen›. Da stehen *Lehrer* und *Lehrerin* in sich gegenseitig ausschließender Opposition: entweder Lehrerin oder Lehrer. Aber sonst ist das männliche Exemplar sprachlich – sprachlich! – gleichsam der Normalfall. In der einschließenden Verwendung von *Lehrer* werde die Lehrerin sozusagen inexistent gemacht – so der Vorwurf. Aber eben: dies ist (und man sollte es zunächst einmal so sehen) ein ziemlich fundamentales ‹Arbeitsprinzip› unserer Sprachen, also keineswegs nur des Deutschen. Und man sollte wissen, was man tut, wenn man dagegen anrennt. Und ökonomisch (viel wird mit wenig erreicht) ist dieses Prinzip auf jeden Fall, was ja auch ein Wert ist. In demselben Artikel der «Süddeutschen» heißt es «Föderalismus darf nicht mit bloßer Kleinstaaterei Studenten, Schüler und Eltern verunsichern». Und über dem Artikel darunter steht der Titel: «Die meisten Lehrer wollen sich fortbilden, um gestiegene Anforderungen zu erfüllen – doch viele Schulleiter lehnen dies aus Personalmangel ab». Kurz: die beiden Artikel wären erheblich schwerfälliger, gezierter, länger – sie gingen nicht, wie es hier der Fall ist, auf eine Seite, wenn jedesmal die weibliche Form hinzugesetzt würde. Und weiß inzwischen nicht jeder, dass es auch Schulleiterinnen gibt?[162]

Ein Blick nach außen kann hier nicht schaden. Im Spanischen wird dieses Prinzip noch viel weiter getrieben als im Deutschen. Da kann *die Väter* auch für ‹die Eltern› stehen, *die Brüder* auch für ‹die Geschwister›, *die Großväter* kann auch die Großmütter einschließen, *die Onkel* kann auch für ‹Onkel und Tanten› stehen (einen solchen Sammelbegriff haben wir deutsch gar nicht), *die Vettern* auch für ‹Vettern und Cousinen›, *die Neffen* auch für ‹Neffen und Nichten›: *los padres, los hermanos, los abuelos, los tíos, los primos, los sobrinos*. Spanisch kann jemand sagen: ‹Wir sind sehr stolz, denn meine Frau und ich sind gestern Großväter geworden, wir haben unseren ersten Enkel bekommen, ein Mädchen›, ‹Estamos muy orgullosos porque mi mujer y yo somos abuelos desde ayer, hemos tenido nuestro primer nieto, una niña». Und beim Eigenschaftswort ‹orgulloso›, ‹stolz›, muss hier auch, grammatischer Zwang, die männliche Form stehen: ‹orgullosas› wäre wieder schlicht ein Fehler.

Dann findet sich dieses ‹Arbeitsprinzip› durchaus auch *außerhalb* des Genus. So kann das Wort *Tag* im Deutschen, wie das entsprechende Wort in anderen Sprachen, erstens die vierundzwanzig Stunden meinen und schließt dann die Nacht mit ein oder es kann die Zeit meinen, in der die Sonne über dem Horizont ist, und schließt dann die Nacht gerade aus, was ja in der Wendung ‹ein Unterschied wie zwischen Tag und Nacht› klar zum Ausdruck kommt. Natürlich steckt auch darin eine verkappte Wertung, denn es ist nicht zufällig, nicht kontingent, sondern begründbar, dass das Wort für die vierundzwanzig Stunden auch für den hellen Teil dieser Stunden steht: der helle Teil wird offensichtlich als der wesentliche angesehen, insofern höher bewertet. Aber im Prinzip ist der Unterschied zwischen *Tag* und *Nacht*, Einschluss oder Ausschluss, analog zu dem zwischen *Lehrer* und *Lehrerin*, wobei im letzteren Fall allerdings keine Wertung steckt.[163]

Nur eben, zugegeben, kommen wir nicht um den Tatbestand herum, dass das Männliche auch für das Weibliche, es einschließend, stehen kann, aber umgekehrt das Weibliche nicht für das Männliche. Man kann nur sagen, wenn man schon werten will: dieses ‹Arbeitsprinzip› ist zwar ungerecht, aber ökonomisch effizient. Und dann ist die Lage, wie die Dinge unvermeidbar sind, vertrackt. Denn es gibt ja nur männlich und weiblich – man kann nur das eine bevorzugen oder das andere.[164] Da ist Gerechtigkeit mehr als schwierig.

Ich will, was das Genus angeht, hier abbrechen, denn ich wollte nur dartun, dass auch die *nicht-vulgäre* Sprache, dass auch die Grammatik mit ihrem Regelwerk dort, wo das Genus hereinkommt, männerbestimmt und männerbevorzugend ist, und zeigen, dass auch mir dies klar ist.[165] Man kann die Grammatik «sexistisch» nennen, obwohl es hier ja nicht um Sexus geht, sondern um Genus oder Gender, wobei freilich zu konzedieren ist, dass zwischen beiden ein Zusammenhang besteht.[166] Und dann ist die Frage zu stellen, inwieweit die Männerbestimmtheit der Grammatik, die Tatsache, dass sie das Männliche bevorzugt, auf unser Empfinden, auf unser Bewusstsein, was Mann und Frau betrifft, überhaupt einen greifbaren Einfluss hat.

Wie immer es sich damit verhalten mag, ich denke, dass erstens, was ich hier im Blick auf den stets präsenten vulgären *Unterbau* dargelegt habe, vielleicht doch einflussreicher ist auf jenes Genus-und-Sexus-Bewusstsein als die männerbestimmte Grammatik, und dass zweitens gerade das Deutsche, wie aufgezeigt, wenn man schon werten will, erheblich ‹besser›, nämlich in dieser Hinsicht weit unangreifbarer dasteht als, vom Schwedischen abgesehen, die anderen Sprachen, die hier betrachtet wurden.[167]

Martin Walser notiert in seinem letzten Buch: «Die Sprache entspricht nichts als sich selbst».[168] Dass an diesem Satz Richtiges ist, haben auch wir hier gesehen. Zwar sucht jede Sprache der Welt zu entsprechen, in die ja auch *sie* «geworfen» wurde. Auch sie ist «in-der-Welt» und ist ein Instrument oder besser: ein jeweils verschiedener *Weg* einer – sich immer nur annähernden – Weltaneignung. Indem sie ihrer Welt in verschiedener, jeweils eigener Weise entspricht, entspricht sie in der Tat auch immer sich selbst.

Ich danke allen Leserinnen und Lesern, die mir bis hierher gefolgt sind. Ich danke meinem Verleger Wolfgang Beck für seine Geduld und insbesondere auch meinem beharrlichen Lektor Raimund Bezold. Schließlich danke ich für Anregungen meiner Frau Carmen und unserem Sohn Klaus Gauger und dann meinem Freund Marlon Poggio, dessen Anteilnahme und Hinweise mir wichtig waren – er war die hier besonders wichtige und in diesem Fall intelligente Stimme der Jugend.

Anmerkungen

1   Der Vers zeigt, dass Wolfram, wie im Französischen, Tristán betonte und nicht Trístan.

2   Le Petit Robert, Dictionnaire alphabétique et analogique de la langue française, Paris, Société du Nouveau Littré, 1969: «Appliquer, poser sa bouche sur (une personne, une chose) par affection, amour respect». Was will man dagegen sagen? Die Handlung ist korrekt beschrieben, und ihre verschiedenen Motive sind korrekt benannt.

3   Der Graben zwischen *Sie* und du ist weit tiefer als der zwichen *vous* und tu. Man kann französisch auch abwechseln zwischen *vous* und *tu*, was manche Ehepaare machen (sie sagen *vous*, etwa wenn andere dabei sind: ‹Mais non, vous vous trompez, ma chère!›). Dies geht deutsch nicht. Da ist das *du* irreversibel, ein entweder-oder. Und sicher blieb man zur Zeit Flauberts und in der Schicht, die er hier meinte, länger beim *vous* als heute.

4   Wieder ein Problem für die Übersetzung: *chair* ist nicht so deutlich, nicht so konkret wie *Fleisch* – das Französische hat für ‹Fleisch› zwei Wörter: *la chair* und *la viande*; beide unterschieden sich stark, nur das mit *viande* bezeichnete Fleisch wird gegessen.

5   Insofern ist das Zeitwort dann doch nicht ‹absolut› gebraucht.

6   A la recherche du temps perdu, Du côté de chez Swann, S. 230: «la métaphore ‹faire catleya›, devenue un simple vocable qu'ils employaient sans y penser quand ils voulaient signifier l'acte de la possession physique – où d'ailleurs l'on ne possède rien» – «catleya machen»: catleya ist eine Orchidee, die Wendung ist also rein persönlich für dieses Paar, eine Metapher, ein Bild, für ‹Liebe machen›, das also unter ihnen zur «bloßen Vokabel geworden» war.

7   Ich erhielt damals einen Anruf von einem mir unbekannten Rechtsanwalt, der, da er gehört hatte, dass ich mich für dergleichen interessiere, meine Meinung wissen wollte. Schließlich kam man aber auch ohne mich zur zutreffenden Einschätzung.

8   Dass *ficher* inhaltlich zu *foutre* gehört und eigentlich nur eine Variante von ihm ist, zeigt sich auch darin, dass das Partizip der Vergangenheit nicht *fiché* lautet, wie es eigentlich lauten *müsste*, sondern ganz unregelmäßig *fichu* – also analog nach dem Partizip zu *foutre*, das *foutu* lautet. Ein klarer Fall von Analogie: die

große inhaltliche Nähe (*ficher, fiche* ist ja nur ein Synonym zu *foutre*) hat die formale Angleichung bewirkt. Und der unregelmäßige Infinitiv *fiche* – ‹Veux-tu me fiche la paix?› – ist (neben dem ‹regelmäßigen› *ficher*) doch wohl auch eine Analogie zu *foutre*.

9 Natürlich gehört Martin Heidegger in diesen Zusammenhang. Mario Wandruszka war der Erste, der ihn in diesem Punkt frontal angegriffen hat (und viele weitere kamen nicht): Etymologie und Philosophie, in: Etymologica, Festschrift für Walther von Wartburg, Tübingen, Niemeyer, 1958, S. 857–871.

10 So Felix Philipp Ingold in der Zeitschrift «Volltext» 6, 2008, S. 17.

11 Joseph Ratzinger, Benedikt XVI., definiert Agape: «Umfassende Liebe im Allgemeinen und gemeinsames Mahl nach dem Gottesdienst im Besonderen», Jesus von Nazareth, Zweiter Teil, Freiburg, Basel, Wien, Herder, 2011, S. 333 (so in dem vorzüglichen Glossar).

12 Diese Aussage fand ich zitiert in einem Artikel von Birk Meinhardt in der «Süddeutschen Zeitung» vom 28. 10. 09, S. 3.

13 Faust II, Zweiter Akt, Hochgewölbtes enges, gotisches Zimmer, ehemals Faustens, unverändert, Verse 6768–6770.

14 Diese Begriffe prägten und erläuterten meine früheren Assistenten Peter Koch und Wulf Oesterreicher in einem Aufsatz aus dem Jahr 1985: Sprache der Nähe – Sprache der Distanz. Mündlichkeit und Schriftlichkeit im Spannungsfeld von Sprachtheorie und Sprachgeschichte (Romanistisches Jahrbuch 36, 1985, S. 15–43). Die neueste Version findet sich nunmehr in Peter Koch, Wulf Oesterreicher, Gesprochene Sprache in der Romania, Französisch, Italienisch, Spanisch, Romanistische Arbeitshefte, Berlin, New York, de Gruyter, 2. aktualisierte und erweiterte Auflage, 2011. Vielleicht haben sich die Begriffe auch deshalb noch nicht genügend herumgesprochen, weil erstens die nordamerikanischen Linguisten zu ihrem eigenen Schaden davon überzeugt sind, dass aus Europa prinzipiell nichts Nennenswertes kommt. Selten wird da eine Arbeit aus Europa zitiert. Auch wenn sie englisch geschrieben ist, hilft ihr dies dort kaum (ein zu wenig beachteter und gar thematisierter Skandal), und weil zweitens, weniger schlimm, die Germanisten hierzulande meinen, dass für die Romanistik und auch etwa die Anglistik dasselbe gilt. Die Germanisten begnügen sich weithin noch mit dem ungenauen Begriff der ‹Umgangssprache›. Und ‹Standardsprache›, ein Begriff, der auch oft erscheint, meint ja wieder etwas anderes. Es gibt aber Ausnahmen: so rekurriert P. Eisenberg in seinem Buch «Das Fremdwort im Deutschen», Berlin/New York, de Gruyter, 2011, S. 354–359, ausführlich auf jenen Beitrag.

15 Es geht hier, fachlich linguistisch geredet, um eine besondere Form der Etymologie, die zur (synchronisch verstandenen) Sprache selbst gehört: synchronische Etymologie. Aber davon hat die Linguistik noch nicht viel geredet. Vielmehr: sie hat sie eigentlich noch gar nicht zur Kenntnis genommen…

16 Kant: «aus so krummem Holz, als aus welchem der Mensch gemacht ist, kann nichts ganz Gerades gezimmert werden», so in seiner Abhandlung «Idee zu einer allgemeinen Geschichte in weltbürgerlicher Absicht». Und dann gibt es von ihm einen Aufsatz «Über das radical Böse in der menschlichen Natur».

17 Helmut Schmidt/Giovanni di Lorenzo, Auf eine Zigarette mit Helmut Schmidt, Köln, Kiepenheuer & Witsch, 2010, S. 89.

18 Karl Valentin's Gesammelte Werke, Frankfurt, Wien, Zürich, 1961, S. 70.

19 Zitiert in der schönen Biographie Alfred Polgars von Ulrich Weinzierl, Alfred Polgar. Eine Biographie, Frankfurt, S. Fischer, 1995 (erstmals 1985), S. 217. Polgar starb 1955.

20 Der Kriegskommissar Goethe, Sonderdruck des Ordens Pour Le Mérite für Wissenschaften und Künste, 38. Band, 2009–2010, S. 39. Es handelt sich um das Kapitel eines Buchs «Der Briefschreiber Goethe», das bei C. H. Beck erscheinen wird.

21 Hier gibt uns die Etymologie einen guten Hinweis, was nicht immer so ist. Das lateinische *dicĕre* geht auf die indogermanische Wurzel *deik-* zurück, mit der auch unser *zeigen* zusammenhängt, und *dicĕre* heißt erstens ‹zeigen›, ‹weisen› und zweitens ‹sprechen›, ‹sagen›, ‹reden›, auch ‹singen› und ‹vortragen›. Das mit *dicĕre* etymologisch verwandte griechische *deíknymi* ‹zeigen› gehört ebenfalls hierher.

22 Hier kann ich mich auf einen schönen Aufsatz stützen: Damaris Nübling und Marianne Vogel, Fluchen und Schimpfen kontrastiv. Zur sexuellen, krankheitsbasierten, skatologischen und religiösen Fluch- und Schimpfwortprototypik im Niederländischen, Deutschen und Schwedischen, in: Germanistische Mitteilungen, Zeitschrift für Deutsche Sprache, Literatur und Kultur, 59, 2004, Brüssel, S. 19–33. Der Aufsatz bezieht sich eher auf das Nordniederländische (insofern auch die Zitate hier).

23 Letzteres entspricht dem englischen Gebrauch von *sodomy* ‹widernatürliche Unzucht›, nicht aber dem deutschen von *Sodomie,* der sich auf den Verkehr mit Tieren bezieht. Man sollte deutsch also nicht ‹Sodomie› sagen (es ist ein dummer Anglizismus), wenn Homosexualität gemeint ist.

24 Die Sprachwissenschaft hat für diese beiden Blickrichtungen, die beide ihr Recht haben, zwei alte Bezeichnungen: «semasiologisch», Ausgang von den Zeichen, hier also den Wörtern, dann die Frage nach deren verschiedenen Bedeutungen, oder dann «onomasiologisch», Ausgang von dem, was bezeichnet werden soll, und die Frage nach den Wörtern, mit denen dies geschieht.

25 Ebenda, S. 25.

26 Die Sprachwissenschaft spricht eher von «Varietäten» als von «Varianten». Sie wurden zunächst, von der neueren Linguistik nicht besonders beachtet, finden nun aber zu Recht große Aufmerksamkeit, und es entstand längst ein Zweig der Linguistik, der sich «Varietätenlinguistik» nennt. «Varietäten» sind aber nicht nur im Falle des Englischen wichtig, sondern gehören prinzipiell zu einer Sprache, weshalb mein Lehrer Mario Wandruszka schon 1979 drastisch formulierte: «Eine Sprache ist viele Sprachen» (Die Mehrsprachigkeit des Menschen, München, Zürich, Piper, 1979, S. 39. Da erläutert er: «Eine menschliche Sprache ist kein in sich geschlossenes und schlüssiges homogenes Monosystem. Sie ist ein einzigartig komplexes, flexibles, dynamisches Polysystem, ein Konglomerat von Sprachen, die nach innen in unablässiger Bewegung ineinandergreifen und nach außen auf andere Sprachen übergreifen».

27 Die Abhandlung erschien zuerst 1986 in einer Zeitschrift, erst als Buch gedruckt, 2005, wurde sie zu einem Bestseller (Princeton University Press) und natürlich auch ins Deutsche übersetzt.

28 Ich fand diese mir witzig scheinenden (aber darüber kann man streiten) Definitionen, buchstäblich ‹Abgrenzungen›, ohne weitere Angaben auf einer Postkarte von «Discordia Zur Kapelle 2, 51 597 Katzenbach».

29 Vielleicht aber war diese Verwendung, als der große Hans Mayer «Die Wörter» übersetzte, noch nicht so gebräuchlich wie jetzt.

30 Für das Italienische kann ich, was unsere Thematik angeht, dankbar auf eine
    schöne Freiburger Magisterarbeit aus dem Jahr 2009 von Tanja Eisenmann zu-
    rückgreifen: Italienische Schimpfwörter der Geschlechtsorgane unter Gender-
    Aspekten. Zum Teil einschlägig ist hier auch die gleichsam bahnbrechende
    Doktorarbeit von Edgar Radtke, Typologie des sexuell-erotischen Vokabulars
    des heutigen Italienisch, Studien zur Bestimmung der Wortfelder PROSTITUTA
    und MEMBRO VIRILE unter besonderen Berücksichtigung der übrigen roma-
    nischen Sprachen, Tübingen, Narr, 1980.
31 Ich hörte es zum ersten Mal 1982 aus dem Mund meines früh verstorbenen gro-
    ßen Freunds Mazzino Montinari, dem Nietzsche-Herausgeber und Philologen.
32 Die Sprachwissenschaftler nennen solche Wörter «Abtönungspartikel».
33 Dante Alighieri, La Commedia, Die göttliche Komödie, I. Inferno/Hölle, Italie-
    nisch/Deutsch. In Prosa übersetzt und kommentiert von Hartmut Köhler, Stutt-
    gart, Reclam, 2010, S. 322–323.
34 Dieser Katechismus war von der Sache her insofern wichtig, als er der erste ist,
    den die römische Kirche herausbrachte, also die erste offizielle lehramtliche Zu-
    sammenstellung dessen, was von den Priestern gelehrt werden muss. Vorher hatte
    sich die Kirche darauf beschränkt, was sie als Irrtümer ansah, zu verurteilen.
    Diese positive Zusammenstellung antwortete auf die Reformation und konkret
    vielleicht auf den «Großen» und den «Kleinen Katechismus» Martin Luthers, die
    so erfolgreich waren.
35 Nietzsche war da gleichzeitig radikaler und objektiver, wenn er über Bizets «Car-
    men» schreibt: «Keine Senta-Sentimentalität!» (das ist eine wortspielende An-
    spielung auf die weibliche Hauptfigur in Wagners «Fliegenden Holländer»)
    «Sondern die Liebe als Fatum, als Fatalität, cynisch, unschuldig, grausam – und
    eben darin Natur! Die Liebe, die in ihren Mitteln der Krieg, in ihrem Grunde der
    Todhass der Geschlechter ist!» (Der Fall Wagner, 2. Abschnitt).
36 Manuel Seco, Olimpia André, Gabino Ramos, Diccionario del Español Actual,
    Madrid, Grupo Santillana de Ediciones, 1999.
37 Da ist der Unterschied zwischen den beiden Zeitwörtern für ‹sein›, die es im
    Spanischen gibt: ser für das dauerhafte sein und estar für das vorübergehen-
    de.
38 In seinen schönen und witzigen Erinnerungen berichtet der Theaterkritiker Ge-
    org Hensel von seinen zahlreichen Besuchen in Spanien in Altea an der Ostküste.
    Da freundete er sich mit einem gewissen Paco an: «Paco kannte Deutschland, er
    definierte es mit dem Satz: ‹Viel Kartoffel und Spinat, nix Wein, nix Olive›. Wenn
    es uns gelang, ihn zu verblüffen, sagte er: ‹Ich kack ins Meer›, es war keine Dro-
    hung, es war der Ausdruck seiner Bewunderung» (Georg Hensel, Glück gehabt.
    Szenen aus einem Leben, Frankfurt/Leipzig, Insel, 1994, S. 164). Dies ist also ein
    Missverständnis… Jener Paco sagte natürlich spanisch: ‹Me cago en la mar›. Und
    Hensel hat dies schlicht so, also wörtlich, verstanden und übersetzt. Mit dem
    Meer hat dies also nichts oder nur sehr indirekt zu tun: da steckt die Mutter da-
    hinter oder gar die Mutter Gottes. Aber der sympathische (und von mir sehr be-
    wunderte) ‹Schosch› Hensel hat den Sitz dieses Satzes im Leben ganz richtig ge-
    deutet: er ist in der Tat oft die Antwort auf eine Verblüffung, und Bewunderung
    kann sicher auch in ihm stecken.
39 Langenscheidts Handwörterbuch Katalanisch-Deutsch (Lluis Battle, Günther
    Haensch, Tilbert Stegmann, Gabriele Woith), Berlin, München, Wien, Zürich,

New York 1991. Ich halte mich, was meine Beispiele angeht, an dieses gute Wörterbuch.

40 Von ‹Weltsprache› wird geredet, wenn eine Sprache auf zumindest zwei Kontinenten gesprochen wird.

41 *Schürzenjäger* ist ein Beispiel für die Unbewusstheit unseres Sprechens und die Antiquiertheit einer Sprache. Da steckt ja *Schürze* in diesem durchsichtigen Wort, *Schürzenjäger* ist auf *Schürze* und auf *Jäger* hin durchsichtig. Aber *Schürze* spielt doch auf eine einigermaßen vergangene Wirklichkeit an (Antiquiertheit oder Konservatismus also unserer Sprache), und dann machen wir uns das mit der ‹Schürze› gar nicht bewusst (Unbewusstheit also unseres Sprechens). Das Wort *Schürzenjäger* ist trotzdem keineswegs veraltet, auch der «Duden» kennzeichnet es nicht so, er sagt lediglich «umgangssprachlich».

42 *caráculum* ist eine Form, die einfach aus den Ergebnissen erschlossen wurde: eigentlich können sich spanisch *carajo* und portugiesisch *caralho* und katalanisch *carall* nur aus lateinisch *caráculum* ergeben haben. Es müsste ‹kleiner Pfahl› bedeutet haben, und tatsächlich ist da das Wort *caracatus* ‹mit Pfählen versehen› belegt.

43 Die Stadt liegt ja nicht weit von der Bukovina entfernt, die einmal zum habsburgischen Reich gehörte – Czernowitz, heute in der Ukraine, hatte einmal die östlichste deutschsprachige Universität.

44 Der Fluch, der ‹Ostern› einbezieht, weist natürlich darauf hin, dass dieses Fest, also die Auferstehung, als das eigentliche und auch liturgisch wichtigste angesehen wird, was in der griechischen Orthodoxie wie auch in der römischen Kirche der Fall ist. Dies spiegelt sich im Spanischen darin, dass *Pascua* nicht nur Ostern meint, sondern auch die Zeit zwischen dem Heiligen Abend und dem Dreikönigsfest am 6. Januar. Auch da wünscht man sich ‹¡Buenas› oder ‹¡felices Pascuas!›

45 Es entspricht also etymologisch dem französchen *cul*, dem spanischen und italienischen *culo* und dem portugiesischen *cu*; das l zwischen den beiden Vokalen wurde also im Rumänischen zu einem r (*culum* somit zu *curu*), während es im Portugiesischen (*cu*) einfach geschwunden ist, *curul* also ‹der Hintern›, der Artikel wird rumänisch an das Hauptwort angehängt, steht also hinter ihm.

46 Die «Sachsen» siedelten sich vielleicht schon ab dem Ende des 12. Jahrhunderts (im Zusammenhang mit dem 2. Kreuzzug) im heutigen Rumänien an, sie wurden dann auch lutherisch reformiert, sind also evangelisch, während die «Schwaben» erst im 18. Jahrhundert vor allem durch Kaiserin Maria Theresia angesiedelt wurden und katholisch sind.

47 Inzwischen ist, zu meiner Bestürzung und Trauer, Ivan Nagel gestorben (9. 4. 12), ich habe ihn über die «Deutsche Akademie für Sprache und Dichtung», der ich angehöre, gut gekannt und was ich von ihm gelesen habe bewundert.

48 Der Apostroph hinter dem t entspricht einem Zeichen der russischen Schrift, das man «Erweichungszeichen» nennt: es zeigt an, dass der Konsonant, hier also das t, ‹weich› ist, was heißt, aber dies ist ein Detail, das uns hier nicht zu interessieren braucht, dass er ein Jot in sich enthält (fachlich geredet, was ich hier nicht unbedingt will – es soll nur alles, wenn möglich, stimmen, handelt es sich da um ein ‹palatalisiertes›, also im vorderen Gaumen artikuliertes t).

49 Valentin D. Devkin, Der russische Tabuwortschatz. Russkaja snižennaja leksika. Langenschscheidt, Berlin, München, Wien, 1996. Eine interessante Arbeit stammt

von Ilse Ermen, Der obszöne Wortschatz im Russischen, Etymologie – Wortbildung – Semantik – Funktionen, München, Sagner 1993.

50 Wieder markiere ich die Akzentuierungen nur zur Verdeutlichung.

51 Was ich hier zur Verdeutlichung mit ‹jo› notiere, wird in der wissenschaftlichen Umschreibung des Russischen mit dem Zeichen ë wiedergegeben, statt meinem ‹job› also ‹ëb›.

52 Tatsächlich ist dieser Fehler im Süddeutschen nicht selten, wenn der Betreffende versucht, sich im Gespräch mit einem Norddeutschen korrekt ‹hochdeutsch› auszudrücken, weil es ja im Süddeutschen kein Präteritum gibt (das ist der «oberdeutsche Präteritumsschwund», wie die Sprachwissenschaftler sagen). Der Süddeutsche meint dann, das Präteritum sei korrekter als das ihm ausschließlich geläufige zusammengesetzte Perfekt. In der Sprachwissenschaft heißt solch ein Fehler «Hyperkorrektion»: man macht etwas falsch, gerade weil man korrekt sein will. Übrigens ist dieser Ausdruck schief, denn das «Überkorrekte» ist nicht überkorrekt, sondern falsch, also unterkorrekt. Nur ist der Fehler durch den Wunsch, korrekt sprechen zu wollen, bedingt.

53 Die Autorin bespricht hier den ersten Band des «Großen Wörterbuchs der Mat-Sprache», der 2002 in St. Petersburg erschien (Neue Zürcher Zeitung, 28. 4. 2003, S. 19); sie beginnt mit dem Satz «Man darf sich auf eines der unanständigsten lexikographischen Werke gefasst machen, die es jemals gegeben hat.» Man muss hier auch, einmal wieder, die «Neue Zürcher» loben, dass sie hier ein Buch rezensieren lässt, das ein rein fremdsprachiges, in diesem Fall ein rein russisches ist! Schwerlich ginge dies im Feuilleton einer Zeitung in Deutschland oder Österreich.

54 Vorzüglich und das hier Gesagte ergänzend und bestätigend ist der Aufsatz von Ilse Ermen, Die geschlechtsspezifische Ausrichtung des russischen sexuellen Wortschatzes, in: Beiträge zur Frauenforschung am Osteuropa-Institut der FU-Berlin,1993, S. 285–296.

55 Viktor Jerofejew, Russische Apokalypse, Aus dem Russischen von Beate Rausch, Berlin, Berlin Verlag, 2009.

56 Für wichtige Hinweise zu diesem Abschnitt danke ich meiner Freiburger Kollegin und Freundin Juliane Besters-Dilger.

57 Übrigens macht es, im Gegensatz zu einer verbreiteten Laien-Meinung, keinen großen Unterschied, ob man lateinisch oder kyrillisch schreibt. Auch das Rumänische, also eine romanische Sprache, wurde früher Kyrillisch geschrieben. Die Umstellung war da erst im 19. Jahrhundert.

58 Ich verdanke meine Informationen Herrn Marin Samardzic von der Chirurgischen Universitätsklinik in Freiburg.

59 Ich danke Herrn Murat Bütünley, Freiburg, und Herrn Ibrahim Nihal Toker, Mersin, Türkei, für diese Informationen.

60 Hierzu etwa Wilfried Stroh, Sexualität und Obszönität in römischer ‹Lyrik›, in: Theo Stemmler/Stephan Horlacher, Sexualität in der Lyrik, Mannheim, S. 11–49.

61 Ich sage ‹sogenannt›, weil die Romanen selbst, die Franzosen, die Spanier, die Italiener, mit diesem Ausdruck gar nicht viel anfangen können. Die ‹Romania› als eine geistig seelische Einheit ist eigentlich eine Erfindung der deutschen Romanistik. Faktisch liegt nur vor, dass alle Sprachen in der sogenannten Romania zuletzt in der Tat auf das Lateinische zurückgehen, letztlich also auf die Sprache der Bauern und Hirten im alten Latium, der Gegend südlich von Rom, denn Rom

selbst war zunächst eine etruskische Stadt, welche die ‹Römer›, also die ‹Latiner›, erst erobern mussten.

62 Johannes Willms, Talleyrand, Virtuose der Macht 1754–1838, München, C. H. Beck, 2011.

63 Da zitiere ich einen hübschen Satz, den der Schriftsteller André Maurois bei der Begrüßung des Schriftstellers und Dichters Jean Cocteau als neues Mitglied der «Académie Française» gesagt hat: «Il a toujours su jusqu'où on peut aller trop loin», «Er wusste immer, bis wohin man zu weit gehen kann».

64 Für die Römer begann Gallien schon nördlich des Po, da fühlten sie sich schon im Ausland. Sie nannten dieses Gallien ‹das diesseits der Alpen liegende›, ‹Gallia cisalpina›, das Gallien nördlich davon nannten sie ‹das jenseits der Alpen liegende Gallien›, ‹Gallia transalpina›. Da kam dann für sie zunächst die ‹Provincia›, die ‹Provinz› schlechthin unter den vielen, die sie hatten, also die heutige Provence, die längst romanisiert war, als Caesar nach Norden hin ausgriff. Dieses nördlich der ‹Provincia› liegende Gallien meinte Caesar, wenn er in seinem wohl berühmtesten Satz sagt «Ganz Gallien besteht aus drei Teilen…», «Gallia est omnis divisa in partes tres…» Wenn ich hier vom ‹nördlichen Gallien› spreche, meine ich nun wieder den *nördlichen* Teil dieses Galliens, also das Gallien nördlich der Loire, das die eigentliche Heimat des Französischen ist. Man nannte die Sprache dort im Mittelalter ‹langue d'oïl›, heute nennt man sie im Rückblick ‹Altfranzösisch›, und die südlich davon nannte man ‹langue d'oc›, heute ‹Altprovenzalisch›. Später griff die ‹langue d'oïl› genannte Sprache auch auf den Süden über, und heute gibt es von der ‹langue d'oc›, dem Provenzalischen (oder Okzitanischen), nur noch Reste.

65 Deshalb wird dem, der in einer fremden, nur gelernten Sprache spricht, geraten, solche Ausdrücke gar nicht oder nur mit großer Vorsicht zu verwenden. Auch werden einem Fremdsprachigen solche Ausdrücke eher verübelt.

66 Sprachwissenschaftlich geredet, müsste man hier von einer (gefühlten) «Diachronie» innerhalb der «Synchronie» sprechen, wobei die Sprachwissenschaft diese spezifische «Diachronie» nicht immer gewürdigt oder auch nur gesehen hat, was wieder einmal daran liegt, dass sie das Sprachbewusstsein auch schon des normalen, durchschnittlichen, nicht weiter literarisch kultivierten Sprechers prinzipiell vernachlässigt.

67 In der Schulgrammatik unterscheidet man seit alters das «natürliche» Geschlecht vom «grammatischen»: das «natürliche» ist motiviert durch das Gemeinte (der Mann, die Frau, die Kuh, der Stier – und der Ochse), insofern also ist es natürlich, das «grammatische» ist einfach durch die jeweilige Sprache selbst vorgegeben, man müsste da eigentlich von einem lexikalischen Geschlecht reden, weil das Geschlecht bei den Hauptwörtern zum Lexikon gehört; dann gibt es noch bei Tieren das «gemeinsame» oder mit dem alten griechischen Ausdruck «epizöne» Geschlecht, das also für beide Exemplare, das männliche und das weibliche gilt: die Katze, der Hund, die Maus, der Hamster, die Ratte, der Floh. Bei das Weib und das Mädchen ist das Geschlecht dann wieder «grammatisch.»

68 Negative Sexualität in der Sprache, in: Phantasie und Deutung, Psychologisches Verstehen von Literatur und Film, Frederick Wyatt zum 75. Geburtstag, herausgegeben von Wolfram Mauser, Ursula Renner, Walter Schönau, Würzburg, Königshausen + Neumann, 1986, S. 315–330. Unmittelbar vor meinem Beitrag steht der berühmte Aufsatz von Friedrich Kittler ‹Über die Kunst, mit Vögeln zu jagen. The Maltese Falcon von D. Hammet›. Der von mir verehrte Frederick

Wyatt, ein Schüler von Hanns Sachs, der seinerseits direkter Schüler und früher Mitarbeiter von Sigmund Freud war, brachte uns zusammen. Und Wyatts direkte Sukzession – Freud, Sachs, Wyatt – vergrößerte unter uns in Freiburg (und nicht nur da) dessen Prestige.

69 Mario Wandruszka, Die Mehrsprachigkeit des Menschen, München, Zürich, Piper, 1979, S. 39.

70 Darüber hat einmal Martin Walser im Blick auf den Konjunktiv geschrieben: «Wer einen Roman schreibt, muss täglich mehr als dreizehnmal unter der hochdeutschen Armut leiden», Kleiner Aufschrei, in: Sprach-Störungen, Beiträge zur Sprachkritik, herausgegeben von Hans-Martin Gauger, München, Hanser, 1986, S. 108–109.

71 Vielleicht geht die Einengung des Begriffs ‹alemannisch› auf den südbadischen Raum, also den zwischen Lörrach und Karlsruhe, auf den Dichter und großen Prosa-Autor Johann Peter Hebel zurück, der seine Mundartgedichte 1803 unter dem Titel «Alemannische Gedichte» veröffentlichte (in der ersten Ausgabe schrieb er das Wort übrigens noch mit zwei l – ‹allemannisch›). Bis dahin hatte man zwischen ‹schwäbisch› und ‹alemannisch› nicht unterschieden. Auch waren im ganzen Mittelalter und darüber hinaus die lateinischen Bezeichnungen ‹Suebia› (später ‹Suevia›) und ‹Alamannia› austauschbar, also synonym.

72 Schimpf und Widerstand. Als die alemannische Sprache in mein Schreiben kam, in: Dialekt, Dialekte, herausgegeben von Joachim Kalka, Valerio 13, Göttingen, Wallstein, 2011, S. 79.

73 München, C. H. Beck, 2008.

74 Vgl. S. 51 f.

75 detlev.mahnert.de/Jugendsprache.html.

76 Der prominente Kollege fährt fort: «Sodomie muss aber früher auf dem Land verbreitet gewesen sein; es gibt viele Gerichtsakten darüber. Auch das Schimpfwort Kuhschweizer hatte ja die Bedeutung. Ob der Begriff Geissevögler auch auf so was zurückgeht?» Sodomie also im deutschen, nicht im englischen Sinn.

77 «Kluge-Seebold» ist hier wieder sehr vorsichtig. Übrigens bringt er, in dem Artikel vögeln, dieses Wort mit ficken zusammen, das schon mittelhochdeutsch belegt ist. So wäre also der Bezug auf den Vogel erst nachträglich. In der Tat ist dies ja keine Besonderheit von «Amsel, Drossel, Fink und Star und der ganzen Vogelschar».

78 Man sagte auch noch ‹Perron›, als dieses französische Wort im Französischen selbst längst durch ‹le quai› ersetzt worden war. So wie man deutsch auch noch ‹Coupé› für ‹Abteil› sagte, als es französisch schon ‹compartiment› hieß.

79 Merkwürdig, nebenbei, dass Thomas Mann an dieser Stelle nicht den Genitiv gebraucht, der doch hier allein angemessen wäre: ‹trotz des Rollens›, aber vielleicht störten ihn die beiden ‹s›.

80 Hermann Kurzke, Thomas Mann, Das Leben als Kunstwerk, Eine Biographie, München, C. H. Beck, 2001, S. 188.

81 Thomas Mann war da auf einer Lesereise und freute sich auf Dresden: «Man repräsentiert, man tritt auf, man zeigt sich der jauchzenden Menge. Man ist nicht umsonst ein Untertan Wilhelms II.»

82 Studium und Lebensführung, Zwei Reden am Dies Universitatis 1954, von Professor Dr. theol. Franz Arnold, Rector Magnificus, und Professor Dr. Eduard Spranger, Tübingen, Mohr/Siebeck, 1954, S. 38.

83 Wie mir Martin Walser am 11.12. 11 bei einem Besuch in Freiburg mitteilte, handelte es sich bei dem ‹Original› seines Herrn Seehahn um einen Mann, der nicht vom Ort, sondern aus dem inneren Bayern war. Er selbst habe sich eben mit der Figur wieder beschäftigen müssen, weil bei seinem Besuch in den USA, einen Monat zuvor, Deutsch-Studenten, was mich nicht wundert, gerade diesen Text mit ihm durchgehen wollten.

84 Zu Sartres Jugenderinnerungen: H.-M. Gauger, Der Mann im Kind. Zum Stil von Sartres «Wörtern», In: ders., Der Autor und sein Stil, Deutsche Verlagsanstalt, Stuttgart, 1988, S. 215–242. Nach der Ausarbeitung dieses Abschnitts hier stelle ich fest, dass auch Alan Dundes, was sehr für ihn spricht, in seinem einschlägigen Buch auf diese Stelle bei Sartre gestoßen ist und es einreiht in sein, wie dargelegt (S. 233–236), problematisches Dossier (A. Dundes, Sie mich auch!, Das Hintergründige der deutschen Psyche, Beltz, Weinheim und Basel, 1985, S. 134). Es ist aber nicht so, dass, wie Dundes hier meint, im Elsass «der größere Teil der Bevölkerung» diesen Dialekt «noch heute spricht».

85 Johann Wolfgang Goethe, Faust, Texte, herausgegeben von Albrecht Schöne, Frankfurt, Deutscher Klassiker Verlag, 1994, S. 738–753. Dazu: Johann Wolfgang Goethe, Faust, Kommentare von Albrecht Schöne, Frankfurt, Deutscher Klassiker Verlag, 1994.

86 So berichtete einmal nach meiner Erinnerung in einem Vortrag in Tübingen der früh verstorbene Germanist Wolfgang Binder.

87 Sie gehört auch, wie Schöne festhält, «zum ältesten Bestand der *Faust*-Dichtung», A. Schöne, Faust, Kommentare, Frankfurt, Deutscher Klassiker Verlag, 1994, S. 369.

88 Bei A. Schöne, Faust, Kommentare, S 121.

89 Hierzu etwa: Goethes Geheime Erotische Epigramme, Frankfurt, Harenberg, 1983.

90 Der Rechtschreib-Duden (1996) präzisiert zu Recht zu *Spunten* «schweizerisch für *Spund*» – nur stört mich da immer, dass diese als schweizerisch bezeichneten Formen auch in meiner oberschwäbischen Heimat finden, was übrigens auch für die Schweizer nützlich zu wissen wäre.

91 Rhetorik-Vorlesung von 1874, § 3 Verhältnis des Rhetorischen zur Sprache, Musarion Ausgabe. Gesammelte Werke, München 1922–1929, S. 297–300. Nietzsches Verdienst bliebe auch hier ungeschmälert, wenn man zeigte, dass er es irgendwo her hat. Er war nun einmal auch ein sehr guter Leser!

92 *Spund* und *Spunten* gehen auf das italienische *spuntare* ‹ein Loch machen› zurück, vom Bild her entsprechen diese Wörter genau dem englischen to *prick* (vgl. Kap. 48).

93 Eben erschien von Sebastian Polmans ein Roman mit dem schlichten Titel «Junge», Berlin, Suhrkamp, 2011.

94 Muttersohn, Reinbek, Rowohlt, 2011, S. 288–289.

95 Zu *Knacker* sagt der «Kluge-Seebold» wieder einmal: «Benennungsmotiv unklar». Und setzt hinzu (Wissenschaft darf natürlich auch ‹vielleicht› sagen): «Vielleicht ‹bei dem man die Knochen knacken hört›». In der Tat. Wobei ich von dem bekannten Freiburger Orthopäden und Osteologen Armin Klümper aus gegebenem Anlass einmal hörte, als ich sagte, «Es knackt» – «Wir haben nichts gegen knackende Gelenke. Wir fürchten uns vor den stummen».

96 Sigmund Freud: «rein deskriptiv ist auch das Vorbewusste unbewusst, aber wir bezeichnen es nicht so, außer in lockerer Darstellung oder wenn wir die Existenz

unbewusster Vorgänge überhaupt im Seelenlenben zu verteidigen haben», Neue Folge der Vorlesungen zur Einführung in die Psychoanalyse, Gesammelte Werke, Frankfurt, S. Fischer, 1961, S. 77–78. Hierzu auch die Abhandlung «Das Unbewusste» und den sehr späten und exzellenten «Abriss der Psychoanalyse», Frankfurt, S. Fischer, 1953.

97 Im Englischen gibt es die nützliche Unterscheidung zwischen ‹knowing that› («wissen») und ‹knowing how› (können). Sie macht deutlich. dass das Können in diesem Sinn auch eine Form des Wissens ist.

98 «Die Allgewalt der Liebe zeigt sich vielleicht nirgends stärker als in diesen ihren Verirrungen. Das Höchste und das Niedrigste hängen in der Sexualität überall am innigsten aneinander.» (Gesammelte Werke (1905 c), V, S. 61.

99 Sigmund Freud, Vorlesungen zur Einführung in die Psychoanalyse, II. Teil, 10 Die Symbolik im Traum, S. Freud, Studienausgabe Bd 1, Frankfurt, S. Fischer, 1972, S. 165; vgl. in S. Freud, «Die Traumdeutung», Studienausgabe, Band II, S. 348: «Dosen, Schachteln, Kästen, Schränke, Öfen entsprechen dem Frauenleib, aber auch Höhlen, Schiffe, und alle Arten von Gefäßen. Zimmer im Traum sind Frauenzimmer». Was Schiffe angeht, ist bemerkenswert, dass lateinisch vas sowohl Gefäß als auch Schiff bedeutet, dies gilt auch für griechisch skáphos.

100 Dieses phantastische Wörterbuch preist sich selbst mit dem Satz «The definitive record of the English language» an. Er ist keinesfalls übertrieben.

101 Da findet sich auch ein hübsches Zitat aus Herry Millers «Tropic of Capricorn» (1938): «They say a stiff prick has no conscience».

102 Die Übersetzung mit «trügerisch» ist natürlich schief, denn die italienische Vorlage ist weit sachlicher und sagt es mit einem schönen Bild: «Die Frau ist beweglich wie eine Feder im Wind», «La donna è mobile qual piuma al vento». Übrigens soll dies auf einen Spruch des französischen Königs Heinrich IV., also des großen Henri Quatre, gestorben 1610, zurückgehen: «Eine Frau ändert sich oft. Wer sich auf sie verlässt, ist ziemlich verrückt», «Souvent femme varie, bien fol qui s'y fie» (fol für heutiges fou). Jedenfalls ist da wieder derselbe Gedanke: das ist nun mal so, so sind Frauen halt von Natur aus, als Mann braucht man sich nicht lange zu überlegen (denn es wäre verrückt), ob man da möglicherweise irgendetwas falsch gemacht hat.

103 Eysenck hat es mir selbst gesagt hat, als wir uns auf einem gemeinsamen Psychoanalyse-Kolloquium in San Lorenzo de El Escorial in Spanien trafen.

104 Ich habe Wilson während eines Kolloquiums in der Stanford Universität kennengelernt und war auch persönlich von dem reizenden alten Herrn sehr angetan.

105 Ethology, Band 29, S. 277

106 Vorzüglich, sehr informierend und gut geschrieben, finde ich das Buch von Richard David Precht, Liebe. Ein unordentliches Gefühl, München, Goldmann, 2009. Man kann gegen dieses Buch nur einwenden, dass es ein großer Erfolg war und ist…

107 Thomas Mann zitiert diese Verse (in der Übersetzung von Hans Mühlestein) in seinem späten Essay «Michelangelo in seinen Dichtungen» (Celerina, Quos Ego, 1950, S. 7) und kommentiert: «es ist eine ungeneure und drückende, dabei beständig nach dem Reinen, Geistigen, Göttlichen ringende, sich selbst immer als transzendente Sehnsucht deutende Sinnlichkeit …».

108 So in der ersten der «Duineser Elegien».

109 So steht an der berühmten Stelle des ersten Korintherbriefs des Paulus «und hätte der Liebe nicht» griechisch agápe und in der Übersetzung ins Lateinische, also

in der Vulgata, *charitas,* sonst *caritas* geschrieben. Die erste Enzyklika Papst Benedikts XVI. (2005) trägt den lateinischen Titel «Deus caritas est», deutsch aber beginnt er: «Gott ist die Liebe». Dieser Beginn ist ein Zitat aus dem ersten Johannesbrief (1. Johannes, 4, 16), wo es deutsch natürlich ebenfalls «Liebe» heißt.

110 Christoph Wulf, (Hrsg.), Vom Menschen, Handbuch Historische Anthropologie, Weinheim und Basel, Beltz, 1997, S. 279.

111 Helmut Schelsky, Soziologie der Sexualität, Über die Beziehungen zwischen Geschlecht, Moral und Gesellschaft, Hamburg, Rowohlt, 1955, S. 11, 12, 23.

112 Wilhelm von Humboldt, Über das vergleichende Sprachstudium in Beziehung auf die verschiedenen Epochen der Sprachentwicklung (1820), in: Wilhelm von Humboldt, Schriften zur Sprachphilosophie, Darmstadt, Wissenschaftliche Buchgesellschaft, 1963, S. 11. Humboldt wendet sich hier auch, dementsprechend, gegen die Auffassung, dass der Mensch die Sprache ‹erfunden› habe: «um die Sprache zu erfinden, müsste er schon Mensch sein». Hier scheint es mir zusätzlich von Interesse, dass auch in den beiden (ziemlich verschiedenen) Schöpfungserzählungen der biblischen Genesis die Sprache nicht etwa zusätzlich dem Menschen gegeben wird, sie ist gleich ursprünglich, von vorneherein mit ihm da (Genesis oder 1.Mose, 1, 26–29 und 2, 7–24; die an zweiter Stelle stehende Erzählung ist die ältere – rund 500 Jahre – als die an der ersten): «Gott schuf also den Menschen… Als Mann und Frau schuf er sie…, und Gott sprach zu ihnen». Ohne weiteres, gleichzeitig, ist da also die Sprache mit da.

113 Das «zóon lógon échon» wurde später (und lateinisch) zu «animal rationale», also zum «vernunftbegabten Lebewesen», der Mensch also zu einer Mischung oder besser Einheit von animalitas und rationalitas. Griechisch *lógos* heißt auch Vernunft, nicht nur Rede oder Sprechen. Die Definition setzt somit Sprechen und Vernunft unbestimmt gleich. Martin Heidegger, der die Formel an wichtiger Stelle aufgreift, übersetzt und interpretiert: «Der Mensch zeigt sich als Seiendes, das redet» (Sein und Zeit, Tübingen, Niemeyer, 1953, erstmals 1926, S. 165, § 34 «Da-sein und Rede. Die Sprache»).

114 «LAD» ist ja als Abkürzung (darin liegt ein kleiner Scherz) ein sogenanntes Akronym, also als Wort aussprechbar, und heißt «junger Kerl, Bursche». Tatsächlich wird aber die Abkürzung ‹el – eih – dih› gesprochen, was nun beinahe wie *lady* klingt.

115 Die Chomsky-Nativisten sind noch lange nicht dort, wo Arnold Gehlen schon 1940 war: «Der Mensch, Seine Natur und seine Stellung in der Welt», Achte Auflage, Frankfurt a.M: Bonn, Athenäum, 1966 (erstmals also 1940). Gehlen, der leider ein Nazi war, kennt nicht nur eine, sondern unterscheidet insgesamt fünf «Sprachwurzeln».

116 Kierkegaard schreibt dies in «Der Begriff Angst» (1844), der fingierte Verfasser dieses Werks, Vigilius Haufniensis, «sagt… das tiefe Wort, dass der Geist… Scham empfinde, Scham darüber, dass er zugleich zum Leib, und zwar zum Leib in geschlechtlicher Differenz gehöre. Vigilius kennt die Abgründigkeit der Existenz, dass sie nie in reiner, ewiger und unendlicher, sondern zutiefst immer schon leiblich-geschlechtlich gebundener Geist ist», Walter Schulz, Sören Kierkegaard, Existenz und System, Pfullingen, Neske, 1967, S. 20.

117 Die «Einheitsübersetzung der Heiligen Schrift. Die Bibel. Gesamtausgabe» erschien 1980, Stuttgart, Katholische Bibelanstalt. Ökumenisch, also evangelisch

und katholisch anerkannt, ist diese Übersetzung nur für das Neue Testament und die Psalmen. Übrigens hat auch Goethe diese Dichtung übersetzt. Deren Datierung ist ziemlich umstritten: es gibt ja, wie es scheint, unter den Alttestamentlern Frühdatierer und Spätdatierer …

118 *Dilectio*, ein seltenes und unklassisches Wort, meint eigentlich ‹Auswahl›, und leidenschaftliche Liebe ist ja solche Auswahl. In der sogenannten «Vulgata», der Hieronymus-Übersetzung, heißt diese sicher zu Unrecht dem König Salomo zugeschriebene Liebesdichtung auch wirklich «Lied der Lieder», «Canticum Canticorum Salomonis». Man nennt diesen Genitiv, ‹König der Könige›, ‹Stern der Sterne›, ‹Rose aller Rosen› etc. auch ‹hebräischer Genitiv›. Eine etwas widerwillige Anerkennung der Macht des Sexuellen findet sich auch beim Apostel Paulus: es sei besser, keine Frau zu berühren, wegen «der Gefahr der Unzucht» aber soll jeder «seine Frau und jede ihren Mann haben», denn «es ist besser zu heiraten, als sich in Begierde zu verzehren» (1.Korinther, 7, 1,2 9).

119 Über Eva Klemperer schreibt Gunter Schäble: «Als… ideale Gerechte muss aber für diesmal postum Eva Klemperer herhalten, die, neben Sophie Scholl, nicht infizierteste, die nicht infizierbare, naziimmune, nazifernste, zur Depression neigende, zu stark rauchende, auch etwas fußkranke, pianistische Gattin aller Dresdner Gattinnen, der täglich eingeschärft wurde, dass ihr Mann Jude war und sie es viel besser haben könnte, die ihn aber immer nur als gefährdet, als wehrloses Opfer der Widerwärtigkeiten, als ihren vom Tod bedrohten Ehemann erlebte, für den ihre ‹arische› Existenz die fragile Mischehensicherheit zu sein hatte, und das alles fraglos» (Die jüdischen Kämme. Vier kleine Obsessionen, in: Merkur, Heft 2, 66. Jahrgang, Februar 2012, Klett-Cotta, S. 103).

120 Vgl. S. 230–233.

121 Ein wenig spiegelt dies für das Sexuelle auch die eben zitierte Duden-Definition: «sexueller, besonders genitaler Kontakt»! Präsident Bill Clinton, bekanntlich, hatte mit der Definition von Sex ein Problem.

122 Siehe Anmerkung 110.

123 Vgl. Anmerkung 63.

124 Leider kann ich diese Äußerung, an die ich mich auch nicht genau im Wortlaut erinnere, nicht nachweisen. Sicher gebrauchte er hier aber das Wort *bafouiller* ‹faseln›, ‹undeutlich sprechen›. Ich sage ‹unfreudisch›, gerade weil sich Lacan als Freud so nahe behauptete, «retour à Freud»… Ich glaube nicht, dass er dies war, und meine Sicht auf die Einschätzung der Sprache bei Freud ist der seinen genau entgegengesetzt, für mich ist das Unbewusste nicht «wie eine Sprache strukturiert», und für Freud auch nicht. Vgl. Hans-Martin Gauger, Sprache und Sprechen im Werk Sigmund Freuds, in: Hans-Martin Gauger, Der Autor und sein Stil, Stuttgart, Deutsche Verlagsanstalt, 1988, S. 229–169.

125 Nikolaus Harnoncourt, Musik als Klangrede, Salzburg, Residenz, 1982, Der musikalische Dialog, Salzburg, Residenz, 1984.

126 Horaz.com. Horazyclopédie/Citations

127 In seiner Sammlung «Proverbios y Cantares».

128 Morgensterns kurzes Gedicht heißt «Der Mond».

129 Dafür gibt es in der Sprachwissenschaft die beiden Begriffe ‹semasiologisch› (von den Zeichen, den Namen, den Signifikanten her sucht man die verschiedenen Bedeutungen) und ‹onomasiologisch› (von den Signifikaten her stellt man die Signifikanten, die Namen, zusammen).

130 Der Aufsatz ist von 1926. Schon 1923 gibt es einen anderen von ihm mit dem Titel «Phallische Vergleiche bei technischen Ausdrücken». Der Aufsatz von 1926 findet sich in dem Sammelband «An den Quellen der romanischen Sprachen». Halle (Saale), Max Niemeyer, 1952 (S. 46–54). Es ist nicht nur mir aufgefallen, dass Sprachwissenschaftler eine Schwäche für solche Themen haben: insofern weise auch ich mich hier als Sprachwissenschaftler aus...

131 So im «Dictionnaire étymologique de la lange française» von Oscar Bloch und Walther von Wartburg (1950) und auch im «Etymologischen Wörterbuch der französischen Sprache» (1928) von Ernst Gamillscheg. Wenn diese beiden Wörterbücher, die sich oft widersprechen, übereinstimmen, ist die Etymologie zuallermeist richtig...

132 Zu *bimsen* meint «Kluge-Seebold», es sei, durch *bumsen* «angeregt», zur Bedeutung ‹beschlafen› gekommen.

133 *Vögeln* gehört, laut «Kluge-Seebold», «vermutlich zu der gleichen Grundlage wie *ficken* (siehe dort), doch ist das Wort schon früh auf *Vogel* bezogen worden, sodass es in früher Zeit nur in Bezug auf Vögel belegt ist». Dann der schöne Zusatz: «Die Einzelheiten sind klärungsbedürftig». Das gilt übrigens auch für *ficken*, das der «Kluge-Seebold» ohne weiteres als «obszön» bezeichnet. Da ist nicht einmal klar, wovon gewiss jeder wie selbstverständlich ausgeht, dass ein Zusammenhang mit dem englischen *fuck* besteht...

134 Hier verlasse ich kurz das sonst festgehaltene Prinzip, nur Ausdrücke heranzuziehen, die jeder (und jede) kennt.

135 Klaus Theweleit, Männerphantasien, Zwei Bände, Frankfurt, Verlag Roter Stern/Stroemfeld, 1977, 1978.

136 Die Walküre, 2. Aufzug, 2. Szene – viele halten diese große Szene für zu lang, echten Wagnerianern hingegen ist sie viel zu kurz. Ein großer Wagnerianer (im doppelten Sinne von ‹groß›), George Bernard Shaw, erklärte zu dieser Szene ironisch: «Wir waren ja von Anfang an dabei, haben alles miterlebt – was also könnte natürlicher sein, als das Ganze noch einmal zu erzählen?»

137 Vielleicht darf immerhin in einer Fußnote darauf hingewiesen werden, dass bereits auf der *ersten* Seite der Bibel, also des sogenannten «Alten Testaments» (‹sogenannt›, weil es für die Juden natürlich nicht das ‹alte› ist) die Gleichrangigkeit und jedenfalls Gleichursprünglichkeit von Frau und Mann vorausgesetzt oder festgestellt wird. Und zwar in der rund 500 Jahre *jüngeren* Fassung der Schöpfungsgeschichte, die der *älteren* (1,2,4 b – 25) durch ‹Redaktion› vorgeschaltet wurde (1,1,1–2,4 a): «Gott schuf also den Menschen als sein Abbild; als Abbild Gottes schuf er ihn. Als Mann und Frau schuf er sie» (1,27). In der älteren Erzählung wird bekanntlich zuerst Adam geschaffen, dann, als sich ein Fehlen herausstellt, das Fehlen nämlich eines wirklichen Partners, auch noch Eva, und die wird dann aus Adam heraus (Rippe) als eine Art Zusatz geschaffen. Vielleicht darf man in der jüngeren Fassung auch eine Korrektur der älteren sehen. Vielleicht (es ist eine reine Laienvermutung) empfand man die Nachträglichkeit Evas doch als unangemessen. In der definitiven Redaktion hat man jedenfalls beide Erzählungen, obwohl sie wirklich nicht (und in diesem Punkt schon gar nicht) zusammenpassen, übernommen.

138 Ebenda, S. 292.

139 «Plange quasi virgo, plebs mea, ululate, pastores, in cinere et cilicio...». *Cilicium* bezeichnete zunächst eine Decke aus Ziegenhaaren.

140 Die schwäbische Variante der Antwort ist: ‹Des wär a dreckats Gschäft!› Ich sagte ja schon, dass das Schwäbische die exkrementelle Tendenz des Deutschen noch einmal steigert… Das wird dann auch dem normalen Deutschen zuviel.

141 Die englische Ausgabe erschien 1984 bei der Columbia University Press New York, die deutsche1985 in Weinheim und Basel, Beltz.

142 Ich lasse hier bewusst Richard Wagner aus dem Spiel, denn dieser war von Anfang an ein europäisches Phänomen. Gerade sein Erfolg «im Ausland», durchaus nicht nur in Frankreich, machte seinerzeit die Deutschen auf ihn so stolz. Dies (und vieles andere) zeigt Hans Rudolf Vaget in seinem schönen Buch «Seelenzauber. Thomas Mann und die Musik», Frankfurt, S. Fischer, 2006.

143 Ebenda, S. 66–67.

144 Ebenda, S. 132–133.

145 «Du bist verrückt, mein Kind,/du musst nach Berlin,/wo die Verrückten sind,/da gehörst du hin» (umgedichter Text eines Duetts aus der Operette «Fatinitza» (1876) von Franz von Suppé. Das Lied spielt einen fatalen Part in dem eindrucksvollen Roman «Der Engelwirt. Eine Schwabengeschichte» (1901) von Emil Strauß, der allerdings, jedenfalls nach Hermann Hesse, geprägt war von «arischer Verachtung andrer Rassen» (siehe das Zitat in «Wikipedia» zu Strauß).

146 Man kennt den Scherz Mark Twains, in einem deutschen wissenschaftlichen Werk komme das Verb erst im zweiten Band. Damals respektierte man in den Staaten noch, was sich wissenschaftlich in Deutschland und überhaupt in Europa tat. Dass man es heute nicht mehr tut, ist verständlich, aber, vorsichtig gesagt, leichtfertig.

147 Knapp zusammengefasst unter «Die Entwicklung der Sexualfunktion» in dem «Abriss der Psychoanalyse» (1938), Frankfurt, Fischer, 1972.

148 Jacques Lacan, Le Séminaire, Livre XI, Les quatre concepts fondamentaux de la psychanalyse, Paris, Seuil, 1973, S. 49.

149 Das Seminar von Jacques Lacan, Die vier Grundbegriffe der Psychoanalyse. Übersetzt von Norbert Haas, Olten, Freiburg i. Br., Walter, 1978, S. 55. Ein weiterer Beleg: wenn wir etwa sagen ‹Die brauchen in dem Laden einfach mehr Feuer unterm Arsch›, dann meinen wir damit etwas ganz und gar nicht Sexuelles, sondern bessere Arbeitsmoral, mehr Anstrengung, weniger Müdigkeit.

150 Die Stelle zitiert etwa Stephen Ullmann im Abschnitt «Onomatopeia» seines Buchs Semantics. An Introduction to the Science of Meaning, Oxford, Blackwell, 1964, S. 83.

151 Homer, Die Odyssee, Übersetzt in deutsche Prosa von Wolfgang Schadewaldt, Reinbek, Rowohlt,1958, S. 8, 66, 68.

152 Hier beziehe ich mich auf ein ausführliches Gespräch eines Journalisten mit Arnan in dem SZ-Magazin vom 9. 12. 2011. S. 58 ff. Vgl. auch Reinhard Arnan, ed. The Best of Maledicta, The International Journal of Verbal Aggression, Philadelphia, Running, 1997.

153 Histoire/Geschichte, Europa und die Welt vom Wiener Kongress bis 1945, Deutsch-französisches Geschichtsbuch, herausgegeben von Daniel Henri, Guillaume Le Quintrec und Peter Geiss, Stuttgart/Leipzig, Ernst Klett, 2008 S. 77.

154 Natürlich spiele ich hier auf Heinrich August Winklers berühmten Titel an. «Der lange Weg nachWesten», 2 Bde., München, C. H. Beck, 2000.

155 ‹Viel Feuchtes› erinnert den Kundigen (aber darauf wollte ich nun wirklich nicht anspielen, ich sage es nur, um den Eindruck abzuwehren, es sei dem Freiburger, nicht klar) an die beiden letzten Wörter, etwas wie ein Fazit, des schönen kurzen Gedichts «Todtnauberg» von Paul Celan, das er schrieb, als er nach Paris zurückgekehrt war, nach dem Besuch in Martin Heideggers Hütte, in der er mit dem Denker zusammengewesen war. Seine Enttäuschung notierte er so: «die halb-/beschrittenen Knüppel-/pfade im Hochmoor,/Feuchtes,/viel.»

156 Sigmund Freud, Gesammelte Werke, Frankfurt, Fischer, S. 277. Vgl. Hans-Martin Gauger, Über Sprache und Stil, München, C. H. Beck, 1995, S. 7–18.

157 Zu dieser Frage insgesamt Hans-Martin Gauger, Sprache und Sprechen im Werk Sigmund Freuds, in: Hans-Martin Gauger, Der Autor und sein Stil, Zwölf Essays, Stuttgart, Deutsche Verlagsanstalt, 1988, S. 129–169.

158 Hans-Martin Gauger, Sprachkritik – heute, in: Reinhard Kacianka/Peter V. Zima, Herausgeber, Krise und Kritik der Sprache, Literatur zwischen Spätmoderne und Postmoderne, Tübingen und Basel, Francke, 2004, S. 21–42.

159 Ich habe schon festgestellt, dass es eine anloge Wendung mit dieser Bedeutung in den benachbarten Sprachen nicht gibt: to say it in English, pour parler français, para hablar español usw. – das heißt immer nur eben: es auf Englisch, Französisch, Spanisch sagen.

160 Die Kennzeichnungen ‹poet.›, ‹fachspr.›, ‹ugs.›, ‹fam.›, ‹vulg.› (‹poetisch›, ‹fachsprachlich›, ‹umgangssprachlich›, ‹familiär›, ‹vulgär›) bezeichnen ja in unseren Wörterbüchern die Stilhöhe, die Atmosphäre, die Aura, die Konnotation eines Worts. In den deutschen Wörterbüchern fehlt mir übrigens die Kennzeichnung ‹volkstümlich› – denn was entspricht bei uns der Kennzeichnung ‹populaire› oder ‹popular› im Französischen und Englischen? Haben wir da wieder einmal Angst vor dem ‹Völkischen›, wie die Nazis sagten? ‹Umgangssprachlich› ist etwas anderes als ‹volkstümlich›.

161 Ernst Jünger, Kriegstagebuch 1914–1918, herausgegeben von Helmuth Kiesel, Stuttgart, Klett-Cotta, 2010, S. 273, 10, 258; die spanische Übersetzerin ist meine Frau Carmen Gauger, ihre Übersetzung erscheint demnächst in Barcelona bei Tusquets. Aus diesem Tagebuch ist «In Stahlgewittern», das 1920 erschien, hervorgegangen. Da heißt es im Untertitel «Aus dem Tagebuch eines Stoßtruppführers». Dass es sich bei Jünger um eine sehr männerbestimmte Welt handelt, sagt er selbst offen: «Jedesmal, wenn man verwundet in ein Lazarett kommt, fällt man in die Hände von Schwestern. Im Allgemeinen empfinde ich den Wechsel vom männlichen zum weiblichen Wesen unangenehm. An der Front, wo man nur von Männern umgeben ist, hat alles Tun einen zielbewussten, zweckmäßigen Charakter ohne Phrasen und Getu, so dass (wenigstens mir ging es so) man das weibliche Wesen als unangenehmen Gegensatz empfindet. Ausnehmen möchte ich hier die katholischen Ordensschwestern, deren abgeklärtes, arbeitsames Wesen mich immer angenehm berührt hat».

162 Hierüber gibt es eine ausgezeichnete Ausarbeitung des spanischen Sprachwissenschaftlers Ignacio Bosque, Sexismo lingüístico y visibilidad de la mujer, also: Sprachlicher Sexismus und Sichtbarkeit der Frau, welche sich die «Real Academia Española» per Beschluss zu eigen gemacht hat. Bei Bosque, der selbst zu dieser Akademie gehört, wird festgestellt, dass «der nicht-markierte, generische Gebrauch der männlichen Form für beide Geschlechter nicht zu beanstanden» sei. Dieser gehöre «fest zum grammatischen System der spanischen Sprache wie auch

zu dem aller anderen romanischen Sprachen und auch zu dem vieler nicht-roma-
nischer Sprachen» (diese Stellungnahme ist zu erreichen über das «Archivo de
noticias académicas de 2012» der «Real Academia Española»).

163 Ich erinnere mich, dass der Romanist Gerhard Rohlfs, den ich hier schon einmal
zitierte, in einer Vorlesung ein Buch lobend sagte «Dieses Buch ist nicht von einem Romanisten, sondern von einer Romanistin». Noch heute ärgere ich mich
darüber, dass ich damals, wie die anderen, gelacht habe...

164 In diesem Dilemma steht auch die Lösung, die offenbar an Boden verloren hat,
mit dem unschönen (meine Wertung) mit –Innen, das dann oft, wenn gesprochen,
mit einem harten Einsatz, dem sogenannten «Knacklaut», englisch «glottal stop»,
artikuliert wird (insofern ist es nicht nur graphisch ‹Lehrer-Innen müssen besser
bezahlt werden›).

165 Es gibt unscheinbare Ausnahmen. Es heißt in der dritten Person: er, sie, es – im
Plural gibt es aber nur eine Form, und das ist die weibliche: sie; es heißt der Mann,
die Frau, das Kind – im Plural ist der Artikel für alle derselbe und zwar der weibliche: die Männer, die Frauen, die Kinder.

166 «Sexistisch» sagt Luise F. Pusch in ihrem Buch «Das Deutsche als Männersprache. Aufsätze und Glossen zur feministischen Linguistik», Frankfurt, Suhrkamp,
1984.

167 Insofern müsste der Titel von Luise F. Pusch zumindest lauten: ‹Auch das Deutsche ist eine Männersprache›. Mit Luise F. Pusch hatte ich vor Jahren einen Brief-
wechsel. Ich hatte ihr meinen Aufsatz «Sprache und Sexualität» (Merkur, 1999,
S. 40–49) zugesandt und locker naiv bemerkt, da hätte ich «sozusagen den Hammer entdeckt». Sie schrieb mir freundlich dankend zurück, freilich könne sie von
«Hammer» nichts finden, das sei doch das Übliche. Genau dies hatte ich aber gemeint...

168 Über Rechtfertigung, eine Versuchung, Reinbek, Rowohlt, 2012, S. 99. Von fern
erinnert mich Walsers Satz an «ein Wort von Novalis», das Martin Heidegger fei-
erlich an den Beginn seines Münchner Vortrags von 1959 «Der Weg zur Sprache»
stellte: «Gerade das Eigentümliche der Sprache, dass sie sich bloß um sich selber
kümmert, weiß niemand», in: Martin Heidegger, Unterwegs zur Sprache, Pfullingen, Neske, 1959, S. 241.

Wortregister

brav 39 f.
brave (frz.) 39
bravo (ital., span.) 39
Bube 186 f.
buco (ital.) 95, 238
bugger (engl.) 83
bum (engl.) 80, 82
bumsen 19, 123, 150, 220–223
  Bums- 223
bunda (portug.) 108
bundão (portug.) 108
burro (portug.) 107
butt (engl.) 80

cabrón (span.) 99 f.
  la cabronada 100
  el cabronazo 100, 220
cacare (ital.) 95, 134
  la cacata/cagata 95
cacāre (lat.) 132, 134
caçete (portug.) 109
cagar (portug./span.) 134
campechano (span.) 105
campo (span.) 105
canaille 157
canis (lat.) 157
cantare (ital.) 134
caracŭlum (lat.) 109
carajo (span.) 76 f., 107, 109
  ¡caray! 76, 107
caralho (portug.) 109
carall (katal.) 107
  carai! 107
caritas (lat.) 44, 204
crap (engl.) 80
cazzo (ital.) 33, 92 f., 99, 219 f.
cēnum/caenum (lat.) 124
cerdo (span.) 100
  cerdada 100
Chaise 197
chat (frz.) 139
chiavare (ital.) 31 f., 224
  la chiavata 224
  il chiavatore 224

la chiavatrice 224
la chiave 32, 224
chicken (engl.) 107, 233
chier (frz.) 132, 134
chiodo (ital.) 224
  chiodare 224
chuj (russisch) 116–118, 120
cerdo (span.) 100
  cerdada 100
cock (engl.) 78, 80
  cocksucker 82, 152
çocuk (türkisch) 123
coglione (ital.) 94
  coglionare 94
  (s)coglionato 94
cojones (span.) 97 f.
  cojonudo 98, 107, 219
coleus (lat.) 94
collonada (katal.) 107
  collonades! 107
colloneria (katal.) 107
collonut (katal.) 107
con (frz.) 78, 83–86, 96, 99, 105, 132,
  141, 215, 218, 220
  le con 84 f., 89, 91
  la connerie 86 f.
  déconner 87
coña (span.) 97
coñazo (span.) 97 f.
con(n)ard (frz.) 86
con(n)asse (frz.) 86
conne (frz.) 84, 86, 89, 96
conno (ital.) 91
coño (span.) 78, 96 f., 110, 218
  coñearse 97
couilles, les (frz.) 28, 87
  le couillon 87, 89 f., 219
  la couillonade 87
  couillonner 87
cretino (portug.) 107
cul (frz.) 64, 88, 131, 237 f.
culo (ital.) 64, 90, 95, 238 f.
culo (span.) 238
cūlus (lat.) 111, 237

Aus dem Verlagsprogramm